VOLUME 2

PORTUGUÊS CONTEMPORÂNEO

DIÁLOGO, REFLEXÃO E USO

William CEREJA
Professor graduado em Português e Linguística e licenciado em Português pela Universidade de São Paulo (USP)
Mestre em Teoria Literária pela Universidade de São Paulo (USP)
Doutor em Linguística Aplicada e Estudos da Linguagem na PUC-SP
Professor da rede particular de ensino em São Paulo, capital

Carolina DIAS VIANNA
Professora graduada e licenciada em Português pela Universidade Estadual de Campinas (Unicamp)
Mestre em Linguística Aplicada pela Universidade Estadual de Campinas (Unicamp)
Doutora em Linguística Aplicada pela Universidade Estadual de Campinas (Unicamp)
Professora das redes pública e particular de ensino nos Estados de São Paulo e Minas Gerais
Membro das bancas de correção da Redação do Enem e do vestibular da Unicamp

Christiane DAMIEN
Professora graduada e licenciada em Português e Francês pela Universidade Estadual Paulista (Unesp)
Mestre em Letras pelo Programa de Língua, Literatura e Cultura Árabe da Universidade de São Paulo (USP)
Doutora em Estudos Árabes pela Universidade de São Paulo (USP)
Professora das redes pública e particular de ensino na cidade de São Paulo

Atual Editora

Editora Saraiva

Direção de inovação e conteúdo: Guilherme Luz
Direção editorial: Luiz Tonolli e Renata Mascarenhas
Gestão e coordenação de área: Noé G. Ribeiro
Edição: Fernanda Carvalho, Mônica Rodrigues de Lima, Paula Junqueira
Gerência de produção editorial: Ricardo de Gan Braga
Planejamento e controle de produção: Paula Godo e Roseli Said
Revisão: Hélia de Jesus Gonsaga (ger.), Kátia Scaff Marques (coord.), Rosângela Muricy (coord.), Ana Paula C. Malfa, Brenda T. de Medeiros Morais, Diego Carbone, Gabriela M. de Andrade, Larissa Vazquez, Sueli Bossi
Edição de arte: Josiane Batista de Oliveira Silva
Diagramação: Benedito Reis e Josiane Batista
Iconografia e licenciamento de texto: Sílvio Kligin (superv.)
Tratamento de imagem: Emerson de Lima
Ilustrações: Andressa Honório, Luis Matuto, Nelson Provazi, Rico, Sonia Vaz
Capa: Gláucia Correa Koller (coord.) e Talita Guedes da Silva

Avenida das Nações Unidas, 7221 – 1º andar – Setor A – Espaço 2 - Pinheiros – SP - CEP 05425-902
SAC 0800 011 7875
www.editorasaraiva.com.br

Dados Internacionais de Catalogação na Publicação (CIP)
(Câmara Brasileira do Livro, SP, Brasil)

Cereja, William Roberto
Português contemporâneo : diálogo, reflexão e uso : vol. 1 ao 3 / William Roberto Cereja, Carolina Assis Dias Vianna, Christiane Damien Codenhoto. -- 1. ed. -- São Paulo : Atual, 2017. -- (Português contemporâneo)

1. Português (Ensino médio) I. Vianna, Carolina Assis Dias. II. Codenhoto, Christiane Damien. III. Título
IV. Série.

17-02493 CDD-469.07

Índice para catálogo sistemático:
1. Português : Ensino médio 469.07

2017
ISBN 978 85 5769 031 8 (AL)
ISBN 978 85 5769 034 9 (PR)
Código da obra CL 800779
CAE 620501 (AL) / 620502 (PR)
1ª edição
1ª impressão

Impressão e acabamento - Intergraf Ind. Gráfica Eireli

Uma publicação SOMOS EDUCAÇÃO

Caro estudante

Como muitos jovens que cursam atualmente o ensino médio, você participa de práticas diversas de leitura e escrita nos mais variados contextos: na escola, em casa ou em outros ambientes que frequenta; por meio do celular, do *tablet* ou do computador; por meio do velho e bom papel em seus mais diferentes tipos e formatos. Da mesma maneira, você interage oralmente em situações variadas, produzindo falas ora mais curtas, ora mais longas, em situações descontraídas ou formais.

Lidamos com linguagens o tempo todo: para opinar, para pedir, para ceder, para brincar, para brigar, para julgar, e assim vamos construindo nossas identidades e sendo construídos pela realidade que nos cerca, pelos outros sujeitos com quem interagimos, pelos textos que lemos, ouvimos e produzimos. Neste livro, tomamos como base essa relação que você já tem com a linguagem para apresentar e discutir diferentes questões sobre a nossa língua, sobre nossas produções literárias e culturais e sobre os textos que produzimos em nossa vida.

Ao adentrar o estudo da literatura, você lerá textos de diversos momentos da história da humanidade e perceberá que os textos literários e as artes em geral (entre elas a pintura, a escultura, a música, o cinema) estão intimamente conectados à realidade social de cada época, surgindo como uma espécie de resposta artística ao seu contexto de produção: refletem, assim, muito da visão política, social e artística do momento em que estão sendo produzidos. Você verá também que mesmo textos escritos muitos séculos atrás guardam relações próximas com obras atuais, confirmando a ideia de que a literatura e seus temas não se encerram em um determinado período, mas transformam-se ao longo do tempo, em um fluxo contínuo, à medida que a sociedade e os sujeitos igualmente se modificam.

Nesse percurso, você conhecerá também nuances da língua na leitura e na produção textual, ao analisar e elaborar textos escritos e orais que circulam em situações de comunicação variadas: relatórios, currículos, poemas, crônicas, reportagens, cartazes, anúncios, seminários, debates, entre muitos outros. Pretendemos, com isso, que você desenvolva ainda mais a sua capacidade de ler e produzir textos de modo eficiente, compreendendo criticamente os sentidos construídos por diferentes escolhas e contextos de circulação e se fazendo entender por meio de um uso reflexivo da língua, que lhe permita trabalhar sobre as diversas formas de produção de sentidos quando é você o autor do texto.

Entendemos ainda que, para além das práticas cotidianas de uso da leitura e da escrita, também faz parte das práticas do estudante do ensino médio a participação em situações bem específicas de linguagem, vividas por quem se prepara para a entrada na universidade e no mercado de trabalho. Por isso, você terá contato com textos específicos dessas esferas, a fim de que esteja bem-preparado para esse novo momento da sua vida.

Os conceitos e conteúdos aqui trabalhados têm, portanto, o objetivo principal de munir você para fazer um uso cada vez mais consciente e reflexivo das estruturas e possibilidades da língua, quaisquer que sejam as situações de comunicação nas quais você venha a se engajar, como leitor ou como produtor de textos. Esperamos que esse caminho seja tão interessante e motivador para você quanto foi, para nós, a elaboração deste livro.

Um abraço,

Os Autores.

CONHEÇA SEU LIVRO

ABERTURA DE UNIDADE

O nome da unidade procura contemplar o sentido geral dos conteúdos trabalhados em literatura, gramática e produção de texto.

Na página par da abertura da unidade, sempre há uma imagem relacionada com o período que vai ser estudado na literatura. A imagem é acompanhada de uma legenda ampliada, que comenta a obra.

Na página ímpar, ainda há textos e imagens relacionados aos conteúdos de gramática e de literatura a serem trabalhados na unidade.

ANÚNCIO DO PROJETO

No alto da página ímpar, é anunciado o projeto de produção textual que será desenvolvido pelos alunos durante a unidade.

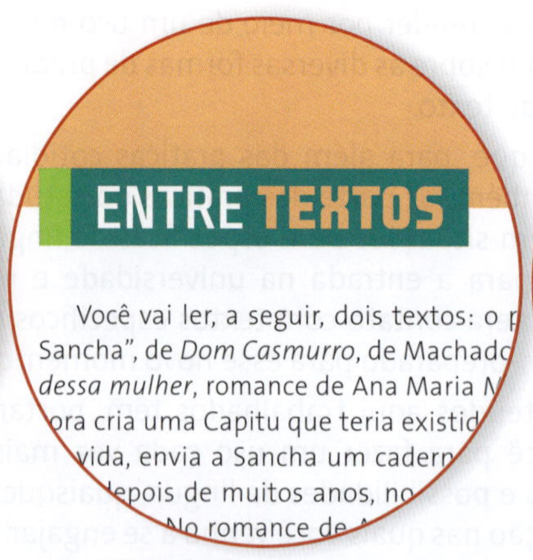

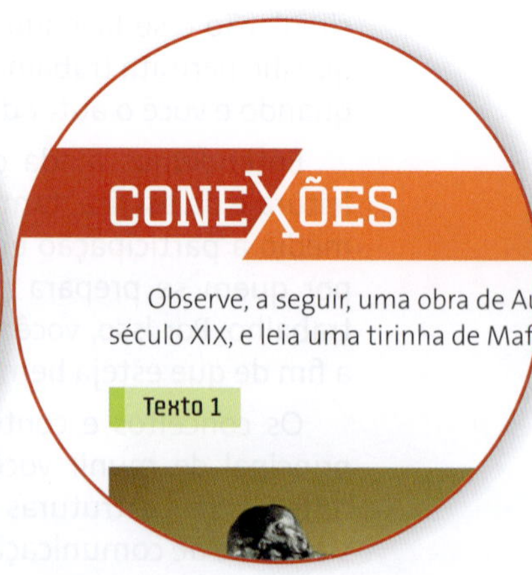

ENTRE SABERES

Nesta seção, o aluno lê um conjunto de textos interdisciplinares que situam a estética literária do ponto de vista histórico, filosófico, econômico, político e de outras manifestações artísticas do período.

ENTRE TEXTOS

Esta seção promove um estudo comparado entre textos de períodos diferentes que apresentam um mesmo tema ou uma relação intertextual.

CONEXÕES

Estabelece relações entre as concepções estético-literárias do período estudado com um texto de outra linguagem, como a canção, o quadrinho, o cartum, a pintura e a escultura.

PÁGINA DE ABERTURA DE CAPÍTULO

Apresenta uma imagem e um texto relacionado com o conteúdo de literatura.

NOME DO CAPÍTULO

Inicia-se sempre pela literatura, seguida de gramática e produção de textos.

FOCO NO TEXTO

Leitura e análise de textos representativos do assunto a ser trabalhado, com a finalidade de examinar os temas, os procedimentos formais e as características de cada período literário, tópico gramatical ou gênero, tendo em vista a frente trabalhada.

FOCO NA IMAGEM

Cada período da literatura é iniciado por **Foco na imagem**, seção em que o aluno toma contato com aquela estética literária por meio da leitura e interpretação de uma obra de arte, ampliando sua capacidade de leitura de texto não verbal.

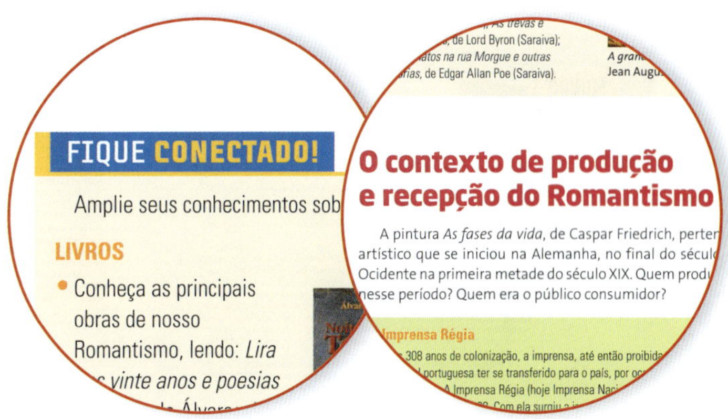

FIQUE CONECTADO

Esta seção reúne sugestões de outros objetos culturais relacionados com o período em estudo: filmes, livros, músicas, *sites*, museus, igrejas, etc.

O CONTEXTO DE PRODUÇÃO E RECEPÇÃO

Nesta seção, examina-se o fenômeno literário do ponto de vista da situação de produção, ou seja, quem eram os agentes culturais na época e quem era o público leitor da literatura produzida nesse período.

LÍNGUA E LINGUAGEM

É a parte de gramática do capítulo. Geralmente, inicia-se com o estudo de um texto (seção **Foco no texto**), por meio do qual se explora o conceito de forma contextualizada.

PRODUÇÃO DE TEXTO

Inicia-se pelo estudo do gênero textual, a fim de que o estudante conheça seus elementos constitutivos essenciais.

REFLEXÕES SOBRE A LÍNGUA

Apresentação da parte teórica e conceitual do assunto em estudo.

TEXTO E ENUNCIAÇÃO

Nesta seção, o aluno analisa textos, do ponto de vista discursivo, nos quais o conceito gramatical estudado foi utilizado.

HORA DE ESCREVER

Apresentação das propostas de produção para o estudante escrever.

ANTES DE ESCREVER/ ANTES DE PASSAR A LIMPO

Orientações para escrever e revisar o texto.

MUNDO PLURAL

Seção que pode surgir em qualquer uma das frentes da disciplina – literatura, gramática ou produção de textos – e que relaciona os conteúdos trabalhados no capítulo com as questões cotidianas do mundo contemporâneo, como ética, consumo, meio ambiente, etc.

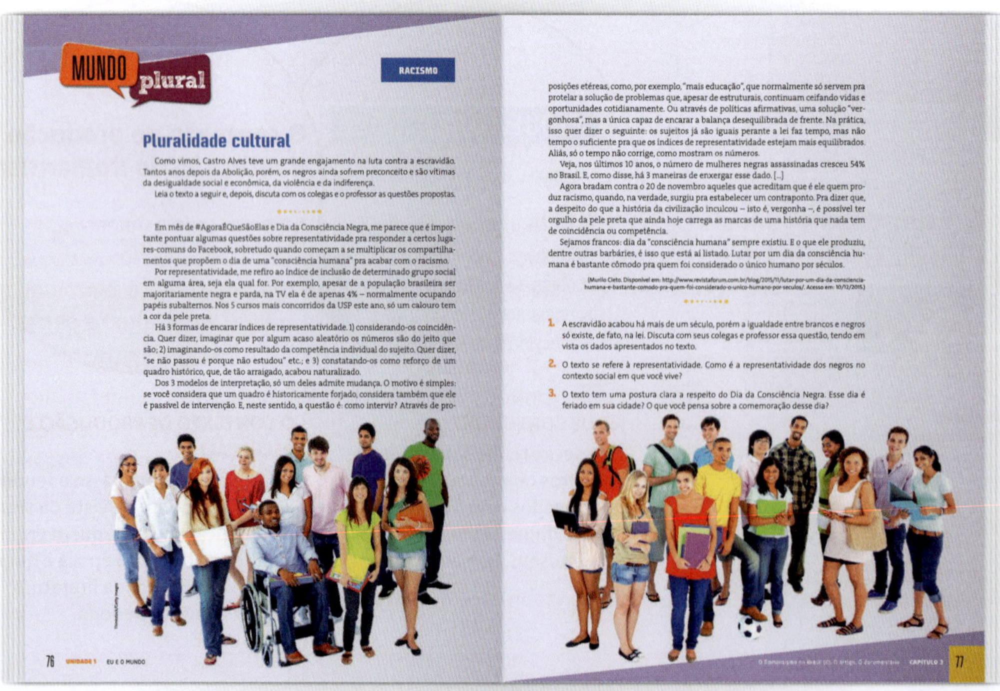

POR DENTRO DO ENEM E DO VESTIBULAR

Organizada em duas subseções, apresenta a resolução de uma questão do Enem (**Enem em contexto**) e reúne questões das provas do Enem e dos principais vestibulares (**Questões do Enem e do vestibular**).

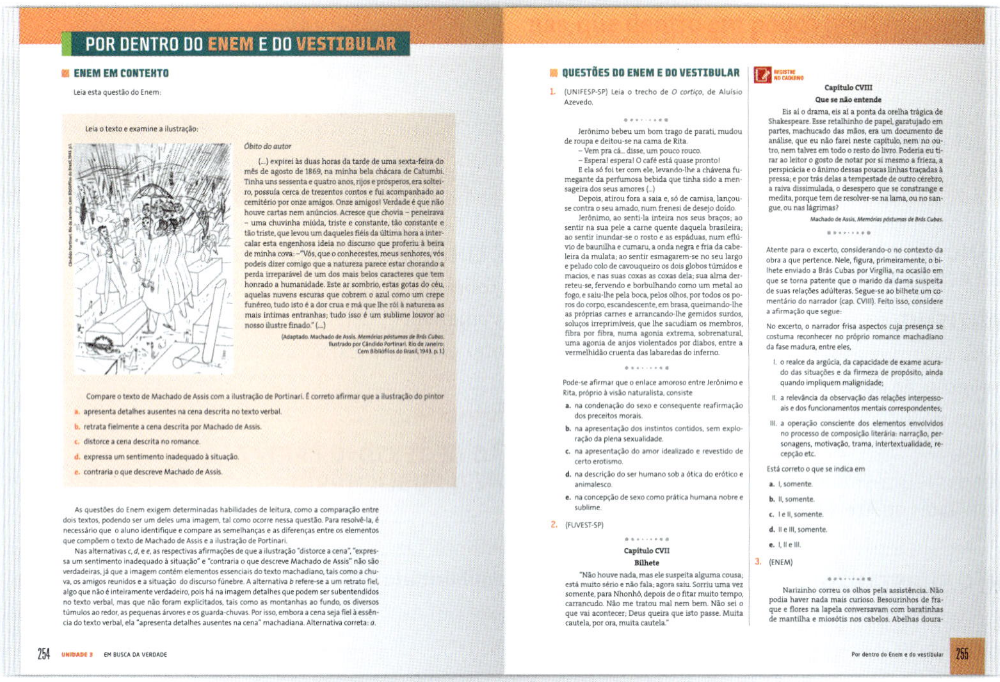

PROJETO

Encerramento do projeto de produção textual anunciado na abertura da unidade e desenvolvido ao longo dos capítulos. São saraus, feiras culturais, debates, produção de livros e revistas, etc.

SUMÁRIO

UNIDADE 1 EU E O MUNDO

Nelson Provazi

UNIDADE

2 O TEMPO DE CADA UM

Nelson Provazi

UNIDADE

3 EM BUSCA DA VERDADE

Nelson Provazi

UNIDADE 4

PALAVRA E MÚSICA

Apêndice

UNIDADE

1 EU E O MUNDO

The Museum of Fine Arts, Boston, Estados Unidos

O navio negreiro (1840), de Joseph M. William Turner. A tela tem como tema um fato histórico: o navio negreiro *Zong*, superlotado, transportava mais de 400 escravos da África para a Jamaica. Doenças começaram a se disseminar e a provocar grande número de mortes. O capitão do navio decidiu, então, lançar ao mar parte dos escravos e cobrar depois uma indenização pelos mortos. Mais de uma centena de escravos morreu nessa viagem.

PROJETO

MOSTRA DE CINEMA - MEMÓRIAS EM DOCUMENTÁRIO

Participe, com toda a classe, da realização de uma *mostra* sobre cinema. Nela, você e seus colegas apresentarão documentários que produziram na unidade e farão a exposição dos relatos e roteiros que deram origem a eles.

Relatos

Quando eu tinha 5 anos, minha mãe sempre me dizia que a felicidade é a chave para a vida. Quando eu fui para a escola, me perguntaram o que eu queria ser quando crescesse. Eu escrevi: "Feliz". Eles disseram que eu não tinha entendido a pergunta, e eu lhes disse que eles não entendiam a vida.

(John Lennon)

© Bettmann/Corbis/Latinstock

Os nomes dos bichos não são os bichos.
Os bichos são:
Macaco gato peixe cavalo vaca elefante baleia galinha.

Os nomes das cores não são as cores.
As cores são:
Preto azul amarelo verde vermelho marrom.

Os nomes dos sons não são os sons.
Os sons são.
[...]

(Arnaldo Antunes. "Nome não". © Rosa Celeste/Universal Music.)

[...] Destruamos as teorias, as poéticas e os sistemas.
Derrubemos este velho gesso que mascara a fachada da arte! Não há regras nem modelos; ou antes, não há outras regras senão as leis gerais da natureza que plainam sobre toda a arte, e as leis especiais que, para cada composição, resultam das condições de existência próprias para cada assunto. [...]
O poeta, insistamos neste ponto, não deve, pois, pedir conselho senão à natureza, à verdade, e à inspiração, que é também uma verdade e uma natureza.

(Victor Hugo. "Do grotesco e do sublime". In: *Cromwell*. São Paulo: Perspectiva, s. d. p. 57.)

CAPÍTULO

1 Romantismo
O substantivo
O relato de experiências vividas

LITERATURA

O Romantismo

FOCO NA IMAGEM

Observe a tela a seguir, do pintor romântico alemão Caspar Friedrich.

As fases da vida (1835).

Museum der Bildenden Kunste, Leipzig, Alemanha

Friedrich pintando em seu estúdio (1811), de Georg Fririch Kersting/Kunsthale, Hamburg, Alemanha

Caspar David Friedrich

Caspar Friedrich (1774-1840) foi pintor, gravurista, desenhista e escultor. Considerado o mais importante representante da pintura romântica alemã, fixou em suas telas paisagens que primam pelo simbolismo, pela espiritualidade e pela reflexão filosófica.

Seu ponto de vista sobre a relação do artista com a natureza constituiu uma novidade em relação à tradição artística. "Fecha teu olho corpóreo para que possas, antes, ver tua pintura com o olho do espírito. Então traz para a luz do dia o que viste na escuridão, para que a obra possa repercutir nos outros de fora para dentro", aconselhava aos pintores.

1. O local retratado é uma praia do mar Báltico, próxima de Greifswald, cidade em que nasceu o pintor, situada no nordeste da Alemanha.

a. Quantas pessoas aparecem na tela?

b. Que idade elas aparentam ter?

2. A tela foi pintada por Caspar Friedrich cinco anos antes de sua morte. Segundo especialistas, as duas crianças retratadas são seu filho Gustav Adolf e sua filha Agnes Adelheid; a garota mais velha, provavelmente, é sua filha Emma; o homem de cartola, seu sobrinho Johann Heinrich.

a. Conclua: Quem possivelmente é o homem que está de costas para o observador? Justifique sua resposta.

b. Que relação as personagens têm com o título da obra?

3. Observe os barcos que há na tela. Note que alguns ainda estão em águas rasas, iniciando a viagem.

a. Ao todo, quantos são os barcos?

b. Em relação à praia, como os barcos se posicionam?

c. O número de barcos coincide com o número de personagens retratadas?

4. Considerando a hipótese de que a tela seja uma alegoria e cada personagem corresponda a um barco, responda:

a. O que é a viagem que cada barco faz?

b. Que relação existe entre a distância a que os barcos estão da praia e a fase de vida das personagens?

c. Qual é o tema central da pintura?

5. Observe o céu e a luz que se veem na pintura. No Romantismo, a natureza tem um papel especial: o de traduzir os estados de alma do artista.

a. Que momento do dia é retratado? Que relação esse momento tem com o tema central da pintura?

b. Segundo Friedrich, o artista deve pintar não só o que vê diante de si, mas também o que vê dentro de si. A tela confirma esse ponto de vista?

6. Friedrich é tido como o principal pintor do Romantismo alemão. Considere os seguintes traços da estética romântica e indique, em seu caderno, quais deles podem ser identificados na tela em estudo.

- subjetivismo
- sentimentalismo
- estado de alma melancólico
- interesse por temas históricos
- presença da natureza, que interage com o artista
- nacionalismo e interesse pelas origens
- interesse pelo tema da morte
- valorização da cultura popular

REGISTRE NO CADERNO

Flâmula sueca

O menino retratado na tela As *fases da vida*, de Caspar Friedrich, segura uma flâmula sueca. Greifswald, a cidade natal do pintor, pertenceu ao ducado da Pomerânia até 1630, quando a região passou a pertencer à Suécia. Em 1815, contudo, a Pomerânia foi cedida à Prússia, que hoje integra a Alemanha.

Friedrich considerava-se meio sueco e meio prussiano.

Museum der Bildenden Kunste, Leipzig, Alemanha

FIQUE CONECTADO!

Amplie seus conhecimentos sobre o Romantismo, pesquisando em:

LIVROS

Editora Nova Alexandria

- Conheça as principais obras de nosso Romantismo, lendo: *Lira dos vinte anos e poesias diversas*, de Álvares de Azevedo (Ática); *Noite na taverna*, de Álvares de Azevedo, em versão integral (Nova Alexandria) e adaptada para quadrinhos por Reinaldo Seriacopi (Ática); *O navio negreiro e outros poemas*, de Castro Alves (Saraiva); *O guarani* e *Lucíola*, de José de Alencar, e *Memórias de um sargento de milícias*, de Manuel Antônio de Almeida, publicadas por diferentes editoras. Conheça também as adaptações da obra *Memórias de um sargento de milícias* para quadrinhos publicadas pelas editoras Scala e Ibep.

Europa Filmes

- Saiba mais sobre o Romantismo, lendo: *Romantismo*, de Adilson Citelli (Ática); *A vida literária no Brasil durante o Romantismo*, de Ubiratan Machado (Tinta Negra); *Dias e Dias*, uma biografia de Gonçalves Dias por Ana Miranda (Companhia das Letras); *As trevas e outros poemas*, de Lord Byron (Saraiva); *Assassinatos na rua Morgue e outras histórias*, de Edgar Allan Poe (Saraiva).

FILMES

- *Castro Alves – Retrato falado do poeta*, de Silvio Tendler; *Carlota Joaquina*, de Carla Camurati; *Oliver Twist*, de Roman Polanski; *Amistad*, de Steven Spielberg; *O morro dos ventos uivantes*, de Peter Kominsky; *Os miseráveis*, de Victor Hugo, na versão de Tom Hooper e na de Bille August; *Amor e inocência*, de Julian Jarrold; *Sombras de Goya*, de Milos Forman.

MÚSICAS

- Ouça composições dos músicos românticos Schumann, Mendelssohn, Chopin, Berlioz, Liszt, Beethoven e Wagner. Conheça as canções da MPB que dialogam com a tradição romântica, como "Românticos", de Vander Lee; "Vampiro", de Jorge Mautner; "Você é linda", de Caetano Veloso; "Um amor puro", de Djavan; "O que eu também não entendo", de Jota Quest. Ouça também a declamação que Caetano Veloso faz do poema "O navio negreiro", no CD *Livro*.

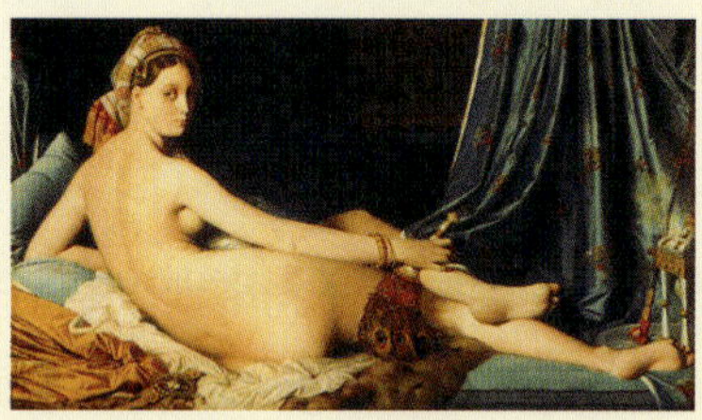

Museu do Louvre, Paris, França

A grande odalisca (1814), de Jean Auguste Dominique Ingres.

PINTURAS

- Conheça a obra dos pintores românticos Delacroix, Turner, Constable, Ingres e Goya.

OBRAS ARQUITETÔNICAS

- Dois estilos arquitetônicos diferentes se destacaram no período romântico: o neoclassicismo e o neogótico. Conheça o estilo neogótico romântico brasileiro, visitando a Catedral de Caxias do Sul (RS), a Catedral de São Paulo (SP), a Catedral de Santos (SP) e a Catedral São João Batista, em Santa Cruz do Sul (RS). Conheça também o neoclássico romântico brasileiro, visitando a Escola Normal do Rio de Janeiro (RJ) e a Escola Estadual D. Pedro II, em Belo Horizonte (MG).

SITES

- As obras dos principais escritores românticos brasileiros, como José de Alencar, Manuel Antônio de Almeida, Gonçalves Dias, Álvares de Azevedo, Castro Alves e outros, são de domínio público e podem ser baixadas em: http://www.dominiopublico.gov.br/pesquisa/PesquisaObraForm.do?select_action=&co_autor=45

Na seção **Conexões**, na página 75, você vai ler uma história em quadrinhos, de Charles Schulz, que explora sentidos relacionados à palavra *romance*.

O contexto de produção e recepção do Romantismo

A pintura *As fases da vida*, de Caspar Friedrich, pertence ao Romantismo, movimento artístico que se iniciou na Alemanha, no final do século XVIII, e se difundiu por todo o Ocidente na primeira metade do século XIX. Quem produzia literatura romântica no Brasil nesse período? Quem era o público consumidor?

A Imprensa Régia

Após 308 anos de colonização, a imprensa, até então proibida no Brasil, foi oficializada nos primeiros meses após a família real portuguesa ter se transferido para o país, por ocasião da iminente invasão de Portugal por tropas de Napoleão Bonaparte. A Imprensa Régia (hoje Imprensa Nacional) foi estabelecida no Rio de Janeiro, por decreto de D. João VI, em 13 de maio de 1808. Com ela surgiu a imprensa brasileira, e em suas máquinas foi impressa a primeira edição do primeiro jornal no país, a *Gazeta do Rio de Janeiro*, que circulou em 10 de setembro de 1808.

No selo comemorativo reproduzido ao lado, observa-se, à direita, a fachada do prédio sede da Imprensa Régia; ao fundo, a primeira página da primeira edição da *Gazeta do Rio de Janeiro* e, à esquerda, a prensa manual utilizada pelo escritor Machado de Assis quando foi aprendiz de tipógrafo.

Selo comemorativo de 200 anos da Imprensa Nacional.

Correios Brasil

Os meios de circulação

No Brasil, a transferência da corte portuguesa para o Rio de Janeiro, em 1808, e a Proclamação da Independência, em 1822, acarretaram grandes mudanças culturais ao longo do século XIX. A instalação da imprensa promoveu a circulação de jornais, de revistas e de livros, surgiram livrarias, gabinetes de leitura, teatros, escolas e as primeiras faculdades, como a de Medicina, em Salvador, e a de Direito, em Olinda e em São Paulo. Nesse contexto, os autores românticos provinham, em sua maioria, de famílias abastadas do campo ou eram filhos de comerciantes e bacharéis, e seu público leitor era constituído de uma reduzida elite cultural burguesa, formada sobretudo por estudantes, funcionários da burocracia e mulheres.

Os autores românticos foram importantes não apenas por participarem da afirmação da nacionalidade brasileira após a Independência, mas também por promoverem um amadurecimento literário e cultural no país, seja pelos esforços de produzir uma literatura nova, brasileira, seja pelo trabalho de reflexão estética e crítica em relação à obra literária.

A paisagem brasileira

O pintor, caricaturista e escritor Manuel de Araújo Porto-Alegre retrata na tela abaixo a natureza brasileira, eleita no período romântico como um dos símbolos de nacionalidade.

Museu Júlio de Castilhos, Porto Alegre, RS

Selva brasileira (c. 1831-1837), de Manuel de Araújo Porto-Alegre.

O Romantismo em contexto

Os movimentos artísticos e literários expressam visões de mundo que são marcadas por uma série de fatores, entre os quais figuram os valores vigentes, o pensamento filosófico, as estruturas econômicas, a forma política e a organização da sociedade. Eis a perspectiva do estudioso Luiz Roncari, a propósito do movimento artístico e literário romântico:

> O Romantismo, enquanto visão de mundo, foi uma reação aos valores éticos e intelectuais ilustrados e clássicos, assim como aos fatos históricos mais marcantes da virada do século XVIII para o XIX: a Revolução Francesa, a Revolução Industrial e a política napoleônica. Nesse sentido, a visão de mundo romântica surge mais como uma reação ao novo do que como a proposição de algo novo. Todo valor que ela elege é sempre em oposição a outro que pretende negar. À razão, o Romantismo opôs o sentimento, à mente o coração, à ciência a arte e a poesia, ao materialismo o espiritualismo, à objetividade a subjetividade, à filosofia ilustrada o cristianismo, ao corpo e à matéria o espírito, ao dia a noite, ao preciso o impreciso, ao equilíbrio a expansão e o entusiasmo, à vida social ampla a comunhão restrita de gênios e eleitos, aos valores universais os particulares e exóticos, ao estático e permanente movimento, ao estável o instável etc. Seria infindável enumerar todas as inversões e negações que a visão romântica opôs às forças desencadeadas pelas duas grandes revoluções, a francesa e a industrial.
>
> (Luiz Roncari. *Literatura brasileira – Dos primeiros cronistas aos últimos românticos*. São Paulo: Edusp, 2014. p. 297.)

A interioridade

A pintura de Füssli é considerada romântica por se voltar para a interioridade humana, retratando estados de alma, sonhos e pesadelos. Na pintura em destaque, a postura da figura feminina sugere ensimesmamento e mergulho em sentimentos de dor, abandono, angústia, medo, frustração, etc.

Kunsthaus Graz, Áustria

Silêncio (1799-1801), de Johann Heinrich Füssli.

FOCO NO TEXTO

Você vai ler, a seguir, dois trechos do poema épico "I-Juca-Pirama" (em tupi, "O que há de ser morto"), de Gonçalves Dias.

No poema, o último descendente da tribo tupi é feito prisioneiro pelos timbiras e é dado início ao ritual antropofágico. O guerreiro, antes de receber o golpe fatal, inicia seu canto de morte, no qual narra toda a sua bravura e revela que tem um pai cego e doente e pede para ser libertado a fim de cuidar dele. O cacique timbira lhe concede a liberdade, e o guerreiro promete voltar logo após a morte do pai. Quando parte e encontra o pai, o ancião percebe, pelo cheiro das tintas, que o filho fora preso para o sacrifício e decide levá-lo até os timbiras para que o ritual antropofágico fosse cumprido.

VIII

"Tu choraste em presença da morte?
Na presença de estranhos choraste?
Não descende o cobarde do forte;
Pois choraste, meu filho não és!
Possas tu, descendente maldito
De uma tribo de nobres guerreiros,
Implorando cruéis forasteiros,
Seres presa de vis Aimorés.

"Possas tu, isolado na terra,
Sem arrimo e sem pátria vagando,
Rejeitado da morte na guerra,
Rejeitado dos homens na paz.
Ser das gentes o espectro execrado;
Não encontres amor nas mulheres,
Teus amigos, se amigos tiveres,
Tenham alma inconstante e falaz!

[...]

"Um amigo não tenhas piedoso
Que o teu corpo na terra embalsame,
Pondo em vaso d'argila cuidoso
Arco e frecha e tacape a teus pés!
Sê maldito, e sozinho na terra;
Pois que a tanta vileza chegaste,
Que em presença da morte choraste,
Tu, cobarde, meu filho não és."

Rita Barreto

IX

Isto dizendo, o miserando velho
A quem Tupã tamanha dor, tal fado
Já nos confins da vida reservara,
Vai com trêmulo pé, com as mãos já frias
Da sua noite escura as densas trevas
Palpando. — Alarma! alarma! — O velho para
O grito que escutou é a voz do filho,
Voz de guerra que ouviu já tantas vezes
Noutra quadra melhor. — Alarma! alarma!
— Esse momento só vale apagar-lhe
Os tão compridos transes, as angústias,
Que o frio coração lhe atormentaram
De guerreiro e de pai: — vale, e de sobra.
Ele que em tanta dor se contivera,
Tomado pelo súbito contraste,
Desfaz-se agora em pranto copioso,
Que o exaurido coração remoça.

A taba se alborota, os golpes descem,
Gritos, imprecações profundas soam,
Emaranhada a multidão braveja,
Revolve-se, enovela-se confusa,
E mais revolta em mor furor se acende.
E os sons dos golpes que incessantes fervem.
Vozes, gemidos, estertor de morte
Vão longe pelas ermas serranias
Da humana tempestade propagando
Quantas vagas de povo enfurecido
Contra um rochedo vivo se quebravam.

Era ele, o Tupi; nem fora justo
Que a fama dos Tupis — o nome, a glória,
Aturado labor de tantos anos,
Derradeiro brasão da raça extinta,
De um jacto e por um só se aniquilasse.
— Basta! clama o chefe dos Timbiras,
— Basta, guerreiro ilustre! assaz lutaste,
E para o sacrifício é mister forças. —

O guerreiro parou, caiu nos braços
Do velho pai, que o cinge contra o peito,
Com lágrimas de júbilo bradando:
"Este, sim, que é meu filho muito amado!
"E pois que o acho enfim, qual sempre o tive,
"Corram livres as lágrimas que choro,
"Estas lágrimas, sim, que não desonram."

(In: *Gonçalves Dias*. Seleção de textos, notas, estudo biográfico, histórico e crítico e exercícios por Beth Brait. São Paulo: Abril, 1982. p. 53-5. Literatura Comentada.)

Aimorés: inimigos da tribo tupi.
alarma: grito para chamar às armas.
alborotar: alvoroçar, agitar.
assaz: muito, bastante.
cingir: agarrar, abraçar.
estertor: agonia.
exaurido: esgotado, exausto.
falaz: enganador.
imprecação: impropério, xingamento.
mister: necessário, preciso.
Tupã: na mitologia dos índios tupis, deus do trovão, cultuado como divindade suprema.
vaga: multidão.

1. As estrofes do canto VIII descrevem a reação do ancião tupi diante de seu filho e da tribo dos timbiras.

a. Qual é essa reação? Justifique sua resposta com elementos do texto.

b. Por que o pai reage dessa forma? Justifique sua resposta com elementos do texto.

2. Em outra parte do poema, no canto IV, no início do ritual antropofágico, o guerreiro tupi canta assim seu canto de morte:

"Então, forasteiro,
Cai prisioneiro
De um troço guerreiro
Com quem me encontrei:
O cru dessossego
Do pai fraco e cego,
Enquanto não chego,
Qual seja, – dizei!

Eu era o seu guia
Na noite sombria,
A só alegria
Que Deus lhe deixou:
Em mim se apoiava,
Em mim se firmava,
Em mim descansava,
Que filho lhe sou."

(In: *Gonçalves Dias*, cit.)

Logo em seguida, ele chora e pede que lhe poupem a vida. De acordo com os versos acima, qual foi o motivo de o guerreiro tupi ter pedido clemência aos timbiras? Justifique sua resposta com elementos do texto.

3. O canto IX retrata a atitude do jovem guerreiro tupi ao ver que o pai não tinha compreendido o motivo de seu retorno.

a. Qual é essa atitude? O que ela revela? Justifique sua resposta com elementos do texto.

b. No final do canto IX, o ancião chora e afirma: "Estas lágrimas, sim, que não desonram". Por que, nesse contexto, tais lágrimas não desonram?

c. Conclua: De acordo com o canto IX, pode-se dizer que o jovem guerreiro será levado ao sacrifício? Justifique sua resposta com elementos do texto.

Rousseau e a crítica à sociedade

O que distingue Rousseau e o transforma em fonte inspiradora da escola romântica é o seu profundo pessimismo no tocante à sociedade e à civilização. Ele não acredita nem em uma nem em outra, estabelecendo o postulado de uma natureza humana primitiva, que vai sendo corrompida pela cultura. Mas não só ela, como também a propriedade, fonte de desigualdade entre os homens, contribuem para que o ser originalmente puro e inocente se perverta no contexto da civilização e da sociedade. [...] Daí ressalta, evidentemente, a imagem do bom selvagem, do ser íntegro e primitivo, que deve figurar como ideal para o homem corrompido pela sociedade.

(A. Rosenfeld e J. Guinsburg, org. "Romantismo e Classicismo". In: *O Romantismo*. São Paulo: Perspectiva, 2005. p. 266.)

Biblioteca Municipal Mário de Andrade, São Paulo

Grupo Camacã na floresta (1825-1826), de J. Lips e Maximilian Wied-Newied.

LITERATURA

4. A poesia de Gonçalves Dias expressa um novo ponto de vista a respeito do indígena. Diferentemente de toda a literatura anterior, em que prevalecia a visão que o branco tinha a respeito dos povos nativos, o poeta romântico buscou dar voz ao índio, mostrando-o pela perspectiva dos seus próprios valores e da sua própria cultura. De acordo com o poema em estudo, que valores o indígena associa ao ritual antropofágico?

5. Um dos traços importantes do Romantismo é o nacionalismo e a busca das raízes nacionais. Enquanto na Europa essas raízes foram buscadas na Idade Média, no Brasil, uma nação recém-independente, os primeiros poetas românticos elegeram o índio, a fauna e a flora como elementos fundadores de nossa nacionalidade.

REGISTRE NO CADERNO

a. No poema de Gonçalves Dias, o herói indígena, como representante de nossas raízes, destaca-se por quais valores e sentimentos?

b. A valorização da figura do índio pelos escritores românticos europeus, por influência de Rousseau, está presente também no Romantismo brasileiro. Leia o boxe "Rousseau e a crítica à sociedade" e identifique no herói do poema "I-Juca-Pirama" elementos relacionados ao mito do bom selvagem.

Agora, leia o seguinte poema de Álvares de Azevedo.

A T...

No amor basta uma noite para fazer de um homem um Deus.

Propércio

Amoroso palor meu rosto inunda,
Mórbida languidez me banha os olhos,
Ardem sem sono as pálpebras doridas,
Convulsivo tremor meu corpo vibra:
Quanto sofro por ti! Nas longas noites
Adoeço de amor e de desejos
E nos meus sonhos desmaiando passa.
A imagem voluptuosa da ventura...
Eu sinto-a de paixão encher a brisa,
Embalsamar a noite e o céu sem nuvens,
E ela mesma suave descorando
Os alvacentos véus soltar do colo,
Cheirosas flores desparzir sorrindo
    Da mágica cintura.
Sinto na fronte pétalas de flores,
Sinto-as nos lábios e de amor suspiro.
Mas flores e perfumes embriagam,
E no fogo da febre, e em meu delírio
Embebem na minh'alma enamorada
    Delicioso veneno.

[...]

Ah! vem, pálida virgem, se tens pena
De quem morre por ti, e morre amando,
Dá vida em teu alento à minha vida,
Une nos lábios meus minh'alma à tua!
Eu quero ao pé de ti sentir o mundo

Ashmolean Museum, University of Oxford, Inglaterra

Ofélia (1863-1864), de Arthur Hughes.

Na tu'alma infantil; na tua fronte
Beijar a luz de Deus; nos teus suspiros
Sentir as virações do paraíso;
E a teus pés, de joelhos, crer ainda
Que não mente o amor que um anjo inspira,
Que eu posso na tu'alma ser ditoso,
Beijar-te nos cabelos soluçando
E no teu seio ser feliz morrendo!

colo: região do corpo compreendida pelo pescoço e pelos ombros; regaço.
desparzir: espalhar, distribuir.
ditoso: feliz, afortunado.
dorido: que sente dor.
embalsamar: perfumar; tratar um cadáver com substâncias que evitam sua decomposição.
languidez: lentidão; falta de vigor.
palor: palidez muito grande.
viração: vento suave, brisa.
voluptuoso: sensual, libidinoso.

(In: *Álvares de Azevedo*. Seleção de textos, notas, estudo biográfico, histórico e crítico por Bárbara Heller, Luís Percival Leme de Brito, Marisa Philbert Lajolo. São Paulo: Abril, 1982. p. 21-2. Literatura Comentada.)

6. Na poesia do Romantismo, diferentemente do que se observa na estética árcade, o emprego dos elementos formais (métrica, rimas, ritmo, imagens, elementos estilísticos) tem relação com o estado emocional do poeta, e não com regras meramente convencionais.

a. Faça a escansão dos primeiros versos do poema de Álvares de Azevedo e responda: Há regularidade métrica nesse poema? Justifique sua resposta.

b. Como as estrofes estão organizadas quanto ao número de versos?

c. Há um esquema de rimas no poema?

7. Um dos procedimentos habituais dos poetas românticos é a introspecção, ou seja, a exploração do mundo interior; por isso, muitas das produções românticas são marcadas pelo subjetivismo, pelo sentimentalismo e pelo egocentrismo.

REGISTRE NO CADERNO

a. Nos primeiros versos do poema de Álvares de Azevedo, o eu lírico descreve seu estado físico. Como é esse estado?

b. O que leva o eu lírico a ter essas sensações? Justifique sua resposta com elementos do texto.

c. Ao voltar-se para seu mundo interior, o eu lírico mergulha em um estado de sonho e devaneio. De acordo com a primeira estrofe, o que esse estado propicia ao eu lírico? Justifique sua resposta com elementos do texto.

8. A figura feminina foi abordada nos textos românticos de variadas formas. Identifique no poema em estudo dois trechos em que a mulher é retratada como:

a. pura e inocente;

b. identificada com os elementos da natureza;

c. capaz de colocar o eu lírico em contato com o divino e com a suprema felicidade.

9. O amor é um tema muito explorado no Romantismo. Entre os itens a seguir, indique em seu caderno o que não corresponde à concepção de amor observada no poema.

I. A predominância de elementos diáfanos e leves, como a noite embalsamada, a brisa, os "alvacentos véus" e a imagem pura e incorpórea da amada, expressa uma ideia de amor sublime, não realizado fisicamente.

II. O sentimento amoroso relaciona-se à ideia de transcendência e, por isso, a morte é algo desejável: ao morrer, o eu lírico pode perder sua natureza física e material e adquirir, como a imagem da mulher amada, uma essência espiritual.

III. A sensualidade da mulher, expressa no verso "A imagem voluptuosa da ventura...", e o desejo ardente do eu lírico ("no fogo da febre", "Delicioso veneno") sugerem um amor erótico, corpóreo e possível de se realizar concretamente.

10. A atração pela morte, expressa em descrições mórbidas de figuras humanas, em cenários lúgubres, em ambientes noturnos e no desejo de morrer, é um dos temas românticos. No texto em estudo, como a atração pela morte se apresenta? Justifique sua resposta com elementos do texto.

Staalice Schlosser und Garten, Schloss Charlottenburg, Berlim, Alemanha

Abadia no carvalhal (1809-1810), de Caspar David Friedrich.

11. No Classicismo e no Neoclassicismo, são comuns referências a deuses da mitologia greco-latina. Observe estes versos do poema de Álvares de Azevedo:

"Na tu'alma infantil; na tua fronte
Beijar a luz de Deus; nos teus suspiros
Sentir as virações do paraíso;"

Esses versos se referem a deuses da mitologia greco-latina ou à divindade do cristianismo?

REGISTRE NO CADERNO

ARQUIVO

Por meio da leitura de textos de Gonçalves Dias e Álvares de Azevedo, você viu que, no Romantismo:

- predominam o sentimento e a subjetividade do poeta e, como consequência desse voltar-se para si, o subjetivismo, o sentimentalismo e o egocentrismo, assim como a fantasia, os sonhos e os devaneios;
- há a valorização da nacionalidade e, portanto, das raízes históricas nacionais; o índio, a fauna e a flora, elementos também valorizados pelo Romantismo europeu, foram eleitos como os representantes da nacionalidade brasileira;
- a mulher é retratada de diferentes maneiras: associada a figuras incorpóreas e assexuadas (virgem, criança, anjo, etc.) ou a elementos da natureza (brisa, flores, etc.), com os quais pode chegar a ser confundida; e como uma figura capaz de colocar o eu lírico em contato com o divino ou a suprema felicidade;
- o amor é idealizado apresentando um caráter sublime e transcendental;
- há a presença da religiosidade e de elementos da tradição cristã;
- há a atração pela morte, expressa por meio de descrições mórbidas e pela manifestação do desejo de morrer;
- os elementos formais, como a métrica, o ritmo e as rimas, e os estilísticos têm relação com o estado emocional do poeta, o que pode resultar em poemas desprovidos de regularidade quanto a rimas, ritmo e métrica.

ENTRE **SABERES**

FILOSOFIA • HISTÓRIA E LITERATURA

No século XIX, quais foram as consequências da Revolução Industrial para os trabalhadores? Que sentimentos as invasões napoleônicas despertaram na Europa? De que modo Rousseau influenciou os poetas românticos? Como foi o despertar da nossa nacionalidade?

Para refletir sobre essas questões, leia os textos a seguir.

Retrato de Lord Byron, de Thomas Philipps (1770-1845).

The Bridgeman Art Library/Keystone Brasil/Coleção particular

O homem e as máquinas

Que poderiam fazer os trabalhadores para melhorar sua sorte? Que teria feito o leitor? Suponhamos que tivesse ganho a vida razoavelmente fazendo meias a mão. Suponhamos que presenciasse a construção de uma fábrica, com máquinas, que dentro em pouco produzissem tantas meias, a preços tão baratos que o leitor tivesse cada vez mais dificuldade em ganhar mais ou menos sua vida, até ficar à beira da fome. Naturalmente pensaria nos dias anteriores à máquina, e o que fora então apenas um padrão de vida decente lhe pareceria luxuoso, em sua imaginação. Olharia à sua volta, e estremeceria com a pobreza que estava atravessando. Perguntaria a si mesmo a causa, como já teria feito mil vezes, chegando à mesma conclusão – a máquina. Foi a máquina que roubou o trabalho dos homens e reduziu o preço das mercadorias. A máquina – eis o inimigo.

Quando os homens desesperados chegavam a essa conclusão, o passo seguinte era inevitável.

Destruir as máquinas.

Máquinas de tecer renda, de tecer meias, máquinas de fiar – todas as máquinas que pareciam a certos trabalhadores em certos lugares terem provocado a miséria e a fome – foram destruídas, esmagadas ou queimadas. [...]

É fácil imaginar o resultado dessa violência. [...] Os homens que eram donos das máquinas agiram com rapidez. Recorreram à lei. [...] Em 1812 o Parlamento aprovou uma lei tornando passível de pena de morte a destruição das máquinas. Mas antes da aprovação da lei, durante os debates, um membro da Câmara dos Lordes fez seu discurso inaugural, opondo-se à medida. Lembrou aos legisladores que a causa da destruição das máquinas fora a destruição dos homens: "Mas embora devamos admitir que esse mal existe em proporções alarmantes, não podemos negar que surgiu de circunstâncias provocadas pela miséria sem paralelo. A perseverança desses miseráveis em suas atitudes mostra que apenas a carência absoluta poderia ter levado um grupo de pessoas, antes honestas e industriosas, a cometer excessos tão prejudiciais a si, a suas famílias e à comunidade... [...]"

[...]

O nome do homem que fez esse discurso, a 27 de fevereiro de 1812, é conhecido dos leitores. Foi lorde Byron.

(Leo Huberman. *História da riqueza do homem*. Rio de Janeiro: LTC, 1986. p. 185-6.)

Lorde Byron

O poeta inglês Lorde Byron (1788-1824) foi uma das figuras mais influentes do Romantismo. Seus poemas melancólicos e quase autobiográficos, como os que integram a obra *A peregrinação de Childe Harold* (1818), inspirada na viagem do poeta ao Oriente, fizeram dele um modelo do herói romântico.

Grande defensor da liberdade e crítico da política e da sociedade de seu tempo, Byron se engajou na luta contra diversas formas de opressão.

No Brasil, o poeta inspirou a geração ultrarromântica, cujo principal representante foi Álvares de Azevedo.

As invasões napoleônicas

A reação contra as invasões dos exércitos napoleônicos também se apresentou sob forma de luta entre dois princípios: o nivelador ou universal, que visava eliminar as peculiaridades nacionais de cada povo, e o princípio da identidade nacional, que cada território invadido sentia ameaçado. A resistência militar contra as tropas francesas de Napoleão provocou o advento dos exércitos nacionais, que foram substituindo as tropas mercenárias. A participação de voluntários nas guerras de libertação da Alemanha, em 1813, serviu para aumentar o entusiasmo patriótico da população obrigada a enfrentar as tropas napoleônicas, as quais acabaram assim por dar início à unificação dos principados alemães. A Espanha de 1808 também pode servir de exemplo desse nacionalismo despertado pela invasão napoleônica, que é retratado em sua crueldade nas pinturas de Goya. A cadeia de rebeliões nacionalistas foi se estendendo por toda a Europa, atingindo outrossim a Itália e a Rússia. [...]

(Nachman Falbel. "Os fundamentos históricos do Romantismo". In: J. Guinsburg, org. *O Romantismo*. São Paulo: Perspectiva, 2005. p. 43-4.)

Os fuzilamentos de três de maio de 1808 (1814). Nessa pintura, Goya homenageou os espanhóis revoltosos fuzilados em maio de 1808 por ordem do cunhado de Napoleão, o marechal francês Joaquim Murat.

Museu do Prado, Madri, Espanha

Rousseau

O ponto de partida de Rousseau é a interioridade, um voltar-se sobre si mesmo. [...] A interioridade de Rousseau [...] é sinônimo de sentimento, e este é considerado superior à razão.

> Deixei, pois, de lado a razão e consultei a natureza, isto é, o sentimento interior, que dirige a minha crença, independentemente da razão.

O sentimento passa a ser considerado o fator básico na vida individual, pois só nele se traduz a autêntica interioridade do homem. A razão não só é inferior, mas depende do sentimento. A profissão de fé de Emílio diz:

> Sentimos necessariamente antes de conhecer; [...] os atos de consciência não são juízos, mas sentimentos; ainda que todas as nossas ideias nos venham de fora, os sentimentos que as apreciam estão dentro de nós.

Emílio: personagem da obra *Emílio, ou da educação*, de Rousseau.

Só através dos sentimentos é que as ideias e o mundo racional podem adquirir sentido, podem de fato ser apreciados, porque o sentimento é a medida da interioridade do homem. No sentir, no viver-se, o homem é de fato ele mesmo desde as suas raízes, espontânea e livremente.

(Gerd Bornheim. "Filosofia do Romantismo". In: J. Guinsburg, org. *O Romantismo*, cit., p. 80-1.)

A Independência do Brasil

A independência política do país, em 1822, com a ruptura dos laços coloniais com Portugal e a organização de uma nação independente, tinha sido o fato mais decisivo para a emergência de uma consciência nacional. [...]

A cultura geral da época, romântica por excelência, estava voltada, por um lado, para a valorização das particularidades, como a terra natal, as características regionais e a afirmação nacional; e, por outro, para a crítica da civilização urbano-burguesa europeia. Disso resultava a valorização do Novo Mundo, cujas populações indígenas, vivendo em grandes espaços de florestas selvagens, eram idealizadas e vistas com bons olhos. Tais aspectos da cultura da época ou do "espírito do tempo" – muito acentuados depois da derrota de Napoleão e da sua política universalista de criar uma grande Europa sob domínio francês – contribuíram para que as elites brasileiras aceitassem o seu distanciamento do europeu em geral. Era mais importante afirmarem-se como "brasileiros" e autônomos, possuidores de uma nacionalidade própria; o que coincidia com os acontecimentos da Europa, onde cada nação procurava afirmar-se nas suas particularidades e ressaltar o que tinha de culturalmente característico.

No Brasil, essa disposição tinha uma força especial, pois entre as suas particularidades o país continha um elemento altamente promovido e valorizado pelo espírito romântico: a participação do indígena na constituição do povo [...] Além do indígena, o país era valorizado ainda pela forte presença do "mundo natural", grandes extensões de prados, rios e florestas, em oposição ao ambiente essencialmente urbano que começava a caracterizar os países europeus adiantados. [...]

(Luiz Roncari. *Literatura brasileira – Dos primeiros cronistas aos últimos românticos*, cit., p. 288-90.)

Napoleão em seu trono imperial (1806), de Ingres.

Musée de l'Armée, Paris, França

Napoleão Bonaparte

Nos últimos anos da Revolução Francesa, Napoleão Bonaparte se destacou nas campanhas militares das tropas francesas. Depois, quando se tornou imperador, invadiu e controlou quase todo o Ocidente europeu.

Agora, discuta com os colegas:

1. Assim como Byron, outros escritores românticos foram críticos em relação às consequências da Revolução Industrial para os trabalhores artesãos. De acordo com o texto de Leo Huberman, quais foram essas consequências? Como os trabalhadores reagiram a elas?

2. No século XIX, o surgimento do sentimento de nacionalismo cultivado pelos poetas românticos teve relação, entre outros fatores, com as invasões dos exércitos de Napoleão Bonaparte. De acordo com Nachman Falbel, por que essas invasões despertaram esse sentimento na Europa?

3. Rousseau foi um filósofo iluminista que exerceu grande influência entre os poetas românticos. De acordo com o texto de Gerd Bornheim, por que Rousseau considerava o sentimento superior à razão?

4. De acordo com o texto de Luiz Roncari, de que maneira a cultura romântica europeia contribuiu para a formação da consciência nacional, no Brasil, após a Independência do país?

LÍNGUA E LINGUAGEM

O substantivo

FOCO NO TEXTO

Leia os textos que seguem.

Texto 1

Talent Biz

(*Jornal da Tarde*. Disponível em: http://www.clubedecriacao.com.br/pecas/este-treco-serve-pra-voce-nunca-mais-esquecer-o-nome-daquele-coiso-7/. Acesso em: 30/9/2015.)

Texto 2

Gaturro, Nik © 2008 Nik/Dist. by Universal

(Nik. *Gaturro*. Cotia-SP: Vergara & Riba, 2008. v. 1, p. 7.)

REGISTRE NO CADERNO

1. Em relação ao texto I, responda:

a. Qual é o produto anunciado?

b. Ele é reprodução de um anúncio antigo ou atual? Justifique sua resposta.

2. Observe, no texto I, a relação entre a linguagem verbal e a linguagem não verbal.

a. O que chama a atenção no texto verbal em destaque? Justifique sua resposta com elementos do texto.

b. Que relação há entre o texto verbal em destaque e o produto anunciado?

c. Que papel as imagens cumprem na construção do anúncio?

3. A palavra *coiso* não está registrada no dicionário, e a palavra *treco* é usada para designar diferentes tipos de coisa.

a. Que palavras poderiam substituir *treco* e *coiso*, no contexto?

b. O que o anúncio ironiza ao empregar esses termos?

c. O anúncio sugere que a falta de memória linguística dos brasileiros pode ter uma causa. Qual é essa causa?

d. Que efeito o uso desses termos causa no leitor?

Gaturro, Nik © 2008 Nik/Dist. by Universal

4. Nos quadrinhos de Nik, no texto II, Gaturro está se preparando para ir à escola.

a. As palavras *avental*, *mochila*, *livros*, *estojo* e *maçã* nomeiam o quê?

b. Que nome se dá ao gênero textual em que são reunidos nomes de várias coisas?

c. Cite outras situações em que esse gênero é utilizado.

5. No último quadrinho, Gaturro constata que se esquece de levar à escola sempre a mesma coisa: a *vontade*. Que diferença há entre a palavra *vontade* e as demais palavras que Gaturro mencionou nos quadrinhos anteriores?

6. Os dois textos mostram com clareza uma das funções que as palavras têm no mundo. Qual é essa função?

REFLEXÕES SOBRE A LÍNGUA

No anúncio e na tira que você leu, fica claro o papel fundamental das palavras na relação que o ser humano tem com o mundo. As palavras são a base da linguagem e, entre outras finalidades, servem para nomear as coisas que nos cercam e, assim, contribuem para a distinção entre uma coisa e outra, bem como para a organização do mundo e das ideias.

Em nossa língua, existem várias classes de palavras. *Dicionário, avental, mochila, livros, estojo, maçã, vontade* pertencem à classe dos **substantivos**.

Do ponto de vista semântico, os substantivos podem ser conceituados assim:

> **Substantivos** são palavras que nomeiam seres, qualidades, sentimentos e processos.

O que significa *substantivo*?

Do ponto de vista etimológico, substantivo significa "o que está debaixo, na base", ou seja, é a base de tudo o que se diz.

A palavra traduz também a noção de *substância*, de essência das coisas que nomeamos.

O substantivo e os gêneros

Os substantivos estão presentes em todos os gêneros textuais, mas são essenciais em alguns, como listas, verbetes de dicionário ou enciclopédia e receitas (na parte dos ingredientes).

Do ponto de vista morfológico, os substantivos podem ser conceituados como palavras que apresentam *gênero* (masculino e feminino) e *número* (singular e plural).

Avental, estojo e *maçã* são exemplos de seres; *vontade*, de sentimento; *perseverança, interesse, honestidade*, de qualidades de seres. Palavras como *irradiação, explosão, corrida, disputa, mapeamento* e *compreensão*, que geralmente derivam de verbo, são exemplos de processos.

APLIQUE O QUE APRENDEU

Leia os seguintes versos da canção "Paratodos", de Chico Buarque de Hollanda, e responda às questões 1 e 2.

Viva Erasmo, Ben, Roberto
Gil e Hermeto, palmas para
Todos os instrumentistas
Salve Edu, Bituca, Nara
Gal, Bethania, Rita, Clara
Evoé, jovens à vista

(Disponível em: http://www.chicobuarque.com.br/construcao/mestre.asp?pg=paratodo_93.htm. Acesso em: 10/12/2015.)

1. Nessa canção, Chico Buarque faz uma homenagem a grandes nomes da música popular brasileira. Faça uma pesquisa e responda:

a. A quem se referem os nomes Ben, Hermeto, Edu, Bituca, Nara, Rita e Clara?

b. *Evoé* é uma interjeição que significa "Que bom!", "Viva!", "Bem-vindo!". Qual é o sentido do verso "Evoé, jovens à vista", no contexto?

2. Os nomes de pessoas são considerados *nomes próprios* ou *substantivos próprios*, em oposição a *substantivos comuns*, aqueles que designam os seres de maneira genérica.

a. A palavra *instrumentistas* é substantivo comum ou substantivo próprio? Por quê?

b. Por que predominam, nos versos, substantivos próprios?

Classificação dos substantivos

Tradicionalmente, as gramáticas normativas classificam os substantivos em subcategorias. Não há necessidade de memorizar esses conceitos, mas é interessante conhecê-los em caráter de informação complementar.

Do ponto de vista *semântico*, eles se classificam em:

- **comuns:** os que nomeiam seres de uma espécie, sem particularizá-los: gato, livro.
- **próprios:** os que nomeiam seres em particular, destacando-os do conjunto: Gaturro, *Dom Casmurro*.
- **concretos:** os que nomeiam seres com existência própria, que não dependem de outro ser para existir: avental, estojo.
- **abstratos:** os que nomeiam ações, qualidades, estados, sentimentos e dependem de outro ser para existir: vontade, honestidade, explosão.

Do ponto de vista da *formação das palavras*, os substantivos se classificam em:

- **primitivos:** os que dão origem a outras palavras: casa, ferro.
- **derivados:** os que derivam de outras palavras: casebre, ferreiro.
- **simples:** os que apresentam um único radical: flor, sol.
- **compostos:** os que apresentam mais de um radical: beija-flor, girassol.
- **coletivos:** os que, mesmo no singular, transmitem uma noção de agrupamento: cardume (de peixes), flora (de plantas).

Os linguistas propõem atualmente a inclusão de mais duas subcategorias:

- **contáveis:** aqueles que designam seres entre os quais não há continuidade, e um somado a outro resulta em plural: maçã(s), livro(s), mochila(s).
- **não contáveis:** aqueles que designam partes de uma substância, e uma porção somada a outra continua formando uma única porção: "Eu quero *mais* sopa"; não dizemos "Eu quero duas sopas".

Leia o cartum a seguir, de Angeli, e responda às questões de 3 a 6.

Angeli

(*Folha de S. Paulo*, 28/2/2007.)

3. Observe a personagem e as gavetas que aparecem no cartum. Note que cada gaveta é identificada por uma palavra.

a. Qual é a classe gramatical das palavras que identificam cada gaveta?

b. Que relação essas palavras têm com a vida da personagem?

4. É próprio da linguagem dos cartuns o uso da ironia e da crítica aos costumes e comportamentos sociais.

REGISTRE NO CADERNO

a. Como a personagem considera o amor?

b. Que crítica o cartum faz?

5. A classificação dos substantivos em concretos e abstratos depende sempre do contexto e de certas nuances semânticas. Indique pelo menos um substantivo do cartum que:

a. é sempre ou quase sempre abstrato;

b. é sempre ou quase sempre concreto;

c. pode ser concreto ou abstrato, dependendo do contexto; explique seu sentido em cada contexto.

6. No cartum, alguns substantivos estão no plural. Veja:

vícios
filhos
fetiches

Angeli

a. Como eles ficam, no singular?

b. Conclua: Como o plural é formado, em português?

Flexão dos substantivos

Flexão são variações de morfemas. De acordo com essa conceituação, consideramos que os substantivos apresentam flexão de gênero (masculino e feminino) e de número (singular e plural). O *grau*, visto por alguns gramáticos como caso de flexão, é tratado aqui como um caso de derivação.

Gênero

Como falante nativo da língua portuguesa, você certamente conhece a maior parte dos casos de flexão de gênero de nossa língua. E sabe que o princípio geral da flexão de gênero é o acréscimo da vogal *a* para indicar o feminino. Veja:

moço – moça
embaixador – embaixadora

Agora, no ensino médio, convém que você amplie seus conhecimentos sobre o assunto. Para isso, resolva os exercícios propostos a seguir.

APLIQUE O QUE APRENDEU

1. No português, alguns substantivos terminados em *-e* são uniformes, isto é, apresentam uma única forma para os dois gêneros; e outros são biformes, isto é, apresentam uma forma para o masculino e outra para o feminino. Considere esta lista de substantivos:

estudante	cliente	ouvinte
governante	infante	docente
habitante	hóspede	alfaiate
parente	doente	amante

a. Quais são uniformes?

b. Dê a forma feminina dos substantivos biformes.

c. Conclua: De que modo se indica o gênero dos substantivos uniformes? E de que modo se forma o feminino dos substantivos biformes terminados em *-e*?

2. Observe como se forma o feminino destes substantivos:

europeu – europeia
pigmeu – pigmeia
ateu – ateia

a. Conclua: Como se forma o feminino dos substantivos terminados em *-eu*?

b. Entre os substantivos terminados em *-eu*, *judeu* é exceção, pois seu feminino não segue a regra de formação dos que terminam assim. Qual é a forma de *judeu* no feminino?

3. Alguns substantivos formam o feminino por meio do acréscimo dos sufixos *-esa*, *-essa*, *-isa*, *-ina*, *-triz*. Usando esses sufixos, forme o feminino dos substantivos:

imperador	príncipe
poeta	cônego
conde	embaixador
profeta	jogral
maestro	czar

4. Na maioria, os substantivos terminados em *-ão* formam o feminino da mesma maneira.

a. Troque ideias com os colegas e dê o feminino dos substantivos abaixo. Se necessário, consulte dicionários ou gramáticas.

órfão	capitão	ladrão
cidadão	ermitão	peão
pavão	aldeão	sultão

b. Conclua: De que maneira se forma o feminino da maioria dos substantivos terminados em *-ão*?

O papel das mulheres na sociedade e as mudanças na língua

Nas últimas décadas, as mulheres passaram a ocupar cargos e posições que antes cabiam apenas aos homens. Com isso, a língua teve de se adaptar à nova realidade.

O feminino de *embaixador*, por exemplo, era apenas *embaixatriz*, nome correspondente à mulher daquele que ocupava o cargo diplomático. O fato de algumas mulheres terem passado a exercer tal função determinou o uso da forma *embaixadora*.

No caso de *presidente*, tanto a forma *presidente* como a forma *presidenta* podem ser aplicadas para mulheres.

Evaristo SA/AFP

Dilma Rousseff, a primeira presidenta/e da República.

REGISTRE NO CADERNO

Mulher papa?

Até hoje, nenhuma mulher ocupou o cargo de papa na Igreja Católica. Caso isso venha a acontecer, essa mulher será chamada de *papisa*, a exemplo de *sacerdotisa*.

5. Para se formar o feminino de alguns substantivos, é preciso recorrer a uma palavra diferente, e não à flexão da mesma palavra, como ocorre em *pai* e *mãe*. Troque ideias com os colegas e dê o feminino dos substantivos abaixo. Se necessário, consulte dicionários ou gramáticas.

REGISTRE NO CADERNO

cavaleiro	cavalheiro	frei
confrade	padre	patriarca
padrasto	bode	burro

6. Alguns substantivos, chamados *sobrecomuns,* têm uma única forma (incluindo o artigo que o precede) para designar o masculino e o feminino. Identifique, na lista que segue, o único substantivo que não é sobrecomum e explique como se forma seu feminino.

o boia-fria	o gênio	o pão-duro
o cônjuge	o ídolo	o jovem
a criança	o membro	a vítima

7. Alguns substantivos causam dúvida em relação à flexão de gênero, de acordo com a norma-padrão. Em seu caderno, construa uma tabela com três colunas e, na primeira, inclua os substantivos masculinos da lista a seguir; na segunda, os femininos; na terceira, os que podem ser, indiferentemente, masculinos ou femininos. Se necessário, consulte dicionários ou gramáticas.

champanha	personagem	diabete(s)
sabiá	sósia	laringe
grama	cal	cólera
telefonema	avestruz	guaraná
alface	dó	libido

8. Observe a mudança de sentido do substantivo *capital* nestes enunciados:

- Quero saber qual é *o capital* da empresa hoje. (patrimônio)
- *A capital* de Minas Gerais é Belo Horizonte. (cidade que é sede da administração estadual ou federal)

Que sentidos os substantivos *grama*, *moral* e *caixa* têm quando são empregados no masculino e no feminino? Dê exemplos.

Número

Como falante nativo do português, você sabe que, em nossa língua, o plural se faz com o acréscimo de *-s* às palavras. Veja:

dente – dentes   álbum – álbuns   mãe – mães

Agora, no ensino médio, convém que você amplie seus conhecimentos sobre o assunto. Para isso, resolva os exercícios propostos a seguir.

APLIQUE O QUE APRENDEU

1. Alguns substantivos terminados em *r*, *s* ou *z*, por não apresentarem a vogal temática na forma do singular, formam o plural de maneira especial.

a. Qual é o plural dos substantivos *ás*, *cicatriz* e *repórter*?

b. Conclua: Como se forma o plural dos substantivos terminados em *r*, *s* ou *z*?

2. Os substantivos terminados em *l* formam o plural de duas maneiras.

a. Qual é o plural dos substantivos *míssil*, *móvel* e *têxtil*?

b. Qual é o plural dos substantivos *fuzil*, *funil*, *canil*, *canal* e *anzol*?

c. Tente perceber a diferença entre os dois grupos de palavras quanto à tonicidade das sílabas e conclua: Como se forma o plural dos substantivos terminados em *l*?

No anúncio acima, de um prêmio que é iniciativa do jornal *Hoje em Dia*, de Minas Gerais, aparece a palavra *cidadãos*, plural em que aparece a terminação *-ãos*.

3. A maior parte dos substantivos terminados em *-ão* forma o plural pela troca de *-ão* por *-ões*. Veja:

ação – ações   divisão – divisões   sensação – sensações

Contudo, há os que formam o plural pela troca de *-ão* por *-ãos* ou *-ães* e também os que admitem mais de uma terminação no plural. Considere estes substantivos:

cristão	alemão	vão
pão	cidadão	capitão
mão	grão	chão
escrivão		

a. Quais formam o plural pela troca da terminação *-ão* por *-ãos*, somente?

b. Quais formam o plural pela troca da terminação *-ão* por *-ães*, somente?

REGISTRE NO CADERNO

4. Observe estes substantivos:

anão	corrimão	refrão
verão	vilão	vulcão

a. Que forma você utiliza ou utilizaria para indicar o plural desses substantivos?

b. Faça uma pesquisa em um dicionário ou uma gramática: De que outra(s) forma(s) esses substantivos se pluralizam?

5. Alguns substantivos terminados em *-s* e *-x*, como *pires*, *lápis*, *xerox* (ou *xérox*), não apresentam marca de plural. Levante hipóteses: Que recurso é utilizado para indicar que se trata de plural?

6. Em certos substantivos, a letra *o* da sílaba tônica tem som fechado no singular e aberto no plural. Entre os substantivos a seguir, indique em seu caderno aqueles em que isso ocorre.

acordo	repolho	ovo
globo	reforço	caroço
tijolo	forno	corvos
fogo	esposo	porco
bolo	miolo	

7. Os substantivos compostos seguem regras especiais para a sua flexão no plural. Considere estes substantivos compostos:

sempre-viva	salário-mínimo
beija-flor	saca-rolhas
guarda-roupa	abaixo-assinado
guarda-civil	sexta-feira

a. Qual é a forma deles no plural? Se necessário, consulte um dicionário.

b. Com o auxílio do professor, verifique a classe gramatical dos elementos que compõem esses substantivos. Depois, tente formular uma regra geral para a flexão, no plural, dos substantivos compostos.

8. Observe estes dois grupos de substantivos compostos:

I. bem-te-vi	reco-reco	tique-taque
II. pé-de-meia	água-de-colônia	cor-de-rosa

a. Passe-os para o plural. Se necessário, consulte um dicionário.

b. O que há em comum entre os substantivos do grupo I, considerando-se o processo como foram formados?

Conclua: Qual é a regra que orienta a flexão desses substantivos?

c. O que há em comum entre os substantivos do grupo II, considerando-se sua estrutura?

Conclua: Qual é a regra que orienta a flexão desses substantivos?

Bananas-maçã ou bananas-maçãs?

Quando o segundo elemento de um substantivo composto restringe o sentido do primeiro, indicando finalidade, qualidade ou semelhança, os dois elementos podem ser pluralizados ou apenas o primeiro.

Desse modo, tanto *bananas-maçãs* como *bananas-maçã* estão de acordo com a norma-padrão, assim como *homens-rã* e *homens-rãs*, *cafés-concerto* e *cafés-concertos*, *navios-escola* e *navios-escolas*, *mangas-rosa* e *mangas-rosas*, *peixes-boi* e *peixes-bois*, etc.

Grau

Em português, o aumentativo e o diminutivo são formados normalmente pelo acréscimo de sufixos, caso em que ocorre derivação sufixal. E podem resultar também do acréscimo de um adjetivo. Veja:

navi*arra*, navi*ozão*	namor*ico*, namor*inho*
navio *grande*	*pequeno* namoro

Valores semânticos do aumentativo e do diminutivo

Na língua portuguesa, o aumentativo e o diminutivo não são usados apenas para transmitir a noção de tamanho.

Quando dizemos, por exemplo, "Que *carrão*!", normalmente estamos querendo destacar as qualidades positivas do veículo. O mesmo não ocorre, entretanto, com aumentativos como *solteirona*, *chorão* ou *beberrão*, que transmitem uma ideia pejorativa.

O diminutivo, por sua vez, pode dar a ideia de afetividade, como em *filhinho*, *mãezinha*; ideia de modéstia, como em "Comprei uma *casinha*"; e também ideia pejorativa, como em *empregadinho*, *sujeitinho*.

APLIQUE O QUE APRENDEU

REGISTRE NO CADERNO

1. Leia esta tira:

HAGAR — CHRIS BROWNE

(*Folha de S. Paulo*, 18/10/2006.)

a. A palavra que completa a tira é o plural de *cachorro-quente*. Qual é ela? Justifique a forma que a palavra tem no plural.

b. Qual fraqueza da personagem Hagar é revelada na tira?

Leia o anúncio a seguir e responda às questões de 2 a 6.

F/Nazca

(*IstoÉ*, nº 2 188.)

2. Observe o texto verbal impresso na prancha.

a. Por que, na parte superior da prancha, aparecem apenas substantivos?

b. Por que as dificuldades nomeadas por esses substantivos são, aparentemente, incompatíveis com a prática do surfe?

c. Esses substantivos são, na maioria, concretos ou abstratos? Por quê?

3. Releia estes enunciados:

REGISTRE NO CADERNO

"Surfe é um desafio igual a qualquer profissão."
"Petrobras. O desafio é a nossa energia."

a. Qual é o sentido da palavra *desafio* no primeiro e no segundo enunciados?

b. Na página da Internet, a Petrobras descreve assim seu perfil:

"Somos movidos pelo desafio de prover a energia capaz de impulsionar o desenvolvimento e garantir o futuro da sociedade com competência, ética, cordialidade e respeito à diversidade."

Considerando o ramo de negócios em que a Petrobras atua, explique a ambiguidade da palavra *energia* no segundo enunciado.

c. Em qual enunciado do anúncio é explicitada a relação entre o surfe brasileiro e a Petrobras?

4. Considere o enunciado ao lado: REGISTRE NO CADERNO

F/Nazca

a. Levante hipóteses: Por que, entre os quatro substantivos que compõem o enunciado, apenas o substantivo *horários* está empregado no plural?

b. Como ficaria o enunciado, caso o anunciante tivesse optado por empregar todas as palavras no plural?

c. Como ficaria o enunciado, caso o anunciante tivesse optado por empregar artigo antes de cada substantivo?

5. Com base nas respostas da questão anterior, conclua:

a. Como se forma o plural dos substantivos *horário*, *rotina*, *pressão*, *estresse*?

b. Em nossa língua, o conceito de *gênero*, isto é, de masculino e feminino, tem relação com o sexo dos seres? Por quê?

6. Releia o enunciado ao lado:

a. Reescreva o enunciado, substituindo *surfe* por *surfe e vôlei* e empregando no plural os demais substantivos.

b. O plural da palavra *qualquer* é formado de maneira especial. Explique por quê.

Leia a tira a seguir, de Fernando Gonsales, e responda às questões de 7 a 10.

(*Folha de S. Paulo*, 5/3/2014.)

7. No 1º quadrinho da tira, a legenda faz referência a "mundo fashion" das joaninhas.

a. O que o estrangeirismo *fashion* normalmente designa?

b. A que se refere a expressão "mundo fashion", no contexto?

8. Na tira, há emprego de substantivos no diminutivo e no aumentativo.

a. Quais são formados por derivação? Como se dá a formação de cada um?

b. Quais são formados com o acréscimo de um adjetivo?

9. Releia o 2º quadrinho.

a. Por que a expressão *bolinhas maiores* parece ser contraditória?

b. Os adjetivos *maior* e *menor* são normalmente empregados em situações de comparação. Identifique a que, na tira, a expressão *bolinhas maiores* é comparada e responda: A expressão é, de fato, contraditória?

10. Observe as interjeições que aparecem no 2º, no 3º e no 4º quadrinhos: *Hum, Oh!, Uau.*

a. Que mudança de sentido ocorre da primeira para a última?

b. Qual é o nome do recurso ou figura de linguagem em que ocorre esse tipo de mudança de sentido?

REGISTRE NO CADERNO

TEXTO E ENUNCIAÇÃO

Leia este conto, de Ricardo Ramos:

Circuito fechado

Chinelo, vaso, descarga. Pia, sabonete. Água. Escova, creme dental, água, espuma, creme de barbear, pincel, espuma, gilete, água, cortina, sabonete, água fria, água quente, toalha. Creme para cabelo, pente. Cueca, camisa, abotoadura, calça, meias, sapatos, gravata, paletó. Carteira, níqueis, documentos, caneta, chaves, lenço, relógio. Jornal. Mesa, cadeiras, xícara e pires, prato, bule, talheres, guardanapo. Quadros. Pasta, carro. Mesa e poltrona, cadeira, papéis, telefone, agenda, copo com lápis, canetas, bloco de notas, espátula, pastas, caixas de entrada, de saída, vaso com plantas, quadros, papéis, telefone. Bandeja, xícara pequena. Papéis, telefone, relatórios, cartas, notas, vale, cheques, memorando, bilhetes, telefone, papéis. Relógio, mesa, cavalete, cadeiras, esboços de anúncios, fotos, bloco de papel, caneta, projetor de filmes, xícara, cartaz, lápis, cigarro, fósforo, quadro-negro, giz, papel. Mictório, pia, água. Táxi. Mesa, toalha, cadeira, copo, pratos, talheres, garrafa, guardanapo, xícara. Escova de dentes, pasta, água. Mesa e poltrona, papéis, telefone, revista, copo de papel, telefone interno, externo, papéis, prova de anúncio, caneta e papel, telefone, papéis, prova de anúncio, caneta e papel, relógio, papel, pasta, cigarro, fósforo, papel e caneta. Carro. Paletó, gravata. Poltrona, copo, revista. Quadros. Mesas, cadeiras, prato, talheres, copos, guardanapos. Xícaras. Poltrona, livro. Televisor, poltrona. Abotoaduras, camisa, sapatos, meias, calça, cueca, pijama, chinelos. Vaso, descarga, pia, água, escova, creme dental, espuma, água. Chinelos. Coberta, cama, travesseiro.

(*Circuito fechado*. São Paulo: Martins Fontes, 1972. p. 21-2.)

Nelson Provazi

1. O conto narra um dia na vida de uma personagem.

a. Essa personagem é homem ou mulher? Justifique sua resposta.

b. Qual é a atividade profissional dessa personagem? Justifique sua resposta.

c. Que posição ela ocupa, provavelmente, no trabalho?

d. Que momentos do dia são retratados?

2. O texto é construído predominantemente com substantivos.

a. Trata-se de substantivos comuns ou substantivos próprios? Concretos ou abstratos?

b. Qual é a relação entre os substantivos e o dia na vida da personagem?

3. No texto, há vários substantivos que se repetem, como *telefone, papéis, caneta* e *cigarro*, entre outros.

a. O que essas repetições sugerem, no plano das ações ou dos fatos?

b. O que as repetições sugerem quanto ao tipo de vida que a personagem leva?

c. Que trecho traduz os poucos momentos de lazer da personagem?

4. Observe a construção do texto do ponto de vista da coerência e da coesão.

REGISTRE NO CADERNO

a. O texto apresenta conexões gramaticais – conjunções, pronomes, advérbios, etc. – que normalmente garantem a coesão textual?

b. A repetição de palavras – normalmente vista como indesejável na construção dos textos – é um problema no conto?

c. Compare o início e o fim do conto. Considerando-se os dois trechos, por que há a repetição de várias palavras?

d. O texto apresenta coerência e coesão textual? Se sim, de que modo elas são construídas?

5. O texto é intitulado "Circuito fechado" e, nele, não há referência explícita ao convívio da personagem com outras personagens. Ela está cercada de coisas.

a. Veja alguns dos sentidos da palavra *circuito*:

1 linha fechada que limita uma superfície, um espaço; contorno, perímetro
Ex.: *o agrônomo demarcou o c. do terreno*
2 a parte periférica que cerca alguma coisa; cinto, cinturão
Ex.: *o c. de muralhas da velha fortaleza*
3 movimento mais ou menos circular; giro, volta
Ex.: *ciclistas perfizeram o c. da lagoa*

(*Dicionário eletrônico Houaiss da língua portuguesa 1.0.*)

Com base nesses sentidos da palavra *circuito*, explique o título do conto.

b. Você acha que a personagem do conto se relacionou, durante o dia, com outras personagens? Se sim, levante hipóteses: Por que elas não foram mencionadas?

c. A personagem do conto representa uma única pessoa ou um conjunto maior de pessoas?

6. Considerando que o substantivo é a classe das palavras que nomeiam as coisas, responda: Qual é a importância, para o sentido global do conto, do emprego predominante de substantivos em sua construção?

PRODUÇÃO DE TEXTO

O relato de experiências vividas

PROJETO

O CONTEXTO DE PRODUÇÃO E RECEPÇÃO DOS TEXTOS

Quais textos você produzirá nesta unidade? Com que finalidade? Quem vai ler ou ver seus textos?

Nesta unidade, desenvolveremos o projeto **Mostra de cinema - Memórias em documentário**. Nessa mostra, você e os colegas exibirão vídeos documentários que produzirão na unidade, a partir dos gêneros que estudaremos no decorrer dos capítulos: relato de memória, depoimento, diário de campo, anúncio publicitário, cartaz e documentário.

O público da mostra deverá ser definido conjuntamente por você, seus colegas e o professor, e o tema central dos vídeos poderá variar conforme os interesses de vocês e as orientações dadas para a produção de texto em cada capítulo.

Quando contamos oralmente ou por escrito um episódio que fez parte de nossa vida, estamos produzindo um relato. Neste capítulo, você começou a estudar o Romantismo, movimento artístico que teve início na primeira metade do século XIX, período no qual houve numerosas viagens de expedição no Brasil, feitas tanto por estrangeiros que aqui vieram como por brasileiros. Os autores românticos Gonçalves Dias e Visconde de Taunay, no decorrer de expedições de que participaram, produziram diários e relatos que se tornaram documentos históricos, uma vez que, neles, são descritos hábitos, costumes, paisagens, vegetações, arquitetura e outras características do Brasil da época. Além de relatos, também são exemplos de documentos históricos pinturas como as que você viu na seção **Literatura** deste capítulo.

O caráter histórico e documental é apenas uma das nuances que os relatos podem ter. No mundo contemporâneo, as formas de relatar são múltiplas e estão presentes em diversas situações do nosso dia a dia: ao contarmos fatos cotidianos que vivenciamos; ao narrarmos acontecimentos específicos de uma viagem; ao rememorarmos episódios da infância; ao registrarmos nossas experiências em um diário ou em um *blog*; ao detalharmos nossa experiência profissional em um currículo. Neste capítulo, trataremos algumas delas.

Relato de memória

O relato de memória nos possibilita compartilhar com outras pessoas experiências que vivenciamos e que, de alguma maneira, tiveram um significado especial em nossa vida.

FOCO NO TEXTO

Leia o texto a seguir.

Macambúzio

Eu tinha seis anos e uma timidez paralisante. Morava no Tatuapé e era alfabetizado na Penha, na zona leste de São Paulo. Ia e voltava num ônibus escolar, daqueles que tinham uma porta só, na frente, ao lado do motor barulhento. Não os vejo mais nas ruas. Foram fracionados em vans coreanas.

Num trajeto de ida, eu já estava num banco, quieto como uma ostra, quando entrou no ônibus um garoto branquinho e sardento, do meu tamanho. Sentou-se ao meu lado e começou a tagarelar. Contou uma piada e eu sorri. Contou outra, sorri de novo. Contou uma terceira piada que eu nem ouvi, enquanto revirava a memória, à procura de algo engraçado para retribuir. Ele terminou a terceira história e eu emendei, orgulhoso, o que me ocorreu de mais hilariante. Tinha ouvido de minha irmã mais velha:

— Meu amor, minha vida, minha privada entupida!

O garoto ergueu as sobrancelhas, arregalou os olhos e levou uma das mãos à boca. Ele, escandalizado. Eu, petrificado. O ronco do ônibus, amplificado, ensurdecedor.

— Eu vou contar para a Diretora que você disse isso!

Entrei em pânico. Ele notou.

— Se você não me der uma bala eu vou contar para a Diretora! — ameaçou.

A chantagem foi enfática e imediata. Eu não tinha a bala. Nem o dinheiro. Prometi entregar o produto extorquido no dia seguinte. E cumpri. Fiz isso mais vezes, nos dois ou três dias que vieram depois.

Mas, em casa, à noite, aos olhos de meu pai, minha introspecção tornou-se um mistério que nem a timidez explicava. Eu não contei nada, constrangido com a barbaridade que tinha proferido a um colega. E das consequências desastrosas que aquilo teria se chegasse aos ouvidos da Diretora. Meu pai:

— Cuco (é como me chama), você anda meio macambúzio (é como se refere ao sentimento de tristeza). O que aconteceu?

Por vergonha, tentei disfarçar. Mas ele insistiu e eu contei. Foi a primeira vez na vida em que experimentei a sensação física de "botar os demônios pra fora". No dia seguinte, quando o ônibus da escola se aproximou da casa do menino chantageador, não me vieram a taquicardia, a angústia. Ao me estender a mão, em cobrança da bala extorquida, ele ouviu meu primeiro discurso de improviso. Duas frases, apenas:

— Meu pai me disse que hoje não tem bala. E que eu e você vamos contar tudo isso para a Diretora.

A extorsão acabou. E começou um novo ciclo de minha infância. Todos os que ouviram essa história, nos últimos 40 anos, dividem a perplexidade entre minha ingenuidade e a precocidade do menino chantagista.

Para mim, hoje, pai de três crianças, o mais relevante ainda é o olhar de meu pai.

Nelson Provazi

(William Bonner. In: Luís Colombini. *Aprendi com meu pai*. São Paulo: Saraiva. p. 235.)

1. O texto lido é o relato de um episódio vivido pelo narrador.

a. Em que fase da vida do narrador o episódio ocorreu?

b. Em que cidade ele aconteceu?

c. Onde se passaram os eventos que fizeram parte do episódio?

2. Releia estes trechos do texto:

REGISTRE NO CADERNO

I. "*Morava* no Tatuapé, [...] *Ia* e *voltava* num ônibus escolar"

II. "Não os *vejo* mais nas ruas."

III. "*Contou* uma piada e eu *sorri*."

IV. "eu emendei, ogulhoso, o que me ocorreu de mais hilariante. *Tinha ouvido* de minha irmã mais velha"

V. "Eu *vou contar* para a Diretora"

VI. "Consequências desastrosas que aquilo teria se *chegasse* aos ouvidos da Diretora"

Indique, em seu caderno, o trecho em que a(s) forma(s) verbal(is) destacada(s) se refere(m):

REGISTRE NO CADERNO

a. a uma ação passada, ocorrida antes de outra, também passada;

b. a ações começadas e terminadas pontualmente no passado;

c. a uma ação futura;

d. a uma ação que depende do cumprimento de uma condição;

e. a uma ação no presente;

f. a ações passadas que ocorreram durante um período mais longo de tempo.

3. Na fala do pai do narrador que é reproduzida no relato, há dois trechos que estão entre parênteses. Veja:

"– Cuco (é como me chama), você anda meio macambúzio (é como se refere ao sentimento de tristeza). O que aconteceu?"

a. Quais formas verbais indicam que esses trechos estão no presente, em relação ao narrador?

b. Qual a função desses comentários do narrador, no relato?

c. Levante hipóteses: Por que essas afirmações se referem ao presente e não ao passado?

4. O relato em estudo foi escrito em uma linguagem de acordo com a norma-padrão, mas, em alguns momentos, o narrador procura se aproximar do interlocutor, lançando mão de determinados recursos. Identifique, nos trechos abaixo, a estratégia utilizada pelo autor para se aproximar de seus leitores.

a. "Ia e voltava num ônibus escolar, daqueles que tinham uma porta só, na frente, ao lado do motor barulhento."

b. "eu já estava num banco, quieto como uma ostra"

c. "começou a tagarelar"

5. Releia este trecho:

Foi a primeira vez na vida em que experimentei a sensação física de "botar os demônios pra fora".

Levante hipóteses: Por que a expressão *botar os demônios pra fora* está entre aspas?

6. O penúltimo parágrafo do texto se inicia com a afirmação "A extorsão acabou". Discuta com os colegas e o professor e levante hipóteses: O que fez com que a chantagem tivesse fim?

7. O texto lido foi extraído de um livro intitulado *Aprendi com meu pai*. Discuta com os colegas e o professor: O que o narrador desse relato aprendeu com o pai?

O diário de campo

O gênero textual diário de campo é muito utilizado em pesquisas, especialmente na área das ciências humanas.

FOCO NO TEXTO

O texto a seguir foi extraído dos diários de campo do antropólogo Darcy Ribeiro, que, entre os anos de 1949 e 1951, fez duas viagens de expedição a aldeias indígenas brasileiras situadas no Pará e no Maranhão.

20/nov./1949 – Berta, abro esse diário com seu nome. Dia a dia escreverei o que me suceder, sentindo que falo com você. Ponha sua mão na minha mão e venha comigo. Vamos percorrer mil quilômetros de picadas pela floresta, visitando as aldeias índias que nos esperam, para conviver com eles, vê-los viver, aprender com eles. [...] Saímos do Rio no dia 5, estivemos até o dia 17 em Belém, quando partimos para Bragança e depois, a 18, para Vizeu. Foram dias cheios de trabalho na preparação da pesquisa e também de amolações. Por isso mesmo só começo hoje meus registros. Somos três nesta expedição: eu mesmo, um linguista francês, Max Boudin, e um cinegrafista, Hein Foerthmann. Todos cheios de ânimo e de vontade de cumprir sua missão específica. Eu inclusive.

[...]

20/out./1951 – Parece que esgotei o repertório mítico dos narradores daqui. Sobretudo de Tanuru, Passarinho, o rapaz que veio conosco da última aldeia e que tem contado a maioria das lendas que ouvimos aqui. Ontem, me disse que não sabe nenhuma mais, já contou todas. Duvido muito, o pobre deve estar é cansado de tanto que falou comigo. Vou espremê-lo mais. Este Tanuru é outro caso extraordinário de um intelectual índio. [...] Domina, como ninguém, o patrimônio mítico de seu povo e é capaz de dizê-lo da forma mais clara e sensível. Aprendi com ele, com Anakanpuku e outros índios com quem trabalhei a apreciar e admirar esses intelectuais iletrados. [...] Intelectual, para mim, é, pois, aquele que melhor domina e expressa o saber de seu grupo. Saberes copiosíssimos, como o dos índios sobre a natureza e sobre o humano, ativados por uma curiosidade acesa de gente que se acha capaz de compreender e explicar tudo. São saberes mais modestos, fruto de uma lusitana tradição oral, vetusta, ou de heranças culturais de outras matrizes, como a de nossos sertanejos.

(Disponível em: http://www.dominiopublico.gov.br/download/texto/me4696.pdf. Acesso em: 9/10/2015.)

Diários índios

As notas dos diários de campo em que Darcy Ribeiro registrou hábitos culturais e costumes de indígenas brasileiros foram reunidas e publicadas no livro *Diários índios*, que contém mais de 600 páginas.

Companhia das Letras

copioso: extenso.
vetusta: antiga.

1. Na época em que o diário foi escrito, quais eram as tecnologias de comunicação?

2. Discuta com os colegas e o professor: Em geral, a quem se dirige um diário de campo?

REGISTRE NO CADERNO

3. Darcy Ribeiro inicia seu diário de campo dirigindo-se diretamente a uma interlocutora, Berta, antropóloga, com quem se casara no ano anterior. Levante hipóteses:

a. Com que finalidade o antropólogo utilizou essa estratégia?

b. Como essa estratégia podia contribuir para a escrita dos diários?

4. Segundo o texto:

a. Fazia quantos dias que Darcy Ribeiro estava forado Rio de Janeiro? Justifique sua resposta com elementos do texto.

b. Quais motivos o levaram a começar a escrever só depois desse tempo?

REGISTRE NO CADERNO

5. Nos dois trechos lidos, é possível identificar parte do planejamento e parte do andamento da pesquisa do antropólogo. Conforme o relato feito no diário:

a. Quais eram os principais objetivos do pesquisador?

b. Quem acompanhava o pesquisador na expedição?

c. No segundo trecho, o que comprova que o pesquisador estava conseguindo cumprir seus objetivos?

6. Darcy Ribeiro era um pesquisador e estudioso de povos indígenas brasileiros.

a. Como parece que era a relação do antropólogo com os índios com quem convivia? Justifique sua resposta com elementos do texto.

b. Por ser um acadêmico, Darcy Ribeiro tinha uma concepção de intelectual restrita? Justifique sua resposta com elementos do texto.

Outros gêneros do relato

Há diversos gêneros – muitos dos quais estão presentes em situações do cotidiano – que se constroem com base em relatos. Leia os textos a seguir e, tendo em vista o conteúdo, a forma e o estilo, tente identificar o gênero que cada um representa. Para isso, troque ideias com os colegas.

Texto 1

Por volta das 4h30, hora local, chego ao hotel Cataract Pyramids, em Gizé, terceira maior cidade do Egito, localizada à margem ocidental do Nilo e cerca de 20 quilômetros a sudoeste do centro da capital. No quarto, ao abrir a mala para pegar as roupas e tomar um banho, a primeira surpresa: os frascos de repelente e filtro solar se abriram durante a viagem e melecaram quase todas as minhas coisas. Deito na cama por volta das 5h30, mas mal consigo descansar, tamanha a ansiedade. Às 7 horas desperto com o almuadem, o som dos alto-falantes das mesquitas convocando os muçulmanos para a primeira das cinco orações obrigatórias do dia. [...] Decido dar uma volta de reconhecimento, explorando a pé as ruas próximas ao hotel. Basta colocar o nariz para fora para ser assediado por um grupo de taxistas, que me cerca querendo me levar para conhecer os pontos turísticos do Cairo – o passeio, de 100 euros, baixa para 75 euros sem que eu diga uma palavra sequer. Agradeço dizendo que só estou caminhando um pouco. Alguns continuam insistindo e só largam do meu pé quando um turista incauto sai pela porta do hotel e grita a palavra mágica táxi atraindo todo o enxame para o seu entorno.

(Alexandre Costa Nascimento. *Mais que um leão por dia.* Disponível em: http://www.nossacultura.com.br/preview_livro/preview-leaopordia.pdf. Acesso em: 9/10/2015.)

Getty Images/Flickr RF

Texto 2

A Central de Comunicações transmitiu na rede de rádio que, segundo denúncia anônima, estaria ocorrendo uma briga generalizada no Bar dos Pilas, situado no Bairro Cachoeira, e que haveria um indivíduo armado entre os contendores. Dadas as circunstâncias, foram empenhadas para atender a ocorrência a nossa guarnição (VP 10599) e a da viatura de prefixo 10537. No momento em que chegamos nas proximidades do local, um indivíduo trajando camisa escura e toca branca evadiu em desabalada correria do interior do citado estabelecimento, adentrou no Beco Alameda das Orquídeas e, em ato contínuo, efetuou um disparo em direção das viaturas. O Cabo Gardenal, que se encontrava na viatura mais próxima do indivíduo (VP 10599), efetuou 04 (quatro) disparos visando neutralizar a injusta agressão.

(Disponível em: http://www.universopolicial.com/2009/09/boletim-de-ocorrencia-policial.html. Acesso em: 9/10/2015.)

Texto 3

O que depois se passou iria apagar para sempre da minha memória a cor que deveria ter-me ficado pegada aos olhos para sempre, uma vez que aquele era nada mais nada menos que o meu primeiro balão em todos os seis ou sete anos que levava de vida. Íamos nós no Rossio, já de regresso à casa, eu impante como se conduzisse pelos ares, atado, a um cordel, o mundo inteiro, quando, de repente, ouvi que alguém se ria nas minhas costas. Olhei e vi. O balão esvaziara-se, tinha vindo a arrastá-lo pelo chão sem me dar conta, era uma coisa suja, enrugada, informe, e dois homens que vinham atrás riam-se e apontavam-me com o dedo, a mim, naquela ocasião o mais ridículo dos espécimes humanos. Nem sequer chorei. Deixei cair o cordel, agarrei-me ao braço da minha mãe como se fosse uma tábua de salvação e continuei a andar. Aquela coisa suja, enrugada e informe era realmente o mundo.

impante: orgulhoso

(José Saramago. *As pequenas memórias*. Disponível em: http://galaxia.blog.br/memorias-da-infancia-graciliano-ramos-e-jose-saramago-parte-1/. Acesso em: 9/10/2015.)

Getty Images/Flickr RM

Texto 4

A primeira vez que me pediram um autógrafo foi em uma pizzaria em 1988. Eu trabalhava na TV Gazeta e foi a coisa mais esquisita que já havia sentido na vida. Quem entra na televisão deve saber que está em um veículo que faz com que todo mundo saiba que você existe. Hoje, as pessoas me reconhecem onde for, sei que não posso fazer tudo o que gostaria de fazer, mas sei que posso fazer quase tudo. Continuo indo ao cinema, ao futebol, ao supermercado. Faço coisas normais e talvez por isso eu não seja tão interessante para os paparazzi. Talvez o máximo que eles consigam de mim seja uma foto com uma mala em um aeroporto, como, inclusive, vi outro dia: "Serginho embarca para São Paulo". Que coisa. Tem muita gente que cria fatos, faz um escândalo, beija não sei quem em pleno não sei onde, e se torna um personagem interessante de ser seguido. Não acredito que minha rotina seja assim.

(Segundo Groisman. Disponível em: http://revistatrip.uol.com.br/revista/210/reportagens/anonimato-e-pra-quem-pode.html. Acesso em: 9/10/2015.)

a. Relato de memória

b. Boletim de ocorrência

c. Relato de viagem

d. Depoimento

REGISTRE NO CADERNO

HORA DE ESCREVER

Como você sabe, na mostra de cinema que a classe realizará no final da unidade serão exibidos vídeos documentários baseados em relatos de memória. Os textos que você produzirá neste capítulo poderão ser o ponto de partida para a filmagem do documentário e, no dia do evento, divulgados em murais ou reunidos em uma publicação a ser distribuída aos convidados.

Combine com o professor a melhor forma de realizar as propostas de produção de relatos de memória a seguir e o formato mais adequado para a divulgação dos textos.

Além de produzir os relatos, registre, em um diário de campo, o processo de organização da mostra e da preparação do documentário. Anote as datas em que cada atividade ocorrer, identifique quem são os participantes, mencione os objetivos em vista e outras informações que considerar relevantes.

1. A exemplo do que fez o narrador no texto intitulado "Macambúzio", relembre um fato vivido por você, em qualquer fase de sua vida, no qual uma pessoa com quem teve contato lhe ensinou algo importante. Conte resumidamente esse fato na forma de um relato pessoal de memória. Você pode escolher para seu relato uma das opções de título a seguir ou outra.

- Aprendi com minha mãe/meu pai
- Aprendi com minha avó/meu avô
- Aprendi com minha irmã/meu irmão
- Aprendi com uma grande amiga/um grande amigo
- Aprendi com uma professora/um professor

2. Você vai ler, a seguir, o poema "Infância", de Carlos Drummond de Andrade. Depois, tomando o texto de Drummond como referência, faça um relato de memória, em verso ou em prosa, sobre a sua própria infância.

Meu pai montava a cavalo, ia para o campo.
Minha mãe ficava sentada cosendo.
Meu irmão pequeno dormia.
Eu sozinho menino entre mangueiras
lia a história de Robinson Crusoé,
comprida história que não acaba mais.

No meio-dia branco de luz uma voz que aprendeu
a ninar nos longes da senzala – e nunca se esqueceu
chamava para o café.
Café preto que nem a preta velha
café gostoso
café bom.

Minha mãe ficava sentada cosendo
olhando para mim:
— Psiu... Não acorde o menino.
Para o berço onde pousou um mosquito.
E dava um suspiro... que fundo!

Lá longe meu pai campeava
no mato sem fim da fazenda.
E eu não sabia que minha história
era mais bonita que a de Robinson Crusoé.

(*Antologia poética*. Rio de Janeiro: Record, 2000. p. 67.)

Nelson Provazi

3. Você vai ler, a seguir, um trecho de um boletim de ocorrência no qual é relatado um fato em que ao menos três pessoas estavam envolvidas. Coloque-se no lugar de uma das pessoas e faça um relato do episódio, contando-o do ponto de vista dessa personagem.

Declara o depoente que vinha passando na rua 06 quando viu o acusado pulando o muro de uma residência, foi quando então resolveu parar e indagar a situação; que na hora o acusado respondeu que a residência era sua e que estava fazendo sua mudança; o depoente achando estranho que o proprietário da residência estivesse pulando o muro resolveu então chamar alguém de dentro da casa para obter maiores informações, foi quando então uma senhora saiu de dentro da residência, declarou que aquela residência era de sua propriedade; que declara o depoente então que perguntou à senhora se esta não estava sentindo falta de alguns objetos, foi então que a senhora deu por falta de algumas lâmpadas, de algumas roupas que estavam de molho na pia, de algumas cadeiras do tipo "macarrão" e de alguns calçados; declara o depoente que esses objetos estavam do lado de fora do muro e foram encontrados juntamente com o acusado quando foi abordado; que declara o depoente que depois disto apresentou o acusado na delegacia de polícia e apresentou somente as cadeiras do tipo "macarrão", porque o restante dos objetos estavam todos misturados com a roupa molhada e que esses objetos foram reconhecidos pela vítima.

(Disponível em: http://www.jusbrasil.com.br/diarios/96038356/djpa-20-07-2015-pg-542. Acesso em: 10/10/2015.)

ANTES DE ESCREVER

Planeje seu texto, seguindo estes passos:

- Enumere de antemão todos os detalhes que julga importante contar.
- Tenha em mente um interlocutor que não conheça as pessoas que aparecerão no relato; portanto, elas devem ser apresentadas e descritas de modo breve e objetivo.
- Situe cronologicamente os fatos.
- Mencione o(s) local(is) onde os fatos ocorreram.
- Verifique se há necessidade de especificar, com menor ou maior detalhamento, os dias e os horários dos acontecimentos.
- Empregue uma linguagem em conformidade com a norma-padrão.
- Defina se utilizará uma linguagem menos ou mais formal, de acordo com o contexto de circulação do seu relato.

ANTES DE PASSAR A LIMPO

Antes de dar seu texto por terminado, verifique:

- se há menção aos detalhes mais significativos do fato relatado;
- se as personagens envolvidas nos acontecimentos foram apresentadas e descritas de maneira breve e objetiva;
- se os fatos relatados estão situados cronologicamente;
- se o(s) local(is) onde os fatos ocorreram foi(ram) mencionado(s);
- se há especificação de datas e horários, caso sejam importantes no contexto do relato;
- se a linguagem utilizada está de acordo com a norma-padrão;
- se o grau de formalidade da linguagem é adequado ao contexto de circulação.

CAPÍTULO

2 O Romantismo no Brasil (I)
O adjetivo
O cartaz e o anúncio publicitário

LITERATURA

O Romantismo no Brasil: a poesia de Gonçalves Dias e de Álvares de Azevedo

Museu Paulista da USP

Independência ou morte (1888), de Pedro Américo, obra encomendada por D. Pedro II.

O Romantismo se iniciou no Brasil na década seguinte à da proclamação da Independência. Nesse contexto, os primeiros escritores românticos tiveram um importante papel na formação da consciência nacional e na definição de novas perspectivas para a literatura brasileira. Desde o início, os participantes do Romantismo brasileiro buscaram produzir uma poesia americana, que se distinguisse tanto dos modelos clássicos, conforme propunha o Romantismo europeu, como da tradição literária portuguesa.

A concepção romântica de que cada nação devia ter uma poesia própria, que correspondesse às suas raízes e ao seu povo, levou os poetas brasileiros a eleger o indígena, a fauna e a flora como representantes de nossa nacionalidade. Além de se dedicarem à literatura, os escritores brasileiros desse período se envolveram em pesquisas linguísticas, históricas e folclóricas a fim de conhecer melhor nossa terra e nosso povo.

A obra *Suspiros poéticos e saudades* (1836), de Gonçalves de Magalhães, é considerada o marco inicial do Romantismo brasileiro. Atualmente, a produção do escritor tem maior importância histórica do que literária, em razão da significativa atuação que ele teve no processo de renovação nacionalista nas letras.

Diferentemente do que ocorreu no período colonial, os escritores românticos são muitos e originários de diferentes regiões do Brasil, e a produção que realizaram é constituída por poesia, prosa e teatro. Nesta unidade você vai conhecer a poesia romântica, que é, tradicionalmente, dividida em três gerações. A *primeira geração* foi marcada pelo nacionalismo, pelo indianismo e pela religiosidade; a *segunda geração*, pelo "mal do século"; e a *terceira geração*, pela produção de uma poesia de cunho social e político.

A primeira geração romântica

Gonçalves Dias

Além de ser o principal representante da *primeira geração* romântica, Gonçalves Dias é um dos mais importantes poetas do Romantismo. Essa importância se deve ao fato de ele ter transformado os grandes temas românticos da pátria, da natureza e da religião em temas de obras poéticas duradouras, mantendo-se ao longo do tempo como um dos responsáveis pelas bases da poesia brasileira. Sua importância pode ser comprovada pelo diálogo que vários poetas posteriores ao Romantismo estabeleceram com poemas de sua autoria.

Gonçalves Dias produziu poesia épica e lírica e também peças teatrais.

No primeiro capítulo desta unidade, no estudo de um trecho do poema "I-Juca-Pirama", você conheceu a poesia épica do autor. Nesse poema, assim como em outros poemas indianistas do poeta maranhense, um elemento distintivo é a perspectiva adotada: a visão de mundo do índio, e não a do europeu. Além disso, o poeta, inspirado no mito do bom selvagem, apresenta o herói indígena como um portador de valores e sentimentos nobres, como a honra e o amor filial, e, assim, faz do guerreiro tupi um representante de nossas raízes e nossa nacionalidade, um exemplo de valores universais. Por meio dessa perspectiva, esse poema épico de Gonçalves Dias, embora parta de um elemento particular – o indígena –, ganha um caráter universal.

Museu Nacional de Belas Artes, Rio de Janeiro, RJ

O último tamoio (1883), de Rodolfo Amoedo.

Gonçalves Dias

Filho de um comerciante português e de uma mestiça (talvez cafuza, pois o poeta se dizia descendente das três etnias que formaram o povo brasileiro), Antônio Gonçalves Dias nasceu na cidade de Caxias, no Maranhão, em 1823. Estudou em sua terra natal e depois em Coimbra, onde se formou em Direito. Durante o tempo em que esteve em Portugal, entrou em contato com a poesia romântico-nacionalista de Garrett e Herculano e compôs a "Canção do exílio".

Após retornar ao Brasil, em 1845, estabeleceu-se no Rio de Janeiro, onde se aproximou do grupo de Gonçalves de Magalhães. Em 1846, publicou *Primeiros cantos*, obra que o consagrou como poeta. A seguir, publicou *Segundos cantos* e *Sextilhas de Frei Antão* (1848), *Últimos cantos* (1851) e o poema épico *Os timbiras*, inacabado. Com base nos estudos das origens brasileiras e nas pesquisas de etnografia e linguística na Amazônia que realizou, escreveu *Brasil e Oceânia* (1852) e um *Dicionário da língua tupi* (1858).

Depois de ter ido à Europa para tratamento de saúde, morreu ao voltar, em 1864, no naufrágio do navio *Ville de Boulogne*, nas costas do Maranhão.

Abril Cultural

LITERATURA

Na poesia lírica, os temas mais frequentemente abordados são o amor, a saudade, a pátria, o índio, o sentimento de religiosidade, o encanto com a natureza e o estado de alma do eu lírico.

Tanto na lírica quanto na épica, os poemas de Gonçalves Dias revelam virtuosismo rítmico. Imagens e ações se harmonizam com a musicalidade dos versos, enriquecendo a experiência estética do leitor/ouvinte.

No teatro, a peça mais importante do autor é *Leonor de Mendonça* (1847), um drama histórico cujo enredo se baseia no assassinato da duquesa Leonor de Mendonça e de seu suposto amante por Dom Jaime, duque de Bragança, marido da duquesa.

FOCO NO TEXTO

Leia este poema lírico de Gonçalves Dias:

Consolação nas lágrimas

Las lágrimas puras que entonces se vierten
Acaso divierten
En vez de doler.
ZORRILLA

Como é belo à meia-noite
O azul do céu transparente,
Quando a esfera d'alva lua
Vagueia mui docemente,
Quando a terra não ruidosa
Toda se cala dormente,
Quando o mar tranquilo e brando
Na areia chora fremente!

Como é belo este silêncio
Da terra todo harmonia,
Que aos céus a mente arrebata
Cheia de meiga poesia!
Como é bela a luz que brilha
Do mar na viva ardentia!
Este pranto como é doce,
Que entorna a melancolia!

Esta aragem como é branda
Que enruga a face do mar,
Que na terra passa e morre
Sem nas folhas sussurrar!
Os sons d'aéreo instrumento
Quisera agora escutar,
Quisera mágoas pungentes
Neste silêncio olvidar!

O azul do céu, nem da lua
A doce luz refletida,
Nem o mar beijando a praia,
Nem a terra adormecida,
Nem meigos sons, nem perfumes,
Nem a brisa mal sentida,
Nem quanto agrada e deleita,
Nem quanto embeleza a vida;

Nada é melhor que este pranto
Em silêncio gotejado,
Meigo e doce, e pouco e pouco
Do coração despegado;
Não soro de fel, mas santo
Frescor em peito chagado;
Não espremido entre dores,
Mas quase em prazer coado!

Shutterstock

(Luiz Roncari. *Literatura brasileira – Dos primeiros cronistas aos últimos românticos*, cit., p. 340-1.)

Canção do exílio

Um dos poemas mais conhecidos de Gonçalves Dias é a "Canção do exílio". Sentindo-se exilado na Europa, o poeta, nostalgicamente, compara a terra estrangeira com sua terra natal, dando destaque aos elementos representativos da natureza brasileira, como as palmeiras e o sabiá. Leia, a seguir, um trecho do poema.

Minha terra tem palmeiras,
Onde canta o Sabiá;
As aves, que aqui gorjeiam,
Não gorjeiam como lá.

Nosso céu tem mais estrelas,
Nossas várzeas têm mais flores,
Nossos bosques têm mais vida,
Nossa vida mais amores.

Em cismar, sozinho, à noite,
Mais prazer encontro eu lá;
Minha terra tem palmeiras,
Onde canta o Sabiá.
[...]

(Luiz Roncari. *Literatura brasileira – Dos primeiros cronistas aos últimos românticos*, cit., p. 319.)

aragem: brisa, vento suave e fresco.
ardentia: luminescência observada no mar, ocasionada pela presença de microrganismos que emitem luz.
chagado: angustiado.
despegado: desafeiçoado, desapegado.
fremente: trêmulo, vibrante.
Las lágrimas puras que entonces se vierten / Acaso divierten / En vez de doler. As lágrimas puras que, então, se vertem / Acaso divertem / Em vez de doer.
olvidar: esquecer.
pungente: que provoca dor aguda, lancinante.

1. Enquanto no Classicismo, no Barroco e no Arcadismo destacava-se o gosto pelo soneto, considerado um tipo refinado de composição poética, no Romantismo, conforme você viu no capítulo anterior, os poetas se interessaram pela exploração de diferentes formas poéticas.

a. No poema de Gonçalves Dias, a métrica empregada é típica das cantigas populares. Faça a escansão dos primeiros versos e identifique a métrica utilizada no poema.

b. Como os versos estão organizados nas estrofes?

c. O esquema de rimas empregado no poema foi bastante utilizado pelos românticos. Qual é esse esquema?

d. A métrica, a rima e o ritmo promovem uma musicalidade que se harmoniza com as imagens. O ritmo é construído pela alternância entre sílabas pronunciadas com maior e menor intensidade. Observe as sílabas acentuadas neste verso:

Co/mo é/ *be*/lo à/ mei/a/-*noi*/te
3ª 7ª

REGISTRE NO CADERNO

A métrica empregada no poema permite outras possibilidades de acentuação. Identifique os esquemas rítmicos dos três versos que vêm depois do verso acima.

2. Conforme você viu no capítulo 1, os poetas românticos, sentindo-se oprimidos pela civilização, voltavam-se para a natureza e, além de retratá-la subjetivamente, buscavam interagir com ela. Releia as três primeiras estrofes do poema.

a. De acordo com os seis primeiros versos de cada uma dessas estrofes, quais são as impressões do eu lírico a respeito da natureza que o cerca? Justifique sua resposta com elementos do texto.

b. Nos dois últimos versos de cada uma dessas estrofes, como o eu lírico relaciona os elementos da natureza com seu estado de alma? Justifique sua resposta com elementos do texto.

c. Ao descrever a natureza, o eu lírico emprega de modo recorrente a prosopopeia. Identifique uma situação de emprego dessa figura de linguagem na primeira estrofe e explique o efeito de sentido que ela produz no texto.

3. Na terceira e na quarta estrofes, são exploradas com mais intensidade as impressões sensoriais do eu lírico diante da natureza.

a. Na descrição da aragem, na terceira estrofe, há o emprego da aliteração (repetição de um mesmo fonema consonantal ou de fonemas consonantais de som aproximado). Que efeito de sentido o emprego da aliteração provoca nessa estrofe?

b. Na quarta estrofe, o eu lírico retrata a interação com vários elementos da natureza. Dos cinco sentidos, quais o eu lírico utiliza diante desse cenário natural? Justifique sua resposta com elementos do texto.

4. Na última estrofe, o eu lírico retrata seu mundo interior.

a. De acordo com essa estrofe, como o eu lírico se sente? Justifique sua resposta com elementos do texto.

b. Para o eu lírico, o pranto é uma manifestação de sofrimento? Justifique sua resposta com elementos do texto.

c. No estado emocional em que se encontra, o eu lírico é confortado pela natureza? Justifique sua resposta com elementos do texto.

Kunsthalle, Hamburgo, Alemanha

O viajante sobre o mar de névoa (1818), de Caspar David Friedrich.

5. Gonçalves Dias utilizou como epígrafe de seu poema alguns versos do poeta romântico espanhol José Zorrilla. A epígrafe é uma frase ou uma pequena citação que pode servir como apoio temático a um texto. De que modo o poema "Consolação nas lágrimas" se relaciona à epígrafe?

A segunda geração romântica

Após o amadurecimento da tradição literária nacionalista ocorrida na década de 1840, o Romantismo brasileiro passou a apresentar nos anos seguintes maior subjetividade, cultivada pelos poetas ultrarromânticos. Os poetas dessa segunda geração romântica, influenciados por autores europeus, como o inglês Lorde Byron e o francês Alfred de Musset, voltaram-se para seu mundo interior e tematizaram principalmente o amor, o devaneio, o tédio e a morte. Tais poetas, na maioria adolescentes que não chegaram a atingir a plena juventude, distinguiram-se por um profundo pessimismo, típico do "mal do século", e pelo desinteresse por questões político-sociais.

Álvares de Azevedo foi o expoente da segunda geração romântica. Além dele, destacam-se os poetas Casimiro de Abreu, com a obra *Primaveras* (1859), Fagundes Varela, com *Cantos e fantasias* (1865), e Junqueira Freire, com *Inspirações do claustro* (1855).

Álvares de Azevedo

A poesia de Álvares de Azevedo tem um significado importante para a literatura brasileira. Isso porque, além de ter cultivado uma poesia sublime, elevada, o jovem poeta foi quem inseriu na nossa poesia elementos da realidade cotidiana, considerados, na época, baixos e prosaicos. Essa dualidade aparece na principal obra poética do autor, a *Lira dos vinte anos* (1853).

A primeira e a terceira partes dessa obra apresentam o lado idealizado da vida, regido, segundo Álvares de Azevedo, pela figura do mítico Ariel (espírito leve e diáfano que, em uma peça de Shakespeare, habita o sonho e o ar). No capítulo anterior, você conheceu a poesia do autor representativa desse lado sublime, em que há elementos como o ambiente onírico (sonho) e o devaneio; o amor sublime, platônico, isto é, idealizado; a virgem pálida, angelical e assexuada que o eu lírico, como um *voyeur* solitário, apenas observa; a morte como saída para as angústias ou como um meio de alcançar a plenitude do amor espiritual e eterno.

A segunda parte da *Lira dos vinte anos* – que você irá conhecer neste capítulo – pertence aos domínios de Caliban (monstro que, na peça de Shakespeare, simboliza o erótico e o desmazelo). Essa outra face da obra, representada, sobretudo, pelo poema "Ideias íntimas" e pela série "Spleen e charutos", desmitifica os elementos sublimes contidos na primeira parte. Álvares de Azevedo afirma, no prefácio dessa parte da obra, que o poeta, "antes e depois de ser um idealista, é um ente que tem corpo" e, por isso, nos domínios de Caliban, irá retratar também elementos prosaicos, comuns, da realidade cotidiana. De forma irônica, o autor zomba da figura do poeta e de sua condição no mundo burguês; questiona seus próprios heróis; troca a disciplina e o estudo pela indolência e pelo vício; compara a musa inspiradora à fumaça de um charuto; substitui o ambiente etéreo por uma lua "amarelada", "vagabunda" e acompanhada por nuvens "cor de cinza".

O "mal do século"

A expressão acima começou a ser empregada entre os autores românticos europeus, após 1830, para designar a inadequação do eu à ordem do mundo. Esse mal-estar existencial se traduziu em uma produção literária marcada por um pessimismo profundo, melancolia, tédio, tristeza e sofrimento.

Os poetas viram nesse momento, como saída para o desencanto do mundo e como fuga da vida cotidiana, uma poesia voltada para a imaginação, a fantasia, o devaneio, o sonho, a nostalgia da infância, o mistério, a noite, a loucura, o vício e a morte.

A literatura de evasão pelos sonhos cultivada pelos poetas românticos valoriza um estado mental que, no final do século XIX, foi bastante explorado por Freud e depois, a partir da década de 1920, pelos surrealistas.

Álvares de Azevedo

Manuel Antônio Álvares de Azevedo nasceu em 1831, na cidade de São Paulo. Mudou-se com a família para o Rio de Janeiro, onde passou a infância e realizou os estudos básicos. Originário de uma família abastada, deu continuidade aos estudos em São Paulo, onde ingressou na faculdade de Direito em 1848. Em sua vida estudantil, além de se destacar como aluno brilhante, revelou-se um talento literário precoce. Toda a obra do autor, constituída por poemas, contos, ensaios, cartas e uma peça de teatro, foi produzida enquanto ele cursava Direito. Nesse período, integrou grupos boêmios e participou da Sociedade Epicureia, associação dos estudantes de Direito que tinha como principal fonte de inspiração os textos literários e o modo de vida do poeta inglês Lorde Byron.

Em 1852, em decorrência da queda de um cavalo, morreu aos 21 anos, sem ter visto sua obra reunida e publicada em livros.

Biblioteca Nacional

Em relação à prosa e ao teatro, seus contos de *Noite na taverna* e a peça *Macário* manifestam, principalmente, a influência de Byron, com a presença de elementos como a noite, o vício, a orgia, a morte, o macabro e o satânico.

João Caldas

João Caldas

Os atores Chico Carvalho, à direita, e Hélio Cícero, à esquerda, representando as personagens Ariel e Caliban, na peça *A tempestade*, de Shakespeare.

FOCO NO TEXTO

Leia, a seguir, um dos poemas de Álvares de Azevedo que compõem a segunda parte da *Lira dos vinte anos*.

Meu anjo

Meu anjo tem o encanto, a maravilha
Da espontânea canção dos passarinhos;
Tem os seios tão alvos, tão macios
Como o pelo sedoso dos arminhos.

Triste de noite na janela a vejo
E de seus lábios o gemido escuto.
É leve a criatura vaporosa
Como a frouxa fumaça de um charuto.

Parece até que sobre a fronte angélica
Um anjo lhe depôs coroa e nimbo...
Formosa a vejo assim entre meus sonhos
Mais bela no vapor do meu cachimbo.

Como o vinho espanhol, um beijo dela
Entorna ao sangue a luz do paraíso.
Dá morte num desdém, num beijo vida,
E celestes desmaios num sorriso!

Mas quis a minha sina que seu peito
Não batesse por mim nem um minuto,
E que ela fosse leviana e bela
Como a leve fumaça de um charuto!

The Bridgeman Art Library/Keystone Brasil/Musée des Beaux-Arts, Lyon, França

Mulher acariciando um papagaio (1827), de Eugène Delacroix.

(In: *Álvares de Azevedo*. Seleção de textos, notas, estudo biográfico, histórico e crítico por Bárbara Heller, Luís Percival Leme de Brito, Marisa Philbert Lajolo. São Paulo: Abril, 1982. p. 40. Literatura Comentada.)

arminho: mamífero de pequeno porte nativo de regiões da Europa, Ásia e América do Norte; sua pelagem é vermelho-acastanhada no verão e branca no inverno.

nimbo: auréola; um tipo de nuvem.

sina: destino, fado.

1. O poema apresenta em sua composição vários elementos antitéticos. Observe o retrato da figura feminina apresentado na primeira estrofe do poema.

a. Que elementos, nessa estrofe, sugerem a pureza e a inocência da mulher amada?

b. Que elementos são indicativos da corporeidade e da sensualidade da mulher amada?

2. A partir da segunda estrofe, o eu lírico passa a associar a figura feminina a elementos mais prosaicos.

a. Quais são esses elementos?

b. O que esses elementos prosaicos têm em comum?

c. Considerando as respostas dos itens anteriores, levante hipóteses: O que essas associações feitas pelo eu lírico sugerem quanto à figura feminina?

3. A imagem da mulher se modifica conforme o eu lírico esteja situado no mundo dos sonhos ou no mundo da realidade. Em que consiste essa mudança? Justifique sua resposta com elementos do texto.

4. No poema:

a. A mulher amada retribui o amor do eu lírico? Justifique sua resposta com trechos do texto.

b. Que sentimentos o eu lírico expressa diante da postura de sua amada?

5. Como vimos, na *Lira dos vinte anos* a mulher é retratada de maneiras diferentes na primeira e na segunda parte da obra. Considerando o poema em estudo e o poema "A T...", estudado no capítulo anterior, responda:

a. Nos dois poemas, que características as figuras femininas têm em comum?

b. E quais características diferentes elas têm?

A frase mais romântica da literatura inglesa

Os britânicos elegeram a frase "Seja do que for que nossas almas são feitas, a dele e a minha são iguais" a mais romântica da literatura inglesa. A frase é uma declaração de amor de Catherine, personagem da obra *O morro dos ventos uivantes* (1847), de Emily Brontë (1818-1848). O livro narra a trágica e violenta história de amor vivida por Catherine e Heathcliff e teve várias adaptações para o cinema.

A obra de Brontë foi também a inspiração que levou a cantora e compositora Kate Bush a criar a canção "Wuthering Heights", um grande sucesso musical do final da década de 1970. No Brasil, a canção foi gravada pela banda de *rock* Angra.

Ecosse Films/ Film4/ HanWay Films

Pôster de *O morro dos ventos uivantes*, filme de 1992.

O amor romântico e os dias atuais

Vivemos ainda o amor romântico? Veja a opinião da psicanalista e escritora Regina Navarro Lins sobre o assunto:

Eu acho que o amor romântico dá sinais de que está saindo de cena. A mudança das mentalidades é lenta e gradual, não acontece de uma hora para a outra. Então, o amor romântico ainda existe, os ideais dele começaram no século XII e ganharam força no século XIX. É um amor idealizado, é um amor que você acredita que vai se completar na relação com outra pessoa, é um tipo de amor que prega a fusão entre os amantes [...]. Você inventa uma pessoa, você conhece uma pessoa e atribui a ela características de personalidade que você gostaria de ter ou gostaria que ela tivesse; depois, na vida cotidiana, você fica reclamando da pessoa o tempo todo, querendo que ela se transforme para se encaixar naquilo que você idealizou. O amor é uma construção social, em cada época as pessoas amam de um jeito. No momento, o amor romântico está saindo de cena porque nós estamos vivendo uma época em que se observa a busca da individualidade, algo que eu não acho negativo, é até positivo, pois a grande viagem do ser humano, hoje, é pra dentro de si mesmo, cada um quer saber das suas possibilidades, cada um quer desenvolver seu potencial. [...]

(Disponível em: http://www.eusoqueriaumcafe.com/2009/08/entrevista-poliamor-o-fim-do-amor.html. Acesso em: 10/12/2015.)

Tasso Marcelo/Estadão Conteúdo

Regina Navarro Lins.

ENTRE TEXTOS

Você vai ler, a seguir, dois textos. O primeiro, escrito em 1857, é o poema "Meus oito anos", do poeta Casimiro de Abreu, da segunda geração romântica. O segundo é a letra da canção "Doze anos", do compositor e escritor Chico Buarque, criada para integrar a peça *Ópera do Malandro*, comédia musical de 1978.

Texto 1

Meus oito anos

Oh! que saudades que tenho
Da aurora da minha vida,
Da minha infância querida
Que os anos não trazem mais!
Que amor, que sonhos, que flores,
Naquelas tardes fagueiras
À sombra das bananeiras,
Debaixo dos laranjais!

Como são belos os dias
Do despontar da existência!
– Respira a alma inocência
Como perfumes a flor;
O mar é – lago sereno,
O céu – um manto azulado,
O mundo – um sonho dourado,
A vida – um hino d'amor!

[...]

Livre filho das montanhas,
Eu ia bem satisfeito,
Da camisa aberto o peito,
– Pés descalços, braços nus –
Correndo pelas campinas
À roda das cachoeiras,
Atrás das asas ligeiras
Das borboletas azuis!

Naqueles tempos ditosos
Ia colher as pitangas,
Trepava a tirar as mangas,
Brincava à beira do mar;
Rezava às Ave-Marias,
Achava o céu sempre lindo,
Adormecia sorrindo
E despertava a cantar!

[...]

(In: Antonio Candido. *Presença da literatura brasileira – História e antologia*. Rio de Janeiro: Bertrand Brasil, 1997. p. 245-6.)

Texto 2

Doze anos

Ai, que saudades que eu tenho
Dos meus doze anos
Que saudade ingrata
Dar banda por aí
Fazendo grandes planos
E chutando lata
Trocando figurinha
Matando passarinho
Colecionando minhoca

[...]

Ai, que saudades que eu tenho
Duma travessura
O futebol de rua
Sair pulando muro
Olhando fechadura
E vendo mulher nua
Comendo fruta no pé
Chupando picolé
Pé de moleque, paçoca

[...]

dar banda: dar uma volta.

(Chico Buarque. "Doze anos". © Marola Edições Musicais.)

Casimiro de Abreu

Casimiro José Marques de Abreu nasceu em Barra de São João, no Estado do Rio de Janeiro, em 1839. Filho de um rico fazendeiro, viveu a infância no campo. Iniciou seus estudos em Nova Friburgo e os continuou no Rio de Janeiro e depois em Lisboa, onde começou a escrever como poeta e dramaturgo e produziu boa parte de sua obra literária.

Após retornar ao Brasil, publicou, com a ajuda financeira do pai, seu único livro, *Primaveras*, em 1859. No ano seguinte, com 21 anos, morreu de tuberculose.

Biblioteca Nacional

à roda de: em torno de.
ditoso: feliz, venturoso.
fagueiro: agradável, prazeroso.

Chico Buarque

Francisco Buarque de Holanda nasceu em 1944, no Rio de Janeiro. Filho do historiador e sociólogo Sérgio Buarque de Holanda, é, além de cantor e compositor, escritor. Alguns destaques em sua obra literária são *Ópera do malandro* (1978), *Budapeste* (2004) e *Leite derramado* (2010).

A vida e a obra de Chico Buarque foi tema do emocionante documentário *Chico – artista brasileiro* (2015), dirigido por Miguel Faria Jr. O filme, além de sucessos musicais de Chico, aborda a relação dele com o pai e a literatura.

Globo Filmes

1. Na letra da canção "Doze anos", Chico Buarque dialoga com o poema "Meus oito anos", de Casimiro de Abreu. Qual é o tema de cada um dos textos?

2. No texto 1, o poeta romântico se refere a determinadas experiências vivenciadas no período da infância.

a. De acordo com esse texto, as brincadeiras do eu lírico na infância envolviam travessuras? Justifique sua resposta.

b. De que tipo era a relação do eu lírico com os elementos da natureza? Justifique sua resposta com elementos do texto.

3. Releia estes versos:

REGISTRE NO CADERNO

Como são belos os dias
Do despontar da existência!
– Respira a alma inocência
Como perfumes a flor;

a. De acordo com esses versos, como o eu lírico, na vida adulta, vê a sua infância?

b. Essa visão do eu lírico é objetiva ou é subjetiva e idealizada? Justifique sua resposta com elementos do poema.

4. Na letra da canção "Meus doze anos", Chico Buarque parodia o poema "Meus oito anos", isto é, ao dialogar com o texto de Casimiro de Abreu, apresenta ideias diferentes da do autor romântico, provocando humor.

a. De acordo com a primeira estrofe, a relação do eu lírico com os elementos da natureza é semelhante à que tem o eu lírico do texto romântico? Por quê?

b. Nesse texto, o eu lírico da canção, tal qual o do poema de Casimiro de Abreu, valoriza a pureza e a ingenuidade? Justifique sua resposta.

c. Considerando as reflexões que você fez ao longo do estudo comparado dos textos 1 e 2, responda: Quais são as principais diferenças entre os dois textos? Justifique sua resposta.

ARQUIVO

Por meio da leitura de textos de Gonçalves Dias e Álvares de Azevedo feita neste capítulo, você viu que:
na poesia lírica de Gonçalves Dias:

- aspectos formais como o emprego de redondilhas, rimas, ritmo e aliterações resultam em uma musicalidade que se harmoniza com as imagens e as ações retratadas;
- a natureza exerce um grande fascínio sobre o eu lírico, e o emprego de figuras de linguagem como a prosopopeia e a metáfora procura expressar a interação entre ela e seus estados de alma;
- diferentemente do que ocorre na poesia romântica tradicional, a natureza não basta como consolo para as angústias do eu lírico.

na poesia lírica de Álvares de Azevedo:

- a mulher, além de ser associada a figuras incorpóreas e assexuadas (virgem, criança, anjo, etc.) que habitam os sonhos e os devaneios do eu lírico, é retratada como parte do mundo real e, nessa condição, adquire maior corporeidade e sensualidade;
- a associação da mulher amada com elementos prosaicos, como o cachimbo, o charuto e o vinho, desmitifica tanto a figura idealizada e inacessível da mulher quanto a ideia do amor sublime e platônico cultivado no Romantismo.

O adjetivo

REFLEXÕES SOBRE A LÍNGUA

No estudo de literatura deste capítulo, você leu o poema "Meu anjo", de Álvares de Azevedo. Releia estes versos do poema:

"Meu anjo tem o encanto, a maravilha
Da espontânea canção dos passarinhos;
Tem os seios tão alvos, tão macios
Como o pelo sedoso dos arminhos.

[...]
É leve a criatura vaporosa
Como a frouxa fumaça de um charuto."

Observe que o eu lírico, ao descrever a mulher amada, procura ressaltar sua delicadeza e seu aspecto angelical. Para isso, associa-a a elementos delicados e fluidos, como em a "espontânea canção dos passarinhos", "o pelo sedoso dos arminhos" e a "frouxa fumaça de um charuto". Procura destacar também atributos físicos dela, como a beleza dos seios, em "tão alvos, tão macios".

Note que, para caracterizar a mulher amada, o eu lírico emprega palavras como *espontânea* (canção), *alvos* e *macios* (seios), *sedoso* (pelo), *vaporosa* (criatura) e *frouxa* (fumaça). Essas palavras são adjetivos e seu emprego é essencial quando se quer descrever um substantivo ou atribuir a ele um juízo de valor.

Do ponto de vista semântico, os adjetivos podem ser conceituados assim:

> **Adjetivos** são palavras que caracterizam, delimitam e qualificam o substantivo.

Do ponto de vista morfológico, os adjetivos, assim como os substantivos, podem ser conceituados como palavras que apresentam *gênero* (masculino e feminino) e *número* (singular e plural) e concordam sempre com o substantivo a que se referem.

Às vezes, o adjetivo não é formado por uma única palavra, mas por uma expressão. É o caso, por exemplo, de "canção de passarinho", em que a expressão *de passarinho* especifica *canção*. Nesse caso, chamamos a expressão *de passarinho* de *locução adjetiva*. Há locuções adjetivas também em: clara *em neve*, doce *de leite*, xícara *de porcelana*, pessoas *de bem*, etc.

O adjetivo e os gêneros

Os adjetivos podem fazer parte de todos os gêneros textuais, mas são essenciais em alguns deles, como o anúncio publicitário, o verbete de enciclopédia e os gêneros narrativos ficcionais, em descrições de objetos, personagens, ambientes.

APLIQUE O QUE APRENDEU

Leia estes quadrinhos, de Nik:

(*Gaturro a lo grande*. Buenos Aires: Catapulta Children Entertainment, 2009. p. 25.)

1. Gaturro é um gato apaixonado por Ágatha, que normalmente não liga para ele. No 1º quadrinho, ele faz uma pergunta a ela. De que modo Ágatha responde?

REGISTRE NO CADERNO

Classificação dos adjetivos

Tradicionalmente, as gramáticas normativas classificam os adjetivos em subcategorias. Não há necessidade de memorizar esses conceitos, mas é interessante conhecê-los, em caráter de informação complementar. Os adjetivos se classificam em:

- *simples*: os que apresentam um único radical. Ex.: verde.
- *compostos*: os que apresentam dois ou mais radicais. Ex.: verde-abacate.
- *uniformes*: os que apresentam uma única forma para os dois gêneros. Ex.: inteligente.
- *biformes*: os que apresentam uma forma para cada gênero. Ex.: bonito, bonita.

2. Em cada tijolo que Ágatha utiliza, há uma palavra.

a. O que são essas palavras?

b. De que classe são essas palavras?

c. Consulte em um dicionário o significado dos adjetivos que você desconhece.

d. Todos os adjetivos têm a mesma classificação, com exceção de dois. Quais são eles? Como eles se classificam?

3. No último quadrinho, Ágatha afirma que fez uma "crítica construtiva".

a. Considerando as imagens de todos os quadrinhos, explique o sentido ambíguo dessa afirmação.

b. Conclua: Qual é a avaliação que Ágatha faz de Gaturro?

REGISTRE NO CADERNO

c. Para o relacionamento de Ágatha e Gaturro, o que representa a parede construída?

Flexão dos adjetivos

Gênero e número

Da mesma maneira que os substantivos, os adjetivos apresentam flexão de gênero e número e seguem as mesmas regras básicas de flexão dos substantivos. Veja:

seios (masc. plural) alvos e macios (masc. plural)

pelo (masc. singular) sedoso (masc. singular)

criatura (fem. singular) vaporosa (fem. singular)

Os adjetivos compostos, como regra geral, flexionam apenas o último elemento. Veja:

olhos *verde-claros*

questões *político-econômicas*

Calças *azul-marinho* ou *azuis-marinhos?*

A forma *azul-marinho* era, até pouco tempo atrás, considerada invariável pelas gramáticas normativas. Hoje, os dicionários começam a aceitar também a forma *azuis-marinhos*.

Grau

Em português, o grau dos adjetivos é indicado por meio de derivação sufixal ou pelo acréscimo de outra palavra.

Em relação à posição *normal* ou *positiva*, a gradação dos adjetivos pode ser *comparativa* e *superlativa*. No grau comparativo, dois ou mais seres são comparados com base na mesma qualidade. No grau superlativo, uma qualidade de um ser é destacada, positiva ou negativamente, em relação a outros seres. Observe:

Essa garota é simpática. (posição normal ou positiva)

Essa garota é mais simpática do que a amiga dela. (grau comparativo)

Essa garota é simpaticíssima. (grau superlativo)

APLIQUE O QUE APRENDEU

Leia as tiras abaixo, de Caco Galhardo, e responda às questões de 1 a 4.

Caco Galhardo

(*Folha de S. Paulo*, 18/4/2011.)

Caco Galhardo

(*Folha de S. Paulo*, 28/7/2011.)

1. A personagem Lili, da primeira tira, está separada do marido, mas mantém amizade com ele. Levante hipóteses: Por que ela estava entrevistando outras mulheres?

2. Segundo o ex-marido, entre as duzentas mulheres entrevistadas, havia "loiras lindíssimas, ruivas estonteantes, morenas esculturais".

a. Quais são os adjetivos empregados na caracterização dessas mulheres?

b. Entre esses adjetivos, apenas um está no grau superlativo. Qual é ele?

c. Do ponto de vista semântico, o emprego do superlativo, no contexto, confere ao adjetivo que está nesse grau um sentido mais destacado do que o dos demais adjetivos? Justifique sua resposta.

3. No último quadrinho da tira, Lili responde "Li-xo!", o que corresponde a: "Elas são li-xo!".

a. Por que Lili não gostou de nenhuma das mulheres que entrevistou?

b. Levante hipóteses: Por que a palavra *lixo* está dividida silabicamente?

c. A palavra *lixo* é, normalmente, substantivo. No contexto, ela tem esse valor? Justifique sua resposta.

4. Na segunda tira, a personagem diz que precisam escolher a goleira do time e "ela tem que ser *a mais alta*".

a. Em que grau está o adjetivo *alta*?

b. A que substantivo se refere a palavra *alta*: a *goleira* ou a outro substantivo, não explícito? Justifique sua resposta.

Aspectos formais e semânticos do comparativo e do superlativo

Os graus comparativo e o superlativo podem apresentar variações sintáticas e semânticas.

O **comparativo** pode expressar:

- *igualdade*: Ela é *tão* simpática *quanto* a amiga.
- *superioridade*: Ela é *mais* simpática *do que* a amiga.
- *inferioridade*: Ela é *menos* simpática *do que* a amiga.

O **superlativo** pode se dar de forma:

- *analítica* (com o emprego de palavras como *muito, bastante* + adjetivo): Ela é *muito* simpática.
- *sintética* (com o emprego de adjetivo + sufixo): simpaticíssima.

O superlativo é *relativo* quando uma qualidade de um ser é destacada em relação a outros. Nesse caso, há o emprego de artigo e das expressões *mais ... de, menos ... de*: Ela é *a* garota *mais* simpática *da* empresa.

Leia o texto a seguir, de Alcy, e responda às questões de 5 a 7.

Alcy Linares

REGISTRE NO CADERNO

5. O título do texto é "Os balões".

a. Por que o texto recebeu esse título?

b. Que relação existe, em cada figura, entre a imagem e o enunciado verbal?

6. Explique o sentido sugerido pelas imagens em relação às características de quem é:

a. puxa-saco;

b. teórico;

c. tímido;

d. egocêntrico.

7. Palavras e expressões como *puxa-saco*, *teórico*, *tímido* e *egocêntrico* são originalmente adjetivos, pois qualificam tipos de pessoas. No contexto, porém, assumem outro papel gramatical.

a. Qual é esse papel?

b. O que todas essas palavras e expressões têm em comum, quanto à palavra que as antecede?

c. Cite outros exemplos em que, por meio do uso do mesmo recurso, ocorre mudança na classe gramatical do adjetivo.

TEXTO E ENUNCIAÇÃO

Leia o texto a seguir.

Abraço caudaloso

Nelson Provazi

[...] Palavras, percebemos, são pessoas. [...] Algumas palavras são casadas. A palavra caudaloso, por exemplo, tem união estável com a palavra rio – você dificilmente verá caudaloso andando por aí acompanhada de outra pessoa. O mesmo vale para frondosa, que está sempre com a árvore. [...] Nada é ledo a não ser o engano, assim como nada é crasso a não ser o erro. [...]

Algumas palavras dependem de outras, embora não sejam grudadas por um hífen – quando têm hífen elas não são casadas, são siamesas. Casamento acontece quando se está junto por algum mistério. Alguns dirão que é amor, outros dirão que é afinidade, carência, preguiça e outros sentimentos menos nobres (a palavra engano, por exemplo, só está com ledo por pena – sabe que ledo, essa palavra moribunda, não iria encontrar mais nada a essa altura do campeonato).

Esse é o problema do casamento entre as palavras, que por acaso é o mesmo do casamento entre pessoas. Tem sempre uma palavra que ama mais. A palavra árvore anda com várias palavras além de frondosa. O casamento é aberto, mas para um lado só. A palavra rio sai com várias outras palavras na calada da noite: grande, comprido, branco, vermelho – e caudaloso fica lá, sozinho, em casa, esperando o rio chegar, a comida esfriando no prato.

Um dia, caudaloso cansou de ser maltratado e resolveu sair com outras palavras. Esbarrou com o abraço que, por sua vez, estava farto de sair com grande, essa palavra tão gasta. O abraço caudaloso deu tão certo que ficaram perdidamente inseparáveis. Foi em Manoel de Barros. Talvez pra isso sirva a poesia, pra desfazer ledos enganos em prol de encontros mais frondosos.

(Gregório Duvivier. Disponível em: http://www1.folha.uol.com.br/fsp/ilustrada/206496-abraco-caudaloso.shtml. Acesso em: 14/10/2015.)

1. No texto, o autor trata de palavras e suas combinações.

a. O que as palavras e suas combinações representam, conforme o texto?

b. O que motiva ou mantém o casamento entre pessoas ou entre palavras?

2. Observe estas palavras:

árvore	crasso
engano	caudalosos
erro	ledo
rios	frondosa

REGISTRE NO CADERNO

a. Sem voltar ao texto, indique as palavras, uma da primeira e outra da segunda coluna, que se relacionam.

b. As palavras de uma e de outra coluna apresentam características morfológicas que possibilitam a associação entre elas. Quais são essas características? Justifique sua resposta com base em duas das associações feitas no item anterior.

c. Considerando as respostas dos itens anteriores, responda: Que classe gramatical poderia nomear as palavras da primeira e da segunda coluna, respectivamente?

3. De acordo com o raciocínio utilizado pelo autor do texto e após trocar ideias com os colegas e o professor:

a. dê outros exemplos de palavras que aparecem juntas com frequência;

b. dê outras combinações possíveis e habituais para as palavras constantes nos exemplos que você citou no item *a*.

4. Releia este trecho:

"A palavra árvore anda com várias palavras além de frondosa. O casamento é aberto, mas para um lado só. A palavra rio sai com várias outras palavras na calada da noite: grande, comprido, branco, vermelho"

Seguindo o raciocínio presente no texto, com quais outras palavras a palavra *árvore* poderia "sair"?

Andressa Honório

5. Releia este trecho:

"Um dia, caudaloso cansou de ser maltratado e resolveu sair com outras palavras. Esbarrou com o abraço que, por sua vez, estava farto de sair com grande, essa palavra tão gasta."

a. No trecho, duas palavras tradicionalmente classificadas como adjetivos aparecem substantivadas. Quais são elas?

b. Levante hipóteses: Por que essas palavras estão substantivadas no texto?

c. Identifique no texto outros trechos em que o autor lança mão da mesma estratégia.

6. No final, o autor comenta o encontro entre as palavras *abraço* e *caudaloso*.

a. Segundo ele, onde essas palavras se encontraram?

b. Com base nesse encontro, o que o autor conclui? Responda com suas próprias palavras.

c. No texto, é possível considerar que a expressão *ledo engano* tem sentido ambíguo. Quais são esses sentidos?

d. Tendo em vista a conclusão do autor, explique o sentido do trecho "desfazer ledos enganos em prol de encontros mais frondosos".

7. Na língua portuguesa, existem, além do superlativo, outras formas de intensificar o sentido dos adjetivos. Considere estes enunciados:

- Esse carro é caro pra chuchu.
- Meu tio ficou podre de rico vendendo soja.
- Essa gíria é mais velha do que andar para a frente.
- Fiquei chateado pra caramba com o que ele disse.
- Essa blusa é chique no último.
- Estou cansado pacas com toda essa correria.

Que palavras ou expressões são responsáveis pela intensificação do sentido do adjetivo, em cada enunciado?

8. Leia:

REGISTRE NO CADERNO

- Seu vestido é um pouco cheguei.
- A noiva do Carlos é família demais para o meu gosto.
- Esse menino é muito galinha.
- Essa banda faz um som animal.

Há, nos enunciados acima, palavras ou expressões que exercem a função de adjetivo, porém não pertencem a essa classe gramatical. Identifique a palavra ou a expressão que, em cada enunciado, está nessa situação e indique o adjetivo correspondente a ela.

Bom, grande e pequeno

As palavras *bom*, *grande* e *pequeno* apresentam comparativo e superlativo irregulares. Veja:

	Comparativo de superioridade	Superlativo absoluto	Superlativo relativo
bom	melhor	ótimo	o melhor
mau	pior	péssimo	o pior
grande	maior	máximo	o maior
pequeno	menor	mínimo	o menor

O cartaz e o anúncio publicitário

É muito comum vermos cartazes e anúncios publicitários nos ambientes em que circulamos: estabelecimentos comerciais, repartições públicas, pontos de ônibus, espaços abertos ao público em geral, muros, fachadas de prédios.

Quando se tem o objetivo de divulgar e promover produtos, eventos, campanhas ou ideias, é importante utilizar textos impactantes, que chamem a atenção dos leitores. Para isso, cartazes e anúncios são boas alternativas, pois, quando são bem planejados e bem produzidos, conquistam facilmente a simpatia e a adesão do público.

Além disso, cartazes e anúncios são textos versáteis: podem ser afixados em qualquer superfície. No caso dos anúncios, existe ainda a possibilidade de, com poucas adaptações, eles circularem em diferentes meios, como revistas, jornais, *sites* da Internet, o que aumenta consideravelmente o público alcançado por eles.

O cartaz

FOCO NO TEXTO

Leia o cartaz a seguir.

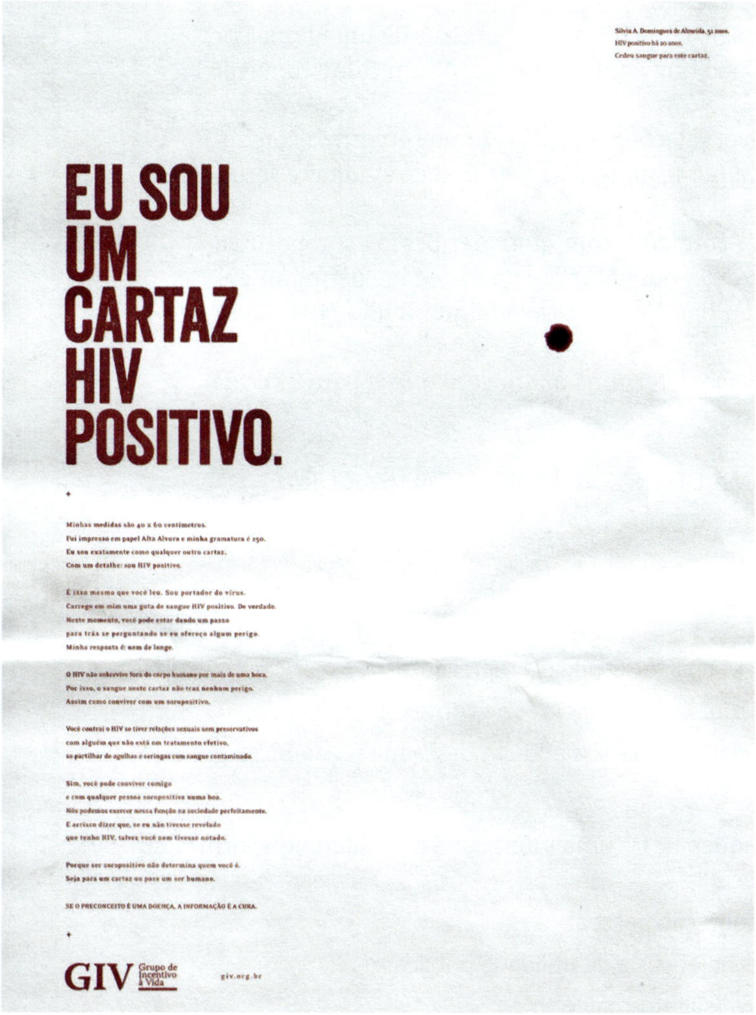

Grupo de Incentivo à Vida

1. Com base apenas no enunciado em destaque e no logotipo que aparece na parte inferior:

a. identifique a instituição responsável pelo cartaz;

b. levante hipóteses: O que essa instituição faz e o que o cartaz tem como tema?

2. Em letras maiúsculas, no final do texto central, lê-se:

"SE O PRECONCEITO É UMA DOENÇA, A INFORMAÇÃO É A CURA."

Levante hipóteses: Qual é a função principal do cartaz em estudo?

A parte grafada em letras pequenas no cartaz está reproduzida a seguir. Leia-a e responda às questões 3 e 4.

Minhas medidas são 40 x 60 centímetros. Fui impresso em papel Alta Alvura e minha gramatura é 250. Eu sou exatamente como qualquer outro cartaz. Com um detalhe: sou HIV positivo.

É isso mesmo que você leu. Sou portador do vírus. Carrego em mim uma gota de sangue HIV positivo. De verdade. Neste momento, você pode estar dando um passo para trás se perguntando se eu ofereço algum perigo. Minha resposta é: nem de longe.

O HIV não sobrevive fora do corpo humano por mais de uma hora. Por isso, o sangue neste cartaz não traz nenhum perigo. Assim como conviver com um soropositivo.

Você contrai o HIV se tiver relações sexuais sem preservativos com alguém que não está em tratamento efetivo, se partilhar de agulhas e seringas com sangue contaminado.

Sim, você pode conviver comigo e com qualquer pessoa soropositiva numa boa. Nós podemos exercer nossa função na sociedade perfeitamente. E arrisco dizer que, se eu não tivesse revelado que tenho HIV, talvez você nem tivesse notado.

Porque ser soropositivo não determina quem você é. Seja para um cartaz ou para um ser humano.

SE O PRECONCEITO É UMA DOENÇA, A INFORMAÇÃO É A CURA.

REGISTRE NO CADERNO

3. Essa parte está separada das outras partes pelo símbolo +, impresso antes e depois dela.

a. De quem é a voz que fala nessa parte? O que ela representa?

b. Levante hipóteses: Qual é a função do símbolo +, no contexto?

c. Qual é a relação entre essa parte e o enunciado em destaque no anúncio, grafado com letras maiores?

4. Na parte grafada em letras pequenas, há uma interposição de diferentes formas de discurso. Identifique:

a. um trecho em tom de apresentação pessoal;

b. um trecho com informações objetivas e de utilidade pública;

c. dois trechos em tom de conversa informal.

5. O texto do cartaz segue as regras da norma-padrão e foi escrito em um registro que pode ser considerado pouco formal.

a. Levante hipóteses: Por que houve opção por um registro pouco formal nesse texto?

b. Entre os termos e expressões a seguir, indique em seu caderno aqueles que permitem identificar o texto como pouco formal.

- "É isso mesmo que você leu."
- "Carrego em mim uma gota de sangue"
- "nem de longe"
- "você pode conviver comigo e com qualquer pessoa soropositiva numa boa"
- "talvez você nem tivesse notado"
- "ser soropositivo não determina quem você é"

REGISTRE NO CADERNO

6. Os tamanhos das letras que compõem o enunciado em destaque e o trecho central são perceptivelmente desiguais.

a. Em geral, quais são os tamanhos adequados para letras que compõem os textos de cartazes?

b. Discuta com os colegas e o professor: É possível considerar que, no cartaz em estudo, o uso de letras pequenas se deu por descuido e que o texto central ficou muito longo e, por isso, inadequado?

c. Entre os trechos abaixo, qual deles comprova que o uso de letras pequenas no cartaz foi intencional?

- "Minhas medidas são 40 x 60 centímetros. Fui impresso em papel Alta Alvura e minha gramatura é 250."
- "Neste momento, você pode estar dando um passo para trás se perguntando se eu ofereço algum perigo."
- "E arrisco dizer que, se eu não tivesse revelado que tenho HIV, talvez você nem tivesse notado."

d. Com base nas respostas das questões anteriores e considerando o objetivo do cartaz, conclua: Quais efeitos o contraste entre as letras muito grandes e as letras muito pequenas tem nesse contexto?

O cartaz e suas variações

Há diferentes formas de produzir um cartaz, e o que determina qual é a melhor são o objetivo e as intenções de quem o produz. Esses são também os fatores que devem influir na escolha das informações que deverão constar no cartaz. Veja os exemplos a seguir. Perceba que todos os cartazes apresentam imagens, cores chamativas e letras grandes em pelo menos um trecho. No mais, alguns divulgam eventos, outros, campanhas; alguns contêm uma data, outros, uma programação inteira; alguns fazem brincadeiras com palavras, outros são mais diretos; alguns contêm textos mais longos e em letras menores, outros, não; alguns nomeiam instituições que os apoiam, outros, apenas a instituição responsável.

Senac

Museu da Justiça do Estado do Rio de Janeiro

Greenpeace/ATB Comunicações

Associação Cultural de Capoeira São Jorge

O anúncio publicitário

FOCO NO TEXTO

Leia este anúncio:

(Revista *Luxo*, junho de 2014.)

1. A propósito do anúncio, responda:

a. Quem é o anunciante?

b. Observe o nome da revista em que o anúncio foi publicado. Levante hipóteses: Qual é o perfil do público a que ele se destina?

c. O que o anúncio promove e qual o seu principal objetivo?

REGISTRE NO CADERNO

2. Assim como no cartaz estudado, há nesse anúncio uma nova voz, além da voz do anunciante.

a. De quem é essa nova voz? Que sentimento esse enunciador tem em relação ao anunciante?

b. A introdução dessa nova voz pode ser considerada uma estratégia da linguagem publicitária para persuadir seus interlocutores. Justifique essa afirmação, tendo em vista o perfil do público-alvo do anúncio.

3. Observe a "Redação de Pedrinho", no alto da página.

a. No capítulo anterior, você estudou alguns gêneros de relato de experiências vividas. Com base no estudo que fez, identifique o gênero do texto de Pedrinho.

b. Infira: Qual foi a proposta de produção textual apresentada à classe de Pedrinho? Justifique sua resposta.

c. Além do título, que aspectos gráficos reforçam a ideia de que o texto é uma produção textual escolar?

4. O texto "Redação de Pedrinho" faz uso de adjetivos e de uma locução adjetiva.

a. Identifique-os.

b. Considerando o tema e a finalidade desse texto, o que justifica o emprego desses adjetivos e da locução adjetiva?

5. Os adjetivos *gigantona* e *maiorzão* estão no aumentativo.

a. Que tipo de aumentativo foi utilizado: comparativo ou superlativo?

b. Por que esse uso é, aparentemente, redundante?

c. Que efeito de sentido o emprego dos aumentativos produz no texto?

6. O anúncio não estimula o leitor a fazer uma reserva no *resort* diretamente, com mensagens como "Venha para cá", "Faça uma reserva agora", etc., mas faz uso de alguns elementos que aguçam o desejo do público-alvo.

REGISTRE NO CADERNO

a. Com base nas respostas das questões anteriores, conclua: Quais são os elementos que o anúncio utiliza a fim de persuadir seus interlocutores?

b. Se o anunciante tivesse optado por caracterizar explicitamente o seu produto – o *resort* –, quais adjetivos poderia ter empregado?

O anúncio publicitário e suas variações

Há diferentes formas de produzir um anúncio publicitário, e o que determina qual é a melhor são tanto a intenção de quem produz quanto, principalmente, o perfil do público a que ele se destina. Como a intenção é persuadir os interlocutores, é importante estar atento às preferências desse público. A partir daí, não há limites para a criatividade. Veja os exemplos a seguir e observe que todos os anúncios apresentam imagens e cores chamativas, bem como o nome e o logotipo do anunciante em destaque. Como, na maioria, eles circulam em jornais e revistas, as letras não necessariamente têm tamanho muito grande e os textos em geral exploram efeitos de humor, ambiguidades, polissemia, ironia, entre outros recursos.

Grey India

Y &R Brasil

Greenpeace/AlmapBBDO

Jaepel

HORA DE ESCREVER

Para divulgar a mostra de cinema que a classe realizará no final da unidade, você e seus colegas deverão produzir cartazes e anúncios publicitários.

> **PROJETO**
>
> Dê continuidade aos preparativos para a realização da **Mostra de cinema** que você e os colegas começaram a desenvolver no capítulo anterior, produzindo cartazes e anúncios para a divulgação do evento.

ANTES DE ESCREVER

Planejem o cartaz ou o anúncio, lembrando-se de:

- definir qual será o público-alvo;
- ter em mente os locais onde os textos irão circular (se serão afixados em paredes da escola ou em muros do bairro, ou se serão publicados em algum jornal ou revista a que vocês tenham acesso);
- decidir quais estratégias serão utilizadas para persuadir o público-alvo;
- decidir se no cartaz ou no anúncio será utilizado algum outro gênero, como depoimento, relato de memória, poema, etc.;
- escolher uma imagem impactante e uma ou mais cores para destacá-la;
- criar um enunciado principal objetivo e atraente, que leve os leitores a se interessarem pelo evento;
- definir as informações essenciais que deverão constar no cartaz ou anúncio (datas, horários, programação, etc.);
- encontrar uma linguagem que fique adequada ao objetivo de vocês, escrevendo em um registro menos ou mais formal, usando figuras de linguagem, brincando com as palavras, etc.;
- utilizar tamanhos de letras adequados aos possíveis meios de circulação e aos objetivos de vocês;
- criar um logotipo ou uma assinatura que indique quem são os responsáveis pelo cartaz ou os anunciantes.

ANTES DE PASSAR A LIMPO

Antes de dar o cartaz ou o anúncio por terminado, verifiquem:

- se ele ficou adequado ao público-alvo e ao objetivo em vista;
- se foram utilizadas estratégias para chamar a atenção dos leitores;
- se ele contém uma imagem impactante e, caso tenha havido o uso de cores, se elas combinam;
- se ele contém um enunciado principal objetivo e interessante;
- se constam nele as informações essenciais;
- se a linguagem está adequada aos objetivos em vista;
- se o tamanho das letras e dos textos é adequado aos meios de circulação;
- se apresenta um logotipo ou uma assinatura que indique quem são os responsáveis ou os anunciantes.

CAPÍTULO

3 O Romantismo no Brasil (II) O artigo O documentário

LITERATURA

LITERATURA

A poesia de Castro Alves

A terceira geração romântica

Christophel Collection/Regency Enterprises/River Road Entertainment AGB Photo/Keystone Brasil

Cena de *12 anos de escravidão* (2013), filme baseado na vida real de Solomon Northup, um negro livre norte-americano que é feito escravo.

No Brasil, na segunda metade do século XIX, a extinção do tráfico negreiro, ocorrida em 1850, e a emergência de novas forças econômicas – como o desenvolvimento da economia cafeeira e o crescente comércio nos centros urbanos – fomentavam mudanças de concepções, de visões de mundo e do homem. Progressivamente, ideias republicanas e abolicionistas conquistavam a intelectualidade e desafiavam os redutos conservadores (imperialistas e escravocratas) da sociedade brasileira. Foi nesse contexto que os poetas da terceira geração romântica exerceram, entre as décadas de 1860 e 1870, um importante papel na divulgação dessas novas ideias.

Tais poetas, influenciados principalmente pelo escritor francês Victor Hugo, voltaram-se para os problemas sociais, deslocando o centro de atenção do "eu" para o "outro", ou seja, do mundo interior para o mundo exterior.

A terceira geração romântica foi chamada *condoreira* ou *hugoana*, em razão da influência que recebeu de Victor Hugo. O condor, ave de grande porte e altos voos, é representativo da visão que os poetas tinham de si: detentores de anseios nobres, elevados, que viam longe. Portanto, a poesia que produziram, vigorosa e retumbante, de voo alto, era o reflexo de tais anseios e um meio que acreditavam ser capaz de suscitar mudanças na mentalidade e, assim, interferir no processo social.

Castro Alves é a principal expressão poética do condoreirismo. Além dele, destacam-se também Pedro Luís (1839-1884) e Sousândrade (1833-1902), autor cuja obra se distancia, em certos aspectos, da estética romântica.

Castro Alves

Antônio de Castro Alves nasceu em 1847, na cidade de Curralinho, hoje Castro Alves, na Bahia. Ainda muito jovem, mudou-se com os pais para Salvador, onde fez seus estudos básicos. Em 1864, começou a cursar Direito, em Recife. Ali frequentou a vida intelectual e boêmia, participou de grupos abolicionistas e republicanos e teve seu talento reconhecido com a declamação e a publicação de seus poemas na imprensa.

Dos 19 aos 21 anos relacionou-se com a atriz portuguesa Eugênia Câmara, a quem dedicou vários poemas. Sob a influência da atriz, escreveu a peça *Gonzaga*, que foi elogiada por José de Alencar e Machado de Assis. Além do reconhecimento de importantes autores da época, Castro Alves arrebatou calorosos aplausos pela intensa expressividade de sua poesia amorosa e social, no meio acadêmico, nos teatros, nos púlpitos e nos salões de Salvador, Rio de Janeiro e São Paulo.

Em 1868, em São Paulo, feriu-se acidentalmente com um tiro no pé esquerdo, amputado um ano depois. Debilitado pela cirurgia e pelo agravamento da tuberculose, regressou a Salvador, onde publicou, em 1870, *Espumas flutuantes*. No ano seguinte, aos 24 anos, morreu vitimado pela tuberculose. Postumamente, foram publicados *Gonzaga ou a revolução de Minas*, *A cachoeira de Paulo Afonso* e *Os escravos*.

Biblioteca Nacional

Castro Alves

O poeta cultivou a poesia lírica, a épica social e o drama.

As imagens impactantes e o tom eloquente, vibrante e declamatório de seus poemas renderam-lhe uma grande popularidade. Em sua poesia social, abordou temas que despertavam discussões acaloradas na época, como o da escravidão, o da liberdade e o do progresso. Mas o grande tema de sua poesia social foi, notadamente, o abolicionismo, que, por seu caráter humanitário, atingiu um grande público, indo além das camadas cultas de seu tempo. Esse foi um dos motivos pelos quais Castro Alves ficou conhecido como o "poeta dos escravos".

Na poesia épica, reunida na obra *Os escravos*, os poemas, concebidos com a finalidade de emocionar e convencer o ouvinte/leitor, apresentam poderosa sonoridade e imagens de grande efeito, produzidas pelo emprego de figuras de linguagem como hipérboles, comparações, antíteses, metáforas, apóstrofes, aliterações, entre outras.

Na poesia lírica, reunida na obra *Espumas flutuantes*, os poemas expressam um novo retrato da mulher e uma nova concepção do amor. Diferentemente da figura feminina etérea e vaporosa de Álvares de Azevedo, a mulher retratada por Castro Alves é um ser de corpo e alma, situado no tempo e no espaço. Essa representação integral da mulher não exclui, portanto, a sexualidade. O poeta apresenta, então, uma nova concepção do amor na poesia: ele reúne na figura feminina os planos espiritual e físico do amor e, assim, vai além da concepção de amor sublime, sem cair na visão oposta, a de um amor puramente carnal.

Na peça teatral *Gonzaga ou a revolução de Minas*, de caráter político e sentimental, o autor evoca acontecimentos em torno da Inconfidência Mineira e das principais figuras envolvidas no episódio, como Cláudio Manuel da Costa, Tiradentes e Tomás Antônio Gonzaga.

O "Navio negreiro" em diálogo

O grupo O Rappa, na canção "Todo camburão tem um pouco de navio negreiro", dialoga com o poema do poeta condoreiro. Veja, a seguir, um trecho da letra da canção e, se possível, ouça a música na Internet.

[...]
É mole de ver
Que em qualquer dura
O tempo passa mais lento pro negão
Quem segurava com força a chibata
Agora usa farda
Engatilha a macaca
Escolhe sempre o primeiro
Negro pra passar na revista
Pra passar na revista
Todo camburão tem um pouco de navio negreiro
Todo camburão tem um pouco de navio negreiro
[...]

(Alexandre Monte de Menezes/ Marcelo Lobato/Falcão/Marcelo Yuka/ Nelson Meireles. © Warner Chappell Edições Musicais Ltda.)

Diego Matheus/Tumulto Comunicação

FOCO NO TEXTO

Você vai ler, a seguir, um trecho da 5ª parte de "O navio negreiro – Tragédia no mar", um dos poemas da obra *Os escravos*, de Castro Alves. Nesse poema, publicado pela primeira vez em 1868, o poeta retrata o transporte de negros escravos ao Brasil, prática comercial proibida em 1850, com a Lei Eusébio de Queirós.

V

Senhor Deus dos desgraçados!
Dizei-me vós, Senhor Deus!
Se é loucura... se é verdade
Tanto horror perante os céus...
Ó mar! por que não apagas
Co'a esponja de tuas vagas
De teu manto este borão?...
Astros! noite! tempestades!
Rolai das imensidades!
Varrei os mares, tufão!

Quem são estes desgraçados,
Que não encontram em vós,
Mais que o rir calmo da turba
Que excita a fúria do algoz?
Quem são?... Se a estrela se cala,
Se a vaga à pressa resvala
Como um cúmplice fugaz,
Perante a noite confusa...
Dize-o tu, severa musa,
Musa libérrima, audaz!

São os filhos do deserto
Onde a terra esposa a luz.
Onde voa em campo aberto
A tribo dos homens nus...
São os guerreiros ousados,
Que com os tigres mosqueados
Combatem na solidão...
Homens simples, fortes, bravos.
Hoje míseros escravos
Sem luz, sem ar, sem razão...

São mulheres desgraçadas
Como Agar o foi também,
Que sedentas, alquebradas,
De longe... bem longe vêm...
Trazendo com tíbios passos,
Filhos e algemas nos braços,
N'alma – lágrimas de fel.
Como Agar sofrendo tanto
Que nem o leite do pranto
Têm que dar para Ismael...

[...]

Ontem a Serra Leoa,
A guerra, a caça ao leão,
O sono dormido à toa
Sob as tendas d'amplidão...
Hoje... o *porão* negro, fundo,
Infecto, apertado, imundo,
Tendo a *peste* por jaguar...
E o sono sempre cortado
Pelo arranco de um finado,
E o baque de um corpo ao mar...

Ontem plena liberdade,
A vontade por poder...
Hoje... cúm'lo de maldade
Nem são livres p'ra... morrer...
Prende-os a mesma corrente
– Férrea, lúgubre serpente –
Nas roscas da escravidão,
E assim roubados à morte,
Dança a lúgubre coorte
Ao som do açoite... Irrisão!...

[...]

(In: *Castro Alves*. Seleção de textos, notas, estudo biográfico, histórico e crítico por Marisa Lajolo e Samira Campedelli. São Paulo: Abril, 1980, p. 61-3. Literatura comentada).

Agar: escrava que foi a segunda mulher do patriarca bíblico Abraão e mãe de Ismael.
alquebrado: que anda curvado, devido a cansaço, doença, etc.
coorte: conjunto numeroso de pessoas.
irrisão: escárnio, zombaria.
libérrimo: superlativo de *livre*.
lúgubre: que inspira grande tristeza.
mosqueado: que tem o corpo salpicado de pintas ou manchas.
musa: na mitologia da Grécia antiga, cada uma de nove deusas representadas por jovens belas e virginais, protetoras das artes e das ciências.
resvalar: passar, deslizar.
Serra Leoa: país localizado na região oeste do continente africano.
tíbio: sem vigor, sem força.

A cabana do pai Tomás

Considerado um dos clássicos da literatura universal, o livro *A cabana do pai Tomás*, da norte-americana Harriet Beecher Stowe, publicado em 1852, narra a emocionante história de um velho escravo negro, pai Tomás. Os sofrimentos pelos quais ele e os demais escravos que são personagens do romance passam comoveram a opinião pública norte-americana e serviram de inspiração para o movimento abolicionista do Norte dos Estados Unidos. O impacto produzido pela obra foi tão grande que o presidente Lincoln, ao conhecer a escritora, disse: "Então é a senhora a mulher que escreveu o livro que causou essa grande guerra". Ele se referia à Guerra de Secessão, travada entre os Estados escravocratas do Sul e os abolicionistas do Norte.

No Brasil do século XIX, *A cabana do pai Tomás* teve uma repercussão significativa no meio literário, conforme se observa em registros de escritores como José de Alencar, Machado de Assis, Joaquim Manuel de Macedo, Joaquim Nabuco e Bernardo Guimarães, autor da conhecida obra *Escrava Isaura*.

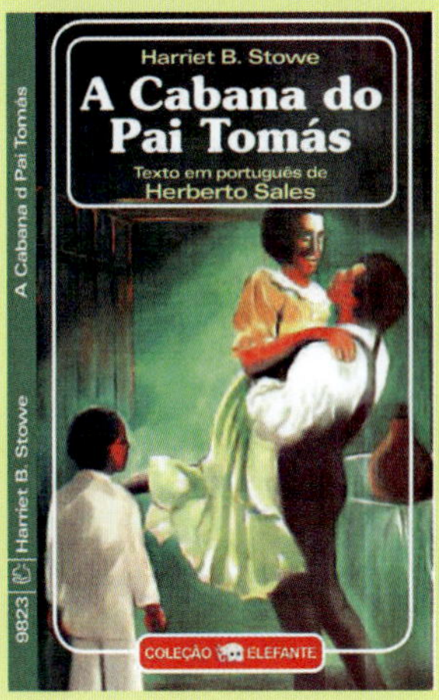

Coleção Elefante

1. O eu lírico de um poema pode-se dirigir a alguém ou a algo que esteja presente ou ausente, que seja animado ou inanimado, concreto ou abstrato, para exprimir lamentos, pedidos, censuras. Esse recurso retórico é uma figura de linguagem, chamada *apóstrofe*.

a. Identifique as apóstrofes empregadas nas duas primeiras estrofes do poema.

b. Nessas duas estrofes, que pedidos o eu lírico faz aos seus interlocutores?

c. Que efeito o emprego das apóstrofes produz no texto?

2. A partir da terceira estrofe, há uma mudança de voz no poema.

a. De quem é essa voz?

b. Que informações essa nova voz introduz no poema? Justifique sua resposta com elementos do texto.

REGISTRE NO CADERNO

Selma – Uma luta pela igualdade

Baseado em fatos reais, o filme se passa em 1965. Na conservadora cidade de Selma, o líder Martin Luther King Jr. organiza uma campanha pelo direito de voto da população negra norte-americana, até então não garantido plenamente. A trama, além de retratar um episódio da vida do líder negro, mostra também a atuação de outros heróis da luta pelo direito à igualdade entre os homens.

Collection Christophel/Other Images

Cena do filme *Selma – Uma luta pela igualdade*, de Ava DuVernay.

3. Na terceira estrofe, há o retrato dos escravos negros.

a. Nessa estrofe, o poeta associa a ideia de liberdade a imagens que evocam luminosidade e movimento. Que palavras ou expressões sugerem luminosidade? Quais sugerem movimento?

b. No último verso dessa estrofe, o poeta emprega uma gradação. Que efeito de sentido o uso dessa figura de linguagem produz no texto?

c. Nessa gradação, aparece a expressão *sem razão*. De acordo com o contexto, que sentidos podem ser atribuídos a essa expressão?

REGISTRE NO CADERNO

4. Na quarta estrofe, o poeta emprega, para retratar a figura da escrava negra, simultaneamente, uma comparação e uma hipérbole.

a. Identifique e explique tais figuras de linguagem nessa estrofe.

b. Que efeito de sentido a hipérbole produz no texto?

5. Para retratar o navio negreiro, o poeta cria também imagens que associam, simultaneamente, movimento e sonoridade.

a. Identifique na quinta estrofe palavras ou expressões que representam tais imagens.

b. O que a "dança", na sexta estrofe, representa?

c. Quem são os autores da "irrisão"? Explique.

6. O poeta produziu esse poema em um momento em que não havia mais o tráfico negreiro, mas a escravidão ainda vigorava. Com base no estudo realizado, conclua: Que estratégias o poeta utiliza para convencer seu ouvinte/leitor de que a escravidão devia ser extinta?

Leia, agora, um poema lírico de Castro Alves:

O "adeus" de Teresa

A vez primeira que eu fitei Teresa,
Como as plantas que arrasta a correnteza,
A valsa nos levou nos giros seus...
E amamos juntos... E depois na sala
"Adeus" eu disse-lhe a tremer co'a fala...

E ela, corando, murmurou-me: "adeus".

Uma noite... entreabriu-se um reposteiro...
E da alcova saía um cavaleiro
Inda beijando uma mulher sem véus...
Era eu... Era a pálida Teresa!
"Adeus" lhe disse conservando-a presa...

E ela entre beijos murmurou-me: "adeus!"

Passaram tempos... séc'los de delírio...
Prazeres divinais... gozos do Empíreo...
...Mas um dia volvi aos lares meus.
Partindo eu disse – "Voltarei!... descansa!..."
Ela, chorando mais que uma criança,

Ela em soluços murmurou-me: "adeus!"

Quando voltei... era o palácio em festa!...
E a voz *d'Ela* e de um homem lá na orquestra
Preenchiam de amor o azul dos céus.
Entrei!... Ela me olhou branca... surpresa!
Foi a última vez que eu vi Teresa!...

E ela arquejando murmurou-me: "adeus!"

(In: *Castro Alves*, cit., p. 25-6.)

Delawane Art museum, Wilmington, EUA

Lady Lilith (1868), de Dante Gabriel Charles Rossetti.

alcova: aposento de dimensões reduzidas destinado a servir de dormitório.
arquejar: ficar ofegante, respirar com dificuldade.
Empíreo: morada dos deuses.
reposteiro: cortina que cobre uma porta ou uma passagem no interior de uma casa.

7. A poesia lírica de Castro Alves também apresenta imagens de grande efeito. Nos três primeiros versos, identifique e explique a figura de linguagem que constrói uma imagem de efeito na abertura do poema.

REGISTRE NO CADERNO

8. No poema, o eu lírico descreve o seu relacionamento amoroso com Teresa.

a. Como se caracteriza esse relacionamento?

b. Em que o último encontro do eu lírico com Teresa se diferencia dos anteriores? Justifique sua resposta com elementos do texto.

c. Nesse último encontro, qual é a reação de Teresa ao ver o eu lírico? Que motivos possíveis a levaram a reagir dessa maneira?

9. Releia estes versos:

- "E ela, corando, murmurou-me: 'adeus'".
- "E ela entre beijos murmurou-me: 'adeus!'"
- "Ela em soluços murmurou-me: 'adeus!'"

REGISTRE NO CADERNO

a. Que diferença você nota entre eles?

b. Como você interpreta o último verso do poema?

c. O título do poema é "O 'adeus' de Teresa". Por que o título está no singular? A qual "adeus" ele se refere?

10. O poema "O 'adeus' de Teresa" é um exemplo da evolução da poesia lírica ao longo do Romantismo.

a. Diferentemente dos poetas das gerações anteriores, Castro Alves retrata a mulher em um espaço determinado. No poema em estudo, em que espaço Teresa é situada? Justifique sua resposta com elementos do texto.

b. Castro Alves reúne no retrato feminino os planos espiritual e físico do amor. Identifique no poema em estudo palavras e expressões que se referem a esses dois planos.

c. Na poesia de Castro Alves, o retrato da mulher e do amor apresenta diferenças em relação ao que era feito na poesia das gerações anteriores. Com base nas reflexões realizadas ao longo deste estudo, conclua: Em que consiste essa diferença?

Museu Nacional de Belas Artes, Rio de Janeiro, RJ

Arrufos, por Belmiro de Almeida, 1887.

ARQUIVO

Por meio da leitura dos poemas apresentados neste capítulo, você viu que a poesia de Castro Alves:

- volta-se para o mundo exterior e, sem cultivar um nacionalismo ufanista, mantém uma postura crítica em relação aos valores sociais e às questões políticas da época;
- tem um tom eloquente, próximo do da oratória, pois tinha em vista conquistar o ouvinte/leitor para causas sociais, em especial o abolicionismo;
- associa sonoridade e imagens impactantes para despertar emoção no ouvinte/leitor, sendo frequente a utilização de figuras de linguagem como hipérbole, metáfora, antítese, comparação, aliteração, gradação, etc.;
- mostra a mulher como dotada de corpo e alma, e situada no tempo e no espaço físico; esse retrato integral da figura feminina, que inclui aspectos físico, sentimental, sensual e erótico, expressa uma visão mais real da mulher do que as representações incorpóreas e assexuadas do Ultrarromantismo.

CONEXÕES

Leia a seguinte história em quadrinhos, de Charles Schulz.

Peanuts, Charles Schulz © 1986 Peanuts Worldwide LLC./Dist. by Universal Uclick

Romance

Inicialmente, a palavra *romance* (do latim *romanice*, que significa "à maneira dos romanos") se referia às línguas derivadas do latim que sobreviveram até por volta do ano 1100, entre as quais algumas que deram origem às atuais línguas românicas, como o português. Com o decorrer do tempo, o termo passou a designar também todos os textos, não importando o gênero, escritos em línguas que não fossem o latim. Após o século XII, quando as novelas de cavalaria começaram a ser escritas, a palavra *romance* passou a se referir a essas narrativas, nas quais sobressaem o heroísmo e a aventura.

Somente do século XVIII em diante, *romance* passou a identificar o gênero literário que conhecemos hoje, ou seja, um tipo de texto em prosa em que a história narrada (baseada em fatos reais ou imaginários) apresenta crítica social, fantasia, suspense, investigação, relacionamentos amorosos, personagens com traços psicológicos mais aprofundados, etc.

A palavra latina *romanice* deu origem também ao termo *romântico*, com o significado de "romanesco", para designar a atmosfera cavaleiresca, medieval, tão apreciada pelos autores do Romantismo europeu. No final do século XVIII, o termo começou a aparecer em oposição a *clássico* e, no século seguinte, se consagrou como algo ou alguém associado ao movimento intelectual e cultural do Romantismo.

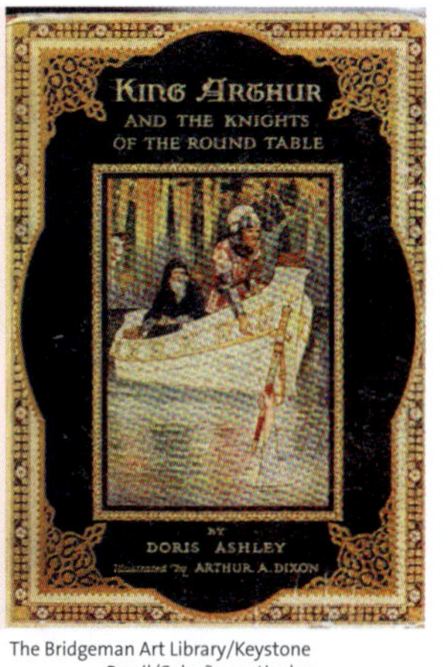

The Bridgeman Art Library/Keystone Brasil/Coleção particular

1. A garota Lucy lê o que Snoopy está escrevendo. **REGISTRE NO CADERNO**

a. Para ela, as histórias de Snoopy "não têm romance o bastante". Nesse contexto, em que sentido a palavra *romance* é empregada?

b. No livro romântico que Lucy afirma ter lido, o homem diz à mulher: "Você é ar, pão e água para mim". Levante hipóteses: Por que a garota considera que dizer isso é ser romântico?

c. Qual é a figura de linguagem presente na declaração de amor citada por Lucy?

2. Os três últimos quadrinhos mostram que, depois de ouvir as observações de Lucy, Snoopy decide inserir em seu texto a frase citada por ela, porém com o acréscimo, à lista, do item "biscoitos de chocolate".

a. Levante hipóteses: Com a mudança, Lucy vai gostar mais do texto de Snoopy? Justifique sua resposta.

b. Que efeito de sentido essa reação final de Snoopy provoca no texto? Por quê?

MUNDO plural

RACISMO

Pluralidade cultural

Como vimos, Castro Alves teve um grande engajamento na luta contra a escravidão. Tantos anos depois da Abolição, porém, os negros ainda sofrem preconceito e são vítimas da desigualdade social e econômica, da violência e da indiferença.

Leia o texto a seguir e, depois, discuta com os colegas e o professor as questões propostas.

Em mês de #AgoraÉQueSãoElas e Dia da Consciência Negra, me parece que é importante pontuar algumas questões sobre representatividade pra responder a certos lugares-comuns do Facebook, sobretudo quando começam a se multiplicar os compartilhamentos que propõem o dia de uma "consciência humana" pra acabar com o racismo.

Por representatividade, me refiro ao índice de inclusão de determinado grupo social em alguma área, seja ela qual for. Por exemplo, apesar de a população brasileira ser majoritariamente negra e parda, na TV ela é de apenas 4% – normalmente ocupando papéis subalternos. Nos 5 cursos mais concorridos da USP este ano, só um calouro tem a cor da pele preta.

Há 3 formas de encarar índices de representatividade. 1) considerando-os coincidência. Quer dizer, imaginar que por algum acaso aleatório os números são do jeito que são; 2) imaginando-os como resultado da competência individual do sujeito. Quer dizer, "se não passou é porque não estudou" etc.; e 3) constatando-os como reforço de um quadro histórico, que, de tão arraigado, acabou naturalizado.

Dos 3 modelos de interpretação, só um deles admite mudança. O motivo é simples: se você considera que um quadro é historicamente forjado, considera também que ele é passível de intervenção. E, neste sentido, a questão é: como intervir? Através de pro-

Thinkstock/Getty Images

posições etéreas, como, por exemplo, "mais educação", que normalmente só servem pra protelar a solução de problemas que, apesar de estruturais, continuam ceifando vidas e oportunidades cotidianamente. Ou através de políticas afirmativas, uma solução "vergonhosa", mas a única capaz de encarar a balança desequilibrada de frente. Na prática, isso quer dizer o seguinte: os sujeitos já são iguais perante a lei faz tempo, mas não tempo o suficiente pra que os índices de representatividade estejam mais equilibrados. Aliás, só o tempo não corrige, como mostram os números.

Veja, nos últimos 10 anos, o número de mulheres negras assassinadas cresceu 54% no Brasil. E, como disse, há 3 maneiras de enxergar esse dado. [...]

Agora bradam contra o 20 de novembro aqueles que acreditam que é ele quem produz racismo, quando, na verdade, surgiu pra estabelecer um contraponto. Pra dizer que, a despeito do que a história da civilização inculcou – isto é, vergonha –, é possível ter orgulho da pele preta que ainda hoje carrega as marcas de uma história que nada tem de coincidência ou competência.

Sejamos francos: dia da "consciência humana" sempre existiu. E o que ele produziu, dentre outras barbáries, é isso que está aí listado. Lutar por um dia da consciência humana é bastante cômodo pra quem foi considerado o único humano por séculos.

(Murilo Cleto. Disponível em: http://www.revistaforum.com.br/blog/2015/11/lutar-por-um-dia-da-consciencia-humana-e-bastante-comodo-pra-quem-foi-considerado-o-unico-humano-por-seculos/. Acesso em: 10/12/2015.)

1. A escravidão acabou há mais de um século, porém a igualdade entre brancos e negros só existe, de fato, na lei. Discuta com seus colegas e professor essa questão, tendo em vista os dados apresentados no texto.

2. O texto se refere à representatividade. Como é a representatividade dos negros no contexto social em que você vive?

3. O texto tem uma postura clara a respeito do Dia da Consciência Negra. Esse dia é feriado em sua cidade? O que você pensa sobre a comemoração desse dia?

LÍNGUA E LINGUAGEM

O artigo

Na língua portuguesa, o substantivo pode ser acompanhado por diferentes tipos de palavras, chamadas *determinantes*. O adjetivo, que você já estudou, é um deles. Conheça agora outro tipo de determinante: o artigo.

FOCO NO TEXTO

Releia os seguintes versos do poema de Castro Alves "O 'adeus' de Teresa", que você estudou na parte que trata de literatura, neste capítulo.

"Quando voltei... era o palácio em festa!...
E a voz *d'Ela* e de um homem lá na orquestra
Preenchiam de amor o azul dos céus.
Entrei!... Ela me olhou branca... surpresa!
Foi a última vez que eu vi Teresa!...

E ela arquejando murmurou-me: 'adeus!'"

Andressa Honório

1. Na expressão "o palácio em festa!":

a. A que se refere a palavra *palácio*, no contexto?

b. Considerando o relacionamento que o eu lírico tivera anteriormente com Teresa, por que é mais adequado o emprego de *o*, em vez de *um*?

c. A palavra *o*, na expressão, assume um sentido particular. Identifique esse sentido, entre as opções a seguir, e escreva-o em seu caderno:

- todo o
- algum
- nenhum

REGISTRE NO CADERNO

2. No trecho "a voz *d'Ela* e de um homem":

a. Por que seria absurdo trocar *a* por *uma*?

b. Por que, no contexto, a palavra *um* é indispensável como referência ao homem que estava com Teresa?

3. Por que, na expressão "o azul dos céus", seria inadequado empregar *um* no lugar de *o*?

REFLEXÕES SOBRE A LÍNGUA

Ao responder às questões anteriores, você notou que palavras como *o(s)*, *a(s)*, *um(uns)* modificam o sentido dos substantivos e servem para defini-los e individualizá-los ou para indefini-los e generalizá-los.

No poema "O 'adeus' de Teresa", o substantivo *palácio* é acompanhado da palavra *o* porque o eu lírico se refere à casa de Teresa, que ele chama de palácio e que, portanto, era um palácio específico, que ele tinha conhecido antes. Logo, esse palácio era único, definido, individualizado. Porém, se, no lugar de *o*, o eu lírico tivesse empregado a palavra *um*, o sentido de *palácio* seria outro: ele não estaria se referindo à casa de Teresa, mas a um palácio qualquer entre outros.

Por outro lado, quando o eu lírico faz menção a "*um* homem" que estava com Teresa, a palavra *um* indefine o homem e dá a entender que se tratava de um desconhecido, ou seja, de um homem qualquer entre outros. No poema, o eu lírico só poderia dizer "*o* homem" se tivesse feito menção a ele anteriormente, ou se fosse possível inferir qual homem era esse, como ocorre na expressão "o palácio".

Palavras como *o(s)*, *a(s)*, *um(uns)* que precedem os substantivos são chamadas de *artigos*.

Do ponto de vista semântico, os artigos podem ser conceituados assim:

> **Artigos** são palavras que podem definir ou indefinir, individualizar ou generalizar o substantivo a que se referem.

Do ponto de vista morfológico e funcional, os artigos são palavras que antecedem os substantivos e concordam com eles em gênero e número.

O artigo e os gêneros

Não há gêneros textuais em que o artigo seja empregado com mais frequência. Como determinante do substantivo, ele está mais presente nos gêneros em que o substantivo é utilizado com maior frequência.

APLIQUE O QUE APRENDEU

Leia o texto de campanha comunitária a seguir e responda às questões 1 e 2.

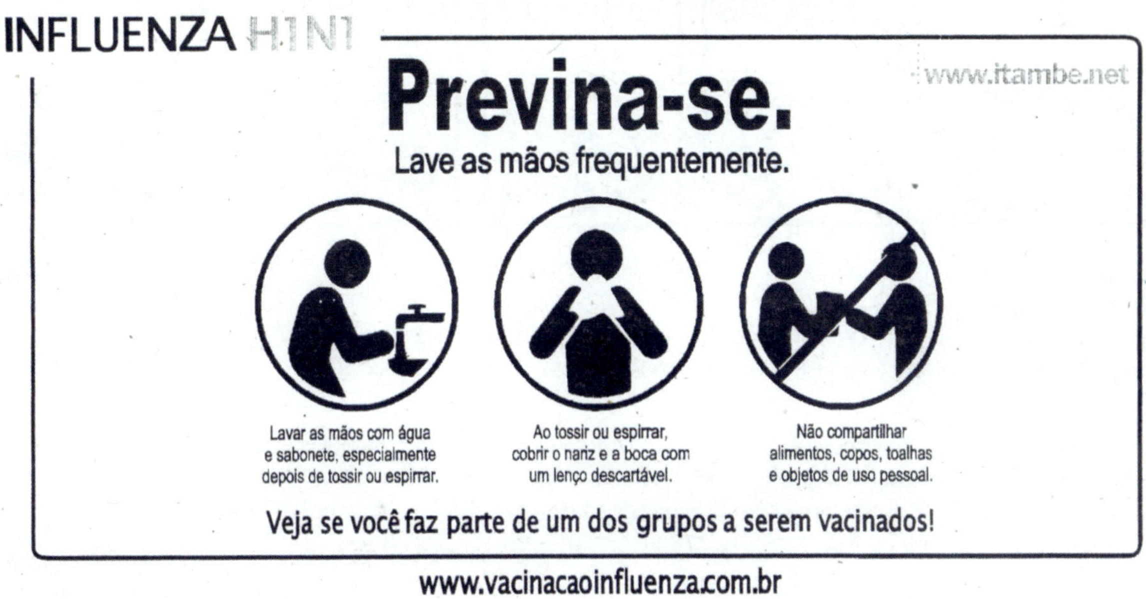

www.vacinacaoinfluenza.com.br

1. Compare estes enunciados:

- "Lave *as* mãos frequentemente."
- "Ao tossir ou espirrar, cobrir *o* nariz e *a* boca com *um* lenço descartável."
- "Veja se você faz parte de *um* dos grupos a serem vacinados!"

Considerando o sentido pretendido em cada enunciado, responda:

a. Que sentido os artigos definidos atribuem às expressões "as mãos", "o nariz" e "a boca"?

b. Que sentido os artigos indefinidos atribuem às expressões "um lenço descartável" e "um dos grupos"?

Classificação dos artigos

Tradicionalmente, as gramáticas normativas classificam os artigos em duas categorias, conforme o valor semântico que apresentam.

Assim, eles se classificam em:

- *definidos:* o, os, a, as.
- *indefinidos:* um, uns, uma, umas.

2. A ausência de artigos antes de substantivos também produz sentido. Observe o enunciado do 3º quadrinho:

"Não compartilhar *alimentos*, *copos*, *toalhas* e *objetos* de uso pessoal."

a. Faça um teste: empregue artigos definidos e artigos indefinidos antes dos substantivos destacados. O sentido se mantém o mesmo?

REGISTRE NO CADERNO

b. Conclua: Que sentido a ausência de artigos antes dos substantivos destacados produz?

Leia a tira a seguir e responda às questões 3 e 4:

Laerte

(Laerte. *Classificados*. São Paulo: Devir, 2002. v. 2, p. 18.)

3. A tira retrata um assalto que, segundo o assaltante, termina em *erro*. Qual foi o primeiro erro do assaltante? Justifique sua resposta.

4. Observe que, no 1º quadrinho, o assaltante menciona alguns objetos – relógio, celular e carteira – sem empregar artigo antes dos substantivos. Já nos quadrinhos seguintes, os mesmos substantivos aparecem acompanhados de artigos definidos. Do ponto de vista semântico, o que justifica:

a. a ausência de artigos no 1º quadrinho?

b. o emprego de artigos definidos nos quadrinhos seguintes?

Leia o texto a seguir e responda às questões 5 e 6.

Houve um tempo em que os homens incorriam nos hábitos perversos de canibais e em muitos outros vícios; então surgiu um homem de melhor índole, que foi o primeiro a sacrificar vítimas [animais] e assar sua carne. E, conforme a carne foi sendo preferida àquela do homem, eles deixaram de comer os homens..."

(*Ateneu de Náucratos*. Os deipnosofistas. In: Michael Pollan. *Cozinhar – Uma história natural da transformação*. Rio de Janeiro: Intrínseca, 2014. p. 121.)

Andressa Honório

5. Observe o emprego das palavras *homem* e *homens* nestes trechos:

REGISTRE NO CADERNO

- "houve um tempo em que *os* homens"
- "então surgiu *um* homem"
- "conforme a carne foi sendo preferida àquela d*o* homem"
- "eles deixaram de comer *os* homens"

a. Que sentido o emprego do artigo definido *os* produz no primeiro trecho?

b. O que justifica o emprego do artigo indefinido *um* no segundo trecho?

c. Em que outro trecho a palavra *homem* ou *homens* tem o mesmo sentido que apresenta no primeiro?

6. Volte aos trechos reproduzidos na questão anterior.

a. No terceiro trecho, o substantivo *homem* é precedido do artigo definido *o*. Qual é o sentido de *homem*, no contexto? O artigo, nesse caso, particulariza ou generaliza o substantivo?

b. Levando-se em conta o emprego da expressão "um homem", no segundo trecho, que efeito de sentido é construído pelo emprego de "os homens", no primeiro trecho, em vez de "o homem"?

TEXTO E ENUNCIAÇÃO

Leia o poema a seguir e responda às questões de 1 a 5.

Fotografia

Um homem, uma mulher,
uma criança.

Com alguns cabelos a mais
este homem é meu pai.

Com algumas rugas a menos
esta mulher é minha mãe.

A criança, muito pequena
em seu xale e sua touca,
não parece que sou eu.

Mas os sorrisos atestam
serenos laços de amor.

O tempo trata as pessoas
com medidas diferentes.

Pelo espelho do retrato
fui eu quem mais mudou.

Pai e mãe estão iguais.
Quase iguais... quase.

Por que será que se sentem
tão mais velhos do que eu?

Por que será que não podem
aceitar que eu cresci?

Por que será que se afastam
tão velozmente de mim?

(Carlos Queiroz Telles. *Sementes de sol*. São Paulo: Moderna, 1992. p. 40.)

Andressa Honório

1. A propósito do poema, responda:

a. O eu lírico é masculino ou feminino? Justifique sua resposta.

b. Levante hipóteses: Que idade o eu lírico tem?

c. Qual é o tema principal do texto?

d. Que relação existe entre o tema principal do texto e o título "Fotografia"?

2. Observe estes trechos:

"Um homem, uma mulher,
uma criança."
"A criança, muito pequena"

REGISTRE NO CADERNO

Levando em conta o contexto, explique:

a. Por que os três substantivos do primeiro trecho são acompanhados de artigo indefinido?

b. Por que, no segundo trecho, o substantivo *criança*, antes acompanhado de artigo indefinido, passa a ser acompanhado do artigo definido *a*?

3. Releia estes versos:

"O tempo trata as pessoas
com medidas diferentes."

a. Por que o eu lírico faz essa afirmação?

b. Das pessoas mencionadas no texto, qual sofreu maior mudança? Por quê?

c. O que justifica o emprego de artigos definidos nesses versos?

4. Observe estes versos:

"Pai e mãe estão iguais.
Quase iguais... quase."

a. Nesses versos, que sentido a repetição da palavra *quase* e o emprego de reticências produzem?

b. Em que aspecto os pais mudaram mais?

5. A palavra *quase* introduz no poema um conjunto de observações do eu lírico a respeito dos pais.

a. Como o eu lírico sente os pais?

b. Levante hipóteses: Como os pais provavelmente sentem o eu lírico?

c. Os versos "Por que será que se afastam / tão velozmente de mim?" estão em oposição a um verso anterior, que traduz o sentimento vivido na infância. Qual é esse verso? Qual era o sentimento?

6. Observe o emprego do artigo indefinido nos enunciados a seguir. Depois, indique o sentido que, em cada enunciado, o artigo atribui ao substantivo a que se refere.

REGISTRE NO CADERNO

a. Nossa, hoje eu estou com *um* sono!

b. Ontem, *uns* garotos estiveram aqui à sua procura.

c. Devo ter *uns* cinquenta reais na carteira.

Agência Brasil

7. Compare os enunciados que seguem.

- A comissão, formada por representantes dos 3ºs anos, já escolheu o local da formatura.
- A comissão, formada pelos representantes dos 3ºs anos, já escolheu o local da formatura.

Considerando que *pelos*, do segundo enunciado, é contração da preposição *por* (per) com o artigo *o*, explique a diferença entre os dois enunciados.

8. A presença e a ausência de artigos em enunciados dependem diretamente do sentido que pretendemos produzir e do contexto.
Imagine cenários ou contextos em que os enunciados a seguir possam ser empregados e indique o sentido que expressariam.

a. Ele é professor.

b. Ele é o professor.

c. Ele é um professor.

d. Ele não é um professor, ele é *o* professor.

O documentário

Você já assistiu a um documentário? Leia, abaixo, um trecho de uma crítica ao documentário *Chico – Artista brasileiro*.

Luciana Whitaker/LatinContent Stringer/Getty Images

Os músicos e o coro se postam num pequeno praticável. Silêncio absoluto. Surge Chico Buarque, que canta a magistral "Sinhá" (letra dele; melodia de João Bosco). Chico, os músicos, o coro e o sempre impecável arranjo de Luiz Cláudio Ramos prenunciam o que será a parte musical do filme: uma comoção atrás da outra.

Corte para Chico, que, em casa, sentado, fala a um entrevistador "invisível", no estilo do grande Fernando Faro. Está posta a receita do documentário "Chico – Artista Brasileiro", de Miguel Faria Jr, que estreia nesta quinta-feira (26). O fio condutor será a fala de Chico, interrompida por depoimentos, cenas históricas, documentos, interpretações de canções etc.

(Pasquale Cipro Neto. In: http://www1.folha.uol.com.br/ilustrada/2015/11/1710985-lindo-documentario-sobre-chico-buarque-e-capaz-de-fazer-chorar.shtml. Acesso em: 30/11/2015.)

A crítica descreve um trecho do filme, salientando a estratégia utilizada em sua construção: a fala do artista intercalada com "depoimentos, cenas históricas, documentos, interpretações de canções etc.".

O documentário é um gênero do cinema que se aproxima do jornalismo, uma vez que tem como foco fatos e pessoas reais, em oposição ao cinema de ficção, que trata de situações geralmente inventadas. A produção de um documentário envolve várias etapas: seleção de material, pesquisa, uso de fontes variadas, contato com pessoas que de fato viveram o que vai ser contado, entre outras.

Em uma conversa sobre o gênero, Eduardo Ramos, um cineasta brasileiro, explica:

Como todo o cinema, o documentário trabalha a relação entre três elementos: a obra, o autor e o espectador. Basicamente, os filmes são feitos por alguém, sobre alguma coisa, e para alguém assistir. Mas a grande diferença entre o documentário e a ficção é que no documentário a obra é um retrato de uma determinada realidade. Ou, como dizia John Grieson, um dos pioneiros do cinema documental, "um tratamento criativo da realidade". O espectador acredita que o que está vendo é real, o autor espera apresentar sua visão de algo real e o sujeito ou fato retratado espera um retrato fiel. Parece complexo, e é. Contar uma visão da história é a tarefa primordial do documentarista. Ele pode tentar mostrar sua visão a respeito de algum fato, ou até dar a voz a outra pessoa, tornando-se um transmissor de ideias alheias, das quais compartilha, ou não.

(Disponível em: http://nucleodevideosp.cmais.com.br/uma-conversa-sobre-documentario-3. Acesso em: 30/11/2015.)

A produção de um documentário requer, portanto, conforme aponta o cineasta, mais que pegar uma câmera e filmar cenas e entrevistas diversas. Ela envolve muito planejamento e muita organização.

FOCO NO TEXTO

Você vai ler, a seguir, um trecho do roteiro do documentário *O Sertãomundo de Suassuna*, de Douglas Machado.

Felipe Rau/Estadão Conteúdo

TELA BRANCA: ENTRA O SEGUNDO CRÉDITO REFERENTE ÀS DIVISÕES DOS QUATRO CAPÍTULOS DO DOCUMENTÁRIO.

CRÉDITO:

o Circo

NOVO CORTE PARA APARECIDA NOGUEIRA.

APARECIDA NOGUEIRA
MiniDV #024
0:24:40:00

Paralelamente a isso, Ariano vivia no Sertão. Então ele via a passagem dos circos, a montagem de peças populares nos circos, personagens que marcaram muito o imaginário de Ariano.

FACHADA DO "SKALA CIRCUS": DETALHE DAS PESSOAS COMPRANDO AS ENTRADAS NA BILHETERIA. CORTE PARA O INTERIOR DO CIRCO. OS ARTISTAS FAZEM ALGUMAS DE SUAS APRESENTAÇÕES: MALABARISMO, ACROBACIA E PALHAÇADAS — ENQUANTO OUTROS SE VESTEM NO CAMARIM.

CRÉDITO:
SKALA CIRCUS
Periferia de Teresina/PI — domingo 30 de março — 20h

EM UM DADO MOMENTO, OUVE-SE A VOZ DO MESTRE SUASSUNA: SINCRONIA DE IMAGEM E SOM.

ARIANO SUASSUNA
MiniDV #098
0:06:27:00

O Palhaço Gregório, inclusive, teve um papel muito importante na minha vida, não é? Ele era o grande palhaço do Circo Stringhini, que era o circo que ia lá para Taperoá. E ele, eu fiquei de tal maneira agradecido a Gregório, que não sei se vocês repararam, mas no Auto da Compadecida eu coloquei um palhaço para representar o autor. É porque eu considero o palhaço a figura cíclica e emblemática do autor. E, além disso, no meu discurso de posse da Academia Brasileira de Letras, eu citei o nome de Gregório como uma das pessoas que foram importantes na minha formação de escritor.

VOLTA ÀS IMAGENS DO SKALA CIRCUS. VÊ-SE AS TRAPALHADAS DO PALHAÇO MOLEZA. INCLUIR IMAGENS DE CRIANÇAS SORRINDO, DAS ARQUIBANCADAS ETC. FUSÃO PARA DEPOIMENTO DE ROBERTO FERNANDES.

CRÉDITO:
ROBERTO FERNANDES
Palhaço Moleza — Proprietário do Skala Circus
Sexta 24 de julho — 15:30h

MiniDV #027
0:46:57:00

O Circo, a lona e debaixo da lona é só fantasia! A estrela, o esplendor mesmo do circo, é o palhaço porque você pode ter tudo: ter os malabaristas, ter os trapezistas, leões, tudo, animais... as feras, né? Mas sempre tem aquela expectativa do palhaço, quando entra o palhaço aí a magia se completa, se transforma porque o palhaço é a alma do circo!

NOVAS IMAGENS DO ESPETÁCULO — CENTRANDO NO PALHAÇO MOLEZA E SUAS BRINCADEIRAS COM O PÚBLICO. APÓS SUA APRESENTAÇÃO, VOLTA AO DEPOIMENTO DE ROBERTO.

(Disponível em: https://trincafilmes.files.wordpress.com/2012/01/lb2-roteiro-o-sertaomundo-de-suassuna.pdf. Acesso em: 20/11/2015.)

1. Foram empregadas no roteiro letras de tipos bem diferentes, entre elas maiúsculas e em itálico. Observe:

"TELA BRANCA: ENTRA O SEGUNDO CRÉDITO REFERENTE ÀS DIVISÕES DOS QUATRO CAPÍTULOS DO DOCUMENTÁRIO."

"O Palhaço Gregório, inclusive, teve um papel muito importante na minha vida, não é? Ele era o grande palhaço do Circo Stringhini, que era o circo que ia lá para Taperoá. [...]"

a. De quem são as vozes presentes nesses dois trechos? Justifique sua resposta com base no roteiro.

b. Dos dois trechos, apenas um aparece no filme. Qual é ele? Justifique sua resposta.

c. Há uma diferença quanto ao tempo das formas verbais empregadas nos dois trechos. Qual é essa diferença?

REGISTRE NO CADERNO

d. Discuta com os colegas e o professor: Por que ocorre esse emprego de tempos verbais nos dois trechos?

2. Considerando o roteiro lido, responda:

a. O que deverá ser mostrado, no filme, entre as falas de Aparecida Nogueira e Ariano Suassuna?

b. No filme, nesse intervalo entre falas, é tocada a música "O circo da alegria". Levante hipóteses: Por que houve inclusão dessa música na trilha sonora do filme, embora ela não estivesse prevista no roteiro?

c. Discuta com os colegas e o professor: Quais podem ser os efeitos da inserção de músicas de fundo em documentários?

3. Releia este trecho do roteiro:

"EM UM DADO MOMENTO, OUVE-SE A VOZ DO MESTRE SUASSUNA: SINCRONIA DE IMAGEM E SOM."

O que as expressões "Em um dado momento" e "sincronia de imagem e som" indicam sobre a fala de Ariano Suassuna?

4. Reveja, no roteiro, os trechos em que aparece a palavra *crédito*. Depois, levante hipóteses:

a. O que a palavra *crédito* indica?

b. Por que, nesse trecho, os nomes *Aparecida Nogueira* e *Ariano Suassuna* não são indicados como créditos?

5. O trecho do roteiro corresponde à parte do filme que se situa entre 18'45" e 21'25" minutos.

a. Levante hipóteses: A que se referem as marcações a seguir?

MiniDV #024	MiniDV #098	MiniDV #027
0:24:40:00	0:06:27:00	0:46:57:00

b. Conclua: O roteiro em estudo foi escrito antes ou depois da filmagem das cenas? Justifique sua resposta.

c. No filme, o título "o Circo", que se refere à segunda das quatro partes do documentário, aparece *depois* da fala de Aparecida Nogueira. Discuta com os colegas e o professor: O que essa mudança de ordem sugere quanto à relação entre roteiro e filme?

REGISTRE NO CADERNO

6. Na montagem de um documentário, pode ser utilizada uma série de recursos, entre os quais:

- imagens e fotografias que ajudam a retratar um momento passado;
- imagens de documentos e de páginas de livros;
- imagens de notícias de jornal;
- voz de um narrador;
- depoimentos de especialistas ou de personagens que participaram da história contada;
- cenas que mostram situações relatadas;
- entrevistas ou conversas, em ambientes menos ou mais informais.

No trecho do roteiro, quais desses recursos aparecem?

7. Em documentários, a câmera geralmente registra pontos de vista a propósito de um recorte da história contada. Esses pontos de vista são determinados por diferentes maneiras de filmar, chamadas planos. Entre elas há:

- **plano geral** ou **longo**: a câmera fica distante da cena, como se os sujeitos retratados não soubessem da presença dela, o que dá ao espectador a impressão de estar vendo os fatos ocorrerem;
- **plano conjunto**: o foco é o coletivo e procura-se destacar a interação entre os sujeitos retratados;
- **plano médio**: o(s) sujeito(s) retratado(s) é(são) mostrado(s) em um cenário específico e há, em geral, a intenção de destacar o que é dito por ele(s);
- **primeiro plano** ou ***close***: o foco é a emoção do(s) sujeito(s) retratado(s), com destaque para sua expressão facial;
- **plano detalhe**: o foco são detalhes, constituídos por objetos e gestos ou partes do corpo do(s) sujeito(s) retratado(s), com destaque para seu caráter simbólico.

Eduardo Coutinho

Eduardo Coutinho é considerado um dos principais documentaristas do Brasil. Recebeu a premiação máxima do cinema nacional, o Kikito de Cristal, no festival de Gramado, pelo conjunto da obra. Entre os vinte filmes que dirigiu, estão *Edifício Master*, *Jogo de cena*, *Babilônia 2000* e *Cabra marcado para morrer*.

O cineasta foi pioneiro no cinema documental ao usar como principal método de construção de seus filmes entrevistas ou "conversas", na expressão dele, com pessoas comuns, abrindo mão de vozes de intelectuais e especialistas, ou mesmo de um narrador.

Em junho de 2013, foi convidado para integrar a academia responsável pela premiação do Oscar. Em 2014, aos 80 anos, foi assassinado por seu filho, em um surto de esquizofrenia.

José Patrício/Estadão Conteúdo

As imagens a seguir foram extraídas do documentário *O Sertãomundo de Suassuna*. Observe-as e tente identificar qual plano foi utilizado na filmagem de cada uma.

a.

Maria Lívia Cunha/ON/D.A Press

d.

Annaclarice Almeida/DP/D.A Press

b.

Rogério Reis/Pulsar Imagens

e.

Felipe Varanda/Folhapress

c.

Pascal Sirletti/EyeEm/Getty Images

REGISTRE NO CADERNO

8. Falando sobre a produção de documentários, o cineasta Eduardo Ramos comenta:

> Quando uma equipe de documentário sai às ruas para conhecer histórias e saber opiniões, ela estabelece uma espécie de trato com seus entrevistados: você me dá seu testemunho, ou fala suas impressões, e nós nos comprometemos a utilizá-la de maneira a não deturpar o que realmente foi dito e não prejudicá-lo de maneira alguma.
>
> (Disponível em: http://nucleodevideosp.cmais.com.br/uma-conversa-sobre-documentario-3. Acesso em: 30/11/2015.)

Discuta com os colegas e o professor:

a. Como se pode prevenir danos, de maneira que os documentaristas possam utilizar livremente as gravações e os participantes do documentário tenham seus direitos garantidos?

b. Entre os documentos relacionados a seguir, quais poderiam ser utilizados para esse fim?

- termo de consentimento livre e esclarecido
- edital de abertura de concurso
- licitação para contratação de serviços
- declaração de cessão de uso de imagem

c. Pesquise modelos de documentos que têm o papel de garantir o cumprimento de direitos e deveres de documentaristas e participantes do documentário. Depois indique quais itens são essenciais nesses documentos.

É tudo verdade?

Documentários são filmes que apresentam certa visão da realidade e exploram a história de fatos e de pessoas como o seu idealizador acredita que ela ocorreu. Mesmo um documentário que tenha um caráter estritamente documental, isto é, cujo objetivo seja simplesmente registrar os fatos, prioriza determinados pontos no momento da edição.

Assim, um documentarista pode apresentar diferentes fontes e opiniões variadas e fazer cruzamentos entre diferentes narrações de uma mesma história. Isso, porém, não garante que o documentário esteja expondo a realidade exata e verdadeira, pois, em última instância, ele é fruto de um ponto de vista específico: o do(s) seu(s) idealizador(es).

9. Entre os itens a seguir, indique em seu caderno qual não corresponde a um compromisso que os documentaristas devem assumir com os participantes do documentário.

a. Manter uma relação ética, em que haja respeito e lealdade entre quem vai dar o depoimento e quem vai divulgá-lo.

b. Esclarecer que o ponto de vista do filme independe da posição dos entrevistados.

c. Deixar em aberto a possibilidade de, em um mesmo documentário, expor opiniões contraditórias ou ideias em conflito.

d. Concordar com tudo o que é dito pelos entrevistados.

10. A seguir estão relacionadas as ações que normalmente se incluem nas diversas etapas de produção de um documentário.

- definição do tema a ser abordado
- determinação do público-alvo
- pesquisa sobre o tema escolhido
- elaboração de um pré-roteiro, com especificação de cenas, depoimentos e relatos que se deseja captar
- elaboração do contrato ou da declaração a ser assinado(a) pelos participantes do filme
- agendamento das gravações com os participantes do documentário
- gravação de conversas, entrevistas e depoimentos
- conferência dos conteúdos gravados e comparação entre o que se esperava e o que foi obtido
- captação de cenas e depoimentos faltantes
- elaboração de um roteiro de montagem do documentário, com a descrição detalhada das imagens, das falas e dos créditos a serem colocados no filme
- seleção das imagens mencionadas no roteiro de montagem
- edição em computador das imagens, na sequência e nos formatos especificados no roteiro de montagem
- conferência e finalização da edição
- exibição do filme ou disponibilização dele na Internet

Indique as ações que fazem parte das etapas:

a. planejamento do filme;

b. preparação e filmagem das cenas;

c. edição do filme;

d. divulgação do filme.

REGISTRE NO CADERNO

11. Tendo em vista as respostas dos itens da questão anterior, conclua: Na produção de um documentário, em quais etapas se concentra a maior parte do trabalho?

Pesquisar e pesquisar

Normalmente, a pesquisa é o primeiro grande passo de um documentário. Mesmo quando o realizador conhece fatos e personagens, e supõe os aspectos da história que vai contar, é durante a pesquisa que muito do que vai ser perseguido nas gravações vai se delinear. Mas diferente dos filmes de ficção, que trabalham com roteiros bem definidos, o documentário muitas vezes é um na hora da pesquisa e outro na hora das gravações. Muitas vezes é outro na hora da montagem. [...] O que é importante é que haja compromissos claros entre os sujeitos e a realidade retratada, entre o público que vai assistir e as intenções de seu autor. É do equilíbrio e do respeito entre essas forças que nasce uma obra.

(Eduardo Ramos. Disponível em: http://nucleodevideosp.cmais.com.br/uma-conversa-sobre-documentario-3. Acesso em: 20/11/2015.)

Shutterstock

HORA DE PRODUZIR

Seguem duas propostas de produção de documentário. Combine com o professor a melhor forma de desenvolvê-las.

1. No capítulo 1 desta unidade, você e os colegas produziram relatos de memória. A partir desses relatos e tendo o tema **Memórias** como eixo, elaborem o roteiro para um documentário. Vocês podem utilizar os relatos de todos os integrantes do grupo, podem optar por focar apenas um deles ou, ainda, utilizá-los apenas como ponto de partida para construir um novo argumento, isto é, uma nova história a ser contada. Para especificar o argumento do documentário, convém escolher um subtítulo, como, por exemplo:

- Memórias da infância
- Memórias do bairro
- Memórias da escola
- Memórias de professores

2. No estudo de literatura deste capítulo, na seção **Mundo plural**, você e os colegas discutiram questões relacionadas ao período da escravidão e à representatividade do negro em nossa sociedade. Com base nessa discussão, produzam o roteiro e depois um documentário sobre um dos argumentos a seguir ou outro que vocês julgarem interessante.

- A vida em comunidades quilombolas nos dias de hoje
- Ações afirmativas do movimento negro na sociedade atual
- A instituição do Dia da Consciência Negra no Brasil

ANTES DE FILMAR AS CENAS

Planejem o roteiro do documentário, lembrando-se de:

- definir funções para cada integrante do grupo, considerando que vocês podem e devem trabalhar juntos, mas é conveniente que cada um se especialize e fique responsável por uma função específica, como roteirista, câmera, diretor, editor;
- esclarecer qual é o argumento do documentário, isto é, a história que o grupo quer contar e, para isso, definir: quem vai falar e o que vai falar; quais imagens serão mostradas e com quais objetivos;
- ter em mente o público que assistirá ao filme;
- pesquisar o tema, tendo em vista a abordagem que o grupo pretende dar a ele, e, para isso, conversar com pessoas e pedir a elas indicações de livros e documentos, entre outras fontes;
- escrever um pré-roteiro para orientar o encaminhamento das gravações;
- contatar os participantes e agendar os dias e os horários da filmagem;
- elaborar um calendário das filmagens;
- preparar um termo de consentimento que deverá ser assinado pelos participantes;
- selecionar objetos, documentos, livros, fotografias que serão utilizadas no filme.

PROJETO

Dê continuidade aos preparativos para a realização da **Mostra de cinema** que você e os colegas começaram a desenvolver nos capítulos anteriores produzindo os documentários que serão exibidos no evento.

Os curta-metragens

A página virtual *Porta Curtas* tem um banco de dados com centenas de curta-metragens, disponíveis a todos os internautas. Nesse banco de dados, é possível encontrar documentários, com duração de 5 a 30 minutos, sobre os mais variados assuntos.

Sugerimos, em especial:

- *O gigante do papelão*, de Bárbara Tavares
- *Esta não é a sua vida*, de Jorge Furtado
- *Cartas da mãe*, de Fernando Kinas e Marina Willer
- *O que é cineclube*, de Equipe Pão Com Ovo Filmes

PORTACURTAS

Reprodução

AO FILMAR AS CENAS

Ao realizar as filmagens para o documentário, lembrem-se de:

- conferir o pré-roteiro a fim de captar todas as cenas planejadas e conduzir as entrevistas ou depoimentos sem deixar de lado informações importantes para o filme;
- escolher cenários adequados e locações em que não haja barulho externo, para não prejudicar o som da filmagem;
- recolher no termo de consentimento a assinatura de todos os participantes;
- perguntar aos participantes como querem que seus nomes e profissões apareçam nos créditos;
- captar imagens em diferentes planos, para possibilitar a criação de sequências dinâmicas.

AO EDITAR O FILME

Ao editar as imagens do documentário, lembrem-se de:

- assistir a todas as cenas que foram gravadas e reunir todos os documentos selecionados;
- gravar o áudio com a voz do narrador, caso essa opção tenha sido feita em algum trecho do filme;
- elaborar um roteiro de montagem, descrevendo as cenas detalhadamente, na ordem em que querem que elas apareçam, e sincronizando as imagens com as falas dos participantes ou do narrador;
- inserir créditos relativos à identificação de cada participante, como combinado com eles no dia da gravação, bem como os créditos relativos a falas do narrador (caso ele leia textos de autores específicos) e a músicas que tenham sido utilizadas como som de fundo;
- inserir créditos finais, especificando a função de quem participou da produção do filme.

ANTES DE FINALIZAR A EDIÇÃO

Antes de concluir a edição do documentário, verifiquem se:

- as cenas previstas no roteiro estão todas no filme e na sequência planejada;
- o som está uniforme, sem a ocorrência de trechos excessivamente baixos ou altos;
- todos os participantes estão devidamente identificados nos créditos;
- a função de cada participante da produção do filme está identificada nos créditos finais.

Após a checagem final, salvem o trabalho e o convertam para o formato de vídeo.

Depois, providenciem sua gravação em DVD ou *pen drive*.

Edição de vídeo

Há diversos programas de edição, disponíveis para *download* gratuito, que podem auxiliar a editar um documentário no computador.

Eles vão desde os mais simples, cujas ferramentas são autoexplicativas e, por isso, podem ser utilizadas por quem está editando seu primeiro vídeo, até os mais profissionais, utilizados por quem já tem familiaridade com o processo de edição.

Faça uma pesquisa na Internet e defina qual o melhor editor para o seu perfil. Veja algumas opções:

Windows® Movie Maker

Reprodução

Pinnacle VideoSpin

Reprodução

LIGHTWORKS

Reprodução

POR DENTRO DO ENEM E DO VESTIBULAR

ENEM EM CONTEXTO

As questões do Enem exigem algumas habilidades de leitura como a identificação e a relação de informações em diferentes textos, como é o caso da questão a seguir. Leia-a e tente resolvê-la.

REGISTRE NO CADERNO

(ENEM)

Texto I

Se eu tenho de morrer na flor dos anos,
Meu Deus! não seja já;
Eu quero ouvir na laranjeira, à tarde,
Cantar o sabiá!
Meu Deus, eu sinto e bem vês que eu morro
Respirando esse ar;
Faz que eu viva, Senhor! dá-me de novo
Os gozos do meu lar!

Dá-me os sítios gentis onde eu brincava
Lá na quadra infantil;
Dá que eu veja uma vez o céu da pátria,
O céu de meu Brasil!
Se eu tenho de morrer na flor dos anos,
Meu Deus! Não seja já!
Eu quero ouvir cantar na laranjeira, à tarde,
Cantar o sabiá!

ABREU, C. *Poetas românticos brasileiros*. São Paulo: Scipione, 1993.

Texto II

A ideologia romântica, argamassada ao longo do século XVIII e primeira metade do século XIX, introduziu-se em 1836. Durante quatro decênios, imperaram o "eu", a anarquia, o liberalismo, o sentimentalismo, o nacionalismo, através da poesia, do romance, do teatro e do jornalismo (que fazia sua aparição nessa época).

MOISÉS, M. *A literatura brasileira através dos textos*. São Paulo: Cultrix, 1971 (fragmento).

De acordo com as considerações de Massaud Moisés no Texto II, o Texto I centra-se

a. no imperativo do "eu", reforçando a ideia de que estar longe do Brasil é uma forma de estar bem, já que o país sufoca o eu lírico.

b. no nacionalismo, reforçado pela distância da pátria e pelo saudosismo em relação à paisagem agradável onde o eu lírico vivera a infância.

c. na liberdade formal, que se manifesta na opção por versos sem métrica rigorosa e temática voltada para o nacionalismo.

d. no fazer anárquico, entendida a poesia como negação do passado e da vida, seja pelas opções formais, seja pelos temas.

e. no sentimentalismo, por meio do qual se reforça a alegria presente em oposição à infância, marcada pela tristeza.

Para a resolução da questão, é necessário que o aluno, baseando-se nas informações dadas no texto II, identifique o principal traço romântico presente no texto I.

Nas alternativas *c* e *d*, a "liberdade formal" e o "fazer anárquico", respectivamente, são traços que não podem ser observados no poema, já que apresenta métrica regular e não realiza uma negação do passado. Da mesma forma, nas alternativas *a* e *e*, afirmações como "ideia de estar longe do Brasil é uma forma de estar bem" e "oposição à infância" também não podem ser identificadas no texto. A alternativa *b*, por sua vez, faz referência ao traço principal presente no texto, o nacionalismo, e aos demais elementos que compõem o poema, como o saudosismo e a infância ("Dá que eu veja uma vez o céu da pátria"; "Dá-me os sítios gentis onde eu brincava").

QUESTÕES DO ENEM E DO VESTIBULAR

REGISTRE NO CADERNO

(UNIFESP-SP) **Instrução**: Leia o excerto para responder às questões de números 1 e 2.

Ontem a Serra Leoa,
A guerra, a caça ao leão,
O sono dormido à toa
Sob as tendas d'amplidão!
Hoje... o porão negro, fundo,
Infecto, apertado, imundo,
Tendo a peste por jaguar...
E o sono sempre cortado
Pelo arranco de um finado,
E o baque de um corpo ao mar...

Ontem plena liberdade,
A vontade por poder...
Hoje... cúm'lo de maldade,
Nem são livres p'ra morrer...
Prende-os a mesma corrente
— Férrea, lúgubre serpente —
Nas roscas da escravidão.
E assim roubados à morte,
Dança a lúgubre coorte
Ao som do açoite... Irrisão!...

(Castro Alves. Fragmento de *O navio negreiro — tragédia no mar*.)

1. Considere as seguintes afirmações.

I. O texto é um exemplo de poesia carregada de dramaticidade, própria de um poeta-condor, que mostra conhecer bem as lições do "mestre" Victor Hugo.

II. Trata-se de um poema típico da terceira fase romântica, voltado para auditórios numerosos, em que se destacam a preocupação social e o tom hiperbólico.

III. É possível reconhecer nesse fragmento de um longo poema de teor abolicionista o gosto romântico por uma poesia de recursos sonoros.

Está correto o que se afirma em

a. I, apenas.

b. II, apenas.

c. III, apenas.

d. I e II, apenas.

e. I, II e III.

2. Nesse fragmento do poema,

a. o poeta se vale do recurso ao paralelismo de construção apenas na primeira estrofe.

b. o eu poemático aborda o problema da escravidão segundo um jogo de intensas oposições.

c. os animais evocados — *leão, jaguar* e *serpente* — têm, respectivamente, sentidos denotativo, denotativo e metafórico.

d. o tom geral assumido pelo poeta revela um misto de emoção, vigor e resignação diante da escravidão.

e. os versos são constituídos alternadamente por sete e oito sílabas poéticas.

3. (FUVEST-SP)

Museu de Arte de São Paulo Assis Chateaubriand

Victor Meirelles. *Moema*. 1866.

Em seu contexto de origem, o quadro acima corresponde a uma

a. denúncia política das guerras entre as populações indígenas brasileiras.

b. idealização romântica num contexto de construção da nacionalidade brasileira.

c. crítica republicana à versão da história do Brasil difundida pela monarquia.

d. defesa da evangelização dos índios realizada pelas ordens religiosas no Brasil.

e. concepção de inferioridade civilizacional dos nativos brasileiros em relação aos indígenas da América Espanhola.

4. (ENEM)

O sedutor médio

Vamos juntar
Nossas rendas e expectativas de vida
Querida,
O que me dizes?
Ter 2, 3 filhos
E ser meio felizes?

VERISSIMO, L. F. *Poesia numa hora dessas?!*. Rio de Janeiro: Objetiva, 2002.

No poema "O sedutor médio", é possível reconhecer a presença de posições críticas.

a. Nos três primeiros versos, em que "juntar expectativas de vida" significa que, juntos, os cônjuges poderiam viver mais, o que faz do casamento uma convenção benéfica.

b. Na mensagem veiculada pelo poema, em que os valores da sociedade são ironizados, o que é acentuado pelo uso do adjetivo "médio" no título e do advérbio "meio" no verso final.

c. No verso "e ser meio felizes?", em que "meio" é sinônimo de metade, ou seja, no casamento, apenas um dos cônjuges se sentiria realizado.

d. Nos dois primeiros versos, em que "juntar rendas" indica que o sujeito poético passa por dificuldades financeiras e almeja os rendimentos da mulher.

e. No título, em que o adjetivo "médio" qualifica o sujeito poético como desinteressante ao sexo oposto e inábil em termos de conquistas amorosas.

5. (FUVEST-SP)

REGISTRE NO CADERNO

O diminutivo é uma maneira ao mesmo tempo afetuosa e precavida de usar a linguagem. Afetuosa porque geralmente o usamos para designar o que é agradável, aquelas coisas tão afáveis que se deixam diminuir sem perder o sentido. E precavida porque também o usamos para desarmar certas palavras que, por sua forma original, são ameaçadoras demais.

(Luis Fernando Verissimo)

A alternativa inteiramente de acordo com a definição do autor de diminutivo é:

a. O iogurtinho que vale por um bifinho.

b. Ser brotinho é sorrir dos homens e rir interminavelmente das mulheres.

c. Gosto muito de te ver, Leãozinho.

d. Essa menininha é terrível.

e. Vamos bater um papinho.

6. (UNICAMP-SP)

Há notícias que são de interesse público e há notícias que são de interesse do público. Se a celebridade "x" está saindo com o ator "y", isso não tem nenhum interesse público. Mas, dependendo de quem sejam "x" e "y", é de enorme interesse do público, ou de um certo público (numeroso), pelo menos.

As decisões do Banco Central para conter a inflação têm óbvio interesse público. Mas quase não despertam interesse, a não ser dos entendidos.

O jornalismo transita entre essas duas exigências, desafiado a atender às demandas de uma sociedade ao mesmo tempo massificada e segmentada, de um leitor que gravita cada vez mais apenas em torno de seus interesses particulares.

(Disponível em: http://www.folha.uol.com.br/sp/opiniao/jz/804201103. html. Acesso em: 25/3/2016.)

a. A palavra *público* é empregada no texto ora como substantivo, ora como adjetivo. Exemplifique cada um desses empregos com passagens do próprio texto e apresente o critério que você utilizou para fazer a distinção.

b. Qual é, no texto, a diferença entre o que é chamado de interesse público e o que é chamado de interesse do público?

7. (ENEM)

Soneto

Já da morte o palor me cobre o rosto,
Nos lábios meus o alento desfalece,
Surda agonia o coração fenece,
E devora meu ser mortal desgosto!

Do leito embalde no macio encosto
Tento o sono reter!... já esmorece
O corpo exausto que o repouso esquece...
Eis o estado em que a mágoa me tem posto!

O adeus, o teu adeus, minha saudade,
Fazem que insano do viver me prive
E tenha os olhos meus na escuridade.

Dá-me a esperança com que o ser mantive!
Volve ao amante os olhos por piedade,
Olhos por quem viveu quem já não vive!

AZEVEDO, A. *Obra completa*.
Rio de Janeiro: Nova Aguilar, 2000.

O núcleo temático do soneto citado é típico da segunda geração romântica, porém configura um lirismo que o projeta para além desse momento específico. O fundamento desse lirismo é

a. a angústia alimentada pela constatação da irreversibilidade da morte.

b. a melancolia que frustra a possibilidade de reação diante da perda.

c. o descontrole das emoções provocado pela autopiedade.

d. o desejo de morrer como alívio para a desilusão amorosa.

e. o gosto pela escuridão como solução para o sofrimento.

8. (UNICAMP-SP) Carlos Drummond de Andrade reescreve a famosa "Canção do exílio" de Gonçalves Dias, na qual o poeta romântico idealiza a terra natal distante:

REGISTRE NO CADERNO

Nova canção do exílio

A Josué Montello

Um sabiá
na palmeira, longe.
Estas aves cantam
um outro canto.

O céu cintila
sobre flores úmidas.
Vozes na mata,
e o maior amor.

Só, na noite,
seria feliz:
um sabiá,
na palmeira, longe.

Onde tudo é belo
e fantástico,
só, na noite,
seria feliz.
(Um sabiá,
na palmeira, longe.)

Ainda um grito de vida e
voltar
para onde tudo é belo
e fantástico:
a palmeira, o sabiá,
o longe.

(*A rosa do povo*, em Carlos Drummond de Andrade, *Poesia e Prosa*. Rio de Janeiro: Nova Aguilar, 1988, p. 117.)

a) Além de expatriação, a palavra *exílio* significa também "lugar longínquo" e "isolamento do convívio social". Quais palavras expressam estes dois últimos significados no poema de Drummond?

b) Como o eu lírico imagina o lugar para onde quer voltar?

Produção de texto

9. (UFF-BR)

Redação

Leia, cuidadosamente, os textos a seguir:

a.

O futebol no Brasil não é um esporte. É o jogo da bola, da malícia e do drible. É o jogo que reflete a própria nacionalidade de uma terra dominada pela paixão da bola. No espaço do jogo, o futebol brasileiro é capaz de esquecer o próprio objetivo do gol, convicto de que a virtude sem alegria é uma contradição. Ganhemos a Copa ou não, somos os campeões da paixão despertada pela bola!

Betty Milan. *Brasil, o País do Futebol.*

b.

Chego do mato vendo tanta gente de cara triste pelas ruas, tanto silêncio de derrota dentro e fora das casas, como se o gosto da vida se tivesse encerrado, de vez, com as cinzas do finado carnaval dos últimos dias.

Imperdoável melancolia de quem sabe, e sabe muito bem, que esta deliciosa cidade não é samba, apenas; que o Rio, alma do Brasil, afina também seus melhores sentimentos populares por outra paixão não menos respeitável – o futebol.

Esse abençoado binômio, carnaval-futebol, é que explica e eterniza a alma esférica da gente mais alegre de nosso alegre país.

Armando Nogueira. *Na grande área.*

c.

Ziraldo

Ziraldo. *1964-1984. 20 anos de prontidão.*

Redija um relato pessoal, contando uma *experiência vivida* por você como torcedor da seleção brasileira de futebol.

Características do gênero "relato pessoal":
Trata-se de uma exposição escrita de um acontecimento ou de uma série de acontecimentos mais ou menos sequenciados, em que são apresentados os seguintes elementos: quem, onde, quando, como, por que e para que.

(Disponível em: http://www.coseac.uff.br/2009/provas/etapa2/vest2009_2aetapa_Redacao.PDF. Acesso em: 10/12/2015.)

PROJETO

Mostra de cinema – Memórias em documentário

Como encerramento desta unidade, realizaremos uma **Mostra de cinema**, na qual serão exibidos os documentários produzidos por você e seus colegas e serão expostos os relatos e os roteiros que serviram de base para a produção dos filmes.

Oktay Ortakcioglu/Getty Images

ORGANIZANDO E DIVULGANDO O EVENTO

- Escolham uma data e um horário, de preferência ao longo de todo um dia, ou de mais de um dia.
- Deem ao evento o título **Memórias em documentário** ou outro que prefiram.
- Pensem no público que querem atingir e como distribuirão os cartazes ou anúncios de divulgação do evento e em outros meios que utilizarão: jornal da escola, avisos nas salas, redes sociais.
- Escolham e organizem os espaços para a exibição dos filmes. Haverá exibição simultânea de filmes, em diferentes salas? Quantos filmes serão exibidos por sala? Os filmes serão reprisados? Quantas vezes? Os relatos que deram base aos documentários serão expostos nessas salas?

REALIZANDO A MOSTRA

Exibição dos documentários

- Organizem uma programação para a exibição dos documentários, distribuindo-os no tempo e nas salas disponíveis. Ao menos um dos integrantes do grupo responsável pelo filme em exibição deverá estar presente em cada sessão, a fim de solucionar eventuais problemas técnicos. Além disso, seria interessante que esse ou outro integrante do grupo participasse de uma conversa com o público após a exibição do filme, registrando a recepção ao trabalho, a fim de compartilhá-la posteriormente com os colegas.
- Façam e divulguem a programação com antecedência.

Exposição dos relatos de memória

- Exponham em um mural os relatos de memória produzidos no capítulo 1. Se quiserem, montem um livro com esses relatos, façam cópias e distribuam-nas aos visitantes da mostra.

Exposição dos roteiros

- Reúnam em uma sala os roteiros que serviram de base para a produção dos documentários e outros materiais que contem o percurso da criação dos filmes. Vocês podem, por exemplo, expor algumas gravações originais e possibilitar aos visitantes a manipulação dos programas de edição utilizados, entre outras atividades que julgarem interessantes.

Shutterstock

Programação em cartaz

- Distribuam na escola cartazes com a programação dos filmes que serão exibidos na mostra, bem como os horários e as salas de cada sessão, a fim de que os visitantes possam se organizar para assistir aos filmes que desejarem.
- Produzam cartazes para os filmes, com o título de cada documentário em primeiro plano, uma imagem interessante extraída do filme, créditos principais. Utilizem tamanho de letras, quantidade de texto e qualidade de imagens adequados aos cartazes.

PARAMOUNT PICTURES

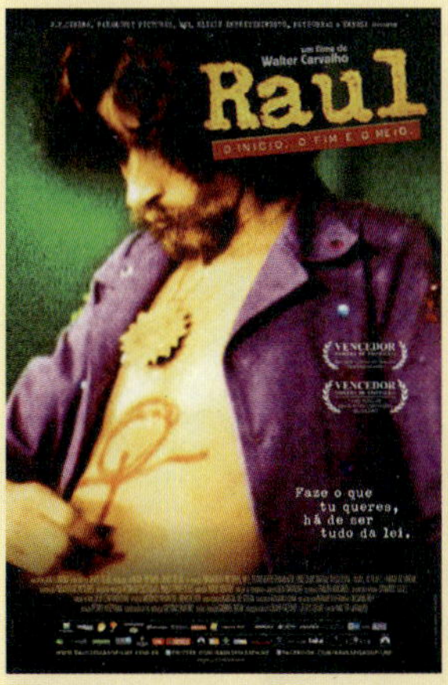

O2 Filmes

Imovision

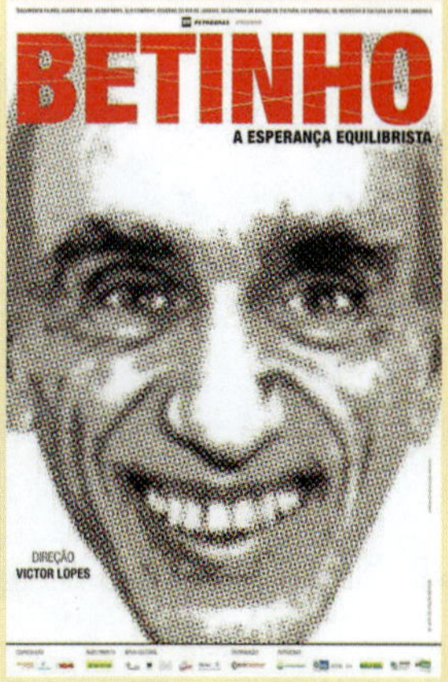

Elo Company

UNIDADE 2

O tempo de cada um

O combate entre Giaour e o paxá (1835), de Eugène Delacroix. A cena mostrada na tela é ilustrativa do interesse dos românticos por temas históricos relacionados ao destino da humanidade, como as guerras e as revoluções, assim como pelo exótico, pelo distante e pela cultura oriental.

Musée de Beaux-Arts de la Ville de Paris, França

PROJETO

NOITE LITERÁRIA

Participe, com toda a classe, da produção de um *sarau literário*, no qual você e seus colegas vão declamar poemas românticos, fazer leitura dramática de crônicas produzidas por vocês e, ainda, lançar uma revista literária.

Folhapress/Folhapress

C8 **ilustrada** ★ ★ ★ TERÇA-FEIRA, 5 DE ABRIL DE 2016 FOLHA DE S.PAULO

Pelos cabelos

JOÃO PEREIRA COUTINHO

Binho Barreto

POLÊMICAS POR causa do cabelo: o mundo caminha para o Apocalipse? Talvez. Mas antes que a festa acabe, conto rápido.

Um estudante branco da Universidade de São Francisco, ostentando as suas rastas, foi abordado por uma aluna negra. A donzela, indignada com o cabelo do rapaz, acusou: "É a minha cultura!" O rapaz tentou justificar-se perante a agressividade da donzela. As coisas não tomaram proporções violentas porque Corey Goldstein (eis o nome do estudante) fugiu a tempo.

Fugiu, mas não esqueceu: em vídeo posterior ao incidente, Goldstein justificou-se. Ninguém é dono de uma estética particular, disse ele. E, além disso, o cabelo com rastas existiu em múltiplas culturas —dos egípcios aos vikings, sem esquecer os vitorianos. Os negros, quando muito, apenas continuaram uma tradição.

Pior a emenda que o soneto: os Estados Unidos discutem se rastas em rapazes brancos são um roubo cultural imperdoável. E até a Europa participa do delírio: no "The Independent", a escritora Wedaeli Chibelushi acusa Goldstein de desrespeitar os negros e de usar o cabelo com a arrogância própria da "supremacia branca". Será que o rapaz não conhece o papel do cabelo na luta contra o racismo e a segregação racial?

É triste constatar o fato: ontem havia Martin Luther King; hoje há idiotas que discutem penteados.

Para eles, a minha única sugestão é assistirem ao notável e premiado documentário de Chris Rock intitulado "Good Hair". Informação: da última vez que confirmei, Chris Rock não era branco. E a pergunta que anima o seu filme é tentar compreender por que motivo a maioria dos negros nos Estados Unidos tem uma relação assaz problemática com o cabelo.

Abreviando, detestam-no. E tentam desesperadamente alisar as cabeleiras com químicos e "extensões". Quando digo "desesperadamente", não exagero: Chris Rock visita uma das principais fábricas que fornece produtos químicos para o efeito. Fica na Carolina do Norte

Os Estados Unidos discutem se rastas em rapazes brancos são um roubo cultural imperdoável

(ironicamente, um dos estados confederados que romperam com a União no século 19). Conclusão: muitos negros americanos usam hidróxido de sódio para terem belas cabeleiras lisas.

O hidróxido de sódio (ou, para os leigos, a soda cáustica) é um composto perigoso que pode causar lesões permanentes na pele. E quando um cientista, entrevistado por Chris Rock, pergunta o óbvio ("Mas por que motivo fazem isso?"), o ator responde também o óbvio ("Para parecerem brancos").

Mas não é preciso correr riscos para a saúde quando a ideia é imitar os brancos. Alguns, mais endinheirados, compram extensões e resolvem o assunto sem abrir buracos na cabeça. E de onde vêm essas extensões?

Chris Rock pega um avião e viaja para a Índia. Nos templos, é comum pagar promessas com cortes radicais. O cabelo é depois lavado, tratado e exportado para os Estados Unidos. Esses são, digamos, os fornecedores "normais".

Mas também existem máfias que atacam indianas adormecidas (ou desprevenidas) para roubarem cabelo. O destino do roubo, pago a peso de ouro, é o mesmo.

Não sei o que diriam os indignados como Wedaeli Chibelushi sobre essa realidade: a constante tentativa dos negros americanos em "apropriarem-se" dos penteados dos brancos.

Um esforço de apropriação que depende muitas vezes do risco pessoal ou da exploração dos mais miseráveis asiáticos.

Provavelmente, dirão que a culpa é novamente dos brancos e do "imperialismo" capilar que eles impõem na TV, no cinema ou na moda.

Aliás, se o "pensamento" de criaturas como Wedaeli Chibelushi fosse para levar a sério, as culturas humanas estariam condenadas a nunca se misturarem umas com as outras.

Um branco jamais poderia praticar capoeira. Um negro jamais poderia lutar kung fu. Curiosamente, seria uma nova segregação racial, promovida por aqueles que lutam contra a segregação racial. Perfeito.

Da minha parte, a única coisa que posso prometer é nunca acusar nenhum negro de "roubar a minha cultura" só porque ele usa cabelos lisos.

Infelizmente, o mesmo já não posso dizer das pobres indianas, que despertam todas as manhãs com menos peso na cabeça.

Sérgio Capparelli e Ana Cláudia Gruszynski

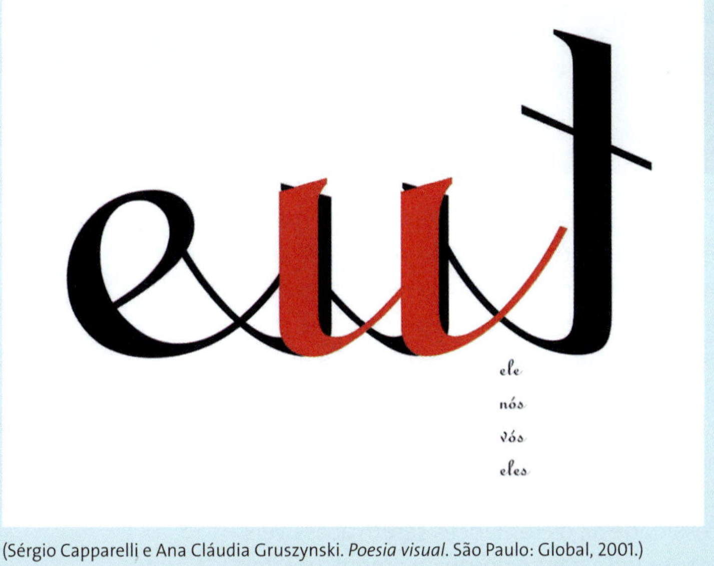

(Sérgio Capparelli e Ana Cláudia Gruszynski. *Poesia visual*. São Paulo: Global, 2001.)

O céu da Pátria estava coalhado de estrelas, as frondosas matas serviam de abrigo àquela indiana raça, que, feliz e contente, desfilava o corpo seminu e de porte altivo. Pelo menos dentro da ótica daquela geração inaugural do romantismo no Brasil. Admita-se, visto que, ao invés de uma colônia sem autonomia, o Brasil dos românticos havia rompido os laços de dependência com a metrópole portuguesa, fixando, consequentemente, comportamentos e expectativas fundadas na exaltação dos elementos mais característicos da Nação.

(Adilson Citelli. *O Romantismo*. 4. ed. São Paulo: Perspectiva, 2007. p. 46.)

CAPÍTULO

1 A prosa romântica no Brasil (I)
O numeral
A crônica (I)

LITERATURA

O romance indianista e o romance regional

Pinacoteca do Estado de São Paulo

Os Mundurucu às margens de um afluente do rio Madeira (1862), de François August Bird.

Nesta unidade, você vai estudar a prosa romântica, que teve no romance a sua maior expressão. O grande desenvolvimento que esse gênero experimentou no século XIX tem relação, principalmente, com as transformações sociais ocorridas após as revoluções burguesa e industrial na Europa. O retrato de uma sociedade em contínuo processo de mudança era um desafio para os gêneros literários clássicos (a epopeia, a tragédia e a lírica), enquanto o romance, um gênero mais flexível quanto a temas e a aspectos formais, tinha maior possibilidade de corresponder aos novos anseios de representação dessa época. Além disso, a produção literária na Europa já não era mais financiada por reis, príncipes e aristocratas, e sim por livreiros, que pretendiam conquistar um público leitor crescente, formado sobretudo pela classe burguesa. A necessidade de os romances serem acessíveis a um público leitor menos instruído acabou contribuindo para o desenvolvimento de determinadas inovações técnicas no gênero, como descrições abundantes, explicações ao longo do texto e linguagem mais clara e direta.

No Brasil, após a chegada da família real e a proclamação da Independência, o contato com a Europa ampliou-se significativamente, de maneira que a moda, as artes, a literatura e os costumes europeus, sobretudo franceses, tornaram-se nossas principais referências culturais. Esse foi o contexto que levou à difusão, no Brasil, na primeira metade do século XIX, de romances europeus, em língua original ou traduzidos. Como consequência do grande sucesso desses romances, escritores nacionais iniciaram a produção do gênero no país e, orientados pela concepção romântica de valorizar a cultura, as raízes e as tradições nacionais, produziram romances que podem ser classificados como *indianistas*, *históricos*, *regionais* e *urbanos*. José de Alencar, pela extensão e pela qualidade de sua obra, é considerado o principal romancista do Romantismo brasileiro.

A literatura em letras de canção

O índio Peri e sua amada Ceci, personagens do romance *O Guarani*, de José de Alencar, serviram de inspiração para o cantor e compositor Lenine na canção "Tubi tupy":

Meu nome é tupy
Guaicuru
Meu nome é Peri
De Ceci
Sou neto de Caramuru
Sou Galdino, Juruna e Raoni

Lucas Lacaz Ruiz/Folhapress

José de Alencar

Atento à produção de uma literatura nova, de caráter nacional, José de Alencar representou as diversas faces da vida brasileira nos romances indianistas, regionalistas, urbanos e históricos que produziu.

Inspirado no mito do bom selvagem e na valorização das raízes nacionais, o romancista se voltou para o índio e a natureza, eleitos como os representantes da nossa nacionalidade, e escreveu *O guarani*, *Iracema – lenda do Ceará* e *Ubirajara*, os principais romances indianistas românticos. Nessas obras, os costumes e as tradições indígenas, os animais e a vegetação de nossas terras são descritos detalhadamente, enquanto os heróis indígenas são representados de maneira idealizada e têm entre suas principais características a pureza, a lealdade e a coragem.

Em *Iracema*, é narrada a história de amor entre uma índia tabajara e um português, situada no período inicial da colonização do Brasil. A heroína, Iracema, filha do pajé Araquém, deveria manter-se virgem, porque era consagrada a Tupã e guardava o segredo da jurema, uma bebida utilizada em rituais de sua tribo. Porém, ao se apaixonar por Martim, a índia abandona suas tradições e seu povo para viver com o guerreiro branco.

José de Alencar

Filho de um senador liberal, José Martiniano de Alencar nasceu em Messejana, no Ceará, em 1829. Ainda criança, mudou-se com a família para o Rio de Janeiro, na época a capital do Império, onde completou os estudos básicos. Fez o curso de Direito entre 1845 e 1850, parte em São Paulo e parte em Olinda. Exerceu a advocacia e trabalhou em jornais, primeiramente como cronista, no *Correio Mercantil*, e depois como redator, no *Diário do Rio de Janeiro*. Nesse segundo jornal saíram em folhetim seus primeiros romances: *Cinco minutos* (1856), *A viuvinha* (1857) e *O Guarani* (1857), obra que o tornou um escritor conhecido na época.

Participou também da política do país, na qual assumiu uma linha conservadora. Teve vários mandatos como deputado e chegou a ser ministro da Justiça, em 1868.

Alencar produziu peças teatrais, como *As asas de um anjo* e *Mãe*, e, nas décadas de 1860 e 1870, publicou diversos romances, como *Lucíola* (1862), *Iracema – lenda do Ceará* (1865), *O gaúcho* (1870), *Til* (1872), *Ubirajara* (1874), *Senhora* (1875), entre outros.

Em 1877, o escritor fez sua única viagem à Europa, em busca de tratamento para a tuberculose. Faleceu nesse mesmo ano, no Rio de Janeiro.

Acervo Iconographia

A história de Iracema é uma lenda, criada por Alencar, que representa a origem do Ceará e o nascimento do primeiro cearense, ou, em uma perspectiva mais abrangente, do primeiro brasileiro. Para a criação da lenda, o autor se baseou em uma figura histórica, a do jovem colonizador Martim Soares Moreno, que, junto com os índios Jacaúna e Poti, iniciou em 1608 a colonização da costa do Ceará.

FOCO NO TEXTO

Leia, a seguir, um capítulo de *Iracema*.

Museu Nacional de Belas Artes, Rio de Janeiro, RJ

Iracema (1881), de José Maria de Medeiros (1849-1925).

XXVIII

Uma vez o cristão ouviu dentro em sua alma o soluço de Iracema: seus olhos buscaram em torno e não a viram.

A filha de Araquém estava além, entre as verdes moitas de ubaia, sentada na relva. O pranto desfiava de seu belo semblante; e as gotas que rolavam a uma e uma caíam sobre o regaço, onde já palpitava e crescia o filho do amor. Assim caem as folhas da árvore viçosa antes que amadureça o fruto.

– O que espreme as lágrimas do coração de Iracema?

– Chora o cajueiro quando fica tronco seco e triste. Iracema perdeu sua felicidade, depois que te separaste dela.

– Não estou eu junto de ti?

– Teu corpo está aqui; mas tua alma voa à terra de teus pais, e busca a virgem branca, que te espera.

Martim doeu-se. Os grandes olhos negros que a indiana pousara nele o tinham ferido no íntimo.

– O guerreiro branco é teu esposo; ele te pertence.

Sorriu em sua tristeza a formosa tabajara:

– Quanto tempo há que retiraste de Iracema teu espírito? Dantes, teu passo te guiava para as frescas serras e alegres tabuleiros: teu pé gostava de pisar a terra da felicidade, e seguir o rasto da esposa. Agora só buscas as praias ardentes, porque o mar que lá murmura vem dos campos em que nasceste; e o morro das areias, porque do alto se avista a igara que passa.

– É a ânsia de combater o tupinambá que volve o passo do guerreiro para as bordas do mar, respondeu o cristão.

Iracema continuou:

– Teu lábio secou para a esposa; assim a cana, quando ardem os grandes sóis, perde o mel, e as folhas murchas não podem mais cantar quando passa a brisa. Agora só falas ao vento da praia para que ele leve tua voz à cabana de teus pais.

– A voz do guerreiro branco chama seus irmãos para defender a cabana de Iracema e a terra de seu filho, quando o inimigo vier.

A esposa meneou a cabeça:

– Quando tu passas no tabuleiro, teus olhos fogem do fruto do jenipapo e buscam a flor do espinheiro; a fruta é saborosa, mas tem a cor dos tabajaras; a flor tem a alvura das faces da virgem branca. Se cantam as aves, teu ouvido não gosta já de escutar o canto mavioso da graúna, mas tua alma se abre para o grito do japim, porque ele tem as penas douradas como os cabelos daquela que tu amas!

– A tristeza escurece a vista de Iracema, e amarga seu lábio. Mas a alegria há de voltar à alma da esposa, como volta à árvore a verde rama.

abati: milho.
graúna: pássaro de penas pretas.
Icó: região do Ceará que, atualmente, é um município desse Estado.
igara: canoa.
jenipapo: fruto de cor escura, com polpa marrom, suculenta, doce e ácida.
murta: arbusto de folhagem verde-escura.
tabuleiro: faixa de terra com poucas árvores ou arbustos.
tupinambá: grupo indígena que habitava a costa brasileira.
ubaia: um tipo de arbusto.

– Quando teu filho deixar o seio de Iracema, ela morrerá, como o abati depois que deu seu fruto. Então o guerreiro branco não terá mais quem o prenda na terra estrangeira.

– Tua voz queima, filha de Araquém, como o sopro que vem dos sertões do Icó, no tempo dos grandes calores. Queres tu abandonar teu esposo?

– Não veem teus olhos lá o formoso jacarandá, que vai subindo às nuvens? A seus pés ainda está a seca raiz da murta frondosa, que todos os invernos se cobria de rama e bagos vermelhos, para abraçar o tronco irmão. Se ela não morresse, o jacarandá não teria sol para crescer tão alto. Iracema é a folha escura que faz sombra em tua alma; deve cair, para que a alegria alumie teu seio.

O cristão cingiu o talhe da formosa índia e a estreitou ao peito. Seu lábio pousou no lábio da esposa um beijo, mas áspero e morno.

(José de Alencar. Rio de Janeiro: Livros Técnicos e Científicos; São Paulo: Edusp, 1979. p. 66-7.)

LITERATURA

1. Leia o boxe "Uma literatura nacional" e o seguinte trecho do texto.

"O pranto desfiava de seu belo semblante; e as gotas que rolavam a uma e uma caíam sobre o regaço, onde já palpitava e crescia o filho do amor. Assim caem as folhas da árvore viçosa antes que amadureça o fruto.

– O que espreme as lágrimas do coração de Iracema?

– Chora o cajueiro quando fica tronco seco e triste. Iracema perdeu sua felicidade, depois que te separaste dela."

REGISTRE NO CADERNO

a. No trecho, há o emprego de comparação nas falas do narrador e de Iracema. Quais são os elementos comparados?

b. Que emprego pouco comum quanto à pessoa gramatical se observa na fala de Iracema? Justifique sua resposta com elementos do texto.

c. Considerando-se o projeto de construção de uma literatura nacional imaginado por Alencar, que efeito de sentido o emprego de comparação e de construção pouco comum quanto à pessoa gramatical produz no texto?

Uma literatura nacional

No texto "Carta ao Dr. Jaguaribe", publicado no início da obra *Iracema*, José de Alencar expôs seu projeto de construção de uma literatura nacional.

Eis um trecho desse texto:

Gonçalves Dias é o poeta nacional por excelência [...]. Em suas poesias americanas aproveitou muitas das mais lindas tradições dos indígenas [...].

Entretanto, os selvagens de seu poema falam uma língua clássica [...] eles exprimem ideias próprias de um homem civilizado, e que não é verossímil tivessem no estado da natureza.

Sem dúvida que o poeta tem de traduzir em sua língua as ideias, embora rudes e grosseiras, dos índios [...] é preciso que a língua civilizada se molde quanto à singeleza primitiva da língua bárbara; e não represente imagens e pensamentos indígenas senão por termos e frases que ao leitor pareçam naturais na boca do selvagem.

O conhecimento da língua indígena é o melhor critério para a nacionalidade em literatura. Ele nos dá não só o verdadeiro estilo, como as imagens poéticas do selvagem, os modos do seu pensamento, as tendências de seu espírito, e até as menores particularidades de sua vida.

É nessa fonte que deve beber o poeta brasileiro; é dela que há de sair o verdadeiro poema nacional, tal como eu o imagino.

(Rio de Janeiro: Livros Técnicos e Científicos; São Paulo: Edusp, 1979.)

2. *Iracema* é uma prosa poética, ou seja, é um texto narrativo que emprega recursos estilísticos típicos da poesia, como a aliteração e a rima. Identifique no texto em estudo um exemplo de cada um desses recursos.

3. Leia o boxe "O conflito na narrativa de ficção" e, depois, responda:

   a. No capítulo de *Iracema* em estudo, o que dá início ao conflito?

   b. O conflito é construído com base em determinados argumentos utilizados por Iracema. Quais são eles?

   c. A reação de Martim aos argumentos de Iracema corresponde aos sentimentos mais íntimos dele? Comprove sua resposta com uma pista dada pelo narrador.

LC Moreira/FuturaPress

Estátua de Iracema na Lagoa de Messejana, em Fortaleza, Ceará.

O conflito na narrativa de ficção

Em uma narrativa de ficção, o conflito é um problema ou um obstáculo com que o protagonista tem de lidar e que gera as ações da história. Esse conflito ou obstáculo pode dizer respeito ao próprio protagonista ou a um elemento externo a ele, como outra personagem, a natureza, a sociedade, a família, as divindades, etc. O conflito é essencial, pois é ele que gera expectativa no leitor e o mantém atento à narração.

Estruturalmente, o conflito é o meio pelo qual a ação se organiza e se desenvolve até o desfecho, quando ocorre sua solução ou superação.

Foco narrativo

Foco narrativo é a perspectiva, o ponto de vista por meio do qual o narrador conta uma determinada história.

O **narrador onisciente** é aquele que narra em 3ª pessoa e conhece, tal qual um deus, tudo sobre o que ocorre na história, inclusive o estado mental e emocional das personagens.

O **narrador-protagonista**, como o próprio nome sugere, é a personagem principal que narra os fatos, em 1ª pessoa, de acordo com seus sentimentos, percepções e pensamentos, sem ter acesso ao estado mental e emocional das demais personagens.

Há também o **narrador-testemunha**, uma personagem secundária que narra, em 1ª pessoa, os conflitos de outras personagens, sem saber o que se passa na interioridade delas, e que, por isso, apenas infere, apresenta hipóteses com base no que viu e ouviu.

4. Leia o boxe "Foco narrativo" e, depois, responda: No texto em estudo, qual é o ponto de vista empregado? Justifique sua resposta com elementos do texto.

5. Uma interpretação possível de *Iracema* é a de que a lenda criada por Alencar representa o fim da cultura nativa no Brasil, ocorrido com a chegada do colonizador, e o surgimento de uma nova cultura, a brasileira, formada pela união das etnias indígena e portuguesa. De que modo essa ideia é sugerida no capítulo em estudo?

6. O filho que Iracema dá à luz recebe o nome *Moacir*, que, em tupi, significa "o que vem da dor".

   a. De acordo com o texto lido, de que modo o nome *Moacir* traduz o sentimento de Iracema em relação a Martim?

   b. De que modo o nome *Moacir* se relaciona, por seu significado, com o surgimento da civilização brasileira?

7. Um anagrama é uma transposição de letras de uma palavra que possibilita formar outra palavra. *Iracema*, o nome da obra de Alencar de que faz parte o texto em estudo, é anagrama da palavra *América*. Com base nessa informação e nas reflexões realizadas ao longo do estudo, conclua: Como a obra *Iracema* se relaciona com o projeto de construção de uma identidade nacional defendido por Alencar?

Visconde de Taunay

A perspectiva nacionalista levou alguns escritores do Romantismo a retratar tradições culturais, paisagens, costumes, modismos, valores e expressões linguísticas de diferentes regiões do Brasil, como o Sul, o Nordeste e o Centro-Oeste.

Além de José de Alencar, com a obra *O gaúcho*, outros escritores exploraram o *romance regional*. Entre eles estão Bernardo Guimarães, com *Escrava Isaura* (1875), Franklin Távora, com *O Cabeleira* (1876), e Visconde de Taunay, com *Inocência*, considerada a obra-prima da literatura regionalista romântica. Esse retrato regionalista iniciado no Romantismo criou em nossa literatura uma tradição na qual se incluem autores como Euclides da Cunha, Graciliano Ramos, Rachel de Queiroz e Jorge Amado, que produziram obras regionalistas no século XX.

A obra de Taunay se distingue pela sobriedade: as personagens são menos idealizadas, os diálogos são naturais e espontâneos e a paisagem é retratada sem excessos.

Inocência narra a história de amor entre uma jovem do sertão de Mato Grosso e Cirino, um prático de farmácia que se apresentava como médico. A realização desse amor é, porém, impossível, pois Pereira, pai de Inocência e representante da cultura sertaneja e dos valores locais, havia prometido a filha em casamento a Manecão Doca, um vaqueiro rústico e endinheirado. Outro fato que dificulta a aproximação do casal é a presença de Pereira; o sertanejo vigia constantemente a filha, temendo que Inocência perca a virgindade antes do casamento, o que, sob o ponto de vista dele, seria uma desonra para a família.

Paralelamente à trama amorosa, o naturalista Meyer, um alemão colecionador de borboletas, hospeda-se na pequena propriedade de Pereira por recomendação de Chico, irmão do sertanejo. A presença do alemão na casa de Pereira põe à mostra o choque de valores de pessoas de origens e culturas diferentes.

Visconde de Taunay

Alfredo d'Escragnolle Taunay nasceu em 1843, no Rio de Janeiro, em uma família aristocrática de origem francesa. Cursou a Escola Militar e participou como tenente da Guerra do Paraguai. Em suas expedições militares, Taunay conheceu o interior do Brasil, principalmente o Mato Grosso, o que lhe proporcionou experiência e inspiração para retratar em seus textos a paisagem e a cultura sertanejas.

Teve participação também na vida política do país. Como deputado e depois como senador, eleito pelo partido conservador, defendeu com ardor a abolição dos escravos.

Entre os diversos textos que produziu (narrativas de guerra e de viagem, artigos críticos, romances, entre outros), destaca-se *Inocência* (1872), considerada sua obra-prima.

O escritor faleceu no Rio de Janeiro, em 1899.

Museu Imperial de Petrópolis/Reprodução Iconographia

FOCO NO TEXTO

Você vai ler, a seguir, um trecho de *Inocência*. Nesse trecho, Pereira apresenta o alemão Meyer à sua filha Inocência, que está acamada em decorrência da malária.

Capítulo XII
A Apresentação

[...]

Chegou-se o pai juntamente com Meyer e, tomando as mãos da filha, perguntou-lhe com voz meiga e inquieta:

– Sente-se pior, meu benzinho?

– Nhor-não, respondeu ela.

– Pois então!... É preciso não entregar o corpo à moleza... Abra os olhos... Olhe... está aqui este homem (e apontou para Meyer) que é *alemão* e trouxe uma carta do tio de mecê, o

Chico, lá da Mata do Rio. Quero mostrar que, para mim, vale tanto como se fosse esse próprio parente a nós chegado. Por isso é que venho apresentá-lo...

Ela nada articulou.

– Vamos, diga... Tenho muito gosto em *lhe* conhecer... diga.

Com vagar e acanhamento, repetiu Inocência estas palavras, ao passo que Meyer lhe estendia a mão direita, larga como uma barbatana de cetáceo, e franca como o seu coração.

– Gosto, muito gosto tenho eu, disse ele com três ou quatro sonoros arrancos de garganta. Só o que sinto é vê-la doente... Mas o doutor não nos deixará ficar mal; não é... Sr. Cirino?...

E apoiou esta pergunta com um hem? que ecoou por toda a sala.

– A senhora, respondeu o interpelado, precisaria tomar por alguns dias um pouco de bom vinho do Porto, em que se pusesse casca de quina do campo... Mas, onde achar agora vinho? Só na Vila de Sant'Ana...

– Vinho? perguntou Meyer.

– Sim.

– Vinho do Porto?

– Melhor ainda.

Embrafilme/ Luiz Carlos Barreto Produções

Cartaz do filme *Inocência*.

– Pois tudo se arranja, na minha canastra tenho uma garrafa do *mais superfino* e com a maior satisfação a ofereço à filha do meu *pom* amigo o Sr. Pereira.

– Oh! Sr. Meyer, agradeceu este com efusão, não sabe quanto lhe fico...

– Qual! não tem obrigação, não, senhor. Além do mais, sua filha é muito bonita, muito bonita, e parece boa deveras... Há de ter umas cores tão lindas, que eu daria tudo para vê-la com saúde...

Que moça!... Muito bela!

Estas palavras que o inocente saxônio pronunciara *ex abundantia cordis* produziram extraordinário abalo nas pessoas que as ouviram.

Tornou-se Pereira pálido, franzindo os sobrolhos e olhando de esguelha para quem tão imprudentemente elogiava assim, cara a cara, a beleza de sua filha; Inocência enrubesceu que nem uma romã; Cirino sentiu um movimento impetuoso, misturado de estranheza e desespero [...].

Nem reparou Meyer e com a habitual ingenuidade prosseguiu:

– Aqui, no sertão do Brasil, há o mau costume de esconder as mulheres. Viajante não sabe de todo se são bonitas, se feias, e nada pode contar nos livros para o conhecimento dos que leem. Mas, palavra de honra, Sr. Pereira, se todas se parecem com esta sua filha, é coisa muito e muito digna de ser vista e escrita! Eu...

– O Sr. não quer retirar-se? interrompeu Pereira com modo áspero.

– Pois não! replicou o alemão.

E como despedida acrescentou, dirigindo-se para Inocência:

– Chamo-me Guilherme Tembel Meyer, seu humilde criado, e estimo muito conhecê-la por ser a senhora filha de um amigo meu e prender a gente com o seu lindo rosto...

Estendeu então a mão, fez um movimento de cabeça, e acompanhou ao mineiro que já ia saindo, branco de cólera concentrada.

– E que me diz o Sr. deste homem? perguntou a Cirino a meia voz e puxando-o de parte.

– Reparei muito nos seus modos, respondeu-lhe o outro no mesmo tom.

– Nem sei como me contenha... Estou cego de raiva...

(São Paulo: Melhoramentos, 1962. p. 87-9.)

canastra: maleta.
cetáceo: espécie a que pertencem os golfinhos, as baleias e os botos.
esguelha: viés.
***ex abundantia cordis*:** com toda a sinceridade, com todo o coração.
quina: árvore cuja casca é rica em quinino, substância utilizada em tratamento contra a malária.

REGISTRE NO CADERNO

1. A fim de fazer um registro cultural e de tornar o texto verossímil ao leitor, o autor emprega as variedades linguísticas faladas pelo sertanejo e pelo estrangeiro.

a. No texto, o itálico destaca desvios em relação à norma-padrão, como os que ocorrem nas seguintes expressões, pronunciadas, respectivamente, por Pereira e pelo alemão: "gosto em *lhe* conhecer", "uma garrafa do *mais superfino*". Explique esses desvios e reescreva as expressões em conformidade com a norma-padrão.

b. No terceiro e quarto parágrafos, há o registro de expressões regionais. Quais são elas?

2. Na cena de apresentação do alemão à jovem Inocência, o comportamento das personagens expressa diferentes hábitos sociais, valores e visões de mundo.

a. Por que o comportamento do alemão pareceu ofensivo ao sertanejo Pereira?

b. Qual é a crítica que Meyer faz ao tratamento dado às mulheres no sertão do Brasil?

c. Levante hipóteses: O comportamento de Inocência diante do alemão confirma o costume sertanejo de esconder as mulheres?

d. Meyer, um naturalista europeu, se opõe diretamente a Pereira, um homem rústico que vive no meio rural. Tendo em vista as visões de mundo de um e de outro, conclua: O que a visão de cada um deles a respeito das mulheres revela?

3. Qual é o foco narrativo no texto em estudo? Comprove sua resposta com elementos do texto.

ARQUIVO

Por meio da leitura dos textos feita neste capítulo, você viu que no romance indianista e no romance regionalista:

- há valorização da nacionalidade; por isso, os autores buscam representar elementos de nossas raízes culturais, como o índio, a fauna, a flora, a miscigenação, bem como os costumes, os valores, as tradições e a visão de mundo predominante em povoados do interior do país;
- há a tentativa de representação do modo de falar do índio e o registro da variedade linguística falada pelo habitante do interior do país, tendo em vista o retrato de sua cultura e a verossimilhança da narrativa;
- o emprego de figuras de linguagem como a comparação e a metáfora procura mostrar uma proximidade entre o indígena e o meio natural e enfatizar a ideia de uma vida primitiva e selvagem em comunhão com a natureza.

LÍNGUA E LINGUAGEM

O numeral

Além do adjetivo e do artigo, podem acompanhar o substantivo palavras de outra classe: a dos numerais.

FOCO NO TEXTO

Leia a tira:

Caco Galhardo

A escrita dos numerais: algarismo ou palavra?

Não há uma norma geral para o emprego dos numerais, por extenso ou em algarismos. Por isso, alguns manuais de redação de veículos de comunicação estabelecem critérios próprios, a fim de uniformizar esse emprego.

Conheça, a título de curiosidade, as principais orientações dadas pelo manual de redação do jornal *Folha de S. Paulo* para a escrita de numerais:

- escrever por extenso números inteiros de *zero* a *dez*, além de *cem* e *mil* (cardinais ou ordinais);
- em números maiores ou iguais a 10 mil, escrever o algarismo seguido da palavra que designa a ordem de grandeza;
- empregar a forma por extenso em início de frase e utilizar algarismos quando se tratar de idade, dias do mês, ano, século; números com decimais; resultados de jogos, tabelas e gráficos; dimensão, medida, peso, comparação e proporção; números seguidos de símbolos, como *h*, *kg*, *km*.

Andressa Honório

1. Nos quatro primeiros quadrinhos da tira, o homem caracteriza alguns de seus objetos pessoais: o *laptop*, o *smartphone*, o *pen drive* e o *iPod*.

a. A qual aspecto dos objetos a caracterização se refere?

b. Quais sentimentos a expressão facial do homem revela no 1º, 2º, e 4º quadrinhos?

c. Identifique, na tira, algarismos ou palavras que indicam quantidades.

2. No penúltimo quadrinho, o homem é interrompido por uma pergunta de sua interlocutora.

a. A que ela se refere na pergunta que faz?

b. O que demonstra a expressão facial do homem nesse quadrinho?

3. No último quadrinho, o homem responde que tem "umas três ideias mequetrefes".

a. O que são *ideias mequetrefes*?

b. Qual é o sentido do artigo indefinido *umas*, na resposta do homem?

REGISTRE NO CADERNO

4. É possível afirmar que a tira faz uma crítica a um comportamento atualmente muito comum.

a. Qual é esse comportamento?

b. Qual é a crítica?

c. Você concorda com essa crítica? Justifique sua resposta.

REFLEXÕES SOBRE A LÍNGUA

Por meio do estudo da tira, você notou que há, na língua, palavras que são utilizadas com a finalidade de expressar quantidades e medidas.

Na tira, a personagem, querendo impressionar a interlocutora, empregou palavras e números (algarismos) para descrever a capacidade de armazenamento dos aparelhos que tem: *8, 2 milhões, 10 mil.*

Palavras como *oito, dois milhões, dez mil, três* e outras que indicam posição em uma série, como *primeiro, oitavo, décimo*, são chamadas de **numerais**.

Do ponto de vista semântico, os numerais podem ser conceituados assim:

> **Numerais** são palavras que indicam quantidades numéricas definidas ou posição em uma série.

Do ponto de vista morfológico e funcional, os numerais são palavras que antecedem substantivos contáveis e, em algumas situações, concordam com eles em gênero e número.

Sistema de numeração romana

Observe a correspondência:

I	V	X	L	C	D	M
1	5	10	50	100	500	1 000

A escrita dos algarismos romanos segue a lógica de somar o valor dos algarismos para chegar a certo número e de subtrair o valor de um algarismo de menor valor colocado à esquerda de outro de maior valor.

Assim, tem-se, por exemplo: XVII = dezessete; LX = sessenta; IX = nove; XL = quarenta.

Não se repete mais de três vezes o mesmo algarismo; por isso, o número 9 é indicado por IX, e não VIIII. Na numeração romana antiga, porém, essa regra não era seguida, o que explica o fato de, ainda hoje, se encontrar o número 4 representado por IIII.

Classificação dos numerais

Tradicionalmente, as gramáticas normativas classificam os numerais em quatro categorias.

- **cardinais:** um, dois, três, quatro, etc.
- **ordinais:** primeiro, segundo, terceiro, etc.
- **multiplicativos:** duplo/dobro, triplo, quádruplo, etc.
- **fracionários:** um meio, um terço, um quarto, etc.

Numerais coletivos ou substantivos coletivos

Palavras como *novena, dezena, década, dúzia, centena, cento, milhar* podem ser consideradas **numerais coletivos**, uma vez que também se referem a quantidades numéricas.

Entretanto, nos dicionários e em algumas gramáticas são classificadas como **substantivos coletivos**.

APLIQUE O QUE APRENDEU

Leia o texto a seguir.

R$ 9.000,00 Vendo moto, CB 300R, trezentas cilindradas, nas cores vermelha e preta, ano 2011, modelo 2012, com vinte e oito mil quilômetros rodados, realmente nova.
Estudo troca por carro de meu interesse ou mesmo por outra moto de valor máximo cinco mil reais. Em ambos os casos de troca, o valor é nove mil e quinhentos reais.

1. Levante hipóteses: Qual é a finalidade desse texto? Onde textos como esse costumam circular?

2. Identifique no texto os numerais:

a. referentes a datas;

b. referentes à descrição da moto;

c. referentes a valores em dinheiro.

REGISTRE NO CADERNO

3. Releia o trecho:

"Em ambos os casos de troca, o valor é nove mil e quinhentos reais."

a. A que se refere o termo *ambos*?

b. Reescreva o trecho, substituindo o termo *ambos* por outro, sem que haja alteração de sentido.

4. Discuta com os colegas e o professor: Por que foram empregados tantos numerais no texto?

5. Leia o texto:

Uma cerimônia inédita realizada neste domingo (27) na Praça de São Pedro, no Vaticano, e acompanhada por milhares de fiéis católicos, canonizou dois Papas: o polonês João Paulo II e o italiano João XXIII. [...]

A canonização dupla reuniu, em um único evento, o atual Papa Francisco e o Papa Emérito Bento XVI, que renunciou no ano passado em uma situação inédita na história moderna da Igreja Católica. [...]

"Estes foram dois homens de coragem [...] e deram testemunho diante da Igreja e do mundo da bondade e misericórdia de Deus", disse Francisco. "Eles viveram os trágicos acontecimentos do século XX, mas não foram oprimidos por eles. Para eles, Deus era mais poderoso, a fé era mais poderosa." [...]

Bento XVI seguiu a cerimônia no setor esquerdo do altar, junto com os cardeais e os 1.000 bispos que concelebraram sucessivamente a missa.

Em 2011, a beatificação de João Paulo II, feita por Bento XVI, durou três dias e custou cerca de US$ 1,65 milhão, reunindo 1,5 milhão de fiéis na praça e nos seus arredores, segundo a polícia de Roma. [...]

(Disponível em: http://g1.globo.com/mundo/noticia/2014/04/joao-paulo-ii-e-joao-xxiii-se-tornam-santos-neste-domingo.html. Acesso em: 2/11/2015.)

Numerais e alguns de seus usos

- O numeral *ambos* substitui geralmente o numeral *dois*; mas, às vezes, se encontra em textos a expressão *ambos os dois*, utilizada como um *pleonasmo estilístico*, isto é, como um recurso linguístico para reforçar, enfatizar a ideia de *ambos*.
- Em referência ao primeiro dia do mês, utiliza-se sempre o numeral ordinal: *primeiro* de dezembro, *primeiro* de janeiro, e não *um* de dezembro, *um* de janeiro.
- Em referência a reis, papas, capítulos, séculos, utilizam-se, na escrita, algarismos romanos e, na fala, os numerais ordinais até *décimo* e, daí em diante, os numerais cardinais. Assim, *século V* e *século XVII*, por exemplo, são lidos, respectivamente, "século quinto" e "século dezessete".

Em uma leitura em voz alta, como cada um dos algarismos romanos e arábicos presentes no texto deve ser pronunciado?

Flexão dos numerais

Como falante nativo da língua portuguesa, você certamente sabe que alguns numerais apresentam flexão de gênero (masculino e feminino), e outros, flexão de número (singular e plural).

Gênero

Sofrem flexão de gênero, concordando com os nomes que acompanham, os cardinais *um*, *dois* e os indicativos de centenas a partir de *duzentos*, a maioria dos ordinais e dos multiplicativos e alguns fracionários. Veja:

um papel – *uma* folha
novecentos homens – *novecentas* mulheres

Número

Sofrem flexão de número os cardinais terminados em *lhão*, todos os ordinais, todos os multiplicativos e os fracionários de *meio* a *décimo*. Veja:

um *milhão* – dois *milhões*
dois copos *duplos*

APLIQUE O QUE APRENDEU

Leia o anúncio a seguir e responda às questões 1 e 2.

Leo Burnett/ Arcor

1. O anúncio faz referência a um conhecido ditado popular.

a. Qual é esse ditado?

b. Identifique os numerais presentes no anúncio e no ditado.

c. Qual é a diferença, quanto ao gênero, entre os numerais do anúncio e os numerais do ditado?

d. Por que, no anúncio, os numerais do ditado precisaram ser modificados?

2. Além da diferença quanto ao gênero dos numerais, há entre o enunciado do anúncio e o ditado outra diferença.

a. Qual é ela?

b. Qual sentido essa mudança traz para o anúncio?

3. Escreva por extenso os algarismos das frases a seguir. Depois indique os que variam em gênero.

REGISTRE NO CADERNO

a. 100 rapazes estão na sala.

b. 100 pessoas estiveram presentes.

c. Foram impressos para o evento 2 750 livros.

d. Foram impressas para o evento 2 750 folhas.

e. Encontrei 500 reais na bolsa.

f. Encontrei 500 moedas na bolsa.

g. 1 000 pessoas compareceram ao evento.

h. 1 000 soldados estavam no desfile.

i. Ele chegou em 2º lugar na corrida.

j. Foi a 2ª corrida de que ele participou.

Leia a tira a seguir e responda às questões de 4 a 6.

4. Com base na tira, complete as frases utilizando numerais multiplicativos ou fracionários:

a. Segundo o pai de Armandinho, o caderno do Batman custava ▬ do preço do outro caderno. O preço do outro caderno equivalia, portanto, a ▬ do preço do caderno do Batman.

b. O número de páginas do caderno do Batman era ▬ do número de páginas do outro caderno. O outro caderno tinha, portanto, ▬ de páginas do caderno do Batman.

5. Dos numerais que você utilizou para completar as frases da questão anterior:

a. Quais estão no feminino e quais estão no masculino?

b. Quais admitem forma feminina em outros contextos? Dê exemplos.

c. Quais admitem plural em outros contextos? Dê exemplos.

6. Há, na tira, uma crítica implícita.

a. Qual é essa crítica?

b. Tendo em vista o contexto da crítica, deduza: Quem é Bruce Wayne?

Leia o anúncio abaixo e responda às questões de 7 a 9.

Y&R Brasil

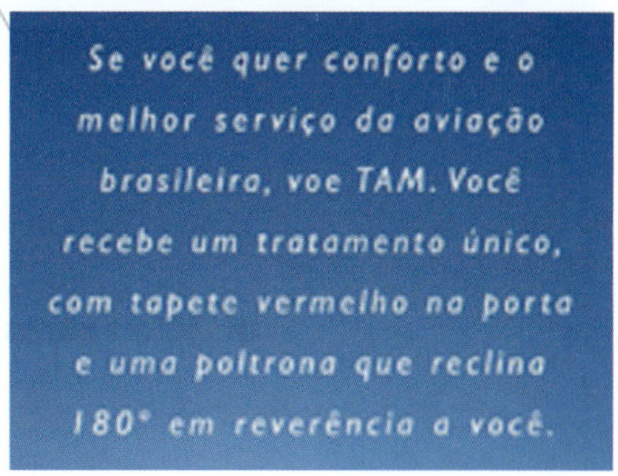

7. Há, no anúncio, três ocorrências de numerais e algarismos.

a. Quais são elas?

b. A que cada uma delas se refere?

8. O enunciado principal do anúncio, grafado com letras maiúsculas, faz uma brincadeira com uma conhecida expressão.

a. Qual é essa conhecida expressão e a que ela normalmente faz referência?

b. Qual é o numeral presente no enunciado principal do anúncio? De que tipo é a flexão que ele apresenta?

c. A que "Hotel com 5 bilhões de estrelas" faz referência?

REGISTRE NO CADERNO

9. Releia este trecho do texto central do anúncio:

"Você recebe *um* tratamento único, com tapete vermelho na porta e *uma* poltrona que reclina 180°"

a. Classifique morfologicamente as palavras destacadas no trecho.

b. As palavras *um* e *uma* podem ser artigos ou numerais, dependendo do contexto. Indique em seu caderno as frases, entre as seguintes, nas quais *um* ou *uma* são numerais.

- Tive a indicação de um tratamento muito bom.
- Com uma sessão do tratamento, você já vai se sentir bem melhor.
- Há na sala quatro cadeiras e uma poltrona.
- Experimentei uma poltrona espetacular na viagem que fiz.

REGISTRE NO CADERNO

10. Em certos contextos, os numerais podem apresentar flexão indicativa de grau. Identifique o grau em que estão os numerais utilizados nas frases a seguir e justifique seu emprego, considerando a construção de sentidos.

a. Dá tempo de tomar um cafezinho antes de sair? Unzinho, bem rápido?

b. Ela foi o primeiríssimo lugar na corrida.

c. Nosso time caiu para a segundona este ano.

TEXTO E ENUNCIAÇÃO

Leia este anúncio:

Fallon PMA

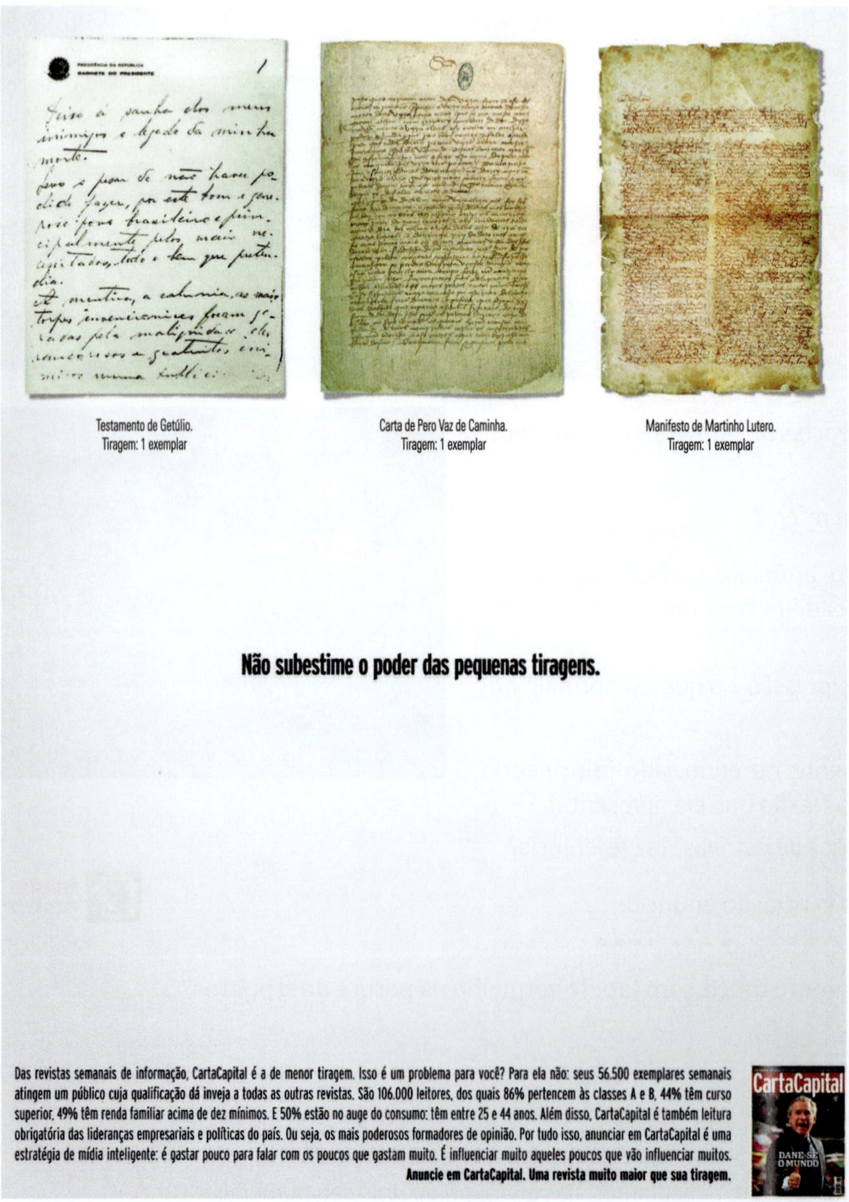

1. Releia estes enunciados, extraídos do anúncio:

REGISTRE NO CADERNO

"Não subestime o poder das pequenas tiragens."

"Das revistas semanais de informação, CartaCapital é a de menor tiragem. Isso é um problema para você?"

"Anuncie em CartaCapital."

Com base nesses enunciados e nas imagens centrais do anúncio, responda:

a. Quem é o enunciador?

b. Qual é o público específico a que o enunciador se dirige?

c. O que significa o termo *tiragem*?

2. Com base nas informações apresentadas no anúncio, responda:

a. Qual foi a tiragem dos textos mostrados nas imagens centrais do anúncio?

b. Qual é a tiragem da revista *CartaCapital*?

c. Quantos leitores a revista *CartaCapital* atinge semanalmente?

d. Levante hipóteses: Por que o número de leitores é muito maior do que a tiragem?

3. Releia o enunciado em destaque no anúncio:

"Não subestime o poder das pequenas tiragens."

Ao fazer essa afirmação, o anúncio deixa implícito um dado sobre os textos reproduzidos nas imagens centrais.

a. O que são esses textos? O que se pode inferir sobre eles com base na expressão "o poder das pequenas tiragens"?

b. Em "o poder das pequenas tiragens", é possível considerar que a palavra *tiragens* foi empregada em seu sentido habitual? Justifique sua resposta.

c. Em que consiste o poder dos textos reproduzidos no anúncio?

4. No anúncio, o algarismo 1 tem o sentido de uma quantidade pequena. Imagine contextos em que o numeral *um* corresponda a uma quantidade grande e crie enunciados correspondentes a esses contextos.

5. No texto da parte inferior do anúncio, aparecem diversos números. Indique qual se refere:

a. à quantidade de leitores da revista;

b. à porcentagem de leitores da revista que têm curso superior;

c. à faixa etária do público leitor da revista.

6. Há diversas maneiras de fazer referência a uma mesma quantidade.

a. Qual numeral utilizado no texto poderia ser substituído por *metade*?

b. Reescreva a frase em que o numeral referido no item anterior aparece, substituindo-o por *metade* e fazendo as alterações necessárias.

O numeral e os gêneros

Os numerais são frequentemente empregados em textos nos quais é importante a especificação de quantidades ou a relação entre quantidades, tais como gráficos, infográficos, tabelas, receitas, tutoriais passo a passo, etc.

Também costumam ser encontrados em textos informativos ou argumentativos que buscam expor dados ou convencer interlocutores, nos quais ajudam a complementar uma exposição ou construir uma argumentação. É o caso de notícias, reportagens, anúncios, textos de campanhas, entre outros.

7. Considere a frase:

REGISTRE NO CADERNO

"49% têm renda familiar acima de dez mínimos."

a. A que se refere o termo *mínimos*?

b. Qual seria, em valores exatos, uma renda familiar de "dez mínimos"?

c. Qual informação essencial ao público-alvo do anúncio esse dado revela sobre os leitores da revista?

8. Discuta com os colegas e o professor:

a. Como provavelmente foram obtidas as informações sobre os leitores da revista apresentadas no anúncio?

b. Por que, no anúncio, são utilizados tantos numerais e algarismos?

9. Releia este trecho:

"é gastar pouco para falar com os *poucos* que gastam *muito*. É influenciar muito aqueles *poucos* que vão influenciar *muitos*"

a. Substitua os termos em destaque por numerais, considerando as informações do anúncio.

b. Levante hipóteses: Qual sentido é construído com o uso reiterado das palavras *pouco(s)* e *muito(s)*?

10. Alguns elementos do grego antigo e do latim indicativos de número são ainda utilizados para formar palavras com ideia de número.

a. Discuta com os colegas e o professor: Entre as palavras a seguir, quais contêm elementos desse tipo?

monocromático arquibancada tricampeão tetraedro
psiquiatra minissérie bicama

b. Levante hipóteses: Qual é o significado de cada palavra indicada no item anterior?

c. O Brasil foi o primeiro país a ser classificado como *tri*, *tetra* e *pentacampeão* mundial de futebol. O que isso significa?

d. Quais serão as novas classificações da seleção brasileira se ela ganhar mais duas copas do mundo?

e. Na frase "Ex-campeão da categoria dos pesos-médios do UFC, Anderson Silva volta ao octógono", qual é o sentido de *octógono*? Qual é a referência à noção de número que há nessa palavra?

11. Leia as frases:

Essa menina é nota dez!
Hoje minha cabeça está a mil!
Ele se comportou como um zero à esquerda.

Discuta com os colegas e o professor: Qual é o sentido dos numerais nas expressões em que eles aparecem?

PRODUÇÃO DE TEXTO

A crônica (I)

PROJETO

O CONTEXTO DE PRODUÇÃO E RECEPÇÃO DOS TEXTOS

Quais textos você produzirá nesta unidade? Com que finalidade? Quem os lerá?

Nesta unidade, nosso projeto é a realização de uma **Noite literária**, com declamações, leituras dramáticas e lançamento de uma revista literária produzida por toda a classe. Com vistas à produção da revista, vamos trabalhar com a crônica e alguns gêneros da esfera jurídica e reivindicatória.

A revista poderá ser produzida em suporte impresso ou digital, o que vai ser decidido em conjunto pelo professor e pela classe.

Na unidade anterior, você viu que, no início do século XIX, a vinda da família real para o Brasil, em 1808, teve como uma de suas consequências a intensificação da vida cultural em nosso país, em decorrência da criação da Imprensa Nacional, da publicação de jornais e livros e da formação de um público leitor.

Além dos romances de folhetim, publicados diariamente em capítulos curtos, os jornais passaram a publicar também crônicas, dando início ao gênero no Brasil. Um de nossos primeiros cronistas foi o escritor José de Alencar.

FOCO NO TEXTO

Leia esta crônica, de Marina Colasanti:

Amai o próximo, etc...

Atendo o telefone na minha casa. "Victor está?" diz a voz do outro lado sem sequer um alô, um por favor, nada. Eu, amável, informo que Victor não está nem pode estar porque não mora aqui. O outro bate o telefone na minha cara. Dois minutos, e o telefone toca novamente. "Quero falar com Victor" vem a mesma voz. "O senhor é muito mal-educado", ataco logo para não lhe dar tempo de desligar. "Acabou de ligar, nem me agradeceu, nem me pediu desculpas, e bateu com o telefone. Como já lhe disse, Victor não mora aqui." A voz se faz mais mansa, "A senhora, desculpe. Muito obrigado." E desliga.

Exulto. Ponto a favor da educação. Pois, se com medo de infrigir-lhe as regras, sempre me abstenho de reprimendas desse tipo, é justamente para mantê-las vivas – as regras, não as reprimendas – que convém fazê-las.

Digo obrigada à caixa do supermercado, que não me responde. Peço por favor ao funcionário do guichê que nem levanta os olhos para a minha pessoa. Dou bom-dia ao sujeito do açougue que parece não entender de que dia ou de que qualidade estou falando. Sou uma otária? Não, sou uma resistente.

Minha amiga Claudine de Castro, *socialite* das mais elegantes, publicou um livro de etiqueta. Uma graça o livro, bem-humorado, prático. Fui ao lançamento. Todos ali éramos veteranos praticantes daquilo que se chamava "boas maneiras". Um bando de micos-leões-dourados, pensei. Ameaçados de extinção. Uma amiga comum comentou que daria o livro ao sobrinho, ela não precisava. "Os jovens", acrescentou, "andam muito mal-educados".

Nelson Provazi

Os jovens? Não era jovem o senhor bem vestidérrimo que quase me segurou no meio da rua, interrompendo minha marcha célere, para pedir orientação a respeito de um endereço. Orientação fornecida, o cavalheiro, que certamente não fazia jus à definição, partiu sem dizer água vai. E fiquei eu, no resto da manhã, irritada pela brutalidade.

célere: ligeiro, veloz.
exultar: exprimir grande alegria.
indelével: o que não se pode apagar ou eliminar.

No Japão, a primeira expressão que me ensinaram quando cheguei foi *sumi-masen*. Equivale ao nosso por favor. Para ajudar-me a gravar essa chave fundamental em qualquer situação, sugeriram que lembrasse da nossa tão frequente corrupção e dissesse em português: sumiu mais cem. Cravou-se, indelével, na minha memória. E dela lancei mão infinitas vezes, com aquela segurança com que se saca um ás da manga. Nunca conheci povo tão bem-educado. Todos te atendem sorridentes. Todos te ajudam. Ninguém te esbarra. Ninguém te esbarra mesmo em meio à multidão. E multidão é coisa frequente no Japão. Sem grandes antropologismos, podemos deduzir que a viver em tantos em país tão pequeno ou se entredevoravam ou se educavam. Preferiram educar-se.

Nelson Provazi

Entre nós, os livros de etiqueta como o de Claudine vendem feito pão. Ânsia de educar-se para sobreviver? Não, necessidade de aprender as regras para ascender. Os recém-chegados às mesas de muitos talheres – e há sempre levas novas que chegam e mesas novas são postas – querem saber que garfo pegar. Pena que o garfo certo não seja fundamental, ou sequer importante, para a boa educação. Boa educação sendo, por exemplo, aquela que as pessoas da roça, de tão poucos talheres e tão pouca comida no prato, praticam com doçura e naturalidade. Cumprimentar o desconhecido com quem se cruza na trilha, coar café ou oferecer água ao visitante que chega. Dar atenção.

Dar atenção é a essência da boa educação. Só isso. Em vez do humilde "por favor", deveríamos dizer: peço a sua atenção. Pois não é favor algum atender o semelhante que precisa de nós. E nenhum contato pode ser gentil sem atenção. No entanto, em todas as línguas, quando se quer ser educado é por favor que se pede, ou desculpas, pois está estabelecido que necessitar do outro, tirar o outro do seu rumo por instantes é algo quase inconveniente, pelo qual devemos nos penitenciar. Convenhamos, há um erro de base. Ou, se quisermos ir um pouco mais além no sentido desses mínimos encontros, há uma lamentável regra de desamor.

(In: Manuel da Costa Pinto, org. *Crônica brasileira contemporânea*. São Paulo: Moderna, 2005. p. 176-9.)

1. A crônica é um gênero que, como afirma o crítico Manuel da Costa Pinto, explora "fatos do dia a dia [...], acontecimentos que propiciam momentos de nostalgia, enternecimento ou indignação".

a. Qual é o fato do dia a dia que serve de tema para a crônica lida?

b. Como a narradora se sente diante do comportamento das pessoas?

2. As reflexões da narradora sobre a atitude das pessoas no dia a dia permitem fazer inferências sobre o que ela considera ideal, em termos de relacionamento social.

a. Como deveria ter agido a pessoa que ligou para a casa da narradora?

b. Como a narradora esperava que os interlocutores reagissem diante das palavras gentis proferidas por ela no supermercado, no guichê e no açougue?

3. Releia o 2º parágrafo do texto:

Exulto. Ponto a favor da educação. Pois, se com medo de infringir-*lhe* as regras, sempre me abstenho de reprimendas desse tipo, é justamente para mantê-*las* vivas – as regras, não as reprimendas – que convém fazê-*las*.

a. Em "infringir-lhe as regras", o pronome *lhe* foi empregado com um sentido especial. Das seguintes expressões, qual traduz o sentido do pronome, no contexto?

- infringir as regras dela (da educação)
- infringir as regras da pessoa que ligou
- infringir as reprimendas

REGISTRE NO CADERNO

b. Em relação à expressão "mantê-las vivas", a própria narradora esclarece que o pronome *las* refere-se a regras, e não a reprimendas. A que se refere o pronome *las* em "fazê-las"?

4. Uma amiga da narradora afirma: "Os jovens andam muito mal-educados".

a. Que exemplo a narradora usa para refutar a opinião da amiga?

b. Releia este trecho:

"Orientação fornecida, o cavalheiro, que certamente *não fazia jus à definição*, partiu *sem dizer água vai*."

Leia o boxe "A origem da expressão *água vai*" e explique o sentido, no contexto, das expressões destacadas no trecho.

5. Segundo a narradora, livros de etiqueta como o da amiga "vendem feito pão".

a. De acordo com o texto, o que os leitores mais procuram nesse tipo de livro? O que justifica esse tipo de procura?

b. De acordo com a narradora, entretanto, o que é uma demonstração de boa educação, à mesa ou em qualquer lugar?

Marina Colasanti

Marina Colasanti nasceu em 1937, em Asmara, atualmente capital da Eritreia. Viveu parte de sua infância na Líbia e na Itália. Em 1948, mudou-se com a família para o Rio de Janeiro, onde vive. Além de escritora, é pintora e foi roteirista e apresentadora de TV.

Ganhou vários prêmios como jornalista e como escritora. Na literatura, cultiva a crônica, o conto, a poesia e histórias infantis.

Entre seus livros mais conhecidos, estão *Rota de colisão*; *Eu sei, mas não devia*; *Ana Z. aonde vai você?*.

É casada com o escritor Affonso Romano de Sant'Anna.

Daniel Marenco/Folhapress

A origem da expressão *água vai*

No passado, antes de haver rede de esgotos, era comum as pessoas lançarem pela janela água e dejetos. Antes disso, porém, costumavam gritar "Água vai!", para evitar que algum transeunte recebesse aquela "surpresa" na cabeça.

Os tempos mudaram, mas a expressão ainda pode ser encontrada nos dias de hoje, com o sentido aproximado de "sem avisar".

Nelson Provazi

6. No último parágrafo, a narradora faz uma reflexão final sobre duas expressões de boa educação usadas em todas as línguas: *por favor* e *desculpe*.

   a. De acordo com o ponto de vista da narradora, por que as expressões *por favor* e *desculpe* são inadequadas quando queremos fazer uma solicitação a alguém?

   b. Explique a afirmação: "há uma lamentável regra de desamor".

   c. Como você entende o título da crônica?

Crônica: experiências do homem comum

Na crônica, estamos diante de experiências do homem comum, expressas em linguagem ordinária [...]. Em suma, a crônica não se enquadra na divisão clássica dos gêneros – épica, drama (subdividido em tragédia e comédia) e lírica. Sua matéria-prima são os fatos do dia a dia, as notícias curiosas, acasos e encontros muitas vezes surpreendentes, mas que podem ocorrer com qualquer um, acontecimentos que propiciam momentos de nostalgia, enternecimento ou indignação compartilhados pelo cronista e pelos leitores.

(Manuel da Costa Pinto. In: *Crônica brasileira contemporânea*. São Paulo: Moderna, 2005. p. 8.)

REGISTRE NO CADERNO

7. Não há um único tipo de crônica. Há crônicas, por exemplo, que comentam uma notícia recente, expondo o ponto de vista do autor sobre o assunto; há outras que relatam experiências vividas pelo cronista, acrescidas de reflexão crítica; há outras que são ficcionais, ou seja, contam uma história inventada para, a partir dela, fazer uma reflexão sobre a vida ou sobre os comportamentos sociais; e assim por diante.

   a. Com qual desses tipos de crônica o texto "Amai o próximo, etc..." tem mais proximidade?

   b. Dependendo do cronista e do tema, as crônicas podem divertir, denunciar, alertar, sensibilizar, humanizar, promover reflexões críticas acerca do mundo, etc. Que efeito a crônica lida produz nos leitores?

8. Como expressão do ponto de vista do cronista sobre temas da realidade, as crônicas são, em grande parte, escritas em 1ª pessoa, mas há exceções.

   a. Qual é o foco narrativo, ou seja, o ponto de vista adotado pela autora na crônica "Amai o próximo, etc..."? Justifique sua resposta com elementos do texto.

   b. E no seguinte trecho de uma crônica de Rubem Braga? Justifique sua resposta com elementos do texto.

O mato

Veio o vento frio, e depois o temporal noturno, e depois da lenta chuva que passou toda a manhã caindo e ainda voltou algumas vezes durante o dia, a cidade entardeceu em brumas. Então o homem esqueceu o trabalho e as promissórias, esqueceu a condução e o telefone e o asfalto, e saiu andando lentamente por aquele morro coberto de um mato viçoso, perto de sua casa. O capim cheio de água molhava seu sapato e as pernas da calça; o mato escurecia sem vaga-lumes nem grilos.

[...]

(In: Davi Arrigucci, org. *Os melhores contos de Rubem Braga*. 3. ed. São Paulo: Global, 1985. p. 151.)

Grandes cronistas brasileiros

Embora não tenha surgido no Brasil, a crônica encontrou em nosso país um campo fértil para se desenvolver, e desde o século XIX vem se solidificando como um dos gêneros dos mais lidos entre nós.

Entre os principais cronistas brasileiros contemporâneos estão: Carlos Drummond de Andrade, Fernando Sabino, Rubem Braga, Stanislaw Ponte Preta, Luis Fernando Verissimo, Mário Prata, Antonio Prata, Luís Vilela, Walcyr Carrasco, Lya Luft, Affonso Romano de Sant'Anna, Ignácio de Loyola Brandão, Lourenço Diaféria, Carlos Heitor Cony, Ivan Ângelo, Marina Colasanti, Domingos Pellegrini, Fernando Bonassi.

Luca Erbes/FuturaPress

Luis Fernando Verissimo, um dos cronistas mais conhecidos e lidos da atualidade.

9. A crônica normalmente é um texto curto. Quando conta uma história, apresenta um número reduzido de personagens e, além disso, tempo e espaço das ações limitados. O tempo costuma ser de alguns minutos ou algumas horas, e o espaço se reduz, por exemplo, ao de uma casa, de um ônibus, de uma loja, etc. Na crônica "Amai o próximo, etc...":

a. É contada uma história ou são narrados alguns episódios da vida cotidiana?

b. O tempo e espaço relativos aos episódios narrados são reduzidos ou amplos?

10. Observe os tempos verbais empregados na crônica lida. Note que, com base neles, é possível dividir a crônica em três partes: a primeira, do 1º ao 3º parágrafo; a segunda, do 4º ao 6º parágrafo; a terceira, do 7º ao 8º parágrafo.

a. O que justifica o emprego no presente nos verbos da primeira e da terceira partes do texto?

b. O que justifica o emprego do pretérito perfeito e do pretérito imperfeito na segunda parte?

c. Conclua: Existe uma regra para o emprego de tempos verbais nas crônicas?

REGISTRE NO CADERNO

11. A crônica geralmente apresenta uma linguagem de acordo com a norma-padrão, mas com variações e graus de formalidade que dependem do perfil do cronista ou do jornal ou revista em que é publicada.

a. Como se caracteriza a linguagem da crônica lida?

b. Leia os parágrafos iniciais de uma crônica de Fabricio Corsaletti e identifique o tipo de linguagem empregada pelo cronista. Justifique sua resposta com palavras ou trechos do texto.

Vexame

Essa vai ser difícil de contar, mas coragem:

Era segunda-feira, quatro da tarde, eu estava desde cedo escrevendo e lendo e cozinhando e não aguentava mais ficar em casa. Tirei uma nota de 50 reais da carteira, peguei os originais de um romance russo que eu tinha que revisar pra semana seguinte e fui pro Charm, um boteco inteiramente desprovido de charme na esquina da Augusta com a Antônio Carlos. O plano era voltar em duas horas no máximo.

Pedi uma cerveja, a cerveja me animou, parei de trabalhar e mandei mensagens pra alguns amigos que moram na região. Um deles, também escritor, estava à toa e chegou rápido. [...]

(http://www1.folha.uol.com.br/colunas/fabriciocorsaletti/2015/11/1711933-vexame.shtml)

Nelson Provazi

c. Conclua: A linguagem utilizada em crônicas segue um padrão?

HORA DE ESCREVER

Como você sabe, no final da unidade será realizada uma **Noite literária**.

Neste capítulo, você vai produzir crônicas que farão parte da revista que deverá ser lançada no evento.

Seguem duas propostas de produção de crônicas. Desenvolva uma delas, ou as duas, conforme orientação do professor.

1. Como você viu, no estudo de literatura da unidade anterior, os poetas ultrarromânticos expressaram em sua produção um grande sentimento de mal-estar em relação à sociedade burguesa da época. Em contraposição ao mundo racional e materialista, eles valorizavam o mundo interior, os ambientes noturnos, o pessimismo, o satânico, a morte.

O espírito de contestação e inconformismo da juventude, entretanto, não é uma exclusividade do século XIX. Ele sempre existiu, conforme mostra o texto que segue. Leia-o.

O antigo Egito já reclamava deles

© Andrew Fox / Alamy Stock Photo/Fotoarena

Os conflitos que marcam a adolescência sempre existiram – e sempre vão existir. A história da cultura e das artes mostra que traços como a impulsividade, a inquietação, a rebeldia e o sentimento de que se pode mudar o mundo são constantes nessa fase da vida – embora a resposta a eles tenha variado muito. De todas as características dos adolescentes, a rebeldia é, de longe, a que mais recebeu atenção. Cinco mil anos atrás, um egípcio exasperado mandou inscrever em sua tumba as seguintes palavras: "Os jovens já não respeitam os mais velhos. Eles se tornaram impertinentes e perderam toda a noção de comedimento". Na Grécia, onde o tema da educação ocupou os melhores cérebros, o filósofo Sócrates refletiu longamente sobre o desdém que os adolescentes mostravam pela autoridade. Essas reprimendas aos rebeldes ecoaram pelos séculos sem interrupção. As coisas começaram a mudar com os românticos, no século XIX, mas só no século XX se operou uma transformação de alcance universal. A rebeldia adolescente tornou-se algo a ser compreendido – e até exaltado. Formas de cultura popular como o cinema e o rock se alimentaram dessa ideia. *Juventude Transviada*, de 1955, é um marco nessa virada. A fita glamorizou o inconformismo e produziu um ícone: o ator James Dean. Na música pop, o terreno foi desbravado pelo roqueiro Elvis Presley, mas foi nos Rolling Stones que a rebeldia adolescente encontrou sua melhor personificação. Os integrantes da banda eram tudo o que os pais dos anos 60 odiavam. O último passo nesse caminho foi a mercantilização da rebeldia: hoje, ídolos como Eminem ou Britney Spears nem precisam ser rebeldes, basta que pareçam ser.

As imagens mais complexas da adolescência foram captadas na literatura. *Romeu e Julieta,* de Shakespeare, é um dos mais belos textos já escritos sobre o tema. No centro da história está um amor que arrebata o corpo e o espírito dos protagonistas, e ao qual eles se entregam de modo incondicional. Quando um padre tenta despertar a razão de Romeu, sua resposta é que ninguém tão velho poderia entender o estado em que ele se encontrava. Shakespeare reconhece a beleza desse enlevo, mas não deixa de zombar da intensidade de um personagem que hoje chamaríamos de "aborrescente".

(Disponível em: http://www.pailegal.net/forum/viewtopic.php?t=2576. Acesso em: 14/11/2015.)

Para você, o que é ser jovem no nosso tempo? O que o incomoda mais? O que você, como jovem, quer? O que não quer?

Escreva uma crônica sobre o adolescente ou o jovem de hoje, abordando um ou mais dos seguintes temas ou outro(s) que queira incluir:

- O jovem e o futuro
- Os adultos e o jovem
- O comportamento do jovem
- O que é a liberdade para o jovem

2. O mundo da tecnologia fornece um rico material para cronistas do mundo inteiro. A presença constante do celular nas mais variadas situações da nossa vida; a necessidade de estar conectado o tempo todo; a necessidade de ter milhares de amigos na Internet e ver a todo momento os últimos *posts* nas redes sociais; o anseio das pessoas por computadores, celulares e *tablets* de última geração, mais modernos e potentes – tudo compõe um riquíssimo painel que pode ser explorado na forma de crônica e, assim, levar a refletir, criticar e divertir.

Um exemplo de crônica que explora temas desse tipo é a que segue, de Antonio Prata. Leia-a.

Andressa Honório

Aleatório é o diabo

No iPod, chama-se *shuffle*. Em outros aparelhos, é *random*. Segundo o *Oxford Universal Dictionary, shuffle* significa "a mudança de uma posição para outra, um intercâmbio de posições". Embaralhar as cartas pode ser o ato de "*shuffling playing cards*". Já *random* é algo "não levado ou guiado numa direção precisa; sem propósito ou meta".

Como sabem todos os que operaram um aparelho de som nos últimos vinte anos, as duas palavras denominam aquela função que, uma vez acionada num CD ou MP3 player, faz as músicas serem tocadas não na ordem em que estão dispostas no disco, mas – hum hum – ao acaso.

Será preciso explicar a razão do meu pigarrear? Ou já não sabem, todos os que nos últimos vinte anos apertaram os botões *shuffle* ou *random* de seus aparelhos de som, que a seleção é qualquer coisa, menos aleatória? A escolha das músicas é deliberada e precisa, às vezes sutil, às vezes escancarada, mas sempre muito bem pensada. Por quem? Ora, por um diabinho, uma espécie de Saci minúsculo, que no passado morava nos redemoinhos dos rios e hoje vive dentro dos aparelhos de som, entre as partículas de silício dos microchips.

Tenho em meu iPod algo em torno de seis mil músicas. Como explicar, senão pelas artimanhas desses Sacis eletrônicos, que, em meia hora, o *shuffle* escolha cinco músicas que eu escutei sem parar durante uma viagem à Bahia, em 1996? Ou que, numa corrida na esteira, de quarenta minutos, ele toque três versões de "Like A Rolling Stone", uma do Bob

Dylan, uma do Hendrix, outra dos Stones? São seis mil músicas! Só uma mão oculta e idiossincrática seria capaz de tais seleções.

O diabo que vive no microchip, como haverão notado vocês, tem um humor bem pouco estável. Há dias em que ele nos brinda com sequências matadoras, como só alguém que fosse ao mesmo tempo nosso psicólogo e DJ seria capaz. Outras vezes, contudo, ele quer nos sacanear. Puxa duas ou três faixas que nos acalentaram diferentes pés na bunda no passado, depois emenda com um axé que você só pôs no iPod para correr. (Aquele tipo de música que, quando vem um pessoal em casa, a gente torce pro *shuffle devil* não escolher – e ele escolhe). Mais tarde, você vai correr, ele manda só "Leãozinho", "Chega de saudade" e Cat Power. Ah, Exu binário! Que forças ocultas te movem?

Já disse alguém por aí: "Coloca teu iPod no *shuffle*, e te direi quem és". Mentira. Essa falsa aleatoriedade é o gosto do microssaci, não o nosso. Acho que os gênios das ciências exatas deveriam se juntar aos rabinos cabalistas para estudar *shuffles* e *randoms*. Talvez as respostas sobre Deus estejam, de fato, como acreditam esses hebreus matemáticos, por trás das letras de Yahweh. Mas o diabo se revela, não tenho a menor dúvida, entre as músicas de um iPod.

(*Meio intelectual, meio de esquerda*. São Paulo: Editora 34, 2001. p. 157-8.)

A exemplo de Antonio Prata, escreva você também uma crônica em que o assunto tenha relação com o uso da tecnologia no mundo dos jovens.

ANTES DE ESCREVER

Planeje sua crônica, lembrando-se de:

- ter em vista o público para o qual vai escrever: jovens e adultos que se interessam por leitura e pelo tema;
- decidir o tipo de crônica que quer escrever: reflexiva, sem desenvolver propriamente uma história; narrativa, com o relato de episódios de sua experiência pessoal, acrescidos de reflexão; ficcional, contando uma história inventada; ou de humor;
- relatar as ações de forma breve e situadas em um tempo e um espaço limitados, caso a crônica envolva episódios biográficos ou uma história ficcional;
- empregar verbos e pronomes em 1ª pessoa, caso você se coloque diretamente no texto ao expressar suas ideias e reflexões sobre o tema ou ao relatar episódios de sua vida;
- empregar uma linguagem de acordo com a norma-padrão, menos ou mais formal, conforme o perfil dos leitores que pretende atingir.

ANTES DE PASSAR A LIMPO

Antes de dar sua crônica por terminada, verifique:

- se ela corresponde ao tipo de crônica que decidiu escrever;
- se ela aborda o tema de forma original, curiosa e instigante, apresentando uma visão rica sobre os jovens e adolescentes de hoje e sobre o uso da tecnologia;
- se ela emociona ou faz rir e se sua leitura pode possibilitar uma nova visão sobre o tema;
- caso haja personagens, ações, tempo e espaço, se são limitados;
- se o grau de formalidade ou informalidade da linguagem é adequado ao perfil dos interlocutores;
- se o foco narrativo é adequado ao propósito da narração (refletir, criticar ou divertir).

CAPÍTULO

2 A prosa romântica no Brasil (II) O pronome (I) A crônica (II)

LITERATURA

O romance urbano

No século XIX, o romance, além de narrar as raízes e as tradições nacionais, também retratou as inquietações humanas na vida privada, em especial as vividas pela burguesia, a camada da população que constituía o principal público leitor da época. As narrativas feitas nessas obras, os *romances urbanos*, são ambientadas nas cidades e têm como foco a vida social, familiar e amorosa de personagens que vivem conflitos relacionados a amor e conveniência, vocação e sustento pessoal, corrupção pelo dinheiro e ascensão social.

A moreninha (1844), de Joaquim Manuel de Macedo (1820-1882), é considerado o primeiro romance brasileiro. Essa obra, como ocorreu com várias outras do gênero, foi publicada primeiramente em folhetim, formato que contribuiu para difundir os textos literários e ampliar de modo significativo o público leitor no século XIX.

Entre os autores do romance urbano, destacam-se Manuel Antônio de Almeida e José de Alencar.

Cidade do Rio de Janeiro em 1890.

Marc Ferrez/Coleção Leibniz Institut Fur Laenderkul, IMS

Folhetim

No século XIX, na França, era comum a parte inferior da primeira página de jornais ser ocupada por textos, chamados *folhetins*, destinados ao entretenimento e à cultura. Foi nesse espaço que Émile de Girardin, por volta de 1836, começou a publicar diariamente capítulos curtos de romances. Para despertar a curiosidade do leitor e fazê-lo comprar o jornal no dia seguinte, a suspensão da narrativa ocorria em um ponto crucial da trama.

Esse formato de romance-folhetim foi imitado com grande sucesso no Brasil. Muitos leitores, principalmente o público feminino, compravam o jornal apenas para acompanhar as histórias publicadas diária ou semanalmente. Nesse contexto, os folhetins cumpriam um papel semelhante ao das atuais telenovelas brasileiras.

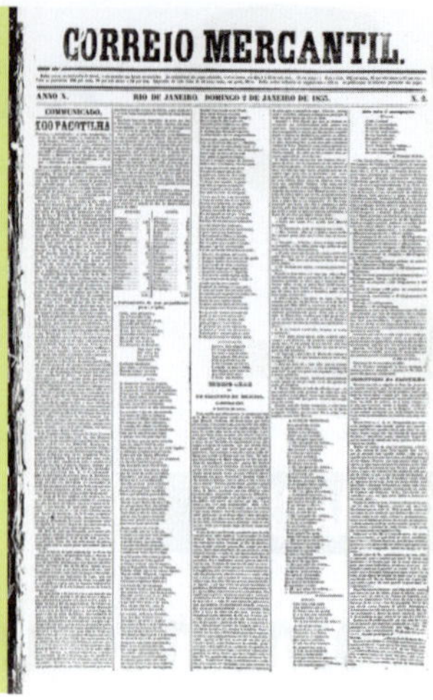
CORREIO MERCANTIL.

Fundação Biblioteca Nacional, Rio de Janeiro-RJ

Página do suplemento "A pacotilha", do *Correio Mercantil*, com um capítulo de *Memórias de um sargento de milícias*.

Manuel Antônio de Almeida

Sem, aparentemente, ambicionar glória literária e sem seguir os modelos dos romances românticos de seu tempo, Manuel Antônio de Almeida criou em seu único livro, *Memórias de um sargento de milícias*, o primeiro malandro da literatura brasileira.

O modo irônico e nada idealizado como o autor retrata as situações vivenciadas pelas personagens confere um tom de comicidade à história, que se passa "no tempo do rei" (período em que, historicamente, D. João VI e sua corte permaneceram no Brasil, entre 1808 e 1821). O romance tem como centro as travessuras e malandragens de Leonardo, filho de Leonardo Pataca, um meirinho (oficial de Justiça), e de Maria da Hortaliça, que abandona a família depois de ser flagrada pelo marido com outro homem. Com a separação dos pais, Leonardo é criado pelo padrinho, um barbeiro, com a ajuda da madrinha, uma parteira.

Em um universo que oscila entre a ordem e a desordem, o representante da ordem é o major Vidigal, personagem inspirada no famoso chefe de polícia Miguel Nunes Vidigal (1745-1843), que era conhecido pela rigidez e pela eficiência de suas ações policiais. No romance, a experiência no mundo da vadiagem rende a Leonardo um convite do major Vidigal para se tornar granadeiro (soldado) e, posteriormente, por interferência da madrinha e de outras personagens, para o posto de sargento de milícias.

Manuel Antônio de Almeida

Manuel Antônio de Almeida nasceu no Rio de Janeiro, em 1831, em uma modesta família de portugueses. Estudou com dificuldade e chegou a se formar em Medicina, mas não exerceu a profissão.

Desde cedo se dedicou ao jornalismo e produziu crônicas, artigos e crítica literária, além de ter feito traduções. Tinha apenas 21 anos quando começou a escrever *Memórias de um sargento de milícias*, seu único livro. A obra foi publicada em folhetim no suplemento humorístico "A pacotilha", do jornal *Correio Mercantil*, entre junho de 1852 e julho do ano seguinte. Nessa primeira publicação, assim como na primeira edição em formato de livro, de 1854-1855, o autor utilizou o pseudônimo "Um brasileiro". Somente na terceira edição, de 1863, Manuel Antônio de Almeida teve seu nome registrado como o autor da obra. O livro teve pouco reconhecimento na época, porém, foi ganhando prestígio com o passar do tempo, até se tornar um dos romances mais conhecidos da literatura brasileira.

Manuel Antônio de Almeida morreu em 1861, aos 30 anos, no naufrágio do vapor *Hermes*, no Rio de Janeiro.

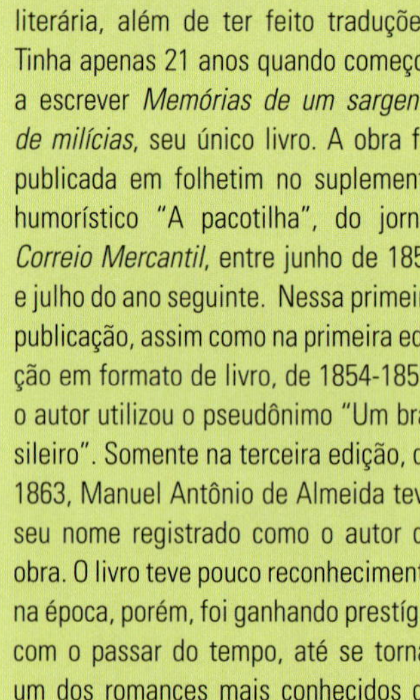
Acervo Iconographia

FOCO NO TEXTO

Leia, a seguir, um trecho do terceiro capítulo de *Memórias de um sargento de milícias*, no qual é narrada a chegada de Leonardo à casa de seu padrinho logo depois de ter sido abandonado pelos pais.

Despedida às travessuras

O Leonardo abandonara de uma vez para sempre a casa fatal onde tinha sofrido tamanha infelicidade; [...]

O pequeno, enquanto se achou novato em casa do padrinho, portou-se com toda a sisudez e gravidade; apenas porém foi tomando mais familiaridade, começou a pôr as manguinhas de fora. Apesar disto porém captou do padrinho maior afeição, que se foi aumentando de dia em dia, e que em breve chegou ao extremo da amizade cega e apaixonada. Até nas próprias travessuras do menino, as mais das vezes malignas, achava o bom do homem muita graça; não havia para ele em todo o bairro rapazinho mais bonito, e não se fartava de contar à vizinhança tudo o que ele dizia e fazia; às vezes eram verdadeiras ações de menino malcriado, que ele achava cheio de espírito e de viveza; outras vezes eram ditos que denotavam já muita velhacaria para aquela idade, e que ele julgava os mais ingênuos do mundo.

Era isto natural em um homem de uma vida como a sua; tinha já 50 e tantos anos, nunca tinha tido afeições; passara sempre só, isolado; era verdadeiro partidário do mais decidido celibato. Assim à primeira afeição que fora levado a contrair sua alma expandiu-se toda inteira, e seu amor pelo pequeno subiu ao grau de rematada cegueira. Este, aproveitando-se da imunidade em que se achava por tal motivo, fazia tudo quanto lhe vinha à cabeça.

Umas vezes sentado na loja divertia-se em fazer caretas aos fregueses quando estes se estavam barbeando. Uns enfureciam-se, outros riam sem querer; do que resultava que saíam muitas vezes com a cara cortada, com grande prazer do menino e descrédito do padrinho. Outras vezes escondia em algum canto a mais afiada navalha do padrinho, e o freguês levava por muito tempo com a cara cheia de sabão mordendo-se de impaciência enquanto este a procurava; ele ria-se furtiva e malignamente. Não parava em casa coisa alguma por muito tempo inteira; fazia andar tudo numa poeira; pelos quintais atirava pedras aos telhados dos vizinhos; sentado à porta da rua, entendia com quem passava e com quem estava pelas janelas, de maneira que ninguém por ali gostava dele. O padrinho porém não se dava disto, e continuava a querer-lhe sempre muito bem. Gastava às vezes as noites em fazer castelos no ar a seu respeito; sonhava-lhe uma grande fortuna e uma elevada posição, e tratava de estudar os meios que o levassem a esse fim. Eis aqui pouco mais ou menos o fio dos seus raciocínios. Pelo ofício do pai... (pensava ele) ganha-se, é verdade, dinheiro quando se tem *jeito*, porém sempre se há de dizer: – ora, é um meirinho!... Nada... por este lado não... Pelo meu ofício... verdade é que eu arranjei-me (há neste *arranjei-me* uma história que havemos de contar), porém não o quero fazer escravo dos quatro vinténs dos fregueses... Seria talvez bom mandá-lo ao estudo... porém para que diabo serve o estudo? Verdade é que ele parece ter boa memória, e eu podia mais para diante mandá-lo a Coimbra... Sim, é verdade... eu tenho aquelas patacas; estou já velho, não tenho filhos nem outros parentes... mas também que diabo se fará ele em Coimbra? licenciado não: é mau ofício; letrado? era bom... sim, letrado... mas não; não, tenho zanga a quem me lida com papéis e demandas... Clérigo?... um senhor clérigo é muito bom... é uma coisa muito séria... ganha-se muito... pode vir um dia a ser cura. Está dito, há de ser clérigo... ora, se há de ser: hei de ter ainda o gostinho de o ver dizer missa... de o ver pregar na Sé, e então hei de mostrar a toda esta gentalha aqui da vizinhança que não gosta dele que eu tinha muita razão em lhe querer bem. Ele está ainda muito pequeno, mas vou tratar de o ir desasnando aqui mesmo em casa, e quando tiver 12 ou 14 anos há de me entrar para a escola.

celibato: estado de quem é solteiro.
clérigo: sacerdote cristão.
Coimbra: cidade de Portugal.
cura: pároco, padre responsável por uma paróquia.
desasnar: ensinar, instruir.
letrado: quem lida com leis; advogado, alguém que tem boa escolaridade.
licenciado: quem concluiu curso de nível superior.
pataca: moeda antiga de prata.
rematado: completo, finalizado.
sisudez: compostura, seriedade.
velhacaria: ação ou comportamento de velhaco, ou seja, de pessoa que propositalmente engana, ludibria, trapaceia.

Tendo ruminado por muito tempo esta ideia, um dia de manhã chamou o pequeno e disse-lhe:

– Menino, venha cá, você está ficando um homem (tinha ele 9 anos); é preciso que aprenda alguma coisa para vir um dia a ser gente; de segunda-feira em diante (estava em quarta-feira) começarei a ensinar-lhe o b-a, ba. Farte-se de travessuras por este resto da semana.

O menino ouviu este discurso com um ar meio admirado, meio desgostoso, e respondeu:

– Então eu não hei de ir mais ao quintal, nem hei de brincar na porta?

– Aos domingos, quando voltarmos da missa...

– Ora, eu não gosto da missa.

O padrinho não gostou da resposta; não era bom anúncio para quem se destinava a ser padre; mas nem por isso perdeu as esperanças.

[...]

(Cotia: Ateliê, 2011. p. 81-83.)

O malandro na música e na literatura

A figura do malandro tornou-se simbólica no universo cultural brasileiro com o livro *Macunaíma* (1928), de Mário de Andrade. Com o passar do tempo, esse símbolo de vadiagem, carisma e astúcia ganhou também os palcos, com a comédia musical *Ópera do malandro*, de Chico Buarque.

Leo Aversa

Cena da peça *Ópera do malandro*.

1. A obra de Manuel Antônio de Almeida retrata o cotidiano de determinada classe social do Rio de Janeiro na primeira metade do século XIX. De acordo com o trecho em estudo, qual é essa classe social? Justifique sua resposta.

2. No capítulo, são descritas algumas características de Leonardo quando garoto.

a. A caracterização do protagonista se afasta da visão idealizada que os românticos tinham da infância. Explique essa afirmação com elementos do texto.

b. Tanto na infância quanto na vida adulta, o protagonista é, com frequência, alvo de contrariedades e antipatias e também de simpatias e favores. De que modo isso se apresenta no texto em estudo?

c. Leonardo é considerado pela crítica o primeiro grande malandro da literatura brasileira. Tendo em vista essa informação e as respostas anteriores, conclua: Que elementos do texto já apontam para o perfil de malandro do protagonista?

3. O barbeiro faz planos para o futuro de Leonardo.

a. O pai de Leonardo era meirinho. Por que o barbeiro rejeita a possibilidade de Leonardo seguir essa profissão?

b. A realização pessoal no trabalho era um ideal liberal-burguês presente nos romances românticos europeus. Os planos do barbeiro para seu afilhado se orientam por esse ideal? Justifique sua resposta com elementos do texto.

c. Entre as alternativas de futura ocupação que imagina para seu afilhado, o barbeiro se decide pela de clérigo. Que efeito de sentido essa decisão constrói no texto em estudo?

O meirinho no tempo do rei

Meirinho era quem tinha a função exercida atualmente pelo oficial de Justiça, ou seja, o funcionário público encarregado de comunicar as decisões de um juiz, como, por exemplo, a notificação de uma ação de despejo.

Na obra *Era no tempo do rei*, Ruy Castro, seu autor, explica de forma cômica o trabalho desse profissional:

> Ser meirinho consistia em cercar fisicamente o alvo de um litígio, usando os golpes mais baixos e impiedosos, não deixando que o pobre-diabo escapasse, para lhe entregar uma intimação e ouvi-lo dizer, justamente humilhado, "Dou-me por citado!".

(Rio de Janeiro: Objetiva, 2007. p. 32.)

4. Leia o trecho a seguir, também do terceiro capítulo da obra.

REGISTRE NO CADERNO

"O menino, como já dissemos, estremecera de prazer ao ver aproximar-se a procissão. Desceu sorrateiramente a soleira, e sem ser visto pelo padrinho colocou-se unido à parede entre as duas portas da loja, levantando-se na ponta dos pés para ver mais ao seu gosto."

No trecho, há uma intrusão do narrador na narrativa.

a. De que modo se dá essa intrusão? Justifique sua resposta com elementos do texto.

b. Que efeito de sentido resulta desse recurso?

5. Releia estes trechos:

- "O pequeno [...] apenas porém foi tomando mais familiaridade, começou a pôr as manguinhas de fora."
- "sentado à porta da rua, entendia com quem passava e com quem estava pelas janelas"
- "O menino ouviu este discurso com um ar meio admirado, meio desgostoso"

a. Em *Memórias de um sargento de milícias*, a linguagem se caracteriza por um estilo espontâneo, associado a registros informais. Qual trecho evidencia tal característica? Justifique sua resposta.

b. No segundo trecho, qual sentido a expressão *entendia com quem passava* adquire, no contexto em que está inserida?

O humor na primeira metade do século XIX

A obra *Memórias de um sargento de milícias* se insere na tendência cômica e satírica que se iniciou na produção cultural brasileira na década de 1830, motivada pelo desenvolvimento da imprensa no país. É desse momento o surgimento da caricatura política no Brasil, com desenhos de Araújo Porto-Alegre.

Manuel de Araújo Porto-Alegre. Sem título, c. 1836-1837/Coleção particular

Caricatura feita por Manuel de Araújo Porto-Alegre em 1836.

José de Alencar

Nos romances urbanos que escreveu, José de Alencar analisa criticamente os hábitos e os costumes da alta sociedade carioca. Seus romances mais conhecidos nesse gênero são *Senhora* (1874), *Diva* (1864) e *Lucíola* (1862). Os três fazem parte da série "perfis de mulher", na qual o autor explora a alma feminina e seus conflitos psicológicos.

Em *Lucíola*, que você vai conhecer neste capítulo, o autor se inspirou em uma obra estrangeira: *A dama das camélias* (1848), do escritor francês Alexandre Dumas Filho. O diálogo com a obra francesa se dá ao longo de toda a narrativa de Alencar, tanto em relação aos papéis desempenhados pelas personagens principais e secundárias quanto às situações vivenciadas por elas.

Lucíola narra a história de amor entre Lúcia, uma cortesã (prostituta de luxo que frequentava a corte), e Paulo, um rapaz recém-chegado ao Rio de Janeiro. No romance, os conflitos vivenciados pela protagonista se relacionam às circunstâncias que a tinham levado ao meretrício: o sacrifício da virgindade para livrar a família da morte e, a seguir, a expulsão de casa pelo pai, que a condena pela atitude tomada. Assim, Maria da Glória, o verdadeiro nome da protagonista, sem ter meios para sobreviver, entrega-se à vida de cortesã e passa a viver à margem da sociedade. A redenção da protagonista se dá por meio do amor que vive com Paulo, que resgata na cortesã Lúcia a pureza da menina Maria da Glória.

FOCO NO TEXTO

Leia, a seguir, um trecho do 15º capítulo de *Lucíola*:

Pinacoteca do Estado de São Paulo, São Paulo

Leitura (1892), de Almeida Júnior.

XV

Decorreram vinte dias.

Chegando uma tarde vi Lúcia assustar-se e esconder sob as amplas dobras do vestido um objeto que me pareceu um livro.

— Estavas lendo?

Ela perturbou-se.

— Não, estava esperando-o.

— Quero ver que livro era.

Meio à força e meio rindo consegui tomar o livro depois de uma fraca resistência. Ela ficou enfadada.

Era um livro muito conhecido — *A Dama das Camélias*. Ergui os olhos para Lúcia interrogando a expressão de seu rosto. Muitas vezes lê-se não por hábito e distração, mas pela influência de uma simpatia moral que nos faz procurar um confidente de nossos sentimentos, até nas páginas mudas de um escritor. Lúcia teria, como Margarida, a aspiração vaga para o amor? Sonharia com as afeições puras do coração?

Ela tornou-se de lacre sentindo o peso de meu olhar.

— Esse livro é uma mentira!

— Uma poética exageração, mas uma mentira, não! Julgas impossível que uma mulher como Margarida ame?

— Talvez; porém nunca desta maneira! disse indicando o livro.

— De que maneira?

— Dando-lhe o mesmo corpo que tantos outros tiveram. Que diferença haveria então entre o amor e o vício? Essa moça não sentia, quando se lançava nos braços de seu amante, que eram os sobejos da corrupção que lhe oferecia? Não temia que seus lábios naquele momento latejassem ainda com os beijos vendidos?

— O amor purifica e dá sempre um novo encanto ao prazer. Há mulheres que amam toda a vida; e o seu coração, em vez de gastar-se e envelhecer, remoça como a natureza quando volta a primavera.

— Se elas uma só vez tivessem a desgraça de se desprezar a si próprias no momento em que um homem as possuía; se tivessem sentido estancarem-se as fontes da vida com o prazer que lhes arrancavam à força da carne convulsa, nunca mais amariam assim! O amor é inexaurível e remoça, como a primavera; mas não ressuscita o que já morreu.

— Pelo que vejo, Lúcia, nunca amarás em tua vida!

brio: dignidade, sentimento de honra.
enfadado: incomodado, aborrecido.
inexaurível: inesgotável.
infligir: aplicar, impor.
sobejo: resto, sobra.
tornar-se de lacre: ficar silencioso.
torvo: furioso, irascível.
volubilidade: qualidade do que é volúvel, inconstante.

— Eu?... Que ideia! Para que amar? O que há de real e de melhor na vida é o prazer, e esse dispensa o coração. O prazer que se dá e recebe é calmo e doce, sem inquietação e sem receios. [...] O amor!... O amor para uma mulher como eu seria a mais terrível punição que Deus poderia infligir-lhe! Mas o verdadeiro amor d'alma; e não a paixão sensual de Margarida, que nem sequer teve o mérito da fidelidade. Se alguma vez essa mulher se prostituiu mais do que nunca, e se mostrou cortesã depravada, sem brio e sem pudor, foi quando se animou profanar o amor com as torpes carícias que tantos haviam comprado.

Lúcia falou com uma volubilidade nervosa. Às vezes o rosto se tornava sombrio e torvo para esclarecer-se de repente com um raio de indignação, que cintilava na pupila; outras, a sua palavra sentida e apaixonada estacava no meio da vibração, afogando num sorriso de desprezo.

— E houve um homem que aceitasse semelhante amor?

— Ele também a amava; e certamente não pensava como tu.

— Mas é impossível amar uma mulher que se compra, e se tem apenas a desejam! A menos que não se ame por especulação e cálculo para obter-se de graça o que não se pode pagar.

— Seria uma infâmia! Não dês a isto o santo nome do amor.

— E podemos nós ser amadas de outro modo? Como? Arrependendo-nos, e rompendo com o passado? Talvez o primeiro que zombasse da mísera fosse aquele por quem ela desejasse se regenerar. Pensaria que o enganava, para obter por esse meio os benefícios de uma generosidade maior. Quem sabe?... suspeitaria até que ela sonhava com uma união aviltante para a sua honra e para a reputação de sua família. Antes mil vezes esta vida, nua de afeições, em que se paga o desprezo com a indiferença! Antes ter seco e morto o coração do que senti-lo viver para semelhante tortura.

— Está bem: deixemos em paz *A Dama das Camélias*. Nem tu és Margarida, nem eu sou Armando.

— Oh! juro-lhe que não! Esse juramento teve uma solenidade que me pareceu caricata. Ou porque o percebesse, ou por uma das inexplicáveis transições que lhe eram frequentes, Lúcia soltou uma gargalhada.

[...]

(6. ed. São Paulo: Melhoramentos. p. 130-3.)

A dama das camélias

A obra *A dama das camélias*, de Alexandre Dumas Filho, narra a história de amor vivida entre Margarida Gautier, a mais desejada cortesã de Paris, e Armando Duval, um jovem burguês provinciano. Mesmo apaixonada pelo rapaz, Margarida continua a se relacionar com outros amantes, até que os dois decidem ir viver no campo. Pouco tempo depois, porém, persuadida pelo pai do jovem, ela sacrifica seu amor, abandonando Armando. A contragosto, retoma a vida de cortesã e, pouco tempo depois, morre vitimada pela tuberculose. O livro de Dumas Filho é de caráter autobiográfico: o autor se baseou na história de amor que viveu com uma cortesã famosa, Alphonsine Plessis.

A dama das camélias fez um enorme sucesso logo após ter sido publicada, em 1848. Inspirou a ópera *La Traviata* (1852), de Verdi, e ao longo do século XX foi adaptada diversas vezes para o cinema e teve como intérpretes de Margarida atrizes como Greta Garbo e Isabelle Huppert.

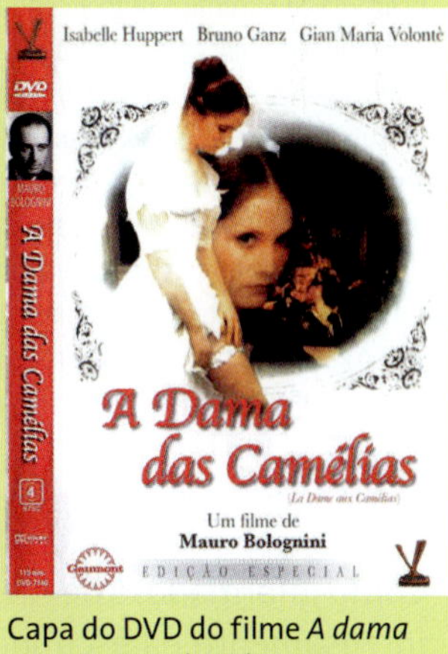

Direção: Mauro Bologni. [S.l.]: Gaumont/Opera Films Production, 1981.

Capa do DVD do filme *A dama das camélias* (1981), dirigido por Mauro Bolognini.

REGISTRE NO CADERNO

1. Ao ser surpreendida pela chegada de Paulo, Lúcia tenta esconder o livro que tinha em mãos. Considerando o contexto e o boxe *"A dama das camélias"*, responda: O que tal atitude da personagem revela a respeito dos sentimentos e das intenções dela?

2. Ao longo do diálogo com Paulo, Lúcia faz críticas ao livro e, em especial, à personagem Margarida.

a. O que Lúcia condena em Margarida?

b. O que tal condenação revela quanto à visão que a protagonista tinha do amor? Essa visão corresponde ao ideal de amor do Romantismo? Explique.

REGISTRE NO CADERNO

3. Paulo e Lúcia discutem sobre o amor. Ele tem a opinião de que o "amor purifica" e rejuvenesce o coração.

a. De acordo com Lúcia, isso seria impossível para ela. Por quê? Justifique sua resposta com elementos do texto.

b. Lúcia afirma que o amor seria "a mais terrível punição que Deus poderia infligir-lhe". Por quê?

c. A visão que Lúcia tem de sua condição reforça os valores da sociedade em que ela vive? Justifique sua resposta.

4. Lúcia é uma personagem marcada pelo conflito psicológico.

a. De acordo com as reflexões realizadas anteriormente, que conflito é vivenciado pela protagonista no texto em estudo?

b. O conflito interior vivenciado pela personagem manifesta-se, às vezes, em mudanças bruscas de comportamento. Identifique no texto um trecho que comprove essa afirmação.

c. Considerando o texto em estudo e o boxe "A evolução e a classificação das personagens", conclua: Lúcia é uma personagem plana ou redonda? Justifique sua resposta.

A evolução e a classificação das personagens

De acordo com o crítico Antonio Candido, houve no século XVIII uma significativa mudança no romance, caracterizada pela passagem de um enredo complexo com personagens simples para um enredo simples com personagens complexas. Esse processo de complicação da psicologia das personagens foi crescente e chegou até o início do século XX.

A distinção entre as personagens foi teorizada por diferentes críticos literários. Edward Forster, romancista e crítico inglês, classificou as personagens como *planas* e *redondas*.

As personagens *planas* têm caraterísticas que se mantêm ao longo da trama, ou seja, elas não mudam em meio a novas circunstâncias e seu comportamento nunca surpreende o leitor. Uma espécie de personagem plana é a personagem *tipo*, que apresenta traços representativos de uma classe social, de uma profissão, de determinado comportamento, etc., como é o caso do malandro Leonardo, de *Memórias de um sargento de milícias*.

As personagens *redondas* se distinguem pela complexidade. Apresentam várias características ou tendências, são multifacetadas, dinâmicas e, por isso, podem surpreender o leitor.

5. Como informa José de Alencar no prólogo do livro, *lucíola* é um vaga-lume que brilha intensamente na escuridão à beira dos pântanos. De acordo com essa sugestão de sentido oferecida para o título do livro e as reflexões realizadas ao longo deste estudo, levante hipóteses: Como essa imagem do inseto lucíola pode ser associada a Lúcia, a heroína da obra?

ARQUIVO

Por meio da leitura dos textos feita neste capítulo, você viu que:

- no romance urbano, são retratadas figuras que circulavam na alta sociedade carioca e nas camadas populares do Rio de Janeiro no século XIX, como o malandro e a cortesã;
- em *Memórias de um sargento de milícias*, de Manuel Antônio de Almeida, as personagens não são idealizadas e mostram, por isso, defeitos e virtudes;
- em *Lucíola*, de José de Alencar, é retratada a prostituição e a redenção moral da heroína, que, progressivamente, reconquista sua pureza e dignidade por meio da vivência de um amor puro e verdadeiro.

LÍNGUA E LINGUAGEM

O pronome (I)

FOCO NO TEXTO

Leia, a seguir, o discurso de agradecimento feito por Malala Yousafzai ao ganhar o prêmio Nobel da Paz, em 2013, quando tinha 17 anos.

Vegard Wivestad Grott/AFP

Excelentíssimas majestades, ilustres membros do Comitê Nobel norueguês, queridos irmãos e irmãs.

Hoje é um dia de grande felicidade para mim. Aceito com humildade a escolha do Comitê Nobel em me agraciar com este precioso prêmio. [...]

Muito me orgulha ter sido a primeira *pachtun*, a primeira paquistanesa e a primeira adolescente a receber este prêmio. E tenho a certeza absoluta de ser também a primeira pessoa a receber um Nobel da Paz que ainda briga com seus irmãos mais novos. Eu quero que a paz se espalhe por todos os cantos, mas meus irmãos e eu ainda estamos trabalhando nisso.

Muito me honra também dividir este prêmio com Kailash Satyarthi, que vem lutando pelos direitos das crianças já há muito tempo. Na verdade, pelo dobro do tempo que já vivi. Fico feliz também por estarmos aqui reunidos demonstrando ao mundo que um indiano e uma paquistanesa podem conviver em paz e trabalhar em prol dos direitos das crianças.

[...]

Este prêmio não é só meu. É das crianças esquecidas que querem educação. É das crianças assustadas que querem a paz. É das crianças sem direito à expressão que querem mudanças.

Estou aqui para afirmar os seus direitos, dar-lhes voz... Não é hora de lamentar por elas. É hora de agir, para que seja a última vez que vejamos uma criança sem direito à educação. [...]

No que se refere a mim, sou apenas uma pessoa dedicada e teimosa que quer ver todas as crianças recebendo educação de qualidade, que quer a igualdade de direitos para as mulheres e que quer que haja paz em todos os cantos do mundo. [...]

Os terroristas tentaram nos deter e atacaram a mim e a minhas amigas em 9 de outubro de 2012, mas suas balas não podiam vencer.

Nós sobrevivemos. E desde aquele dia nossas vozes só fizeram se erguer mais altas.

Eu conto a minha história não porque ela seja única, mas principalmente porque não é. [...]

Hoje, em metade do mundo testemunhamos acelerado progresso, modernização e desenvolvimento.

No entanto, há países onde milhões ainda sofrem dos antiquíssimos problemas da fome, da pobreza, da injustiça e de conflitos.

Na verdade, lembramos em 2014 que um século se passou desde o início da Primeira Guerra Mundial, mas ainda não aprendemos todas as lições que surgiram da perda daqueles milhões de vidas de cem anos atrás.

Ainda há conflitos em que centenas de milhares de pessoas inocentes perdem suas vidas. [...]

Muitas crianças na África não têm acesso à escola por causa da pobreza. [...]

Queridos irmãos e irmãs, que nos tornemos a primeira geração a decidir ser a última [a ficar fora da escola].

Que esta seja a última vez que um menino ou uma menina desperdice sua infância em uma fábrica.

Que esta seja a última vez que uma garota seja obrigada a se casar na infância.

Que esta seja a última vez que uma criança inocente perca a vida na guerra.

Que esta seja a última vez que uma sala de aula permaneça vazia.

Que esta seja a última vez que se diga a uma menina que a educação é um crime e não um direito.

Que esta seja a última vez que uma criança permaneça fora da escola.

Que comecemos nós a encerrar essa situação.

Que sejamos nós a dar um fim a isso.

Que comecemos a construir um futuro melhor, aqui, agora.

Obrigada.

(Disponível em: http://www.blogdacompanhia.com.br/2014/12/discurso-de-malala-yousafzai-no-premio-nobel-da-paz/. Acesso em: 8/11/2015.)

REGISTRE NO CADERNO

1. Em seu agradecimento, Malala se dirige às pessoas presentes à cerimônia e fala sobre sua vida e sobre as causas pelas quais luta. Observe as expressões abaixo, extraídas do texto:

- Excelentíssimas majestades
- me orgulha
- a primeira *pachtun*
- eu quero
- das crianças esquecidas
- a mim e a minhas amigas
- daqueles milhões de vidas
- queridos irmãos e irmãs

Quais delas Malala utiliza:

a. para se dirigir diretamente a seus interlocutores?

b. para se referir a si própria?

c. para se referir a outras pessoas ou outros assuntos?

2. No trecho que segue, Malala estabelece uma relação entre ela própria e algumas crianças. Veja:

"Este prêmio não é só meu. É das crianças esquecidas que querem educação. É das crianças assustadas que querem a paz. É das crianças sem direito à expressão que querem mudanças.

Estou aqui para afirmar os seus direitos, dar-lhes voz... Não é hora de lamentar por elas. É hora de agir, para que seja a última vez que vejamos uma criança sem direito à educação."

a. Quem são essas crianças e por que Malala se identifica com elas?

Malala

Malala Yousafzai é uma adolescente que, mesmo vivendo em uma comunidade dominada por um grupo terrorista, lutou por seu direito de estudar. Por defender seus ideais de liberdade e o direito das meninas à educação, foi perseguida pelo Talibã e atingida na cabeça por um tiro quando voltava de ônibus da escola. Surpreendentemente, Malala sobreviveu e, hoje, atua em campanhas desenvolvidas pelo Fundo Malala, uma organização sem fins lucrativos de apoio à educação em comunidades de diferentes lugares do mundo.

Companhia das Letras

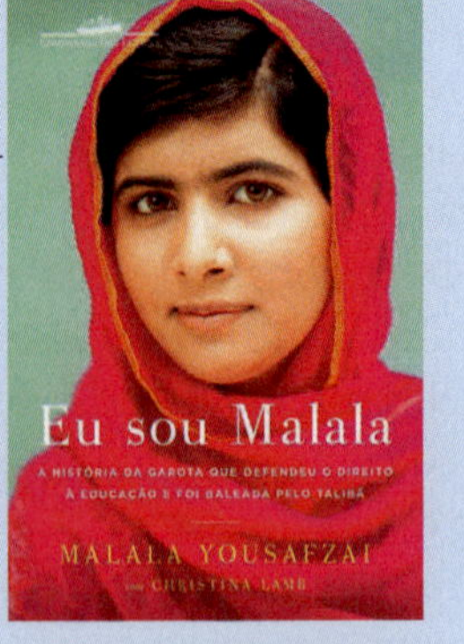

Capa do livro em que Malala conta sua história.

b. Entre as seguintes palavras empregadas no trecho, indique quais se referem a Malala e quais se referem às crianças.

REGISTRE NO CADERNO

LÍNGUA e LINGUAGEM

- meu
- lhes
- seus
- elas

3. Releia estes trechos do discurso de Malala:

- "ainda estamos trabalhando nisso"
- "Fico feliz também por estarmos aqui reunidos"
- "Os terroristas tentaram nos deter"
- "ainda não aprendemos todas as lições"

a. Nos quatro trechos, foi utilizada a 1ª pessoa do plural, isto é, há neles um *nós* em nome do qual Malala fala. Com base no texto, identifique a quem *nós* se refere em cada um dos trechos.

b. Em um dos trechos, há um emprego de *nós* com sentido genérico. Qual é esse trecho? Explique por quê.

4. Releia os trechos:

- "Não é hora de lamentar por elas"
- "não porque ela seja única"

Nos dois trechos, há referência à 3ª pessoa do feminino.

a. Identifique as palavras que comprovam essa afirmação.

b. Em qual trecho a palavra está no plural e em qual está no singular? Justifique sua resposta.

c. Reveja os parágrafos do 4º ao 9º do discurso e identifique a que se refere cada uma das palavras indicativas de 3ª pessoa.

5. Observe estes três grupos de trechos do texto:

I. "*Eu* quero que a paz se espalhe por todos os cantos"
"*Nós* sobrevivemos."
"não porque *ela* seja única"

II. "Hoje é um dia de grande felicidade para *mim*"
"a escolha do Comitê Nobel em *me* agraciar"
"dar-*lhes* voz..."
"Não é hora de lamentar por *elas*."

III. "Este prêmio não é só *meu*"
"Estou aqui para afirmar os *seus* direitos"
"*minhas* amigas"
"E desde aquele dia *nossas* vozes"
"um menino ou uma menina desperdice *sua* infância"

Em qual grupo as palavras em destaque:

a. dão ideia de posse?

b. antecedem verbos que concordam com elas?

c. indicam alvo de uma ação?

REGISTRE NO CADERNO

6. Ao responder às questões anteriores, você viu que, no discurso, Malala lança mão de certas palavras para se referir diretamente a seus interlocutores, outras para se referir ao assunto em foco e outras, ainda, para se referir a sua própria história. Discuta com os colegas e o professor:

a. Considerando-se a situação de comunicação, quais são as principais finalidades que Malala tinha em vista com seu discurso?

b. Na construção do discurso da jovem, qual é a importância do uso de palavras referentes aos interlocutores, ao assunto e a ela própria?

Ali Imam/Reuters/Latinstock

REFLEXÕES SOBRE A LÍNGUA

No discurso de Malala Yousafzai, você viu que há palavras que podem ser usadas em referência às pessoas do discurso ou a um fato ou assunto.

Essas palavras, tais como *eu*, *nós*, *ela(s)*, *seu(s)*, *lhe(s)*, que representam as pessoas do discurso ou se referem a elas, são chamadas de **pronomes**.

Os pronomes são palavras que não têm um sentido próprio. Para que seu sentido possa ser apreendido, dependem de outras palavras, que eles substituem ou retomam em um texto. Por esse motivo, conforme você viu no estudo realizado anteriormente, um mesmo pronome, como *nós*, por exemplo, pode, em um texto, retomar ou fazer referência a pessoas ou a assuntos diversos.

Do ponto de vista semântico, os pronomes podem, portanto, ser conceituados assim:

> **Pronomes** são palavras cujo sentido é construído de acordo com o sentido das palavras que eles retomam, antecedem, acompanham ou a que fazem referência.

Do ponto de vista morfológico, dependendo da função e da classificação, os pronomes podem apresentar variações de *gênero* (masculino e feminino), *pessoa do discurso* (1ª, 2ª ou 3ª) e *número* (singular e plural).

Neste capítulo, estudaremos os pronomes pessoais e os pronomes possessivos. No próximo, estudaremos os demais.

Pronomes pessoais e pronomes possessivos

Leia um trecho de um diálogo entre Paulo e Lúcia, personagens de *Lucíola*, obra estudada na seção de literatura deste capítulo.

Andressa Honório

— Pelo que vejo, Lúcia, nunca amarás em tua vida!

— Eu?... Que ideia! Para que amar? O que há de real e de melhor na vida é o prazer, e esse dispensa o coração. O prazer que se dá e recebe é calmo e doce, sem inquietação e sem receios. Não conhece o ciúme que desenterra o passado, como dizem que os abutres desenterram os corpos para roerem as entranhas. Quando eu lhe ofereço um beijo meu, que importa ao senhor que mil outros tenham tocado o lábio que o provoca? A água lavou a boca, como o copo que serviu ao festim; e o vinho não é menos bom, nem menos generoso, no cálice usado, do que no cálice novo. O amor!... O amor para uma mulher como eu seria a mais terrível punição que Deus poderia infligir-lhe! Mas o verdadeiro amor d'alma; e não a paixão sensual de Margarida, que nem sequer teve o mérito da fidelidade. Se alguma vez essa mulher se prostituiu mais do que nunca, e se mostrou cortesã depravada, sem brio e sem pudor, foi quando se animou profanar o amor com as torpes carícias que tantos haviam comprado.

(Op. cit., p. 132.)

Para se referir a Lúcia, Paulo utiliza o pronome pessoal de 2ª pessoa *tu*, muito usado no Brasil na época em que se passa a narrativa e ainda hoje em algumas regiões. Por isso, emprega o verbo na 2ª pessoa do singular (*amarás*) e o pronome possessivo também de 2ª pessoa, (*tua*), para se referir à vida de sua interlocutora ("*tua* vida"). Já Lúcia, para se referir a Paulo, utiliza o pronome de tratamento *senhor* ("que importa ao *senhor*"). Paulo, como interlocutor de Lúcia, é considerado 2ª pessoa, mas o pronome de tratamento *senhor*, como os outros, é considerado de 3ª pessoa. Por isso, Lúcia usa o pronome pessoal *lhe*, de 3ª pessoa, para se referir a Paulo ("quando eu *lhe* ofereço"). Ao se referir a seu próprio beijo, ela utiliza o pronome de 1ª pessoa *meu* ("um beijo *meu*").

Assim, definimos:

Pronomes possessivos são aqueles que dão ideia de posse.

Tu ou você

O pronome pessoal tu ainda é amplamente utilizado em Portugal. No Brasil, o uso mais corriqueiro para se dirigir à pessoa com quem se fala (2ª pessoa do discurso), atualmente, é a forma *você*, embora em regiões específicas, como o Rio de Janeiro e o Rio Grande do Sul, entre outras, ainda seja comum o emprego de *tu*.

Além da substituição da forma *tu* pela forma *você*, há no Brasil ainda variação na conjugação do verbo nas regiões que utilizam *tu*. Em algumas, o verbo é mantido na 2ª pessoa gramatical (tu vais, tu vieste) e, em outras, é usado na 3ª pessoa gramatical, igual a quando se emprega *você* (tu vai, tu veio).

Os pronomes possessivos utilizados atualmente no português do Brasil são apresentados no seguinte quadro.

	PESSOA	PORTUGUÊS BRASILEIRO FORMAL	PORTUGUÊS BRASILEIRO INFORMAL
SINGULAR	1ª	meu(s), minha(s)	meu(s), minha(s)
	2ª	teu(s), tua(s)	teu(s), tua(s), seu(s), sua(s)
	3ª	seu(s), sua(s)	dele(s), dela(s)
PLURAL	1ª	nosso(s), nossa(s)	nosso(s), nossa(s)
	2ª	vosso(s), vossa(s)	seu(s), sua(s), de vocês
	3ª	seu(s), sua(s)	dele(s), dela(s)

Os pronomes pessoais, por sua vez, podem ser definidos assim:

> **Pronomes pessoais** são aqueles que se referem aos participantes da situação discursiva.

Os pronomes pessoais utilizados atualmente no português brasileiro são apresentados no seguinte quadro.

	PESSOA	PORTUGUÊS BRASILEIRO FORMAL		PORTUGUÊS BRASILEIRO INFORMAL	
		Sujeito	Complemento	Sujeito	Complemento
SINGULAR	1ª	eu	me, mim, comigo	eu, a gente	eu, me, mim, prep. + eu, mim
	2ª	tu, você, o senhor, a senhora	te, ti, contigo, prep. + o senhor, com a senhora	você/ocê/tu	você/ocê/cê, te, ti, prep. + você/ocê (= docê, cocê)
	3ª	ele, ela	o/a, lhe, se, si, consigo	ele/ei, ela	ele, ela, lhe, prep. + ele, ela
PLURAL	1ª	nós	nos, conosco	a gente	a gente, prep. + a gente
	2ª	vós, os senhores, as senhoras	vos, convosco, prep. + os senhores, as senhoras	vocês/ocês/cês	vocês/ocês/cês, prep. + vocês/ocês
	3ª	eles, elas	os/as, lhes, se, si, consigo	eles/eis, elas	eles/eis, elas, prep. + eles/eis, elas

(In: Ataliba Castilho. *Nova gramática do português brasileiro*. São Paulo: Contexto, 2010, p. 477.)

Também são pronomes pessoais os pronomes de tratamento, utilizados quando o falante se dirige a interlocutores específicos. Em tempos antigos, não era usual alguém se dirigir diretamente a seu interlocutor em uma interação, daí esses pronomes serem classificados como de 3ª pessoa.

Hoje em dia se utilizam no Brasil basicamente as formas de tratamento *você*, quando se tem uma relação de maior intimidade, e *senhor*, quando se quer indicar distanciamento entre os interlocutores (por motivos variados, como diferenças hierárquicas, demonstração de respeito, diferenças de idade).

Você e sua evolução

A origem de *você* é a forma de tratamento *Vossa Mercê*, utilizada na língua falada pelos portugueses que chegaram ao Brasil nos séculos XVI e XVII. Segundo alguns estudiosos, a evolução da palavra pode ter apresentado as seguintes formas, algumas coexistentes ainda hoje.

Vossa Mercê – Vossemecê – vosmecê – vosmincê
– vassuncê – vancê – mecê – você – ocê – cê

Os usos atuais dos pronomes de tratamento são apresentados na tabela a seguir.

PRONOME E SUA ABREVIATURA	EMPREGO
Você (v.)	Em tratamento informal cotidiano
Senhor, senhora (Sr., Sra.)	Em tratamento formal, cerimonioso, respeitoso para homens e mulheres casadas
Senhorita (Srta.)	Em tratamento formal, cerimonioso, respeitoso para mulheres solteiras

PRONOME E SUA ABREVIATURA	EMPREGO
Vossa Senhoria (V. Sa.)	Com autoridades de baixo escalão (assessores, coordenadores, militares, etc.), em relações comerciais
Vossa Excelência (V. Exa.)	Com autoridades de alto escalão (juízes, desembargadores, procuradores, promotores, políticos, generais, etc.)
Vossa Magnificência (V. Maga.)	Reitores de universidades
Vossa Santidade (V. S.)	Papas
Vossa Eminência (V. Ema.)	Cardeais
Vossa Reverendíssima (V. Revma.)	Bispos, cônegos, monsenhores, frades, freiras, sacerdotes em geral e pastores
Vossa Majestade (V. M.)	Reis, rainhas, imperadores
Vossa Alteza (V. A.)	Príncipes, princesas, duques

Como você pode notar, as formas *você*, *senhor* e *senhora* são, no português brasileiro atual, tanto pronomes pessoais – retos e oblíquos – quanto pronomes de tratamento. Essas formas podem ser classificadas como pronomes pessoais porque, com o transcorrer do tempo, passaram a ter o mesmo uso que, antes, tinham *tu* e *vós*. Ao mesmo tempo, embora amplamente utilizadas para fazer referência direta à 2ª pessoa do discurso, mantiveram seu uso como expressão de tratamento e, por isso, o verbo a que se referem continua a ser conjugado na 3ª pessoa gramatical.

APLIQUE O QUE APRENDEU

1. Leia uma piada que circulou nas redes sociais:

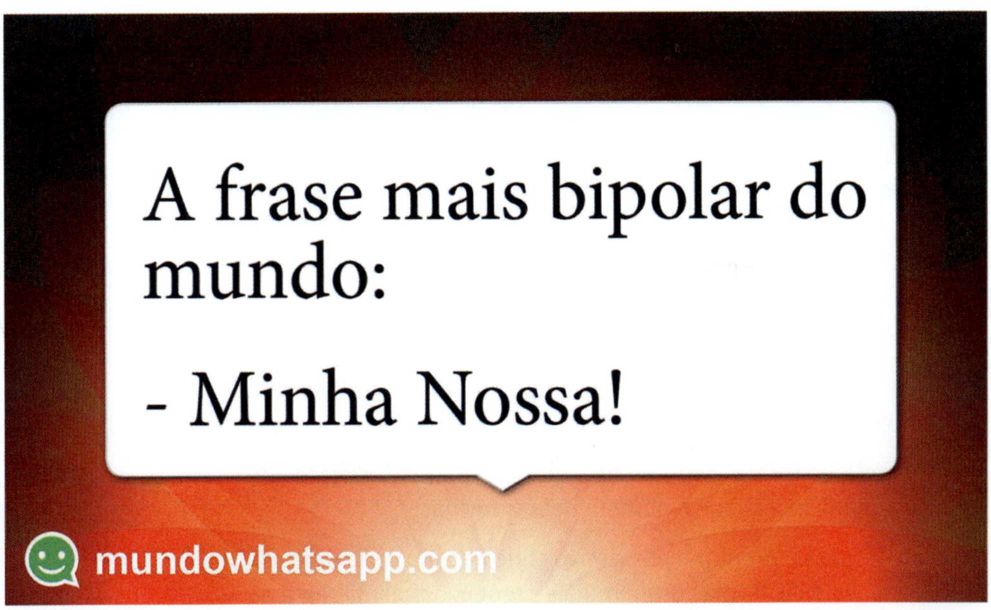

mundowhatsapp.com

(Disponível em: http://www.statusimagens.com/listings/frase-mais-bipolar/. Acesso em: 8/11/2015.)

a. Em quais contextos é empregada a expressão "Minha Nossa!"?

b. Levante hipóteses: Qual é a origem dessa expressão?

c. Na piada, há uma oposição de dois pronomes possessivos. Explique essa afirmação.

d. Com base na resposta do item *c*, conclua: Por que a frase seria a "mais bipolar do mundo"?

2. Leia o enunciado a seguir, extraído de um anúncio de um curso de manicure e cabeleireiro.

"Aprenda a cuidar de suas unhas e de seus cabelos"

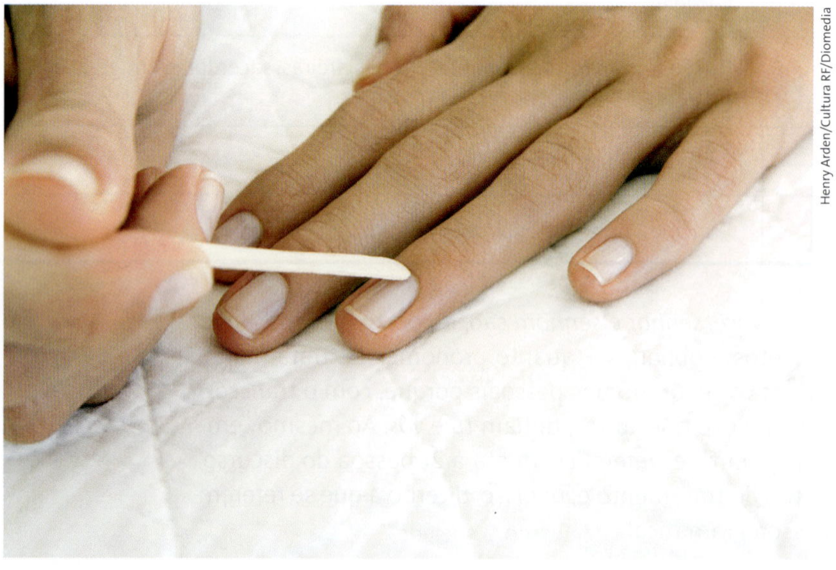

Henry Arden/Cultura RF/Diomedia

REGISTRE NO CADERNO

a. Levante hipóteses: A quem se referem os pronomes *suas* e *seus* nesse contexto?

b. Complete as frases com os pronomes possessivos adequados:

- Marta cuida bem das ▬▬ unhas.
- Marta cuida bem das unhas ▬▬.
- Marta cuida bem dos ▬▬ cabelos.
- Marta cuida bem dos cabelos ▬▬.
- João cuida bem das ▬▬ unhas.
- João cuida bem das unhas ▬▬.
- Marta e João cuidam bem das ▬▬ unhas.
- Marta e João cuidam bem das unhas ▬▬.

c. Entre as formas pronominais que completam as frases do item anterior, quais você utiliza mais frequentemente no seu cotidiano?

d. Descreva morfologicamente as formas pronominais que completam as frases do item *b*, isto é, indique o gênero, a pessoa e o número dessas formas.

e. Observe os termos com os quais o pronome possessivo concorda em cada uma das frases do item *b* e conclua: As duas formas pronominais seguem a mesma regra de concordância? Justifique sua resposta.

Leia, a seguir, um trecho de uma carta do escritor romântico José de Alencar e responda às questões de 3 a 7.

Tijuca [Rio de Janeiro], 18 de fevereiro de 1868.

Ilmo Sr. Machado de Assis. — Recebi ontem a visita de um poeta. — O Rio de Janeiro não o conhece ainda; muito breve o há de conhecer o Brasil. Bem entendido, falo do Brasil que sente; do coração e não do resto. — O Sr. Castro Alves é hóspede desta grande cidade, alguns dias apenas. Vai a S. Paulo concluir o curso que encetou em Olinda. — Nasceu na Bahia, a pátria de tão belos talentos; a Atenas brasileira que não cansa de produzir estadistas, oradores, poetas e guerreiros. [...] Recebi-o dignamente. [...] O Sr. Castro Alves lembrava-se, como o senhor e alguns poucos amigos, de uma antiguidade de minha vida; que eu outrora escrevera para o teatro. Avaliando sobre medida minha experiência neste ramo difícil da literatura, desejou ler-me um drama, primícia de seu talento. — Essa produção já passou pelas provas públicas em cena competente para julgá-la. A Bahia aplaudiu com júbilos de mãe a ascensão da nova estrela de seu firmamento. Depois de tão brilhante manifestação, duvidar de si, não é modéstia unicamente, é respeito à santidade de sua missão de poeta. — Gonzaga é o título do drama que lemos em breves horas. [...] Há no drama Gonzaga exuberância de poesia. Mas deste defeito a culpa não foi do escritor; foi da idade. Que poeta aos vinte anos não tem essa prodigalidade soberba de sua imaginação, que se derrama sobre a natureza e a inunda? — A mocidade é uma sublime impaciência. Diante dela a vida se dilata, e parece-lhe que não tem para vivê-la mais que um instante. Põe os lábios na taça da vida, cheia a transbordar de amor, de poesia, de glória, e quisera estancá-la de um sorvo. — A sobriedade vem com os anos; é virtude do talento viril. Mais entrado na vida, o homem aprende a poupar sua alma. [...] Depois da leitura do seu drama, o Sr. Castro Alves recitou-me algumas poesias [...] Contudo, deixar que passasse por aqui ignorado e despercebido o jovem poeta baiano, fora mais que uma descortesia. Não lhe parece? — Já um poeta o saudou pela imprensa; porém, não basta a saudação; é preciso abrir-lhe o teatro, o jornalismo, a sociedade, para que a flor desse talento cheio de seiva se expanda nas auras da publicidade. — Lembrei-me do senhor. Em nenhum concorrem os mesmos títulos. Para apresentar ao público fluminense o poeta baiano, é necessário não só ter foro de cidade na imprensa da Corte, como haver nascido neste belo vale do Guanabara, que ainda espera um cantor. — Seu melhor título, porém, é outro. O senhor foi o único de nossos modernos escritores, que se dedicou sinceramente à cultura dessa difícil ciência que se chama crítica. [...] Do senhor, pois, do primeiro crítico brasileiro, confio a brilhante vocação literária, que se revelou com tanto vigor. — Seja o Virgílio do jovem Dante, conduza-o pelos ínvios caminhos por onde se vai à decepção, à indiferença e finalmente à glória, que são os três círculos máximos da divina comédia do talento.

(Disponível em: http://www.jornaldepoesia.jor.br/calves23.html. Acesso em: 5/1/2016.)

Fundação Biblioteca Nacional, Rio de Janeiro

Castro Alves.

3. Com base no texto, responda:

REGISTRE NO CADERNO

a. A quem José de Alencar escreveu?

b. Qual a principal finalidade da carta?

c. Como o autor justifica a escolha de tal destinatário?

4. Considerando as formas de tratamento presentes na carta, responda:

a. Qual forma Alencar utiliza para se referir a seu interlocutor?

b. Qual ele utiliza para se referir a seu hóspede?

c. Percebe-se, na carta, que a escolha da forma de tratamento empregada em referência ao hóspede do escritor não está relacionada a idade. Justifique essa afirmação.

d. Levante hipóteses: Qual é a razão do uso, na carta, dessa forma de tratamento?

Leia os trechos a seguir, extraídos da carta.

"O Rio de Janeiro não *o* conhece ainda"
"desejou ler-*me* um drama"
"a ascensão da nova estrela de *seu* firmamento"
"duvidar de *si*, não é modéstia unicamente"
"não tem para vivê-*la* mais que um instante"
"Não *lhe* parece?"
"é preciso abrir-*lhe* o teatro"

5. Entre os trechos, há dois nos quais os pronomes retomam diretamente palavras do texto sem se referir às três pessoas do discurso. Identifique quais são esses trechos e quais são as palavras retomadas.

REGISTRE NO CADERNO

6. Nos demais trechos, os pronomes se referem às pessoas do discurso, que são, na carta, seu autor (1ª pessoa), o destinatário (2ª pessoa) e o assunto (3ª pessoa).

a. Faça a correspondência entre as pessoas do discurso e as pessoas envolvidas na carta.

b. Identifique a quem corresponde cada um dos cinco pronomes destacados.

c. O pronome *lhe* não se refere à mesma pessoa nas duas ocorrências. Explique essa afirmação.

7. Entre as ocorrências de pronomes no texto, alguma não é mais utilizada ou é pouco utilizada atualmente na fala? Em caso de resposta afirmativa, aponte qual(is) e indique a(s) forma(s) que a(s) substituiu(iram).

8. Leia a primeira estrofe da canção "Conversa de botequim", de Noel Rosa:

Seu garçom faça o favor de me trazer depressa
Uma boa média que não seja requentada
Um pão bem quente com manteiga à beça
Um guardanapo e um copo d'água bem gelada
Feche a porta da direita com muito cuidado
Que eu não estou disposto a ficar exposto ao sol
Vá perguntar ao seu freguês do lado
Qual foi o resultado do futebol

(Noel Rosa/Vadico © Mangione & Filhos.)

Estátua de Noel Rosa, retratado sentado a uma mesa de bar, no Rio de Janeiro.

Berg Silva/Agência O Globo

Há, nos versos lidos, duas ocorrências da palavra *seu*.

a. Em qual das ocorrências é possível afirmar que se trata do pronome possessivo *seu*?

b. Qual é a classificação de *seu* na outra ocorrência? Justifique sua resposta.

c. Nem sempre o termo *seu* indica posse. Observe as construções:

I. Por que você fez isso, seu ridículo?

II. Você sabe que adoro você, seu lindo!!

III. E você acreditou mesmo que era verdade, seu bobinho?

Em nenhuma delas o pronome *seu* tem sentido de posse. Indique, entre os sentidos abaixo, qual pode ser encontrado em cada construção.

- ironia
- carinho
- ofensa
- tristeza
- satisfação

REGISTRE NO CADERNO

TEXTO E ENUNCIAÇÃO

Leia a tira a seguir e responda às questões de 1 a 6.

1. A personagem de boné chama-se Recruta Zero. Levante hipóteses:

a. Onde ela está?

b. Qual é a profissão do homem que fala com o Recruta Zero no 1º quadrinho?

2. O homem que fala no 1º quadrinho transmite a Zero uma reclamação.

a. Qual é a reclamação? Quem a fez?

b. A quem se referem os pronomes *você* e *lhe*, respectivamente?

3. Em relação ao 2º quadrinho, responda:

a. Qual expectativa Recruta Zero revela que tinha?

b. Como o homem reage à observação de Zero? Justifique sua resposta.

4. Leia a frase:

Precisamos conversar sobre os seus problemas.

Discuta com os colegas e o professor: A pessoa que ouve essa frase é a causadora dos problemas ou é quem sofre os problemas?

5. O humor da tira é construído com base na discrepância entre o que o homem pretendia com a conversa e o que Zero esperava dela.
Suponha que, ao ser recebido pelo homem, Zero ouviu a frase apresentada na questão anterior.
Qual termo da fala de Zero, no 2º quadrinho, deixa claro o entendimento que teve da frase, ao ouvi-la?

6. Reescreva a frase apresentada na questão 4, eliminando a ambiguidade e deixando claro o sentido:

a. com o qual o homem a falou;

b. com o qual Zero a entendeu.

Leia o anúncio a seguir e responda às questões de 7 a 9.

Prefeitura de Jacareí

REGISTRE NO CADERNO

7. O enunciado principal do anúncio destaca reiteradamente uma forma pronominal.

a. Qual é essa forma pronominal? Dê a classificação dela.

b. Qual é a particularidade do emprego dessa forma no português brasileiro atual? Explique.

c. Qual efeito o uso do termo *gente* produz no anúncio?

8. Releia a frase: "A gente investe na nossa cultura".

a. A quem se referem as formas *a gente* e *nossa*?

b. Reescreva a frase, mantendo seu sentido e utilizando apenas pronomes da 1ª pessoa do plural.

c. Reescreva a frase, mantendo seu sentido e utilizando pronomes exclusivamente da 3ª pessoa do singular.

d. Levante hipóteses: O que explica a opção do anunciante pela construção que utilizou?

9. Releia os seguintes trechos, extraídos do enunciado da parte inferior do anúncio.

> "começa com a valorização do seu povo"
> "investe na modernização da sua infraestrutura"
> "na manutenção das suas belezas naturais"

a. Levante hipóteses: Quem é o público-alvo do anúncio?

b. Quais formas pronominais aparecem nos trechos? Classifique-as.

c. Qual efeito de sentido o emprego dessas formas constrói no anúncio?

PRODUÇÃO DE TEXTO

A crônica (II)

No capítulo anterior, você viu que há diferentes tipos de crônicas, entre elas as ficcionais, ou seja, aquelas que divertem ou promovem uma reflexão sobre a realidade concreta a partir de uma história inventada.

FOCO NO TEXTO

Leia a seguinte crônica ficcional, de Rubem Braga.

O jovem casal

Estavam esperando o bonde e fazia muito calor. Veio um bonde, mas tão cheio, com tanta gente pendurada nos estribos que ela apenas deu um passo à frente, ele esboçou com o braço o gesto de quem vai pegar um balaústre — e desistiram.

Um homem da carrocinha de pão obrigou-os a recuar para perto do meio-fio; depois o negrinho da lavanderia passou com a bicicleta tão junto que um vestido esvoaçante bateu na cara do rapaz.

Ela se queixou de dor de cabeça; ele sentia uma dor de dente enjoada e insistente – preferiu não dizer nada. Ano e meio casados, tanta aventura sonhada, e estavam tão mal naquele quarto de pensão do Catete, muito barulhento: "Lutaremos contra tudo" — havia dito — e ele pensou com amargor que estavam lutando apenas contra as baratas, as horríveis baratas do velho sobradão. Ela com um gesto de susto e nojo se encolhia a um canto ou saía para o corredor — ele, com repugnância, ia matar a barata; depois, com mais desgosto ainda, jogá-la fora.

E havia as pulgas; havia a falta d'água, e quando havia água, a fila dos hóspedes no corredor, diante da porta do chuveiro. Havia as instalações que cheiravam mal, o papel da parede amarelado e feio. As duas velhas gordas, pintadas, da mesinha ao lado, lhe tiravam o apetite para a mesquinha comida da pensão. Toda a tristeza, toda a mediocridade, toda a feiura duma vida estreita, onde o mau gosto pretensioso da classe média se juntava à minuciosa ganância comercial — um simples ovo era "extraordinário". Quando eles pediam dois ovos, a dona da pensão olhava com raiva; estavam atrasados no pagamento.

Passou um ônibus, parou logo adiante, abriu com ruído a porta, num grande suspiro de ar comprimido, e ela nem sequer olhou o ônibus, era tão mais caro. Ele teve um ímpeto, segurou-a pelo braço disposto a fazer uma pequena loucura financeira — "Vamos pegar o ônibus!" — Mas o monstro se fechara e partira, jogando-lhes na cara um jato de fumaça.

Ele então chegou mais para perto dela — lá vinha outro bonde, mas aquele não servia — enlaçou-a pela cintura, depois ficou segurando seu ombro com um gesto de ternura protetora, disse-lhe vagas meiguices, ela apenas ficou quieta. "Está doendo muito a cabeça?" Ela disse que não. "Seu cabelo está mais bonito, meio queimado de sol." Ela sorriu levemente, mas de repente: "Ih, me esqueci da receita do médico", pediu-lhe a chave do quarto, ele disse que iria apanhar para ela, ela disse que não, ela

Foto Arquivo/Agência O Globo

iria; quando voltou foi exatamente o tempo de perder um bonde quase vazio; os dois ficaram ali, desanimados.

Então um grande carro conversível se deteve um instante perto deles, diante do sinal fechado. Lá dentro havia um casal, um sujeito de ar importante na direção e sua mulherzinha meio gorducha, muito clara. A mulherzinha deu um rápido olhar ao rapaz e olhou com mais vagar a moça, correndo os olhos da cabeça até os sapatos, enquanto o homem dizia alguma coisa de um anel. No momento do carro partir com um arranco macio ouviram que a mulher dizia: "se ele deixar por quinze, eu fico."

Quinze contos — isto entrou pelos ouvidos do rapaz, parece que foi bater, como um soco, em seu estômago mal alimentado — quinze contos, meses e meses, anos de pensão! Então olhou sua mulher e achou-a tão linda e triste com sua blusinha branca, tão frágil, tão jovem e tão querida, que sentiu os olhos arderem de vontade de chorar. Disse: "Viu aquela vaca dizendo que vai comprar um anel de quinze contos?"

Vinha o bonde.

(In: Davi Arrigucci Jr., org. *Os melhores contos de Rubem Braga*. 3. ed. São Paulo: Global, 1985. p. 41-2.)

balaústre: haste de madeira ou de metal que serve de apoio aos passageiros no embarque ou desembarque ou nas viagens em pé.
meio-fio: delimitação entre a calçada e a rua constituída por peças de pedra ou concreto.

REGISTRE NO CADERNO

1. A crônica retrata um momento da vida de um jovem casal que vive no Catete, bairro do Rio de Janeiro.

a. Qual é o ponto de vista adotado pelo narrador para contar a história: a 1ª pessoa ou a 3ª pessoa? Justifique a resposta com elementos do texto.

b. Na crônica, o que se fica sabendo sobre o casal?

c. As personagens centrais são identificadas apenas como "ele", "ela" e "casal". O que a falta do nome delas representa?

2. Releia este trecho do 3º parágrafo:

"Lutaremos contra tudo" – havia dito – e ele pensou com amargor que estavam lutando apenas contra as baratas, as horríveis baratas do velho sobradão.

a. Considerando-se o contexto de casamento, qual sentido é possível inferir que a personagem tinha atribuído à palavra *tudo*?

b. A contraposição irônica entre *lutar contra tudo* e *lutar contra baratas* revela certo sentimento da personagem. Qual é esse sentimento?

3. Observe as seguintes palavras e expressões empregadas no 4º parágrafo: "cheiravam mal", "papel de parede amarelado e feio", "duas velhas gordas, pintadas", "mesquinha comida da pensão", "tristeza", "mediocridade", "feiura", "vida estreita", "mau gosto", "ganância comercial", "raiva".
Esse conjunto de palavras e expressões cria um campo semântico (rede de significados) que traduz o modo como as personagens viam ou sentiam o espaço em que viviam.

a. Esse campo semântico é positivo ou negativo?

b. Como as personagens viam ou sentiam o ambiente?

Rubem Braga

Rubem Braga (1913-1990) nasceu em Cachoeiro do Itapemirim (ES). Estudou no Rio de Janeiro e em Belo Horizonte e formou-se em Direito. Interessou-se pelo jornalismo desde jovem e trabalhou em vários jornais, exercendo as funções de repórter, redator, editorialista e cronista.

Aos 22 anos, publicou seu primeiro livro de crônicas, *O conde e o passarinho*, ao qual se seguiram muitos outros, entre eles *Um pé de milho*, *Ai de ti, Copacabana* e *O menino e o tuim*.

Junto com Carlos Drummond de Andrade, Fernando Sabino e Otto Lara Resende, fez parte do grupo de cronistas mineiros que, nas últimas décadas do século passado, viviam no Rio de Janeiro.

Na opinião de alguns críticos, Rubem Braga é o melhor cronista brasileiro de todos os tempos.

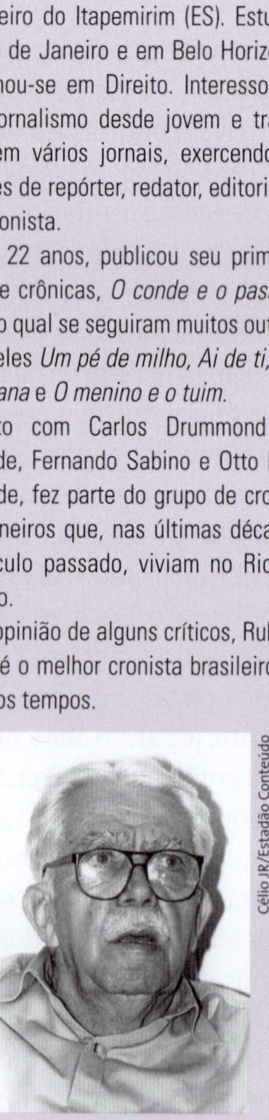
Célio JR/Estadão Conteúdo

4. As personagens estão na rua, tentando tomar um bonde.

a. Levante hipóteses: Aonde estão indo? Por quê?

b. No 6º parágrafo, o marido enlaça a cintura da mulher e lhe diz, com ternura, "vagas meiguices". O que pode explicar esse comportamento do marido?

REGISTRE NO CADERNO

Conto de réis

No passado, a palavra *réis* era o plural de *real* – moeda usada em Portugal e no Brasil –, enquanto a expressão *conto de réis* era usada para designar 1 milhão de réis.

Em nosso país, o real foi substituído pelo cruzeiro em 1941 e voltou a ser a moeda oficial em 1994.

Apesar do distanciamento histórico, ainda é frequente o uso da palavra *conto* em relação a valores monetários. Ela tem, nesse emprego, sentido flutuante e pode significar tanto 1 real quanto 1 milhão de reais.

Ari Vicentini/Estadão Conteúdo

5. O clímax da crônica ocorre no 7º parágrafo, quando um carro conversível, no qual está um casal, para perto deles, criando certo constrangimento.

a. Por que a situação é constrangedora?

b. O que expressa, no contexto, a palavra *mulherzinha,* no diminutivo?

c. O que o olhar que a "mulherzinha" lança sobre a moça, "correndo os olhos da cabeça até os sapatos", expressa?

d. No 8º parágrafo, qual é a imagem que revela a violência do contraste entre as situações dos dois casais?

6. Apesar de constrangedora, a situação é, ao mesmo tempo, reveladora para o rapaz, que olha sua mulher e a vê de forma diferente. Interprete:

a. Depois que o carro parte, de que modo o rapaz vê sua mulher e que significado isso tem na vida dele?

b. A intenção revelada na fala "Lutaremos contra tudo", dita anteriormente pelo rapaz, é renovada depois desse episódio? Por quê?

Do pequeno nada ao infinitamente grande

O crítico Davi Arrigucci Jr. comenta, a respeito da capacidade de Rubem Braga de extrair reflexões elevadas dos temas banais do cotidiano:

> Ali se pode compreender como o mais humilde, o muito pequeno constitui, na verdade, a vida; como o pequeno nada faz parte da vida diária, sem se afastar do infinitamente grande.

(Op. cit., p. 5.)

7. Como você sabe, a crônica é um texto curto, que apresenta alguns elementos narrativos reduzidos ou condensados. Na crônica lida:

a. Quantas personagens há?

b. Em quanto tempo transcorrem as ações?

c. Qual é o espaço onde ocorrem as ações?

d. Qual é o tema?

8. A crônica é um gênero que, partindo de elementos do cotidiano, pode apresentar momentos de intenso lirismo e reflexão filosófica ou social. Na crônica lida:

a. A situação vivida pelo casal tem uma dimensão particular ou universal? Justifique sua resposta.

b. Que tipo de reflexão o texto estimula os leitores a fazer?

HORA DE ESCREVER

Seguem três propostas para a produção de crônicas. Desenvolva uma, duas ou as três, de acordo com a orientação do professor.

PROJETO

Como você sabe, no final desta unidade será realizado um *sarau literário* e lançada uma revista literária.

Neste capítulo, você e os colegas vão produzir crônicas que farão parte da revista.

1. Cenas do cotidiano. A exemplo de Rubem Braga, escreva você também uma crônica, ficcional ou não, a partir de uma situação do cotidiano. Se quiser, poderá escolher um dos temas a seguir ou optar por outro.

- O palhaço
- Crianças no semáforo
- Malabaristas de semáforo
- A moradora de rua
- No ônibus
- No hospital
- A fotografia
- O beijo

2. Meu primeiro amor. Apesar de sempre ter sido explorado na arte, foi no Romantismo que o sentimento do amor encontrou sua principal expressão artística. No período em que predominou esse movimento, o amor e a paixão eram os sentimentos que moviam as pessoas, a ponto de muitas terem morrido ou matado por amor.

Você já foi tocado pelo amor? Se sim, como foi para você a descoberta do amor?

Leia o seguinte fragmento de uma crônica de Arnaldo Jabor.

O amor deixa muito a desejar

[...]

Eu devia ter uns 6 anos, no máximo. Foi meu primeiro dia de aula no colégio, lá no Meier, onde minha mãe me levou, pela Rua 24 de Maio, coberta de folhas de mangueira que o vento derrubava. Fiquei sozinho, desamparado, sem pai nem mãe no colégio desconhecido. No pátio do recreio, crianças corriam. Uma bola de borracha voou em minha direção e bateu em meu peito. Olhei e vi uma menina morena, de tranças, com olhos negros, bem perto, me pedindo a bola e, nesse segundo, eu me apaixonei. Lembro-me de que seu queixo tinha um pequeno machucado, como um arranhão com mercúrio-cromo, lembro-me que ela tinha um nariz arrebitado, insolente e que, num lampejo, eu senti um tremor desconhecido, logo interrompido pelo jogo, pela bola que eu devolvi, pelos gritos e correria do recreio. Ela deve ter me olhado no fundo dos olhos por uns três segundos mas, até hoje, eu me lembro exatamente de sua expressão afogueada e vi que ela sentira também algum sinal no corpo, alguma informação do seu destino sexual de fêmea, alguma manifestação da matéria, alguma mensagem do DNA. Recordando minha impressão de menino, tenho certeza de que nossos olhos viram a mesma coisa, um no outro. Senti que eu fazia parte de um magnetismo da natureza que me envolvia, que envolvia a menina, que alguma coisa vibrava entre nós e senti que eu tinha um destino ligado àquele tipo de ser, gente que usava trança, que ria com dentes brancos e lábios vermelhos, que

Love story

O filme *Love story – Uma história de amor*, dirigido por Arthur Hiller, marcou profundamente a geração de 1970.

Com um enredo que faz referência a *Romeu e Julieta*, de Shakespeare, o filme conta a história de amor vivida po Jennifer (representada pela atriz Ali McGraw) e Oliver (representado pelo ator Ryan O´Neal), estudantes universitários que se apaixonam e se casam. Casados, ela não consegue engravidar e descobre que tem uma grave doença.

Love Story Company/ Paramount Pictures

era diferente de mim e entendi vagamente que, sem aquela diferença, eu não me completaria. Ela voltou correndo para o jogo, vi suas pernas correndo e ela se virando com uma última olhada.

Misteriosamente, nunca mais a encontrei naquela escola. Lembro-me que me lembrei dela quando vi aquele filme *Love Story*, não pelo medíocre filme, mas pelo rosto de Ali McGraw, que era exatamente o rosto que vivia na minha memória. Recordo também, com estranheza, que meu sentimento infantil foi de "impossibilidade"; aquele rosto me pareceu maravilhoso e impossível de ser atingido inteiramente, foi um instante mágico ao mesmo tempo de descoberta e de perda. Escrevendo agora, percebo que aquela sensação de profundo "sentido" que tive aos 6 anos pode ter marcado minha maneira de ser e de amar pelos tempos que viriam. Senti a presença de algo belíssimo e inapreensível que, hoje, velho de guerra, arrisco dizer que talvez seja essa a marca do amor: ser impossível. [...]

(Disponível em: http://pensador.uol.com.br/cronica_do_amor_arnaldo_jabor/. Acesso em: 20/11/2015.)

Escreva uma crônica sobre o amor, relatando como foi para você a descoberta desse sentimento ou refletindo sobre as dificuldades e a beleza que envolvem a experiência amorosa.

3. Ninguém é de ferro: o humor. A crônica serve também para o entretenimento, para ser lida quando queremos nos divertir. Luis Fernando Verissimo é, provavelmente, nosso principal cronista de humor, pois consegue relatar situações engraçadas do cotidiano de maneira que, além de proporcionar diversão, leva à reflexão e à crítica.

Editora Objetiva

Capa da obra na qual se encontra a crônica "O olhar da truta".

Leia esta crônica do autor:

O olhar da truta

O homem pediu truta e o garçom perguntou se ele não gostaria de escolher uma pessoalmente.

– Como, escolher?

– No nosso viveiro. O senhor pode escolher a truta que quiser.

Ele não tinha visto o viveiro ao entrar no restaurante. Foi atrás do garçom. As trutas davam voltas e voltas dentro do aquário, como num cortejo. Algumas paravam por um instante e ficavam olhando através do vidro, depois retomavam o cortejo. E o homem se viu encarando, olho no olho, uma truta que estacionara com a boca encostada no vidro à sua frente.

– Essa está bonita... – disse o garçom.

– Eu não sabia que se podia escolher. Pensei que elas já estivessem mortas.

– Não, nossas trutas são mortas na hora. Da água direto para a panela.

A truta continuava parada contra o vidro, olhando para o homem.

– Vai essa, doutor? Ela parece que está pedindo...

Mas o olhar da truta não era de quem queria ir direto para uma panela. Ela parecia examinar o homem. Parecia estar calculando a possibilidade de um diálogo.

Estranho, pensou o homem. Nunca tive que tomar uma decisão assim. Decidir um destino, decidir entre a vida e a morte. Não era como no supermercado, em que os bichos já estavam mortos e a responsabilidade não era sua – pelo menos não diretamente. Você podia comê-los sem remorso. Havia toda uma engrenagem montada para afastar você do remorso. As galinhas vinham já esquartejadas, suas partes acondicionadas em bandejas congeladas, nada mais distante da sua responsabilidade. Os peixes jaziam expostos no gelo, com os olhos abertos mas sem vida. Exatamente, olhos de peixe morto. Mas você não decretara a morte deles. Claro, era com sua aprovação tácita que bovinos, ovinos, suínos, caprinos, galinhas e peixes eram assassinados para lhe dar de comer. Mas você não estava presente no ato, não escolhia a vítima, não dava a ordem. Não via o sangue. De certa maneira, pensou o homem, vivi sempre assim, protegido das entranhas do mundo. Sem precisar me comprometer. Sem encarar as vítimas. Mas agora era preciso escolher.

– Vai essa, doutor? – insistiu o garçom.

– Não sei. Eu...

– Acho que foi ela que escolheu o senhor. Olha aí, ficou paradinha. Só faltando dizer "Me come".

O homem desejou que a truta deixasse de encará-lo e voltasse ao carrossel junto com as outras. Ou que pelo menos desviasse o olhar. Mas a truta continuava a fitá-lo. Ele estava delirando ou aquele olhar era de desafio?

– Vamos – estava dizendo a truta. – Pelo menos uma vez na vida, seja decidido. Me escolha e me condene à morte, ou me deixe viver. A decisão é sua. Eu não decido nada. Sou apenas um peixe, com cérebro de peixe. Não escolhi estar neste tanque. Não posso decidir a minha vida, ou a de ninguém. Mas você pode. A minha e a sua. Você é um ser humano, um ente moral, com discernimento e consciência. Até agora foi um protegido, um desobrigado, um isento da vida. Mas chegou a hora de se comprometer. Você tem uma biografia para decidir. A minha. Agora. Depois pode decidir a sua, se gostar da experiência. O que não pode é continuar se escondendo da vida, e....

– Vai essa mesmo, doutor? – quis saber o garçom, já com a rede na mão para pegar a truta.

– Não – disse o homem. – Mudei de ideia. Vou pedir outra coisa.

E de volta na mesa, depois de reexaminar o cardápio, perguntou:

– Esses camarões estão vivos?

– Não, doutor. Os camarões estão mortos.

– Pode trazer.

(*Em algum lugar do paraíso*. São Paulo: Objetiva, 2011. p. 14-6.)

Como fez Luis Fernando Verissimo, escreva uma crônica de humor a partir de uma situação do cotidiano. Essa situação, real ou imaginada, pode ser ambientada em um dos locais sugeridos a seguir ou outro que você prefira.

- No elevador
- No salão de beleza
- Na feira
- No banheiro
- Na praia
- No cinema

ANTES DE ESCREVER E ANTES DE PASSAR A LIMPO

Planeje sua crônica de acordo com as orientações apresentadas no capítulo anterior, na página 124. Depois avalie-a, levando em conta os itens que constam na mesma página.

Após fazer as alterações necessárias, digite sua crônica e reserve-a para compor a revista literária que a classe montará no final da unidade.

CAPÍTULO

3 A prosa romântica no Brasil (III) O pronome (II) Edital, estatuto e ata

LITERATURA

A prosa gótica

20th Century Fox/Archives du 7eme Art/Photo12/AFP

Victor Frankenstein, baseado na obra de Mary Shelley.

Durante o Romantismo, o desejo de afastamento em relação ao racionalismo e ao materialismo predominante na sociedade capitalista estimulou o desenvolvimento de uma literatura fantasiosa, baseada na transgressão de valores sociais e na exploração de temas como o satanismo, a loucura, o sonho, o incesto, a morte, a orgia, o crime e o vício.

O termo *gótico* foi, nas artes, associado inicialmente a um estilo arquitetônico medieval de igrejas caracterizado por tetos abobadados, torres altas e pontiagudas e gárgulas (esculturas decorativas em forma de animais monstruosos).

No século XVIII, o escritor inglês Horace Walpole estabeleceu uma ligação entre a arquitetura e a literatura com o romance *O castelo de Otranto – Uma história gótica*, ambientado na Idade Média, que colocava em cena um elmo monstruoso, calabouços, passagens secretas, espadas gigantes, maldições e quadros fantasmagóricos. Dessa obra, derivou, no século XIX, toda a tradição da literatura gótica, permeada pelo mistério e pela oposição entre o bem e o mal, a inocência e a perversidade. E, com base no romance gótico, surgiram as histórias de terror, de suspense e de detetives que foram, ao longo do tempo, exploradas também em outras mídias, como o cinema, os desenhos animados, as histórias em quadrinhos e os *videogames*.

Thinkstock/Getty Images

Gárgula da catedral de Notre Dame, em Paris.

No Romantismo brasileiro, o gótico se encontra especialmente em textos de Álvares de Azevedo.

Álvares de Azevedo

Na produção de Álvares de Azevedo, caracterizam-se como góticos os poemas representativos da face Caliban do autor de *A lira dos vinte anos*, a peça teatral *Macário* e os contos de *Noite na taverna*, nos quais se verifica a influência das obras do inglês Lorde Byron e do alemão Ernest Hoffmann.

Noite na taverna é uma obra composta por dois planos narrativos. O primeiro plano corresponde à narração feita por um narrador em 3ª pessoa, que apresenta cinco rapazes embriagados reunidos em uma taverna. O segundo se constitui pela narração de cada uma dessas personagens, que tomam a palavra para contar, em 1ª pessoa, histórias surpreendentes de suas vidas. Cada uma dessas histórias constitui no livro um conto, que tem como título o nome do narrador-personagem.

Nesses contos, Álvares de Azevedo, tal como Byron e Hoffmann, explora o gótico que afronta a moral burguesa e a rigidez dos costumes ao retratar o lado obscuro do ser humano por meio de assassinatos, necrofilia (violação de cadáver), incesto, vícios, traições e vinganças.

FOCO NO TEXTO

Leia, a seguir, um fragmento de um conto de *Noite na taverna*.

Gennaro

[...]

Godofredo Walsh era um desses velhos sublimes, em cujas cabeças as cãs semelham o diadema prateado do gênio. Velho já, casara em segundas núpcias com uma beleza de vinte anos. O fato é que ele a queria como filha – como Laura, a filha única de seu primeiro casamento [...]

O gótico e o *rock*

Na década de 1970, sons soturnos, psicodélicos e, às vezes, acompanhados de letras com o tema da morte apontavam para uma nova tendência do *rock*, associada ao estilo gótico.

Além do som, o visual dos roqueiros, construído por trajes escuros, cabelos desgrenhados e maquiagem pesada, expressava as origens de uma nova subcultura. Bauhaus, The Cure e Joy Division são algumas das bandas do gênero que desde então passaram a ocupar lugar nas paradas de sucesso. Atualmente, bandas internacionais, como Evanescence, Sirenia, Xandria, Virgin Black e Tristania, e nacionais, como Plastique Noir, In Auroram e Elegia, seguem essa tradição musical.

Donald Weber/Getty Images/AFP

Banda Evanescence.

O gótico na literatura estrangeira

No século XIX, além de Byron e Hoffmann, destacaram-se na literatura gótica também Jan Potocki, com *Manuscrito encontrado em Saragoça*; Jacques Cazotte, com *O diabo apaixonado*; Guy de Maupassant, com contos como "A morta", "A mão" e "A noite"; e Edgar Allan Poe, com contos como "O gato preto", "Berenice", "A queda da casa de Usher" e "O poço e o pêndulo".

Farol HQ

Farol HQ

Capas das publicações *A queda da casa de Usher* e *O poço e o pêndulo*, adaptações para quadrinhos de histórias de Edgar Allan Poe.

Eu era nesse tempo moço: era aprendiz de pintura em casa de Godofredo. [...] Eu tinha quase a idade da mulher do mestre. – Nauza tinha vinte – e eu tinha dezoito anos.

Amei-a; mas meu amor era puro como meus sonhos de dezoito anos. Nauza também me amava: era um sentir tão puro! [...]

Como eu o disse: o mestre tinha uma filha chamada Laura. Era uma moça pálida, de cabelos castanhos e olhos azulados [...] Laura parecia querer-me como a um irmão. Seus risos, seus beijos de criança de quinze anos eram só para mim. [...]

[...]

Uma manhã — eu dormia ainda — o mestre saíra e Nauza fora à igreja, quando Laura entrou no meu quarto e fechou a porta: deitou-se a meu lado. Acordei nos braços dela.

O fogo dos meus dezoito anos, a primavera virginal de uma beleza ainda inocente, o seio seminu de uma donzela a bater sobre o meu: isso tudo ao despertar dos sonhos alvos da madrugada, me enlouqueceu...

Todas as manhãs Laura vinha a meu quarto...

Três meses passaram assim. Um dia entrou ela no meu quarto e disse-me:

— Gennaro, estou desonrada para sempre... A princípio eu quis-me iludir – já não o posso – estou de esperanças...

Um raio que me caísse aos pés não me assustaria tanto.

— E preciso que cases comigo, que me peças a meu pai, ouves, Gennaro?

Eu calei-me.

Nelson Provazi

— Não me amas então?

Eu calei-me.

— Oh! Gennaro! Gennaro!

E caiu no meu ombro desfeita em soluços. Carreguei-a assim fria e fora de si para seu quarto.

Nunca mais tornou a falar-me em casamento.

Que havia eu de fazer? Contar tudo ao pai e pedi-la em casamento? Fora uma loucura... Ele me mataria e a ela: ou pelo menos me expulsaria de sua casa... E Nauza? Cada vez eu a amava mais. Era uma luta terrível essa que se travava entre o dever e o amor, e entre o dever e o remorso.

Laura não me falara mais. Seu sorriso era frio: cada dia tornava-se mais pálida, mas a gravidez não crescia, antes mais nenhum sinal se lhe notava...

[...]

Uma noite... foi horrível... vieram chamar-me: Laura morria. [...] Apertou minha mão nas suas mãos frias e murmurou em meus ouvidos:

— Gennaro, eu te perdoo: eu te perdoo tudo... Eras um infame... Morrerei... Fui uma louca... Morrerei... por tua causa... teu filho... o meu... vou vê-lo ainda... mas no céu... Meu filho que matei... antes de nascer...

[...] Era o último suspiro.

Um ano todo se passou assim para mim. O velho parecia endoidecido. Todas as noites fechava-se no quarto onde morrera Laura: levava aí a noite toda em solidão. Dormia? ah que não! Longas horas eu o escutei no silêncio arfar com ânsia, outras vezes afogar-se em soluços. [...]

Uma noite eu disse a Nauza que a amava: ajoelhei-me junto dela, beijei-lhe as mãos, reguei seu colo de lágrimas. Ela voltou a face: eu cri que era desdém, ergui-me.

— Então Nauza, tu não me amas, disse eu.

Ela permanecia com o rosto voltado.

– Adeus, pois: perdoai-me se vos ofendi: meu amor é uma loucura, minha vida é uma desesperança – o que me resta? [...]

Tomei-lhe a mão e beijei-a.

Ela deixou sua mão nos meus lábios.

[...]

Tudo o mais foi um sonho: a lua passava entre os vidros da janela aberta e batia nela: nunca eu a vira tão pura e divina!

....

E as noites que o mestre passava soluçando no leito vazio de sua filha, eu as passava no leito dele, nos braços de Nauza.

Uma noite houve um fato pasmoso.

O mestre veio ao leito de Nauza. Gemia e chorava aquela voz cavernosa e rouca: tomou-me pelo braço com força, acordou-me e levou-me de rasto ao quarto de Laura...

Atirou-me ao chão: fechou a porta. Uma lâmpada estava acesa no quarto defronte de um painel. Ergueu o lençol que o cobria. Era Laura moribunda! E eu macilento como ela tremia como um condenado. A moça com seus lábios pálidos murmurava no meu ouvido...

Eu tremi de ver meu semblante tão lívido na tela e lembrei que naquele dia ao sair do quarto da morta, no espelho dela que estava ainda pendurado à janela, eu me horrorizara de ver-me cadavérico...

Um tremor, um calafrio se apoderou de mim. Ajoelhei-me, e chorei lágrimas ardentes. Confessei tudo: parecia-me que era ela quem o mandava, que era Laura que se erguia dentre os lençóis do seu leito e me acendia o remorso e no remorso me rasgava o peito.

Por Deus! que foi uma agonia!

No outro dia o mestre conversou comigo friamente. Lamentou a falta de sua filha, mas sem uma lágrima. Mas sobre o passado na noite, nem palavra.

Todas as noites era a mesma tortura, todos os dias a mesma frieza.

O mestre era sonâmbulo...

E pois eu não me cri perdido...

Contudo lembrei-me que uma noite, quando saía do quarto de Laura com o mestre, no escuro vira uma roupa branca passar-me por perto, roçaram-me uns cabelos soltos, e nas lájeas do corredor estalavam umas passadas tímidas de pés nus... Era Nauza que tudo vira e tudo ouvira, que se acordara e sentira minha falta no leito, que ouvira esses soluços e gemidos, e correra para ver.

....

Uma noite, depois da ceia, o mestre Walsh tomou sua capa e uma lanterna e chamou-me para acompanhá-lo. Tinha de sair fora da cidade e não queria ir só. [...] Caminhamos juntos muito tempo: cada vez mais nos entranhávamos pelas montanhas, cada vez o caminho era mais solitário. [...]

A noite era escuríssima. Apenas a lanterna alumiava o caminho tortuoso que seguíamos. O velho lançou os olhos à escuridão do abismo e riu-se.

— Espera-me aí, disse ele — já venho.

Godofredo tomou a lanterna e seguiu para o cume da montanha: eu sentei-me no caminho à sua espera: vi aquela luz ora perder-se, ora reaparecer entre os arvoredos nos zigue-zagues do caminho. Por fim vi-a parar. O velho bateu à porta de uma cabana: a porta abriu-se. Entrou. O que aí se passou nem o sei: quando a porta abriu-se de novo uma mulher lívida e desgrenhada apareceu com um facho na mão.

A porta fechou-se. Alguns minutos depois o mestre estava comigo.

O velho assentou a lanterna num rochedo, despiu a capa e disse-me:

— Gennaro, quero contar-te uma história. É um crime, quero que sejas juiz dele. Um velho era casado com uma moça bela. De outras núpcias tinha uma filha bela também. Um aprendiz — um miserável que ele erguera da poeira, como o vento às vezes ergue uma folha, mas que ele podia reduzir a ela quando quisesse...

Eu estremeci, os olhares do velho pareciam ferir-me.

— Nunca ouviste essa história, meu bom Gennaro?

Ilustração de Gustave Doré (1832-1883) para o poema "O corvo", de Edgar Allan Poe.

Coleção particular

— Nunca, disse eu a custo e tremendo.

— Pois bem, esse infame desonrou o pobre velho, traiu-o como Judas ao Cristo.

— Mestre, perdão!

[...]

A voz de escárnio dele me abafava.

— Vês pois, Gennaro, disse ele mudando de tom, se houvesse um castigo pior que a morte, eu to daria. Olha esse despenhadeiro! É medonho! se o visses de dia, teus olhos se escureceriam e aí rolarias talvez — de vertigem! [...]

[...]

O velho riu-se: infernal era aquele rir dos seus lábios estalados de febre. Só vi aquele riso... Depois foi uma vertigem... o ar que sufocava, um peso que me arrastava, como naqueles pesadelos em que se cai de uma torre e se fica preso ainda pela mão, mas a mão cansa, fraqueja, sua, esfria... [...]. A queda era muito rápida... De repente não senti mais nada... Quando acordei estava junto a uma cabana de camponeses que me tinham apanhado junto da torrente, preso nos ramos de uma azinheira gigantesca que assombrava o rio.

Era depois de um dia e uma noite de delírios que eu acordara. Logo que sarei, uma ideia me veio: ir ter com o mestre. Ao ver-me salvo assim daquela morte horrível, pode ser que se apiedasse de mim, que me perdoasse [...]. Viver com aquele remorso me parecia impossível. Parti pois: no caminho topei um punhal. Ergui-o: era o do mestre. Veio-me então uma ideia de vingança e de soberba. Ele quisera matar-me, ele tinha rido à minha agonia e eu havia ir chorar-lhe ainda aos pés para ele repelir-me ainda, cuspir-me nas faces, e amanhã procurar outra vingança mais segura?... [...].

Quando cheguei à casa do mestre achei-a fechada. Bati... não abriram. O jardim da casa dava para a rua: saltei o muro: tudo estava deserto e as portas que davam para ele estavam também fechadas. Uma delas era fraca: com pouco esforço arrombei-a. [...] Cheguei então ao quarto de Nauza — abri a porta e um bafo pestilento corria daí. O raio da luz bateu em uma mesa. — Junto estava uma forma de mulher com a face na mesa, e os cabelos caídos: atirado numa poltrona um vulto coberto com um capote. Entre eles um copo onde se depositara um resíduo polvilhento. Ao pé estava um frasco vazio. Depois eu o soube — a velha da cabana era uma mulher que vendia veneno: era ela decerto que o vendera, porque o pó branco do copo parecia sê-lo...

Ergui os cabelos da mulher, levantei-lhe a cabeça... — Era Nauza, mas Nauza cadáver, já desbotada pela podridão. Não era aquela estátua alvíssima de outrora, as faces macias e colo de neve... Era um corpo amarelo... Levantei uma ponta da capa do outro — o corpo caiu de bruços com a cabeça para baixo — ressoou no pavimento o estalo do crânio... — Era o velho!... morto também e roxo e apodrecido: eu o vi — da boca lhe corria uma escuma esverdeada.

(In: *Noite na taverna e poemas malditos*. Rio de Janeiro: Francisco Alves, 1982, p. 193-202.)

cãs: cabelos brancos.
cri: verbo *crer*, na 1ª pessoa do pretérito perfeito.
diadema: penteado de forma semicircular.
lívido: muito pálido.

1. Nos contos góticos, o cenário contribui para a criação de uma atmosfera de suspense e de tensão.

a. No conto em estudo, que ambientes descritos pelo narrador criam tal atmosfera?

b. A presença de determinados objetos também gera uma tensão na narrativa. Que objetos provocam esse efeito?

2. No conto, Gennaro se relaciona com Laura e com Nauza.

a. Que tipo de relação o protagonista estabelece com cada uma dessas mulheres? Justifique sua resposta com elementos do texto.

b. O relacionamento que o protagonista estabelece com cada mulher interfere na atitude dele em relação a elas? Justifique sua resposta.

3. A partir da morte de Laura, cria-se no conto uma atmosfera de tensão e de incerteza, intensificada com a presença de fatos e acontecimentos que geram hesitação, ou seja, que oscilam entre o plano da realidade e o plano da fantasia, entre o natural e o sobrenatural.

a. Entre os trechos a seguir, indique em seu caderno aqueles que comprovam a afirmação acima.

I. "Uma lâmpada estava acesa no quarto defronte um painel. Ergueu o lençol que o cobria. – Era Laura moribunda!"

II. "lembrei que naquele dia ao sair do quarto da morta, no espelho dela [...] eu me horrorizara de ver-me cadavérico..."

III. "Confessei tudo: parecia-me que era ela quem mandava, que era Laura que se erguia dentre os lençóis de seu leito, e me acendia o remorso [...]"

IV. "no escuro vira uma roupa branca passar-me por perto, roçaram-me uns cabelos soltos [...] Era Nauza que tudo vira e ouvira"

b. Nessa atmosfera de tensão, a descoberta da traição de Gennaro por Godofredo ocorre de maneira clara e objetiva ou de modo obscuro e incerto? Justifique sua resposta.

4. A narrativa gótica tematiza o lado oculto do ser humano, explorando a loucura, a alucinação, os desejos diabólicos, os crimes e todo tipo de comportamento que afronta os códigos éticos e morais.

a. Que desejos e atitudes de Gennaro exemplificam essa face do ser humano?

b. Algumas dessas atitudes provocam, ao longo do conto, sentimentos conflituosos no protagonista. Quais são esses sentimentos?

c. Que consequências Gennaro, como representante desse lado obscuro do ser humano, provoca na vida daqueles que o cercam?

5. No último parágrafo do texto, Gennaro se depara com os corpos de Nauza e de Godofredo.

a. A reação do protagonista diante dos corpos confirma o caráter infame dele? Justifique sua resposta.

b. De acordo com as ações que se desenvolvem na narrativa até seu desfecho, que perspectiva de mundo prevalece no conto?

Gothic: entre o real e o imaginário

No verão de 1816, reunidos na Villa Diodati, na Suíça, numa noite de tempestade, Mary Shelley, o poeta Percy Shelley, o médico John William Polidori e Lorde Byron decidiram organizar um concurso de histórias de terror.

Mary Shelley, embora não fosse a favorita, ganhou o concurso, com o romance *Frankenstein*, que se tornou uma das histórias de terror mais conhecidas da literatura.

Nesse mesmo concurso, Polidori escreveu *O vampiro*, que, anos depois, inspirou a criação de *Drácula*, de Bram Stoker.

Esse encontro de autores que influenciaram a literatura gótica foi narrado, ficcionalmente, no filme *Gothic* (1986), de Ken Russell. Vale a pena conferir!

Virgin Vision

Corpse Bride/Screen Prod/Photononstop/AFP

A noiva cadáver (2005), de Tim Burton.

REGISTRE NO CADERNO

ENTRE TEXTOS

No romance histórico *Era no tempo do rei*, Ruy Castro dialoga com *Memórias de um sargento de milícias*, ao criar, ficcionalmente, uma relação de amizade entre D. Pedro, filho de D. João VI, e Leonardo, o protagonista do romance de Manuel Antônio de Almeida. Na narrativa, eles são dois garotos de 12 anos que vivem, juntos, grandes aventuras. Leia, a seguir, um trecho do livro.

Os Arcos da Carioca

Museu Castro Maya, Rio de Janeiro, RJ

Aqueduto da Carioca na primeira metade do século XIX, em pintura de Richard Bate (1775-1856). A construção, hoje conhecida por Arcos da Lapa, era chamada Arcos da Carioca, na época de D. João VI.

A monumental arcaria de pedra e cal se oferecia a eles, com seus quase 300 metros de extensão a perder na noite, rumo ao morro do Desterro. Apesar da escuridão, Pedro e Leonardo podiam ver a garganta de amuradas, abrigando o cano de argila que trazia a água do rio Carioca. Os meninos saltaram sobre a manilha e correram ainda mais depressa, a 18 metros do chão da Lapa. Na disparada, foram deixando para trás, lá embaixo, a rua dos Arcos, cortada pela rua do Lavradio, e a de Mata-cavalos. Visto de cima, o crepitar das velas acesas dentro das casas fazia a cidade parecer uma comunidade de pirilampos. Mas eles não tinham tempo para olhar, só para correr — era melhor nem olhar —, cuidando para não escorregar do cano e esperando que os soldados do Vidigal, cujas botas ouviam a distância, desistissem da perseguição. Bem no meio dos Arcos, sobre a rua das Mangueiras, pararam por um instante, para apurar os ouvidos, e sentiram que o ruído das botas inimigas diminuíra ou silenciara — como se os soldados tivessem feito alto para descansar ou dado meia-volta. Mas, e se fosse um truque? E se apenas tivessem tirado as botas para correr melhor?

Pedro e Leonardo esperaram um pouco mais. Na súbita quietude, era possível agora ouvir até o ruído da água dentro do cano — a água que nascia das fontes do Corcovado, do Silvestre e das Paineiras, descia por quilômetros de suaves quedas até Laranjeiras, formava o rio Carioca e tomava o aqueduto para abastecer os chafarizes da cidade. O barulhinho do líquido escorrendo despertou-os para o fato de que estavam há horas sem urinar. Assim, depois de se certificarem de que não vinha mais ninguém pelo aqueduto, Pedro e Leonardo botaram os pipis para fora, miraram os ornamentos vazados na amurada e regaram a Lapa lá de cima mesmo, pelo buraco, do alto dos Arcos.

Eles também estavam exaustos, mas não podiam facilitar. Retomaram a corrida no mesmo ritmo, ou tanto quanto lhes permitiam as pernas e os pulmões, e finalmente chegaram ao Desterro, porto do convento de Santa Teresa. Quase sem fôlego, desceram pela ladeira que dava para a rua dos Barbonos, entraram pela travessa do Mosqueira e saíram defronte à igreja, no largo da Lapa. Estavam a salvo.

Para Leonardo, uma correria como aquela era quase de rotina, mas, para Pedro, não podia ser mais emocionante. Nos últimos 15 minutos, ele protagonizara um quiproquó entre a multidão e a tropa, a luta contra os homens do Vidigal, a fuga pelo morro e a travessia pelos Arcos. Aquela estava sendo a maior aventura de sua vida — algo com que sonhara desde o dia em que espiara pela janela de seu quarto no Paço e vira o Rio à sua frente pela primeira vez.

"Logramos a tropa, Leonardo!", exclamou Pedro. "Somos muito rápidos para eles. Devem estar cobertos de vergonha e humilhação pela derrota!"

Que tolo o Pedro, pensou Leonardo. Não sabia que era preciso derrotar a polícia — sempre —, mas que era perigoso humilhá-la. Os soldados nunca esqueciam uma ofensa e não se davam por contentes enquanto não fossem à forra. E, quando isso acontecia, seus chicotes sobravam para todos, até para quem apenas testemunhara a humilhação, e exatamente por isso.

E só então Leonardo lhe disse, com o ar mais natural do mundo, que o soldado em cujos olhos ele, Pedro, espremera o limão-de-cheiro com água de pimenta — e, com isso, ganhara um inimigo formidável e para sempre — era o major Vidigal.

(Rio de Janeiro: Alfaguara, 2007, p. 108-10.)

amurada: paredão, muro de arrimo.
ir à forra: vingar-se.
lograr: enganar.
manilha: tubo de barro usado na canalização subterrânea de água e esgoto.
quiproquó: confusão.

Ruy Castro

O escritor e jornalista Ruy Castro, nascido em 1948, em Caratinga (MG), é autor de biografias, ensaios e livros de reconstituição histórica. Em *Era no tempo do rei*, ele mistura ficção e realidade para compor a narrativa, que se passa em 1810, dois anos após a chegada da família real portuguesa ao Brasil.

Fábio Motta/Estadão Conteúdo

1. Pedro, em companhia de Leonardo, sai do Paço (residência da família real) e se aventura pelas ruas da cidade. De acordo com o texto lido, em que consiste essa aventura?

2. Essa experiência tem um impacto diferente para cada uma das personagens.

a. Como Pedro vê tal peripécia?

b. E qual é a percepção de Leonardo?

c. Conclua: Por que o impacto de tal peripécia é diferente para cada personagem?

3. De acordo com o trecho lido, o Leonardo de *Era no tempo do rei* mantém traços semelhantes aos do protagonista de *Memórias de um sargento de milícias*? Justifique sua resposta com elementos do texto.

ARQUIVO

Por meio da leitura do texto de Álvares de Azevedo feita neste capítulo, você viu que, na prosa gótica:

- os ambientes e os objetos do cenário, assim como fatos e acontecimentos que oscilam entre o real e o ilusório, o natural e o sobrenatural, geram uma atmosfera de suspense, tensão e incerteza;
- o amor é apresentado de forma dual: ora idealizado, puro e vivenciado no plano emocional, ora vivenciado apenas no plano físico e sensual;
- há a tematização do lado obscuro do ser humano, com a exploração da loucura, da alucinação, dos desejos diabólicos, das vinganças, das traições, da mentira, do assassinato;
- é retratado um mundo em que as personagens puras e desprovidas de maldade sucumbem à ação de personagens más, sendo mortas ou decaindo no mundo dos vícios e da loucura.

LÍNGUA E LINGUAGEM

O pronome (II)

FOCO NO TEXTO

Leia, a seguir, um trecho da obra *Coração, cabeça e estômago*, de Camilo Castelo Branco, escritor romântico português.

Foi o romance que degenerou as raças, porque lá de França todas as heroínas [...] vêm definhadas, tísicas, em jejum natural, tresnoitadas, levadas da breca. Nunca se dá que os romancistas nos digam o que elas comem, quantas horas dormem, quantos cozimentos de quássia tomam para dessaburrar o estômago, qual género de alimento preferem, que doutrinas de higiene adoptaram, quantos amantes afagam para cicatrizarem os golpes da perfídia com o pêlo do mesmo cão. Mal haja uma literatura que transtorna fundamentalmente a digestão e o sono, estes dois poderosos esteios da saúde, da graça, da formosura e de tudo que é poesia e gozo neste mundo! Se alguma vez o romancista nos dá, no primeiro capítulo, uma menina bem fornida de carnes e rosada e espanejada como as belas dos campos, é contar que, no terceiro capítulo, ali a temos prostrada numa otomana, com olheiras a revelar o cavado do rosto, com a cintura a desarticular-se dos seus engonços, com as mãos translúcidas de magreza, os braços em osso nu e os olhos apagados nas órbitas, orvalhadas de lágrimas.

Pouca gente alcança os limites do desarranjo que estes envenenadores impunes causam nos costumes e na transmissão da espécie.

(2. ed. Lisboa: Europa-America. p. 102-3.)

dessaburrar: limpar, tirar os resíduos.
engonço: dobra.
espanejado: que foi limpo.
fornido: provido.
otomana: leito para repouso.
perfídia: deslealdade.
quássia: planta que tem ação medicinal.

Nelson Provazi

1. No trecho lido, Camilo Castelo Branco, pela voz do narrador, expõe abertamente o que pensa sobre os textos do Romantismo. Qual é o ponto de vista do autor em relação a esses textos e qual é o principal argumento que ele utiliza para fundamentar sua opinião?

2. Releia o trecho:

> "Pouca gente alcança os limites do desarranjo que estes envenenadores impunes causam nos costumes e na transmissão da espécie."

Em geral, quando se diz "Pouca gente alcança *x*", espera-se que *x* seja algo complicado, difícil.

a. O que, segundo o autor, pouca gente alcança? Explique.

b. Levando em conta aquilo que, segundo o autor, pouca gente alcança, o que estaria, então, ao alcance de muita gente?

c. Por que é possível dizer que a afirmação feita pelo autor, no trecho, é irônica?

d. A expressão *pouca gente* possibilita saber quantas pessoas exatamente o autor tem em mente?

REGISTRE NO CADERNO

3. Leia as frases:

I. Pouca gente foi ao *show*; esteve lá um total de ▬ pessoas.
II. Pouca gente da família veio; chegou um total de ▬ pessoas.
III. Pouca gente veio à palestra; esteve presente nela um total de ▬ pessoas.
IV. Pouca gente mora naquela cidade; ali vive um total de ▬ pessoas.

a. Qual quantidade, entre as seguintes, é a que corresponde adequadamente a cada afirmação? Indique em seu caderno.

- 20 mil
- 3
- 900
- 70

b. Conclua: É possível determinar a quantidade exata a que se refere o termo *pouca* em cada frase? Justifique sua resposta.

4. Releia este trecho:

> "quantas horas dormem, quantos cozimentos de quássia tomam para dessaburrar o estômago, qual género de alimento preferem, que doutrinas de higiene adoptaram, quantos amantes afagam para cicatrizarem os golpes da perfídia com o pêlo do mesmo cão."

a. Transforme em perguntas dirigidas às heroínas românticas cada um dos itens da enumeração feita por Camilo Castelo Branco.

b. Imagine que as perguntas fossem dirigidas aos romancistas, e não às heroínas. Como elas seriam formuladas? Que pronome não seria o mesmo?

5. Releia estes trechos:

I. "*estes* dois poderosos esteios da saúde, da graça, da formosura"
II. "*neste* mundo"
III. "*estes* envenenadores impunes causam nos costumes e na transmissão da espécie"

a. É possível considerar que em dois dos trechos anteriores o termo em destaque retoma textualmente elementos citados anteriormente. Quais são esses trechos e quais elementos o termo em destaque retoma?

b. Qual é o referente do termo em destaque no outro trecho?

6. Releia os trechos:

REGISTRE NO CADERNO

- "Foi o romance *que* degenerou as raças"
- "Mal haja uma literatura *que* transtorna fundamentalmente a digestão e o sono"
- "Pouca gente alcança os limites do desarranjo *que* estes envenenadores impunes causam"

a. Relacione em seu caderno as orações das colunas a seguir, ligadas nos trechos lidos pelo termo *que*.

I. Foi o romance

II. Mal haja uma literatura

III. Pouca gente alcança os limites do desarranjo

- estes envenenadores impunes causam um desarranjo
- O romance degenerou as raças
- A literatura transtorna fundamentalmente a digestão e o sono

b. Conclua: Quais termos são retomados pela palavra *que* nos trechos lidos?

REFLEXÕES SOBRE A LÍNGUA

Conforme vimos no capítulo anterior, os pronomes retomam, antecedem, acompanham, representam ou se referem a outras palavras, pessoas ou fatos mencionados em um texto. Por isso, não têm um sentido próprio ou exato, uma vez que seu significado depende da situação em que, nos textos, eles ocorrem. É o que acontece com palavras como *que*, *quais*, *quantos*, *estes*, *pouca*, entre outras. Todas elas são pronomes e cada uma cumpre uma função específica na construção de sentidos dos enunciados.

Os pronomes indefinidos e os pronomes interrogativos

No texto de Camilo Castelo Branco que você leu, a expressão *pouca gente* não define a quantas pessoas exatamente o narrador se refere. E, na questão 3 do estudo do texto, você percebeu que a quantidade a que a palavra *pouca* se refere pode variar muito, dependendo do contexto em que ela aparece. Por esse motivo, a palavra *pouca*, assim como diversas outras que não determinam especificamente a quantidade ou o fato a que se referem, é classificada como *pronome indefinido*.

Leia, a seguir, um trecho da canção "Quanto vale a vida", de Humberto Gessinger.

Quanto vale a vida de qualquer um de nós?
Quanto vale a vida em qualquer situação?
Quanto valia a vida perdida sem razão?
Num beco sem saída, quando vale a vida?
São segredos que a gente não conta
São contas que a gente não faz
Quem souber quanto vale, fale em alto e bom som

Quantas vidas vale o tesouro nacional?
Quantas vidas cabem na foto do jornal?
Às sete da manhã, quanto vale a vida
Depois da meia-noite, antes de abrir o sinal?
São segredos que a gente não conta
(e faz de conta que não quer nem saber)
Quem souber, fale agora ou cale-se para sempre

O uso da palavra *qualquer*, em "qualquer um de nós" e "qualquer situação", no final das perguntas feitas na canção, confere abrangência às perguntas, uma vez que não delimita a situação ou a quem pertence a vida. O mesmo ocorre na busca de respostas para as perguntas, em "Quem souber, [...] fale em alto e bom som" e "Quem souber, fale agora ou cale-se para sempre". Nesses versos, o uso da palavra *quem* reforça a dificuldade de resposta para as perguntas, uma vez que intensifica a ideia de que a resposta não é conhecida. As palavras *qualquer* e *quem* são, portanto, nesse contexto, também consideradas pronomes indefinidos.

A mesma palavra *quem*, se estivesse em uma pergunta como "Quem sabe o valor da vida?", seria classificada como pronome interrogativo. Em "Quanto vale a vida de qualquer um de nós?" e "Quantas vidas vale o tesouro nacional?", *quanto* e *quantas* também são pronomes interrogativos, uma vez que iniciam perguntas.

Assim, definimos:

Pronomes indefinidos são aqueles que não especificam com exatidão seu referente.

Pronomes interrogativos são pronomes indefinidos utilizados em perguntas, diretas ou indiretas.

Alguns pronomes indefinidos são variáveis, em gênero e/ou número, e outros são variáveis. Os principais, isto é, os utilizados com mais frequência, constam no quadro a seguir.

VARIÁVEIS	INVARIÁVEIS
algum(a)(s)(ns) nenhum(a)(s)(ns) todo(a)(s) muito(a)(s) pouco(a)(s) vário(a)(s) certo(a)(s) tanto(a)(s) outro(a)(s) quanto(a)(s) bastante(s) qualquer/quaisquer	alguém ninguém quem outrem tudo nada algo cada demais

Todos os pronomes interrogativos referem-se à 3ª pessoa, tanto gramatical quanto do discurso. Alguns são variáveis em gênero e/ou número, e outros são invariáveis. São eles:

VARIÁVEIS	INVARIÁVEIS
qual/quais quanto(a)(s)	que quem

APLIQUE O QUE APRENDEU

Leia o anúncio a seguir e responda às questões de 1 a 3.

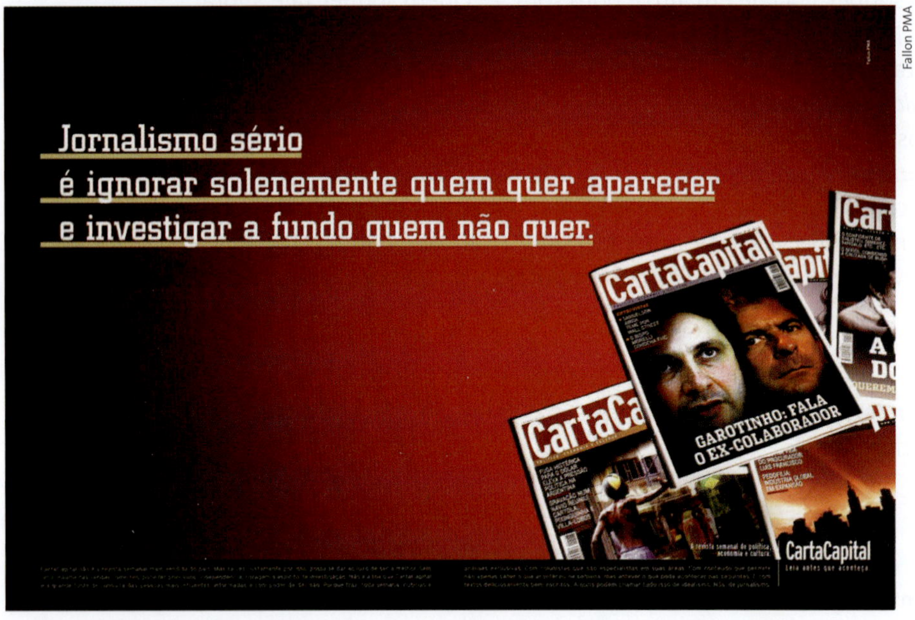

Fallon PMA

REGISTRE NO CADERNO

1. Há, no enunciado principal do anúncio, duas ocorrências de pronome.

a. Quais são essas ocorrências?

b. Classifique o pronome nas duas ocorrências.

2. Levante hipóteses:

a. A quais fatos ou pessoas se refere a primeira ocorrência do pronome?

b. A quais fatos ou pessoas se refere a segunda ocorrência do pronome?

3. Discuta com os colegas e o professor e conclua: Que imagem de si mesma a revista anunciada quer construir com esse enunciado?

Leia o texto a seguir e responda às questões 4 e 5.

"Vem pela Rodovia Fernão Dias, passa por Atibaia, a Polícia Rodoviária, pedágio, divisa do Estado de São Paulo e Minas Gerais, mais alguns quilômetros vem o posto da fiscalização (inclusive tem uma lombada). Após andar +/– 500 m à direita tem a saída."

4. O texto é um trecho de uma explicação sobre como chegar a certo hotel, dada pelo próprio estabelecimento.

a. Imagine a pergunta feita pelo cliente do hotel e formule-a, utilizando um pronome interrogativo.

b. Na explicação dada pelo hotel, foi empregado um pronome indefinido. Qual é esse pronome?

c. Levante hipóteses: Quantos quilômetros o pronome indefinido indica?

d. Discuta com os colegas e o professor: O uso do pronome indefinido nesse contexto é adequado? Por quê?

e. O texto se refere a certa distância de forma bem-definida. Qual palavra é utilizada para isso? Qual é a classe gramatical dessa palavra?

5. O texto pode ser reescrito de forma a tornar clara não apenas a referência indicada pelo pronome indefinido, mas também a orientação como um todo. Discuta com os colegas e o professor e, juntos, deem ao texto uma redação mais adequada à situação de comunicação.

Os pronomes relativos e os pronomes demonstrativos

Leia esta história em quadrinhos:

No 2º quadrinho, Hagar faz duas declarações sobre "uma coisa": "Tem uma coisa" e "Sempre quis te perguntar uma coisa". Para retomar a palavra *coisa* e unir as duas declarações em uma única frase, ele utilizou o pronome relativo *que*. No 5º e no 8º quadrinhos, as personagens empregam os pronomes demonstrativos *aquilo* e *isso*. Ao empregar *aquilo*, Dirk Sujo aponta para algo que está espacialmente distante dele e de Hagar, enquanto Hagar emprega *isso* em referência a algo situado em um tempo passado, que já tinha transcorrido.

Assim, definimos:

Pronomes relativos são aqueles que ligam orações que têm um termo em comum, substituindo a segunda ocorrência do termo.

Pronomes demonstrativos são aqueles que situam um referente em relação ao espaço, ao tempo ou ao próprio texto.

Alguns pronomes relativos são variáveis, em gênero e/ou número, e outros são invariáveis. São eles:

VARIÁVEIS	INVARIÁVEIS
o(s), qual(is) a(s)/qual(is) cujo(a)(s) quanto(a)(s)	quem que onde

Há pronomes demonstrativos que variam em gênero e número e outros que são invariáveis. São eles:

VARIÁVEIS	INVARIÁVEIS
este(a)(s) esse(a)(s) aquele(a)(s)	isto isso aquilo

As gramáticas mais tradicionais relacionam esses pronomes às três pessoas do discurso: *este(a)(s)* e *isto* como sendo de 1ª pessoa (eu/nós), *esse(a)(s)*, e *isso*, como de 2ª pessoa (tu/você(s)/vós), *aquele* e *aquilo* como de 3ª pessoa (ele(a)(s)).

Atualmente, estudos realizados na área de linguística mostram que a relação entre os pronomes demonstrativos e as pessoas do discurso não ocorre de forma tão regular e pode variar até mesmo conforme a região de origem do falante.

Além da relação com as pessoas do discurso, as gramáticas mais tradicionais registram também uma relação desses pronomes com o tempo, o espaço e os termos de um texto.

Embora os usos estejam em constante mudança, principalmente na fala, há situações em que saber a referência exata feita por um demonstrativo ou utilizar esses pronomes conforme as possibilidades de relações que eles oferecem pode auxiliar a esclarecer ou evitar ambiguidades, especialmente em textos escritos e em contextos mais formais.

A correspondência entre os pronomes demonstrativos e as pessoas do discurso, o tempo, o espaço e o texto é apresentada no quadro a seguir.

FORMA PRONOMINAL	RELAÇÃO ESPACIAL	RELAÇÃO TEMPORAL	RELAÇÃO TEXTUAL
este(s), esta(s), isto	Próximo de quem fala (1ª pessoa): *Este* livro que tenho em mãos é ótimo.	Presente, tempo atual: Vamos viajar ainda *esta* semana.	Referência ao que ainda não foi mencionado (catáfora): Minha vontade é *esta*: comer uma bela sobremesa!
esse(s), essa(s), isso	Próximo do interlocutor (2ª pessoa): *Esse* livro que está na sua mão também é ótimo.	Passado ou futuro distante: Ele esteve aqui um dia desses. Não me esqueço dessa noite. Esse dia chegará.	Referência ao que acabou de ser mencionado (anáfora): Comer uma bela sobremesa, *essa* é minha vontade!
aquele(s), aquela(s), aquilo	Distante de quem fala e do interlocutor (3ª pessoa): *Aquele* livro que deixei na biblioteca é raro.	Passado distante: *Aquela* nossa viagem à Bahia há alguns anos foi realmente boa!	Contraposição a um elemento imediatamente anterior referido por *este(a)(s)*: A sobremesa estava bem ao lado da balança. Esta [a balança] eu não queria olhar, *aquela* [a sobremesa] me dava água na boca.

APLIQUE O QUE APRENDEU

Leia a tira a seguir e responda às questões 1 e 2.

Laerte

1. A propósito do pronome *isso*, empregado em três quadrinhos da tira, responda:

a. Ele faz referência a elementos situados no texto, no tempo ou no espaço? Justifique sua resposta.

b. A qual elemento cada ocorrência do pronome se refere?

2. Discuta com os colegas e o professor e conclua: De que forma o uso do pronome *isso* contribui para a construção do humor da tirinha?

3. Conforme vimos, a palavra *quem*, dependendo do contexto, pode ser pronome de diferentes tipos. Identifique, em cada uma das frases a seguir, a função e, consequentemente, a classificação do pronome *quem*.

a. Quem esteve aqui ontem?

b. Minha irmã, com quem eu sempre podia contar, foi morar em outra cidade.

c. Queremos saber quem são os atores daquela peça.

d. Seja quem for, seremos benevolentes.

e. Eles são pessoas em quem podemos confiar.

f. Quem convidaremos para a festa?

g. Estejamos atentos a quem vai comparecer à reunião.

REGISTRE NO CADERNO

TEXTO E ENUNCIAÇÃO

Leia, a seguir, um texto com algumas das perguntas frequentes e as respostas a elas encontradas na página virtual do Enem, publicada pela entidade responsável pela realização do exame, o Inep (Instituto Nacional de Estudos e Pesquisas Educacionais).

4 – Quem está isento do pagamento da taxa de inscrição?

Todos aqueles que estiverem concluindo o ensino médio em escola pública [...] são automaticamente isentos. Nos demais casos, o participante pode pleitear a isenção de taxa declarando-se pertencente a família de baixa renda, incluindo os casos amparados na Lei nº 12.799, de 10 de abril de 2013. O pedido de isenção do pagamento da taxa somente poderá ser solicitado por meio do sistema de inscrição.

[...]

21 – Que tipo de caneta pode ser usada no dia da prova?

Apenas caneta esferográfica de tinta preta, fabricada em material transparente.

22 – Qual será o procedimento adotado para guarda de aparelho celular ou qualquer outro eletrônico no dia da prova?

Ao entrar na sala, o participante deverá desligar todo e qualquer aparelho eletrônico que traga consigo, incluindo celular. Nesse momento, será fornecido um porta-objetos com lacre, para que aparelhos e demais materiais proibidos sejam guardados. O porta-objetos deverá ficar embaixo da cadeira até o final das provas e só poderá ser aberto quando o participante deixar o local, sob pena de eliminação.

23 – Que outros objetos são proibidos?

O participante não poderá utilizar lápis, lapiseira, borrachas, livros, manuais, impressos, anotações, óculos escuros, boné, chapéu, gorro e similares e portar armas de qualquer espécie, mesmo com documento de porte. Caso esteja portando esses objetos, eles deverão ser mantidos embaixo da cadeira armazenados no porta-objetos.

REGISTRE NO CADERNO

1. Todas as perguntas do texto se iniciam por pronome.

a. Identifique-os e classifique-os.

b. Relacione a finalidade do texto e a incidência frequente nele do mesmo tipo de pronome no início das perguntas.

2. Releia o trecho:

"Todos aqueles que estiverem concluindo o ensino médio em escola pública [...] são automaticamente isentos"

a. As três primeiras palavras do trecho são pronomes. Classifique-os.

b. Qual é a função dos pronomes *todos* e *aqueles*? Explique o sentido que o emprego desses dois pronomes em sequência constrói no enunciado.

Releia o seguinte trecho do texto e responda às questões de 3 a 6.

"Ao entrar na sala, o participante deverá desligar *todo* e *qualquer* aparelho eletrônico *que* traga consigo, incluindo celular. *Nesse* momento, será fornecido um porta-objetos com lacre, para que aparelhos e *demais* materiais proibidos sejam guardados."

3. Entre os pronomes destacados no trecho, identifique:

a. os que são indefinidos;

b. o que é demonstrativo;

c. o que é relativo.

4. Sobre o pronome relativo empregado no trecho, responda:

a. Qual termo ele retoma?

b. Qual informação ele introduz, esclarecendo o sentido de um termo da oração anterior?

5. O pronome demonstrativo empregado no trecho faz referência a tempo, espaço ou a elementos do próprio texto? Justifique sua resposta.

6. Com base no trecho:

a. Imagine que você fez a prova e alguns dias depois relatou a uma pessoa, adaptando o trecho lido, o que ocorreu ao entrar na sala. Inicie o seu relato assim: "Quando entrei na sala, desliguei...".

Considerando a adaptação do trecho que você fez, responda:

b. Quais pronomes foram trocados por outros? Qual foi mantido?

c. Discuta com os colegas e o professor: Por que foram necessárias mudanças quanto a pronomes?

7. Entre os pronomes utilizados nas respostas que constam no texto do Inep, predominam os indefinidos e os demonstrativos.

a. Qual é a finalidade principal do texto?

b. Conclua: Levando-se em conta a situação de comunicação relacionada ao texto, o que justifica a predominância de pronomes indefinidos e demonstrativos nas respostas?

PRODUÇÃO DE TEXTO

Edital, estatuto e ata

Na vida em sociedade, desenvolvemos diferentes tipos de práticas de linguagem, entre elas, as de caráter político-cidadãs e as relacionadas ao mundo do trabalho, que dizem respeito a gêneros da esfera jurídica, como as leis, os decretos, os estatutos e outros.

Imagine situações como estas:

- Você quer participar de um concurso para conseguir um emprego em uma instituição pública, mas não conhece as normas do concurso, tais como período de inscrição, taxa a ser paga, conteúdo e duração das provas, etc. Que tipo de documento você deve consultar para obter essas informações?
- Você decide comprar uma casa. Que documento deve ser assinado entre você e o vendedor a fim de que a transação se torne pública e legal?
- No seu prédio, é feita uma assembleia para tomar algumas decisões importantes. Que documento deve ser produzido e assinado pelos participantes a fim de registrar e divulgar o que foi decidido?
- Você e seus amigos decidem fundar uma entidade de apoio ao meio ambiente. Para isso, precisam estabelecer previamente um conjunto de normas de funcionamento da entidade. Que documento deve ser escrito?

Hero Images/Getty Images

Como você sabe, as pessoas são diferentes, pensam de maneiras diferentes e têm interesses diferentes. Para evitar ou amenizar os conflitos de interesses e a disparidade de atitudes e comportamentos na vida social decorrentes dessas diferenças, existem certos gêneros de texto que atendem à necessidade de legislar, de documentar decisões ou de normatizar comportamentos e ações das pessoas. É o caso das leis de trânsito, do regimento interno de condomínios, do estatuto de entidades ou de times de futebol, de editais para concursos e de ata de reuniões.

Neste capítulo, você vai conhecer alguns desses gêneros.

O edital

FOCO NO TEXTO

Todos os anos, meses antes de ser realizado o Enem, o MEC publica um *edital*, relativo ao exame.

Leia parte de um desses editais:

Replública Federativa do Brasil

Ministério da Educação
Instituto Nacional de Estudos e Pesquisas Educacionais Anísio Teixeira – Inep

EDITAL Nº 6, DE 15 DE MAIO DE 2015
EXAME NACIONAL DO ENSINO MÉDIO – ENEM 2015

O PRESIDENTE DO INSTITUTO NACIONAL DE ESTUDOS E PESQUISAS EDUCACIONAIS ANÍSIO TEIXEIRA (Inep), no exercício de suas atribuições, conforme estabelece o inciso VI do art. 16 do Anexo I ao Decreto nº 6.317, de 20 de dezembro de 2007, e tendo em vista o disposto na Portaria/MEC nº 807, de 18 de junho de 2010, torna pública a realização da edição do Enem 2015.

1. DAS DISPOSIÇÕES PRELIMINARES

1.1 Este Edital dispõe sobre as diretrizes, os procedimentos e os prazos da edição do Enem 2015, regido pela Portaria/MEC nº 807, de 18 de junho de 2010.

1.2 As inscrições serão realizadas das 10h00min do dia 25/05/2015 às 23h59min do dia 05/06/2015, horários oficiais de Brasília-DF.

1.3 A aplicação do Enem 2015, em todas as unidades da Federação, obedecerá ao seguinte cronograma, conforme horários oficiais de Brasília-DF: Aplicação do Exame 24 e 25 de outubro Abertura dos portões 12h00min Fechamento dos portões 13h00min Início das provas 13h30min

1.4 Haverá Edital específico para a realização do Exame para os adultos submetidos a penas privativas de liberdade e os adolescentes sob medidas socioeducativas que incluam privação de liberdade.

1.5 O Exame será executado por entidade contratada pelo Inep para tal fim.

1.6 As provas serão realizadas em todos os Estados da Federação e no Distrito Federal, conforme Anexo III deste Edital.

1.7 A edição do Enem 2015, regulamentada por este Edital, tem como finalidade precípua a Avaliação do Desempenho Escolar e Acadêmico ao fim do Ensino Médio, em estrito cumprimento ao inciso VII do art. 206 c/c o inciso II do art. 209, ambos da Constituição Federal; ao inciso VI do art. 9º da Lei nº 9.394, de 20 de dezembro de 1996; aos incisos II, IV, V, VII e VIII do art. 1º da Lei nº 9.448, de 14 de março de 1997; e à Portaria/MEC nº 807, de 18 de junho de 2010.

1.8 As informações obtidas a partir dos resultados do Enem serão utilizadas para:

1.8.1 Compor a avaliação de medição da qualidade do Ensino Médio no País.

1.8.2 Subsidiar a implementação de políticas públicas.

1.8.3 Criar referência nacional para o aperfeiçoamento dos currículos do Ensino Médio.

1.8.4 Desenvolver estudos e indicadores sobre a educação brasileira.

1.8.5 Estabelecer critérios de acesso do PARTICIPANTE a programas governamentais.

1.8.6 Constituir parâmetros para a autoavaliação do PARTICIPANTE, com vista à continuidade de sua formação e à sua inserção no mercado de trabalho.

1.9 Facultar-se-á a utilização dos resultados individuais do Enem para:

1.9.1 A certificação, pelas Instituições Certificadoras listadas no Anexo I deste Edital, no nível de conclusão do Ensino Médio, desde que observados os termos da Portaria/Inep nº 179, de 28 de abril de 2014, e o disposto na Lei de Diretrizes e Bases da Educação (LDB) nº 9.394, de 20 de dezembro de 1996, no inciso II do parágrafo 1º do art. 38.

1.9.2 A utilização como mecanismo de acesso à Educação Superior ou em processos de seleção nos diferentes setores do mundo do trabalho.

1.10 Por força do disposto no artigo 38, inciso II, e no artigo 44, inciso II, ambos da Lei nº 9.394, de 20 de dezembro de 1996, o PARTICIPANTE menor de 18 anos no primeiro dia de realização do Exame e que concluirá o Ensino Médio após 2015 não poderá utilizar os seus resultados individuais no Enem para os fins descritos nos itens 1.9.1 e 1.9.2, estando ciente de que seus resultados destinam-se exclusivamente para fins de autoavaliação de conhecimentos.

1.10.1 O Inep poderá convidar PARTICIPANTES inscritos na condição do item 1.10 para aplicação do Enem Digital.

[...]

JOSÉ FRANCISCO SOARES

(Disponível em: http://download.inep.gov.br/educacao_basica/enem/edital/2015/edital_enem_2015.pdf. Acesso em: 28/11/2015.)

atribuições: obrigações e direitos de certas autoridades e instituições.
disposição: ordem, determinação.
inciso: subdivisão de uma lei.

REGISTRE NO CADERNO

1. Levando em conta a situação de produção do edital lido, responda:

a. Que órgão público é responsável pela publicação do edital?

b. Quem assina o documento?

c. A quem o edital se destina?

d. Levante hipóteses: Em que veículos de comunicação o edital provavelmente foi divulgado?

2. O 1º parágrafo constitui a *apresentação* do edital e nele é explicitado o objetivo do documento.

a. Qual é o objetivo do edital lido?

b. Por que, na apresentação do edital, há tantas referências a portaria, inciso e decreto?

3. A linguagem utilizada em editais assemelha-se à linguagem jurídica em geral. Por isso, há nela certos vocábulos e construções sintáticas que adquirem sentido específico.

a. Qual é o sentido da preposição *de*, em *das*, (preposição *de* + artigo *as*) no item 1, "*Das* disposições preliminares"?

b. A linguagem está de acordo com a norma-padrão?

c. Em que pessoa do discurso é redigida a apresentação do edital: na 1ª ou na 3ª pessoa?

d. O presidente do Inep torna público o edital e ele mesmo assina o documento. Por que, então, o documento é redigido nessa pessoa? Que efeito de sentido esse uso confere ao texto?

4. Se um edital normalmente serve para orientar as pessoas interessadas em participar de um processo seletivo, responda, com base no documento:

Alessandro Shinoda/Folhapress

a. Levando-se em conta que as provas do Enem normalmente ocorrem em novembro e que no Nordeste não há horário de verão, a que hora local deve ser iniciada a prova na cidade de Recife?

b. Se um estudante de 17 anos, nascido em maio, fizer o exame do Enem e obtiver nota que lhe dê acesso a uma universidade federal, ele terá o direito de fazer sua matrícula em janeiro do ano seguinte? Justifique sua resposta com base no edital.

c. Se um estudante estiver privado de liberdade e quiser fazer o exame, que orientações específicas ele deve observar?

d. Se um estudante, que há muitos anos parou os estudos no 2º ano do ensino médio, tiver uma boa nota no exame, poderá pleitear um diploma do ensino médio?

e. Qualquer estudante que queira fazer a prova do Enem em versão digital poderá solicitar essa versão em sua inscrição?

Alix Minde/Photoalto RF/Diomedia

5. Alguns itens, como o 1.8, o 1.9 e o 1.10, se subdividem em itens menores. Explique o motivo dessa subdivisão, considerando como exemplo a relação entre o item 1.8 e os subitens 1.8.1, 1.8.2, 1.8.3, 1.8.4, 1.8.5 e 1.8.6.

6. O edital, como documento oficial, assegura direitos, impõe deveres ou faz as duas coisas? Justifique sua resposta com exemplos do documento.

O estatuto

Você já leu o *estatuto* do clube de seu time de futebol preferido? Agremiações, associações e entidades costumam ser regidas por estatutos. Mas o estatuto também pode ser uma lei ou um conjunto de leis que disciplinam as relações jurídicas que possam incidir sobre as pessoas. Por isso, existe o estatuto da criança e do adolescente, o estatuto do idoso, da juventude, dos militares, da igualdade racial, etc.

FOCO NO TEXTO

Leia, a seguir, parte do Estatuto da Igualdade Racial.

República Federativa do Brasil

Presidência da República
Casa Civil

Subchefia para Assuntos Jurídicos
Lei nº 12.288, de 20 de julho de 2010

Vigência
(Vide Decreto nº 8.136, de 2013)
Institui o Estatuto da Igualdade Racial; altera as Leis nºs 7.716, de 5 de janeiro de 1989, 9.029, de 13 de abril de 1995, 7.347, de 24 de julho de 1985, e 10.778, de 24 de novembro de 2003.

O PRESIDENTE DA REPÚBLICA Faço saber que o Congresso Nacional decreta e eu sanciono a seguinte Lei:

TÍTULO I

DISPOSIÇÕES PRELIMINARES

Art. 1º Esta Lei institui o Estatuto da Igualdade Racial, destinado a garantir à população negra a efetivação da igualdade de oportunidades, a defesa dos direitos étnicos individuais, coletivos e difusos e o combate à discriminação e às demais formas de intolerância étnica.

Parágrafo único. Para efeito deste Estatuto, considera-se:

I – discriminação racial ou étnico-racial: toda distinção, exclusão, restrição ou preferência baseada em raça, cor, descendência ou origem nacional ou étnica que tenha por objeto anular ou restringir o reconhecimento, gozo ou exercício, em igualdade de condições, de direitos humanos e liberdades fundamentais nos campos político, econômico, social, cultural ou em qualquer outro campo da vida pública ou privada;

II – desigualdade racial: toda situação injustificada de diferenciação de acesso e fruição de bens, serviços e oportunidades, nas esferas pública e privada, em virtude de raça, cor, descendência ou origem nacional ou étnica;

III – desigualdade de gênero e raça: assimetria existente no âmbito da sociedade que acentua a distância social entre mulheres negras e os demais segmentos sociais;

IV – população negra: o conjunto de pessoas que se autodeclaram pretas e pardas, conforme o quesito cor ou raça usado pela Fundação Instituto Brasileiro de Geografia e Estatística (IBGE), ou que adotam autodefinição análoga;

V – políticas públicas: as ações, iniciativas e programas adotados pelo Estado no cumprimento de suas atribuições institucionais;

VI – ações afirmativas: os programas e medidas especiais adotados pelo Estado e pela iniciativa privada para a correção das desigualdades raciais e para a promoção da igualdade de oportunidades.

Art. 2º É dever do Estado e da sociedade garantir a igualdade de oportunidades, reconhecendo a todo cidadão brasileiro, independentemente da etnia ou da cor da pele, o direito à participação na comunidade, especialmente nas atividades políticas, econômicas, empresariais, educacionais, culturais e esportivas, defendendo sua dignidade e seus valores religiosos e culturais.

Art. 3º Além das normas constitucionais relativas aos princípios fundamentais, aos direitos e garantias fundamentais e aos direitos sociais, econômicos e culturais, o Estatuto da Igualdade Racial adota como diretriz político-jurídica a inclusão das vítimas de desigualdade étnico-racial, a valorização da igualdade étnica e o fortalecimento da identidade nacional brasileira.

Art. 4º A participação da população negra, em condição de igualdade de oportunidade, na vida econômica, social, política e cultural do País será promovida, prioritariamente, por meio de:

I – inclusão nas políticas públicas de desenvolvimento econômico e social;

II – adoção de medidas, programas e políticas de ação afirmativa;

III – modificação das estruturas institucionais do Estado para o adequado enfrentamento e a superação das desigualdades étnicas decorrentes do preconceito e da discriminação étnica;

IV – promoção de ajustes normativos para aperfeiçoar o combate à discriminação étnica e às desigualdades étnicas em todas as suas manifestações individuais, institucionais e estruturais;

V – eliminação dos obstáculos históricos, socioculturais e institucionais que impedem a representação da diversidade étnica nas esferas pública e privada;

VI – estímulo, apoio e fortalecimento de iniciativas oriundas da sociedade civil direcionadas à promoção da igualdade de oportunidades e ao combate às desigualdades étnicas, inclusive mediante a implemen-

Artigo, parágrafo, inciso, alínea

Leis extensas costumam ser divididas em partes menores, subordinadas umas às outras. Eis a hierarquia das partes e o modo como são indicadas:

- parágrafo: 1º, 2º, 3º (com ordinais);
- inciso: I, II, III (com romanos);
- alínea: a, b, c (com letras).

Quando uma lei tem um único parágrafo, este é chamado de *parágrafo único*.

Qual é a diferença entre estatuto, regimento interno, regulamento e convenção?

Quando se cria uma nova entidade (clube, associação, igreja, ONG, etc.), ela é materializada pelo estatuto e pelo regimento interno.

O *estatuto* descreve a filosofia, a estrutura administrativa e as regras gerais da entidade, enquanto o *regimento interno* cuida dos procedimentos práticos e do dia a dia da entidade.

Regulamento e *convenção* são outros nomes dados a regimento interno.

Condomínios residenciais não precisam ter estatuto. Basta haver um regimento interno, aprovado por uma assembleia dos condôminos, para regular a vida dos moradores daquela comunidade.

tação de incentivos e critérios de condicionamento e prioridade no acesso aos recursos públicos;

VII – implementação de programas de ação afirmativa destinados ao enfrentamento das desigualdades étnicas no tocante à educação, cultura, esporte e lazer, saúde, segurança, trabalho, moradia, meios de comunicação de massa, financiamentos públicos, acesso à terra, à Justiça, e outros.

sancionar: dar sanção à lei; confirmar, aprovando.

Parágrafo único. Os programas de ação afirmativa constituir-se-ão em políticas públicas destinadas a reparar as distorções e desigualdades sociais e demais práticas discriminatórias adotadas, nas esferas pública e privada, durante o processo de formação social do País.

Art. 5º Para a consecução dos objetivos desta Lei, é instituído o Sistema Nacional de Promoção da Igualdade Racial (Sinapir), conforme estabelecido no Título III.

[...]

Frederic Cirou/Photoalto RF/Diomedia

Art. 65. Esta Lei entra em vigor 90 (noventa) dias após a data de sua publicação.

Brasília, 20 de julho de 2010; 189º da Independência e 122º da República.

LUIZ INÁCIO LULA DA SILVA

1. Considerando os elementos da situação de produção do estatuto lido, responda:

a. Quem assina o documento? Que posição essa pessoa ocupava no governo brasileiro na data da assinatura?

b. A quem o documento se destina?

c. Levante hipóteses: Em que veículos de comunicação o estatuto provavelmente foi divulgado?

d. O objetivo principal do estatuto está exposto nas "Disposições preliminares". Qual é esse objetivo? Responda com suas próprias palavras.

2. Releia este trecho do texto:

"**O PRESIDENTE DA REPÚBLICA** Faço saber que o Congresso Nacional decreta e eu sanciono a seguinte Lei:"

a. Por meio do texto, é possível imaginar que a lei tenha sido uma iniciativa do próprio presidente ou de seu governo? Justifique sua resposta.

b. Considere que a expressão *O Presidente da República* equivale a *ele*, pronome que é da 3ª pessoa do singular, e que as formas verbais *faço* e *sanciono* são da 1ª pessoa do singular. Levante hipóteses: Como explicar a aparente discordância gramatical no trecho?

3. Observe que o artigo 1º tem um parágrafo único, subdividido em 6 incisos. Considerando-se o tema e o objetivo do texto, que papel cumprem os incisos desse artigo?

4. Do ponto de vista do enunciador do documento, as garantias fundamentais de todo ser humano são suficientes para garantir a inclusão do negro na vida social, política, econômica e cultural do país? Se não, que artigos da lei mencionam os meios para que a inclusão seja garantida?

5. Uma vez sancionada uma lei, é necessário que ela seja posta em prática na sociedade. Está previsto no texto do estatuto da lei nº 12.288 o que vai estimular o exercício dela? Se sim, como isso vai ser feito?

6. Compare o texto do estatuto ao texto do edital lido anteriormente. Existem diferenças significativas quanto à linguagem e à estrutura? Justifique sua resposta com elementos do texto.

A ata

Às vezes, em uma assembleia ou em uma reunião do corpo deliberativo de uma agremiação, associação ou congregação, torna-se necessário tomar algumas decisões importantes, que dizem respeito a todos os associados.

Para registrar a pauta, as falas dos participantes e as decisões tomadas, existe a *ata*. Trata-se de um texto por meio do qual todos os que pertencem àquela comunidade (presentes ou não à reunião) podem tomar conhecimento do que foi discutido e decidido. Além disso, esse texto serve também como um registro das decisões tomadas e contribui para que elas não se percam e para evitar que, no futuro, as mesmas questões voltem a ser discutidas.

Conheça um modelo básico de ata:

Ata de reunião

Às ____ horas, do dia ____, do mês de ____, do ano de ____, reuniu-se a ____ (Diretoria (ou Conselho Diretivo)) ____ do(a) ____, situado em ____ (endereço) ____, contando com a presença de ____ (identificar os participantes, se não for um número muito grande) ____. O diretor (ou secretário) apresentou aos presentes a seguinte pauta da reunião, que foi aprovada pelo grupo: ____ e ____. Em seguida, iniciou-se a discussão dos itens e a apresentação de propostas. As propostas aprovadas com ____% dos votos (ou por maioria) são as seguintes: ____, ____ e ____.

Para acompanhar o encaminhamento ou a execução das propostas, foram escolhidos os senhores ____ (identificar) ____ e ____.

Sem mais nada para tratar, às ____ horas dei por encerrada a reunião, que foi presidida por ____ (nome) ____, por ____ (nome e cargo) ____ e por mim, ____ (nome e cargo) ____, que a secretariei. Assinaturas:

____ (nome e assinatura de todos os participantes) ____

____

____

____

Aspectos formais da ata

Antes da popularização dos computadores, cada ata era lavrada manualmente em um livro, em um único parágrafo, e não podia conter rasuras. Com o uso de computadores, essas exigências deixaram de ser rígidas.

Contudo, espera-se encontrar em um texto desse gênero:

- data, local, horário de início e fim da reunião;
- identificação das pessoas presentes e seus cargos, para que se saiba por quem as decisões foram tomadas;
- pauta da reunião, com a explicitação dos motivos da ocorrência dela;
- registro da discussão da pauta e da apresentação de propostas;
- registro das decisões tomadas na reunião;
- compromissos assumidos, com indicação de tarefas e prazos para seu cumprimento;
- menção à data estabelecida para a reunião seguinte.

Recomenda-se que o arquivo contendo uma ata seja salvo em PDF, para que não haja alterações posteriores.

HORA DE ESCREVER

A participação dos jovens na escola, na vida cultural e política do país vem sendo cada vez mais expressiva e valorizada. Se um adolescente tem o direito de participar das eleições e ajudar a decidir o destino de sua cidade e do país, por que não teria condições de discutir os problemas que estão à sua volta e buscar uma solução para eles?

Seguem três propostas para a produção de textos relacionados à participação do jovem na sociedade. Se possível, desenvolva as três. Os textos produzidos com base na segunda proposta deverão fazer parte da revista literária que compõe o projeto desta unidade.

PROJETO

Como você sabe, no final desta unidade será realizado um *sarau literário* e lançada uma revista literária.

Neste capítulo, você vai produzir estatuto e edital poético, que farão parte da revista.

1. **Eu faço e aconteço**. Sua escola já tem um grêmio estudantil? Se não tem, que tal a classe planejar a criação de um? Veja, no segundo boxe, o que é e para que serve um grêmio estudantil.

Se a sua escola já tem um grêmio, que tal, então, fundar um cineclube? Cineclube é uma associação, sem fins lucrativos, que reúne apreciadores de cinema para exibição e discussão de filmes.

Os cineclubistas têm um compromisso cultural com a comunidade, promovendo a exibição democrática de filmes raros, filmes de arte, filmes que abordam temas importantes e são pouco conhecidos do grande público, uma vez que não costumam ser incluídos na programação da TV aberta e da maioria das salas de cinema do país. Além disso, após a apresentação dos filmes, geralmente promovem uma discussão ou um debate, aproximando as pessoas e criando um rico ambiente cultural.

Junto com os colegas da classe, em uma reunião, criem um projeto de grêmio estudantil ou, então, de um cineclube ou outro tipo de entidade, como um clube de xadrez, um clube de astronomia, um clube de leitura, etc. Para isso:

- Escolham um ou mais alunos para presidir e dirigir a reunião. A ele(s) caberá estabelecer a pauta, abrir uma discussão em torno do perfil e do papel da entidade, colocar em votação um nome para ela e, finalmente, encaminhar as decisões.
- Escolham um aluno para fazer a *ata* da reunião, a fim de que as discussões e as decisões sejam documentadas.
- Produzam, coletivamente, um *estatuto* (ou projeto de estatuto, se se tratar de grêmio estudantil), da entidade.

No caso de a classe se decidir pela criação de grêmio estudantil, apresentem a ideia às outras classes da escola e organizem-se para transformar a iniciativa em realidade.

20th Century Fox Home Entertainment

Kobal/The Picture Desk/AFP

2. **Eu decreto...** Todos os gêneros, mesmo os mais sisudos, como os da esfera jurídica, podem ser subvertidos ou recriados de forma artística.

Erick Florio/FuturaPress

O que é o grêmio estudantil?

O Grêmio é a organização que representa os interesses dos estudantes na escola. Ele permite que os alunos discutam, criem e fortaleçam inúmeras possibilidades de ação, tanto no próprio ambiente escolar como na comunidade.

O Grêmio é também um importante espaço de aprendizagem, cidadania, convivência, responsabilidade e de luta por direitos.

Objetivos

É importante deixar claro que um dos principais objetivos do grêmio estudantil é contribuir para aumentar a participação dos alunos nas atividades de sua escola, organizando campeonatos, palestras, projetos e discussões, fazendo com que eles tenham voz ativa e participem – junto com pais, funcionários, professores, coordenadores e diretores – da programação e da construção das regras dentro da escola.

Para resumir: um Grêmio Estudantil pode fazer muitas coisas, desde organizar festas nos finais de semana até exigir melhorias na qualidade do ensino. Ele tem o potencial de integrar mais os alunos entre si, com toda a escola e com a comunidade.

Instituto Sou da Paz

(*Caderno Grêmio em Forma*, do Instituto Sou da Paz. Disponível em: http://www.mundojovem.com.br/gremio-estudantil/o-que-e-o-gremio-estudantil. Acesso em: 20/11/2015.)

Veja, a seguir, como o poeta Thiago de Mello, indignado com o autoritarismo, criou um *estatuto poético*, fazendo certo uso da linguagem e da estrutura de gêneros da esfera jurídica.

Os Estatutos do Homem

(Ato Institucional Permanente)
A Carlos Heitor Cony

Artigo I

Fica decretado que agora vale a verdade,
agora vale a vida,
e de mãos dadas,
marcharemos todos pela vida verdadeira.

Artigo II

Fica decretado que todos os dias da semana,
inclusive as terças-feiras mais cinzentas,
têm direito a converter-se em manhãs de domingo.

Artigo III

Fica decretado que, a partir deste instante,
haverá girassóis em todas as janelas,
que os girassóis terão direito
a abrir-se dentro da sombra;
e que as janelas devem permanecer, o dia inteiro,
abertas para o verde onde cresce a esperança.

Artigo IV

Fica decretado que o homem
não precisará nunca mais
duvidar do homem.
Que o homem confiará no homem
como a palmeira confia no vento,
como o vento confia no ar,
como o ar confia no campo azul do céu.

Parágrafo único:

O homem confiará no homem
como um menino confia em outro menino.

Artigo V

Fica decretado que os homens
estão livres do jugo da mentira.
Nunca mais será preciso usar
a couraça do silêncio
nem a armadura de palavras.
O homem se sentará à mesa
com seu olhar limpo
porque a verdade passará a ser servida
antes da sobremesa.
[...]

(Santiago do Chile, abril de 1964.)

(Disponível em: http://pensador.uol.com.br/frase/NTIwNTA5/. Acesso em: 29/11/2015.)

Nelson Provazi

Sozinho, em dupla ou em grupo, conforme a orientação do professor, escreva(m) um *estatuto poético*, em prosa ou em verso, sobre um dos temas a seguir ou outro que prefira(m).

- Estatutos da paz
- Estatutos do jovem
- Estatutos da mulher
- Estatutos da liberdade

3. **Quem se candidata?** Uma sociedade diferente desta em que vivemos é um sonho acalentado por muita gente. Imagine que um projeto com vistas à criação dessa sociedade está sendo implementado e pessoas que queiram participar dela estão sendo procuradas.

Sozinho, em dupla ou conforme a orientação do professor, escreva(m) um *edital*, informando a todos sobre a abertura das inscrições para o concurso que vai escolher as pessoas que integrarão a nova sociedade. O documento deve informar, resumidamente, como será essa sociedade e, na sequência, definir os critérios de seleção dos candidatos. Além disso, deve apresentar dados objetivos, como a data de inscrição, os instrumentos de avaliação e seleção, pré-requisitos, restrições, etc.

ANTES DE ESCREVER

Planeje seu texto, lembrando-se de:

- ter em vista o público para quem vai escrever: jovens da escola que se interessam pela criação de entidades, como o grêmio estudantil e o cineclube, ou o público constituído por pessoas que se interessam por literatura e por temas sociais;
- após decidir o gênero e o tema que pretende desenvolver, estruturar o texto, pensando nas partes dele e no conteúdo de cada uma; se quiser, poderá, no caso de edital ou estatuto, fazer uma introdução com o resumo e a finalidade do documento, seguida da seção "Das disposições preliminares";
- utilizar a estrutura própria dos gêneros da esfera jurídica, fazendo uso de elementos como artigo, parágrafo, inciso, alínea e seus complementos: números ordinais, números romanos e letras;
- datar e assinar o documento;
- empregar uma linguagem adequada ao gênero, isto é, objetiva, impessoal e de acordo com a norma-padrão formal.

ANTES DE PASSAR A LIMPO

Antes de dar seu texto por terminado, verifique:

- se ele cumpre o objetivo a que se propõe: no caso de estatuto, se menciona a filosofia e os objetivos da entidade, bem como suas normas de funcionamento; no caso de edital, se deixa claras as condições para os interessados participarem do concurso;
- se a estrutura está de acordo com os gêneros da esfera jurídica, isto é, se há introdução, uma seção com as disposições preliminares, artigos, parágrafos, incisos, etc., ou se subverte propositalmente essa estrutura.
- se a linguagem está de acordo com a norma-padrão e, além disso, é formal e impessoal.
- se, como um todo, o estatuto, edital, ata ou estatuto poético cumpre seu propósito comunicativo, seja o de organizar atividades coletivas na escola, seja o de entreter, divertir, emocionar.

POR DENTRO DO ENEM E DO VESTIBULAR

ENEM EM CONTEXTO

Embora a prova do Enem não exija dos estudantes o mero reconhecimento de classes gramaticais e nomenclaturas, a gramática é abordada na prova de forma contextualizada, sendo comuns questões que envolvem a função de determinadas palavras na língua em uso. Veja, por exemplo, esta questão do Enem:

Vera, Sílvia e Emília saíram para passear pela chácara com Irene. A senhora tem um jardim deslumbrante, dona Irene! – comenta Sílvia, maravilhada diante dos canteiros de rosas e hortênsias. – Para começar, deixe o "senhora" de lado e esqueça o "dona" também – diz Irene, sorrindo. – Já é um custo aguentar a Vera me chamando de "tia" o tempo todo. Meu nome é Irene. Todas sorriem. Irene prossegue: – Agradeço os elogios para o jardim, só que você vai ter de fazê-los para a Eulália, que é quem cuida das flores. Eu sou um fracasso na jardinagem.

BAGNO, M. *A língua de Eulália*: novela sociolinguística. São Paulo: Contexto, 2003 (adaptado).

Na língua portuguesa, a escolha por *você* ou *senhor(a)* denota o grau de liberdade ou de respeito que deve haver entre os interlocutores. No diálogo apresentado acima, observa-se o emprego dessas formas. A personagem Sílvia emprega a forma *senhora* ao se referir à Irene. Na situação apresentada no texto, o emprego de *senhora* ao se referir à interlocutora ocorre porque Sílvia

a. pensa que Irene é a jardineira da casa.

b. acredita que Irene gosta de todos que a visitam.

c. observa que Irene e Eulália são pessoas que vivem em área rural.

d. deseja expressar por meio de sua fala o fato de sua família conhecer Irene.

e. considera que Irene é uma pessoa mais velha, com a qual não tem intimidade.

A questão explora o uso dos pronomes no português brasileiro atualmente e, inclusive, fornece ao estudante parte da teoria em seu próprio enunciado, comprovando que não é interesse da prova que o estudante memorize classificações e nomenclaturas. Segundo esse enunciado, a escolha das formas *você* ou *senhor* indica "o grau de liberdade ou de respeito" entre os interlocutores. Um falante nativo de português brasileiro sabe que, se o grau de liberdade é maior, a forma *você* é empregada mais comumente, ao passo que, se há menos liberdade entre os interlocutores, a forma *senhor(a)* é a mais comum. Da mesma maneira, quando o falante quer demonstrar respeito por seu interlocutor (seja porque ele é mais velho, seja pela falta de intimidade, seja porque ele é hierarquicamente superior), a forma *senhor(a)* é, em geral, a escolhida. Assim, a opção que fundamenta melhor a escolha da personagem da história para se referir à tia de sua amiga por meio da forma *senhora* é a alternativa *e*.

REGISTRE NO CADERNO

QUESTÕES DO ENEM E DO VESTIBULAR

1. (UNICAMP-SP) Leia, abaixo, a letra de uma canção de Chico Buarque inspirada no romance de José de Alencar, *Iracema – uma lenda do Ceará*.

Iracema voou

Iracema voou
Para a América
Leva roupa de lã
E anda lépida
Vê um filme de quando em vez
Não domina o idioma inglês
Lava chão numa casa de chá
Tem saído ao luar
Com um mímico
Ambiciona estudar
Canto lírico
Não dá mole pra polícia
Se puder, vai ficando por lá
Tem saudade do Ceará
Mas não muita
Uns dias, afoita
Me liga a cobrar:
– É Iracema da América

(Chico Buarque. © Marola Edições Musicais.)

a. Que papel desempenha Iracema no romance de José de Alencar? E na canção de Chico Buarque?

b. Uma das interpretações para o nome da heroína do romance de José de Alencar é de que seja um anagrama de *América*. Isto é, o nome da heroína possui as mesmas letras de *América* dispostas em outra ordem. Partindo dessa interpretação, explique o que distingue a referência à América no romance daquela que é feita na canção.

(FUVEST-SP) Texto para as questões 2 e 3:

Todo o barbeiro é tagarela, e principalmente quando tem pouco que fazer; começou portanto a puxar conversa com o freguês. Foi a sua salvação e fortuna.

O navio a que o marujo pertencia viajava para a Costa e ocupava-se no comércio de negros; era um dos combóis que traziam fornecimento para o Valongo, e estava pronto a largar.

— Ó mestre! disse o marujo no meio da conversa, você também não é sangrador?

— Sim, eu também sangro...

— Pois olhe, você estava bem bom, se quisesse ir conosco... para curar a gente a bordo; morre-se ali que é uma praga.

— Homem, eu da cirurgia não entendo **muito**...

— Pois já não disse que sabe também sangrar?

— Sim...

— Então já sabe até demais.

No dia seguinte saiu o nosso homem pela barra fora: a fortuna tinha-lhe dado o meio, cumpria sabê-lo aproveitar; de oficial de barbeiro dava um salto mortal a **médico** de navio negreiro; restava unicamente saber fazer render a nova posição. Isso ficou por sua conta.

Por um feliz acaso logo nos primeiros dias de viagem adoeceram dois marinheiros; chamou-se o médico; ele fez tudo o que sabia... sangrou os doentes, e em pouco tempo estavam bons, perfeitos. Com isto ganhou imensa reputação, e começou a ser estimado.

Chegaram com feliz viagem ao seu destino; tomaram o seu carregamento de gente, e voltaram para o Rio. Graças à lanceta do nosso homem, nem um só negro morreu, o que muito contribuiu para aumentar-lhe a sólida reputação de entendedor do riscado.

Manuel Antônio de Almeida, *Memórias de um sargento de milícias*.

2. Das seguintes afirmações acerca de diferentes elementos linguísticos do texto, a única correta é:

a. A expressão sublinhada em "para curar a gente a bordo" (L. 12) deve ser entendida como pronome de tratamento de uso informal.

b. A fórmula de tratamento (L. 14) com que o barbeiro se dirige ao marujo mantém o tom cerimonioso do início do diálogo.

c. O destaque gráfico da palavra "**muito**" (L. 14) produz um efeito de sentido que é reforçado pelas reticências.

d. O pronome possessivo usado nos trechos "saiu o nosso homem" (L. 18) e "lanceta do nosso homem" (L. 30) configura o chamado plural de modéstia.

e. A palavra "fortuna", tal como foi empregada na linha 19, pode ser substituída por "bens", sem prejuízo para o sentido.

3. Neste trecho, em que narra uma cena relacionada ao tráfico de escravos, o narrador não emite julgamento direto sobre essa prática. Ao adotar tal procedimento, o narrador

a. revela-se cúmplice do mercado negreiro, pois fica subentendido que o considera justo e irrepreensível.

b. antecipa os métodos do Realismo-Naturalismo, o qual, em nome da objetividade, também abolirá os julgamentos de ordem social, política e moral.

c. prefigura a poesia abolicionista de Castro Alves, que irá empregá-lo para melhor expor à execração pública o horror da escravidão.

d. contribui para que se constitua a atmosfera de ausência de culpa que caracteriza a obra.

e. mostra-se consciente de que a responsabilidade pelo comércio de escravos cabia, principalmente, aos próprios africanos, e não ao tráfico negreiro.

4. (UNICAMP-SP)

REGISTRE NO CADERNO

Noite de autógrafos

Ivan Ângelo

A leitora, vistosa, usando óculos escuros num ambiente em que não eram necessários, se posta diante do autor sentado do outro lado da mesa de autógrafos e estende-lhe o livro, junto com uma pergunta:

– O que é crônica?

O escritor considera responder com a célebre tirada de Rubem Braga, "se não é aguda, é crônica", mas se contém, temendo que ela não goste da brincadeira. (...) Responde com aquele jeito de quem falou disso algumas vezes:

– É um texto de escritor, necessariamente de escritor, não de jornalista, que a imprensa usa para pôr um pouco de lirismo, de leveza e de emoção no meio daquelas páginas e páginas de dados objetivos, informações, gráficos, notícias... É coisa efêmera: jornal dura um dia, revista dura uma semana.

Já se prepara para escrever a dedicatória e ela volta a perguntar:

– E o livro de crônicas, então?

Ele olha a fila, constrangido. Escreve algo brevíssimo, assina e devolve o livro à leitora (...). Ela recebe o volume e não se vai, esperando a resposta. Ele abrevia, irônico:

– É a crônica tentando escapar da reciclagem do papel. Ela fica com ambição de estante, pretensiosa, quer *status* literário. Ou então pretensioso é o autor, que acha que ela merece ser salva e promovida. (...)

– Mais respeito. A crônica é a nossa última reserva de estilo.

(*Veja São Paulo*, São Paulo, 25/07/2012, p. 170.)

efêmero: de pouca duração; passageiro, transitório.

A certa altura do diálogo, a leitora pergunta ao escritor que dava autógrafos: "– E o livro de crônicas, então?"

a. A pergunta da leitora incide sobre uma das características do gênero crônica mencionadas pelo escritor. Explique que característica é esta.

b. Explique o funcionamento da palavra *então* na pergunta em questão, considerando o sentido que esta pergunta expressa.

5. (FUVEST-SP) REGISTRE NO CADERNO

"As duas manas Lousadas! Secas, escuras e gárrulas como cigarras, desde longos anos, em Oliveira, eram elas as esquadrinhadoras de todas as vidas, as espalhadoras de todas as maledicências, as tecedeiras de todas as intrigas. E na desditosa cidade, não existia nódoa, pecha, bule rachado, coração dorido, algibeira arrasada, janela entreaberta, poeira a um canto, vulto a uma esquina, bolo encomendado nas Matildes, que seus olhinhos furantes de azeviche sujo não descortinassem e que sua solta língua, entre os dentes ralos, não comentasse com malícia estridente."

(Eça de Queirós, *A ilustre casa de Ramires*.)

No texto, o emprego de artigos definidos e a omissão de artigos indefinidos têm como efeito, respectivamente:

a. atribuir às personagens traços negativos de caráter; apontar Oliveira como cidade onde tudo acontece.

b. acentuar a exclusividade do comportamento típico das personagens; marcar a generalidade das situações que são objeto de seus comentários.

c. definir a conduta das duas irmãs como criticável; colocá-las como responsáveis pela maioria dos acontecimentos na cidade.

d. particularizar a maneira de ser das manas Lousadas; situá-las numa cidade onde são famosas pela maledicência.

e. associar as ações das duas irmãs; enfatizar seu livre acesso a qualquer ambiente na cidade.

6. (UNICAMP-SP) Os textos a seguir integram uma matéria de divulgação científica sobre o tamanho de criaturas marinhas, ilustrada com fotos dos animais mencionados.

Texto I

Eles nascem com milímetros e alcançam metros de comprimento, nadam das praias rasas às águas abissais. Em fotos únicas, produzidas em tanques especiais, conheça as medidas dos animais do fundo do mar.

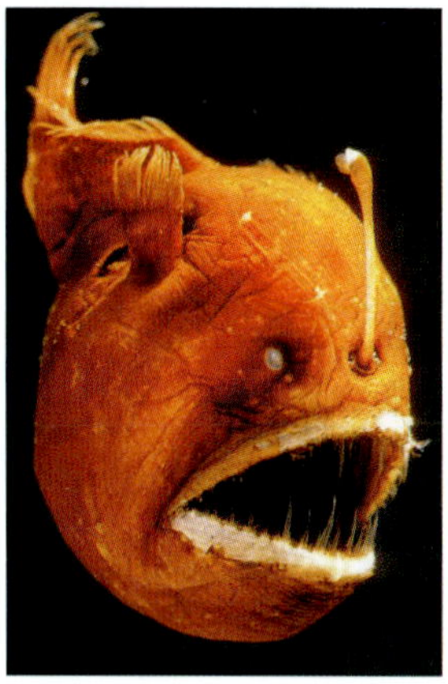

Norbert Wu/Minden Pictures/Latinstock

Texto II

Escala milimétrica

Enquanto este cavalo-marinho pode chegar a 30 cm, os filhotes medem poucos milímetros ao nascer. Eles surgem depois que a fêmea deposita óvulos em uma bolsa na barriga do macho, que é responsável pela fertilização.

TPG Images/AGB Photo Library

("Escalas marinhas", em *Superinteressante*, São Paulo, jun. 2012, p. 72-73.)

a. Pode-se afirmar que a compreensão do texto 2 depende da imagem que o acompanha. Destaque do texto a expressão responsável por essa dependência e explique por que seu funcionamento causa esse efeito.

b. No que diz respeito à organização textual, que diferença se pode apontar entre os dois textos, quanto ao modo como o pronome *eles* se relaciona com os termos a que se refere?

7. (FUVEST-SP) Examine a tirinha.

Fernando Gonsales

Fernando Gonsales, *Níquel Náusea: Cadê o ratinho do titio?*. São Paulo: Devir, 2011.

a. De acordo com o contexto, o que explica o modo de falar das personagens representadas pelas duas traças?

b. Mantendo o contexto em que se dá o diálogo, reescreva as duas falas do primeiro quadrinho, empregando o português usual e gramaticalmente correto.

Produção de texto

8. (UFSC-SC) Considere os excertos abaixo, reflita sobre os significados do envelhecimento na contemporaneidade e redija uma *crônica* sobre esse tema.

Fiquei velho

Tempus fugit... Sim, o tempo foge sem parar. Mas, por convenção, só nos lembramos disso em datas especiais. Minha data chegou. Mudaram-se os meus números. Oficialmente fiquei mais velho. Sessenta e oito anos! Nunca imaginei que isso iria me acontecer. Mas aconteceu. Fiquei velho. Não é ruim. A velhice tem uma beleza que lhe é própria. A beleza das velhas árvores é diferente da beleza das árvores jovens. [...]

Rubem Alves

Reprodução

Mel Curtis/ Getty Images

A tendência contemporânea é rever os estereótipos associados ao envelhecimento. A ideia de um processo de perdas tem sido substituída pela consideração de que os estágios mais avançados da vida são momentos propícios para novas conquistas, guiadas pela busca do prazer e da satisfação pessoal. As experiências vividas e o saberes acumulados são ganhos que oferecem oportunidades de realizar projetos abandonados em outras etapas e estabelecer relações mais profícuas com o mundo dos mais jovens e dos mais velhos.

Guita Grin Debert

Noite literária – Do cotidiano à utopia

Como encerramento desta unidade, realizaremos uma **Noite literária**, na qual serão apresentados à comunidade escolar, a amigos e familiares os textos produzidos por você e seus colegas e também será lançada uma revista com crônicas e outros gêneros produzidos pela classe.

O evento deve acontecer em um espaço amplo, como um auditório ou anfiteatro da escola.

Discutam com o professor a melhor forma de divulgar o evento: cartazes, faixas, *e-mails*, redes sociais.

Peter Widmann/United Archives/Diomedia

Leitura dramática, representação e declamação

Em grupo, escolham um ou dois textos produzidos por vocês nesta unidade – crônica do cotidiano, crônica sobre o primeiro amor, crônica de humor, estatuto poético, edital de concurso para escolha de integrantes de uma nova sociedade – e preparem para eles uma forma de apresentação, entre as possibilidades a seguir.

Blend RM/Hill Street Studios/Diomedia

- **Leitura dramática** – Um aluno lê o texto escolhido fazendo a voz do narrador e outros a voz de personagens, se houver. Ensaiem várias vezes, até que a leitura soe bastante natural. Se quiserem, poderão incluir um fundo musical ou efeitos sonoros.
- **Dramatização** – Escolham para representação teatral uma crônica em que haja diálogos. Decidam quem representará as personagens e quem cuidará da direção, do cenário, da sonoplastia e do vestuário. Se necessário, um aluno deverá fazer a voz do narrador.
- **Declamação** – Preparem uma declamação – individual, em dupla ou em grupo – do estatuto poético ou do edital de concurso para escolha de integrantes de uma nova sociedade. O texto deve ser lido com bastante ênfase, de modo a sensibilizar ou emocionar o público. Se quiserem, declamem também alguns poemas ou fragmentos de poemas do Romantismo, como "O navio negreiro".

Rico

Produção e lançamento da revista literária

Discutam previamente, com a participação do professor, os critérios para a escolha dos textos que deverão fazer parte da revista literária. Vocês poderão decidir, por exemplo, que cada aluno deverá escolher um ou dois textos entre os que produziu nesta unidade ou, então, uma crônica e o estatuto poético.

Decidam também o suporte para a revista, que pode ser impresso ou digital. Em ambas as situações, os textos deverão ser digitados, revisados e, se quiserem, ilustrados.

Deem um título à revista e preparem a capa, a folha de rosto (sigam como modelo a de revistas conhecidas), a apresentação e a quarta capa.

Caso tenham se decidido pela versão impressa, reúnam o material e montem a revista. Tirem cópias e, na **Noite literária**, exponham em mesas certo número de exemplares, para que o público possa manuseá-los. No caso de revista digital, providenciem computadores e os deixem em mesas, a fim de que o público navegue pelos textos e os leia à vontade.

Ilustrações: Rico

Mural

Reúnam em um mural os editais relacionados à construção de uma nova sociedade. Deem um título atraente ao mural e deixem-no em lugar de fácil acesso ao público que irá participar da **Noite literária**.

UNIDADE 3

Em busca da verdade

Museu Van Gogh, Amsterdã, Holanda

Os comedores de batatas (1885), de Van Gogh, obra pertencente à fase realista do pintor. Abordando um tema do cotidiano e social, a tela retrata uma modesta refeição de trabalhadores, cujas roupas simples, mãos e feições grosseiras testemunham a vida difícil dos lavradores da terra. Apesar disso, a cena exprime fraternidade e solidariedade. Em uma carta ao irmão Théo, o artista comenta sobre o que o motivou na criação da obra: "Apliquei-me conscientemente em dar a ideia de que essas pessoas que comem suas batatas, sob a claridade do candeeiro, lavraram elas mesmas a terra com as mãos que levam o alimento ao prato; o quadro evoca, assim, o trabalho manual e sugere que esses camponeses merecem o alimento que ganharam tão honestamente".

PROJETO

FATOS EM REVISTA

Participe, com seus colegas de grupo, da produção de uma *revista* com um perfil escolhido por vocês. A revista reunirá notícias, entrevistas e reportagens produzidas por vocês no decorrer da unidade.

(...) se o romancista de ontem escolhia e narrava as crises da vida, os relatos agudos da alma e do coração, o romancista de hoje escreve a história do coração, da alma e da inteligência no estado normal. Para produzir o efeito que ele persegue, isto é, a emoção da simples realidade, e para extrair o ensinamento artístico que dela deseja tirar, isto é, a revelação do que é verdadeiramente o homem contemporâneo diante de seus olhos, ele deverá empregar somente fatos de uma verdade irrecusável e constante.

(Guy de Maupassant. Apud: Alfredo Bosi. *História concisa da literatura brasileira*. 2. ed. São Paulo: Cultrix, 1975. p. 179.)

The Bridgeman Art Library/Keystone Brasil/Coleção particular

Jornal da manhã (1878), de Haynes King. No século XIX, o jornal conquistou um grande número de leitores, colaborando para a formação de um público leitor e para a divulgação de obras literárias.

Arnaldo Antunes

a palavra não vem

pensa
pensa
pensa
pensa
e a palavra não vem

nunca
nunca
nunca
nunca
nunca
nunca
nunca
nunca

a palavra vem

(Arnaldo Antunes. *Tudos*. 6. ed. São Paulo: Iluminuras, 2001.)

CAPÍTULO 1

Realismo, Naturalismo e Parnasianismo
O verbo (I)
A notícia

LITERATURA

O Realismo, o Naturalismo e o Parnasianismo

FOCO NA IMAGEM

Observe a pintura a seguir, do pintor realista francês Gustave Courbet.

O ateliê do pintor – Alegoria real, que resume um período de sete anos da minha vida artística e moral (1855).

Museu de Orsay, Paris, França.

1. É possível considerar que a tela de Courbet é essencialmente metalinguística.

a. O que há no centro da tela? Identifique os principais objetos e as personagens centrais da obra.

b. Qual é a relação entre esses elementos e a metalinguagem na obra?

c. Vasos, animais, pessoas eram usados como modelos para as pinturas dessa época. Levante hipóteses: O que as três personagens que circundam o pintor representam?

2. Além dos elementos centrais, aparece na tela um grande número de pessoas. Elas são bem diferentes umas das outras ou parecem pertencer a um mesmo grupo social? Justifique sua resposta com elementos da tela.

3. O pintor e seu trabalho têm grande destaque na pintura.

a. O que está sendo pintado?

b. Qual relação se pode estabelecer entre o que está sendo pintado e a realidade à volta do pintor?

4. Courbet foi um dos principais representantes da pintura realista, e seu engajamento no estilo era tanto que o levou a se comprometer a pintar apenas aquilo que seria capaz de ver. A tela em estudo, no entanto, não retrata um episódio que de fato ocorreu, isto é, as pessoas retratadas não estavam todas simultaneamente no ateliê de Courbet, o que se comprova pelo subtítulo dado à obra pelo autor: *Alegoria real, que resume um período de sete anos da minha vida artística e moral*. Tendo em vista essas informações, responda:

a. Que sentido é possível atribuir à pintura e às personagens retratadas?

b. Observe, a seguir, alguns detalhes do quadro e, em seu caderno, relacione cada um deles a uma das descrições.

I.

II.

III.

Fotografias: Museu de Orsay, Paris, França.

IV.

V.

- Um padre, representando a religiosidade.
- Um casal representando os apreciadores da arte.
- Um casal representando o amor.
- Charles Baudelaire, poeta romântico e amigo pessoal de Courbet.
- Uma mendiga, representando a classe mais pobre.

Gustave Courbet

O pintor francês Gustave Courbet (1819-1877) é considerado um dos precursores da pintura realista. Por retratar o cotidiano e a vida de pessoas simples e comuns, algumas de suas telas causaram escândalo e foram recusadas em salões de pintura da época. A tela *O ateliê do pintor*, por exemplo, foi recusada na Exposição Universal de 1855. Courbet, inconformado, expôs a obra em uma tenda erguida por ele próprio.

Coleção particular

O homem desesperado (autorretrato). (1843), de Gustave Courbet.

REGISTRE NO CADERNO

c. É possível notar que as personagens retratadas do lado esquerdo da tela são figuras genéricas, anônimas, representativas de alguns setores da sociedade da época. Em contrapartida, do lado direito encontram-se figuras conhecidas na Europa do século XIX (veja o boxe "Intelectuais na tela de Courbet"). Levante hipóteses: Por que o pintor fez essa separação?

Intelectuais na tela de Courbet

Importantes intelectuais do século XIX aparecem retratados na tela *O ateliê do pintor*, de Courbet, entre eles: Émile Zola, considerado o mais representativo escritor naturalista francês; Pierre-Joseph Proudhon, filósofo e político, idealizador do que Karl Marx denominou "socialismo utópico"; Charles Baudelaire, poeta e teórico francês.

d. Conforme vimos anteriormente, alegoria é uma representação de determinada ideia. Conclua: Por que a tela em estudo pode ser considerada uma alegoria?

5. A tela *As fases da vida*, de Caspar Friedrich, estudada na unidade 1, também é considerada uma alegoria, pois os barcos pintados representam as diferentes fases da vida. Discuta com os colegas e o professor: Por que é possível afirmar que na tela do pintor romântico a alegoria envolve mais subjetividade do que na tela de Courbet?

As fases da vida (1835), de Caspar Friedrich/Museu de Bildenden Kunste, Leipzig, Alemanha

6. Courbet foi muito ligado a causas sociais. Quais características da tela em estudo deixam transparecer o engajamento social do artista?

7. Entre as características relacionadas a seguir, indique as que dizem respeito à tela de Courbet e que podem ser consideradas pertencentes à estética realista.

- compromisso com a realidade social
- preferência por temas religiosos
- abordagem racional
- idealização da mulher
- busca de maior objetividade
- retrato de cenas oníricas e mórbidas
- retrato de cenas e personagens do cotidiano social

REGISTRE NO CADERNO

FIQUE CONECTADO!

Amplie seus conhecimentos sobre o Realismo, pesquisando em:

LIVROS

Editora Saraiva

- Conheça as principais obras de nosso Realismo, lendo: *Memórias póstumas de Brás Cubas*, *Dom Casmurro* e *O alienista*, de Machado de Assis (Saraiva); *Quincas Borba*, de Machado de Assis (Ática); *O cortiço* e *Casa de pensão*, de Aluísio Azevedo (Ática); *O Ateneu*, de Raul Pompeia (Ática); *Melhores poemas de Olavo Bilac*, organizada por Marisa Lajolo (Global).
- Leia também obras que dialogam com textos e personagens de Machado de Assis, Aluísio Azevedo e Raul Pompeia: *Um homem célebre* – Machado recriado, de vários autores (Publifolha); *Capitu mandou flores*, organizado por Rinaldo de Fernandes (Geração Editorial); *Quem é Capitu?*, de Albert Schprejer (Nova Fronteira); *Capitu*, de Lygia Fagundes Telles e Paulo Emílio Salles Gomes (Cosac & Naify); *O amor de Capitu*, de Fernando Sabino (Ática); *A audácia dessa mulher*, de Ana Maria Machado (Objetiva); *Dez dias de cortiço*, de Ivan Jaf (Ática); *A última quimera*, de Ana Miranda (Companhia das Letras).

Superfilmes

FILMES

- *Brás Cubas*, de Júlio Bressane; *Memórias póstumas de Brás Cubas*, de André Klotzel; *Quincas Borba*, de Roberto Santos; *Dom*, de Moacyr Góes; *O cortiço*, de Francisco Ramalho Jr.; *O crime do Padre Amaro*, de Carlos Carrera; *Os Maias*, de João Botelho; *O primo Basílio*, de Daniel Filho; *Madame Bovary*, de Sophie Barthes.

MÚSICAS

- Na época do Realismo literário, o destaque na música foram os compositores impressionistas, entre os quais tornaram-se mais conhecidos: Claude Debussy, Maurice Ravel, Ralph Vaughan Williams e Ottorino Respighi. Além de composições desses músicos, ouça também a canção "Capitu", de Luiz Tatit, sobre a enigmática personagem de Machado de Assis.

SITES

- As obras dos principais escritores realistas, naturalistas e parnasianos brasileiros, como Machado de Assis, Aluísio Azevedo e Olavo Bilac, são de domínio público, e podem ser baixadas em: http://www.dominiopublico.gov.br/pesquisa/PesquisaObraForm.do?select_action=&co_autor=45.

PINTURAS

Museu D'Orsay, Paris, França

Enterro em Ornans (1849), de Courbet.

- Conheça a obra dos pintores realistas Gustave Courbet, Honoré Daumier e Jean-François Millet e também a dos pintores impressionistas Édouard Manet, Jean-Baptiste Corot e Vincent van Gogh.

ESCULTURA

The Bridgeman Art Library / Keystone Brasil

- O principal escultor no final do século XIX foi Auguste Rodin, que recebeu influências do Realismo, do Simbolismo e do Impressionismo. Conheça o trabalho do artista, acessando o *site* do Museu Rodin, de Paris: http://www.musee-rodin.fr/en/home.

O contexto de produção e recepção do Realismo

A pintura *O ateliê do pintor* pertence ao Realismo, movimento artístico e literário que se iniciou na França e se difundiu pela Europa e outros continentes na segunda metade do século XIX. Quem produzia literatura realista no Brasil nesse período? Quem era o público consumidor?

Meios de circulação

Na segunda metade do século XIX, a maior parte da população brasileira não era alfabetizada. O público leitor era formado pelas camadas médias e altas da sociedade e se concentrava nas capitais e nas cidades mais desenvolvidas do país. Além de estar presente nas faculdades, nos cafés, nos salões literários e nas livrarias, as obras literárias passaram a circular também por meio dos chamados gabinetes de leitura, um sistema de empréstimo remunerado de livros a preços baixos. Nesse período, também tiveram um papel muito importante na divulgação da literatura algumas revistas, entre as quais a *Revista Brasileira*, e os jornais em que eram publicados os folhetins.

Com a modernização das cidades e a consolidação da consciência nacional após a Independência, a vida cultural se dinamizou e os escritores passaram a ser prestigiados e considerados como parte integrante da vida social. A criação da Academia Brasileira de Letras é um símbolo desse processo de consagração da literatura e da figura do escritor na sociedade brasileira.

O Realismo, o Naturalismo e o Parnasianismo em contexto

Pensadores de diversas áreas do conhecimento foram influenciados, na segunda metade do século XIX, pelo progresso da ciência. Princípios e métodos das ciências, baseados na razão, na objetividade e na experimentação, passaram a ser referências também para outros campos do saber, como a filosofia, a história, a geologia e a literatura.

Nesse contexto, no qual a objetividade e o racionalismo ganhavam destaque, o caráter subjetivo e idealizado do Romantismo passou a ser progressivamente combatido. Na prosa, esse movimento de reação foi chamado de Realismo, e seus adeptos preconizavam que a representação do ser humano, da sociedade e dos costumes fosse o mais possível fiel à realidade. Como uma derivação do Realismo, surgiu o Naturalismo, que, orientado por novas teorias científicas e filosóficas, buscava explicar o comportamento das personagens pela influência de fatores como o meio social e a hereditariedade. Na poesia, ocorreu o Parnasianismo, que repudiou o subjetivismo romântico e buscou, diferentemente de seus antecessores, o culto à forma.

Os trabalhadores

O francês Gustave Courbet, que iniciou o Realismo na pintura, retratou trabalhadores e camponeses, pessoas que não eram, na época, consideradas dignas de representação.

Galeria Neue Meister, Dresden, Alemanha

Os quebradores de pedras (1849), de Gustave Courbet.

A Academia Brasileira de Letras

Rubens Chaves/Pulsar Imagens

Desde meados do século XIX, havia a ideia de se criar no Brasil uma academia literária, nos moldes da Academia Francesa. A ideia ganhou força no final daquele século, por meio da atuação de um grupo de escritores ligados à *Revista Brasileira*.

A Academia Brasileira de Letras (ABL) foi oficializada em 1897, e seu primeiro presidente, escolhido por aclamação, foi Machado de Assis, cargo que o escritor ocupou até sua morte, ocorrida em 1908. Também foram membros fundadores da ABL Visconde de Taunay, Aluísio Azevedo, Olavo Bilac e Ruy Barbosa, entre outros.

A instituição, cuja finalidade é o cultivo da língua portuguesa e da literatura brasileira, tem atualmente entre seus membros escritores como Ana Maria Machado, Lygia Fagundes Telles, Nélida Piñon e Ferreira Gullar.

Os colonizadores

Fundação Bienal de São Paulo, São Paulo, Brasil

Os descobridores (1899), de Belmiro de Almeida.

Na tela acima, o pintor brasileiro Belmiro de Almeida retrata os descobridores do Brasil de maneira não heroica: em trajes pobres, dois homens descansam ao pé de uma árvore desfolhada.

FOCO NO TEXTO

Você vai ler, a seguir, um capítulo de *Memórias póstumas de Brás Cubas*, de Machado de Assis. Nessa obra, a personagem Brás Cubas narra, depois de morta, fatos e acontecimentos de sua vida.

CAPÍTULO II
O emplasto

Com efeito, um dia de manhã, estando a passear na chácara, pendurou-se-me uma ideia no trapézio que eu tinha no cérebro. Uma vez pendurada, entrou a bracejar, a pernear, a fazer as mais arrojadas cabriolas de volatim, que é possível crer. Eu deixei-me estar a contemplá-la. Súbito, deu um grande salto, estendeu os braços e as pernas, até tomar a forma de um x: decifra-me ou devoro-te.

Essa ideia era nada menos que a invenção de um medicamento sublime, um emplasto anti-hipocondríaco, destinado a aliviar a nossa melancólica humanidade. Na petição de privilégio que então redigi, chamei a atenção do governo para esse resultado, verdadeiramente cristão. Todavia, não neguei aos amigos as vantagens pecuniárias que deviam resultar da distribuição de um produto de tamanhos e tão profundos efeitos. Agora, porém, que estou cá do outro lado da vida, posso confessar tudo: o que me influiu principalmente foi o gosto de ver impressas nos jornais, mostradores, folhetos, esquinas, e enfim nas caixinhas do remédio, estas três palavras: *Emplasto Brás Cubas*. Para que negá-lo? Eu tinha a paixão do arruído, do cartaz, do foguete de lágrimas. Talvez os modestos me arguam esse defeito; fio, porém, que esse talento me hão de reconhecer os hábeis.

Assim, a minha ideia trazia duas faces, como as medalhas, uma virada para o público, outra para mim. De um lado, filantropia e lucro; de outro lado, sede de nomeada. Digamos: – amor da glória.

Um tio meu, cônego de prebenda inteira, costumava dizer que o amor da glória temporal era a perdição das almas, que só devem cobiçar a glória eterna. Ao que retorquia outro tio, oficial de um dos antigos terços de infantaria, que o amor da glória era a coisa mais verdadeiramente humana que há no homem, e, conseguintemente, a sua mais genuína feição.

Decida o leitor entre o militar e o cônego; eu volto ao emplasto.

(São Paulo: Globo, 2008. p. 43-4.)

arguir: condenar, censurar; examinar, interrogando.
bracejar: agitar os braços com violência.
cabriola: salto, pirueta.
"decifra-me ou devoro-te": frase com que a esfinge, monstro da mitologia grega, híbrido de leão e mulher, iniciava a proposição de seus enigmas.
emplasto: medicamento sólido de uso externo que amolece com o calor e adere ao corpo.
fiar: acreditar.
filantropia: ação que revela sentimento de amor ou de preocupação com a humanidade.
hipocondríaco: que tem tristeza profunda e contínua; que tem preocupação excessiva com a própria saúde.
nomeada: prestígio, fama.
pecuniário: relativo a dinheiro.
pernear: movimentar as pernas com violência.
petição de privilégio: solicitação dirigida a uma autoridade com a finalidade de impedir o uso de um invento por outra pessoa sem a licença formal.
prebenda: rendimento de cônego.
temporal: mundano, profano.
volatim: equilibrista.

1. Alegoria é um modo de expressão que utiliza imagens, figuras, objetos, animais, etc. para representar uma ideia. No início do texto, Brás Cubas emprega uma alegoria para descrever a maneira como se deu a ideia do emplasto anti-hipocondríaco.

a. Em que consiste essa alegoria?

b. Que efeito de sentido o emprego dessa alegoria cria no texto? Explique.

c. No final do primeiro parágrafo, Brás Cubas emprega outra imagem: "[a ideia] estendeu os braços e as pernas, até tomar a forma de um x: decifra-me ou devoro-te". Nesse contexto, o que essa imagem representa?

2. A prosa realista retrata os traços psicológicos das personagens, explorando seus anseios, contradições, desejos, reflexões, etc.

a. O que Brás Cubas desejava, verdadeiramente, obter com seu emplasto? Esse desejo revela quais traços de caráter da personagem? Justifique sua resposta com elementos do texto.

REGISTRE NO CADERNO

b. Para Brás Cubas, a ideia do emplasto tinha duas faces. Quais eram elas?

c. Brás Cubas reflete a respeito da "sede de nomeada" sob diferentes perspectivas. Quais são elas?

d. A prosa realista se empenha em tratar dos valores humanos com objetividade e imparcialidade. Conclua: Essa característica do Realismo se apresenta no texto em estudo?

Superfilmes

A obra *Memórias póstumas de Brás Cubas* foi adaptada para o cinema em 2001. No filme, o "defunto autor" é representado por Reginaldo Faria.

3. Em reação ao Romantismo, o Realismo procurou fazer retratos não idealizados dos protagonistas e das personagens em geral, aproximando-os do homem comum. As características de Brás Cubas confirmam esse traço da prosa realista? Justifique sua resposta.

4. No Romantismo, as reflexões, os sentimentos e os desejos das personagens são tratados de forma particular, subjetiva, centrada no próprio indivíduo. Diferentemente, no Realismo, as questões vivenciadas pelas personagens partem do âmbito particular e atingem o âmbito universal, que diz respeito a todos os seres humanos. No texto de Machado de Assis, as reflexões de Brás Cubas atingem a universalidade? Justifique sua resposta com elementos do texto.

5. Flaubert, um dos expoentes do Realismo francês, considerava que o romance devia ter um narrador impessoal, em 3ª pessoa, a fim de criar a impressão de que ele se desenvolve por si mesmo. Machado de Assis, sem seguir essa convenção, utilizou em *Memórias póstumas de Brás Cubas* um narrador em 1ª pessoa que dialoga frequentemente com o leitor. No texto em estudo, que efeito resulta da presença desse tipo de narrador?

REGISTRE NO CADERNO

Science Photo Library/ SPL/ Latinstock

Uma das inovações tecnológicas do final do século XIX foi o automóvel, inventado em 1886 pelo engenheiro alemão Karl Benz.

ARQUIVO

Por meio da leitura do texto de Machado de Assis feita neste capítulo, você viu que, no Realismo:

- há o objetivo de retratar a vida real e, por isso, as personagens não são idealizadas;
- prevalece o narrador em 3ª pessoa;
- as questões humanas (anseios, desejos, medos, frustrações, etc.) são tratadas com objetividade e imparcialidade e, partindo do âmbito particular, atingem o universal;
- os traços psicológicos das personagens são abordados com profundidade.

ENTRE **SABERES**

FILOSOFIA • HISTÓRIA • CIÊNCIA • LITERATURA

Na segunda metade do século XIX surgiram novas teorias filosóficas e científicas. O determinismo, o positivismo e o evolucionismo são algumas das teorias que influenciaram muitos pensadores e escritores da época.

Para conhecer essas teorias, leia os textos a seguir.

O determinismo de Hippolyte Taine

Três fontes diferentes contribuem para produzir este estado moral elementar, a *raça*, o *meio* e o *momento*. O que se chama a *raça* são as disposições inatas e hereditárias que o homem traz com ele ao nascer [...].

[...]

Quando se constata a estrutura interior de uma raça, é preciso considerar o *meio* no qual ela vive. Porque o homem não está sozinho no mundo; a natureza o envolve e os outros homens o circundam; [...] e as circunstâncias físicas ou sociais modificam ou complementam o natural que lhes foi dado. E logo o clima faz seu efeito.

[...]

Quando o caráter nacional e as circunstâncias ambientais operam, eles não operam na verdade sobre uma tábula rasa, mas sobre uma tábula onde impressões já foram deixadas. Dependendo do *momento* em que se toma essa tábula, a impressão é diferente; e isto basta para que o efeito total seja diferente.

(Hippolyte Taine. Apud Sergio Alves Peixoto. *A consciência criadora na poesia brasileira – Do Barroco ao Simbolismo*. São Paulo: Annablume, 1999. p. 147.)

progênie: prole, conjunto de descendentes.
tábula rasa: expressão originária do latim que significa "tábua apagada" e tem o sentido de "lousa em branco"; foi usada por certos filósofos para indicar a ausência total de conhecimento de uma pessoa quando ela nasce.

O positivismo de Augusto Comte

Além de ser uma reação contra o idealismo, o positivismo é ainda devido ao grande progresso das ciências naturais, particularmente das biológicas e fisiológicas, do século XIX. Tenta-se aplicar os princípios e os métodos daquelas ciências à filosofia, como resolvedora do problema do mundo e da vida, com a esperança de conseguir os mesmos fecundos resultados. [...]

[...] o positivismo admite, como fonte única de conhecimento e critério de verdade, a experiência, os fatos positivos, os dados sensíveis. [...] A filosofia é reduzida à metodologia e à sistematização das ciências. [...]

(Umberto Padovani e Luís Castagnola. *História da filosofia*. São Paulo: Melhoramentos, 1993. p. 429-30.)

O evolucionismo de Charles Darwin

Darwin afirma que as espécies não são imutáveis. Elas mudam, ou evoluem, e o principal mecanismo para essa mudança é a seleção natural. O processo se baseia em dois fatores. Primeiro, nascem mais progênies do que o núme-

O positivismo e a bandeira brasileira

O lema "Ordem e progresso", que aparece na bandeira brasileira desde a proclamação da República, é inspirado na frase "O amor por princípio, a ordem por base e o progresso por fim", de Augusto Comte.

reprodução

ro que consegue sobreviver a desafios do clima, predadores e doenças; isso conduz a uma luta pela existência. Segundo, há uma variação, ocasionalmente pequenina, ainda assim presente, entre a progênie de uma espécie. Para a evolução, essas variações precisam atender dois critérios. Um: devem ter algum efeito na luta pela sobrevivência e procriação, ou seja, precisam ajudar a conferir o sucesso reprodutivo. Dois: devem ser herdadas e repassadas à progênie, em que passariam a mesma vantagem evolutiva.

Darwin descreve a evolução como um processo lento e gradual. Enquanto uma população de organismos se adapta a novos ambientes, ela se torna uma nova espécie, diferente de seus ancestrais.

(Adam Hart-Davis e outros. *O livro da ciência*. São Paulo: Globo, 2014. p. 148-9.)

Alisson Affonso

Caricatura de Charles Darwin.

Agora, discuta com os colegas:

1. A teoria de Taine foi uma importante referência para os autores do Naturalismo. Para esse pensador, o estado moral do homem é influenciado por fatores inatos e circunstanciais. De acordo com o texto "O determinismo de Hippolyte Taine", quais são os fatores que determinam o comportamento humano? Explique.

2. O positivismo exerceu grande influência no Realismo e no Naturalismo: Que circunstâncias motivaram a criação dessa teoria de Augusto Comte? Qual é o princípio filosófico dela?

3. Segundo Darwin, como se dá a evolução das espécies?

4. Aluísio Azevedo se baseou nas teorias científicas e filosóficas de seu tempo para compor a obra naturalista *O cortiço*. Leia, a seguir, um trecho dessa obra.

> Pombinha, só com três meses de cama franca, fizera-se tão perita no ofício como a outra [Léonie]; a sua infeliz inteligência, nascida e criada no modesto lodo da estalagem, medrou logo admiravelmente na lama forte dos vícios de largo fôlego; fez maravilhas na arte; parecia adivinhar todos os segredos daquela vida; seus lábios não tocavam em ninguém sem tirar sangue; sabia beber, gota a gota, pela boca do homem mais avarento, todo o dinheiro que a vítima pudesse dar de si. [...] Pombinha abria muito a bolsa, principalmente com a mulher de Jerônimo, a cuja filha, sua protegida predileta, votava agora, por sua vez, uma simpatia toda especial, idêntica à que noutro tempo inspirara ela própria à Léonie. A cadeia continuava e continuaria interminavelmente; o cortiço estava preparando uma nova prostituta naquela pobre menina desamparada, que se fazia mulher ao lado de uma infeliz mãe ébria.
>
> (São Paulo: Martins. p. 247.)

Léonie: prostituta que vivia no cortiço.
medrar: progredir, desenvolver-se.
ofício: no caso, a prostituição.

Qual é a teoria em que está embasado o trecho? Justifique sua resposta.

LÍNGUA E LINGUAGEM

O verbo (I)

FOCO NO TEXTO

Leia o texto a seguir.

Greenpeace/AlmapBBDO

(Disponível em: http://aletp.com/2011/08/greenpeace-deixem-as-baleias-namorarem/. Acesso em: 15/12/2015.)

1. Observe a parte não verbal do anúncio.

a. Quais características do desenho permitem identificar qual é a baleia macho e qual é a baleia fêmea?

b. Qual é a diferença, quanto ao tamanho, entre a baleia macho e a baleia fêmea?

c. No logo da campanha, o esguicho que sai das baleias tem um formato específico. Qual é esse formato e qual é a relação dele com o anúncio?

2. Releia as falas das baleias:

REGISTRE NO CADERNO

> "Você acha que eu *tô* gorda?"
> "Pra mim você *tá* sempre gorda, meu amor."

a. O anúncio brinca com um estereótipo de beleza muito difundido atualmente. Qual é esse estereótipo e como o anúncio o aborda?

b. As formas em destaque são típicas da fala e pertencem a um mesmo verbo. Qual é esse verbo e como elas seriam representadas em uma escrita formal?

c. Deduza: Por que o anúncio optou por escrevê-las dessa forma?

d. Complete, em seu caderno, a frase a seguir com o mesmo verbo, imaginando que ela foi dita pela baleia macho.

Na verdade, nós dois ▬ gordos.

3. Releia os enunciados a seguir.

> "Não deixe ninguém estragar."
> "Diga não à exploração de petróleo em Abrolhos."
> "Deixe as baleias namorarem."

REGISTRE NO CADERNO

a. Quem é o anunciante?

b. Quem é o público-alvo?

c. Identifique qual termo de cada enunciado permite afirmar que o anunciante se dirige diretamente a seu público-alvo. Justifique sua resposta.

d. Reescreva os enunciados, supondo que o anunciante se inclui neles, isto é, fala na 1ª pessoa do plural.

e. Discuta com os colegas e o professor: Que mudança ocorreu nos verbos na sua resposta do item *d* e por que ela foi necessária?

4. Considere os seguintes termos, extraídos do anúncio.

I. acha II. é III. deixe IV. estragar V. diga VI. namorarem

Identifique, em seu caderno, qual (quais) se refere(m), no contexto do anúncio, a:

a. uma ação ou atividade realizada no presente;

b. uma afirmação com teor de verdade absoluta;

c. um pedido ou uma ordem;

d. uma ação ou atividade possível.

REFLEXÕES SOBRE A LÍNGUA

No anúncio estudado, você viu que algumas palavras, tais como *acha, é, deixe, estragar, diga* e *namorarem*, fazem referência a ações, atividades, estados; instituem ordens e pedidos ou constroem a possibilidade da ocorrência de um fato. Essas palavras são chamadas *verbos*, a classe de palavras em torno da qual se formam as orações que construímos em nossos textos.

Do ponto de vista semântico, os verbos podem ser conceituados desta forma:

> **Verbo** é a palavra que expressa ações, atividades, estados, eventos ou fenômenos.

Do ponto de vista morfológico, os verbos em língua portuguesa se dividem entre os de 1ª, de 2ª e de 3ª conjugação, dependendo da vogal temática, isto é, da vogal que aparece na terminação dos verbos.

A raiz da palavra contém o sentido do verbo e a vogal temática (VT) determina sua conjugação. Acrescidos da desinência *r*, forma-se o infinitivo:

	RAIZ	VT	DESINÊNCIA	INFINITIVO
1ª conjugação	and	a	r	andar
2ª conjugação	vend	e	r	vender
3ª conjugação	part	i	r	partir

Ainda do ponto de vista morfológico, os verbos, assim como os pronomes, são palavras que se flexionam em pessoa (1ª, 2ª e 3ª) e número (singular e plural). Além dessas flexões, os verbos também variam segundo o tempo (passado, presente e futuro) e o modo (indicativo, subjuntivo, imperativo).

Cada uma dessas flexões do verbo é representada por uma desinência, isto é, uma terminação específica. Veja, a título de exemplo, a formação do tempo futuro do presente no modo indicativo.

PESSOA DO DISCURSO	RADICAL + VT	DESINÊNCIA MODO-TEMPORAL	DESINÊNCIA NÚMERO-PESSOAL
1ª singular (eu)	and a vend e part i	r r r	ei ei ei
2ª singular (tu)	and a vend e part i	r r r	ás ás ás
2ª singular (você) / 3ª singular (ele) / 1ª plural (a gente)	and a vend e part i	r r r	á á á
1ª plural (nós)	and a vend e part i	r r r	emos emos emos
2ª plural (vós)	and a vend e part i	r r r	eis eis eis
2ª plural (vocês) / 3ª plural (eles)	and a vend e part i	r r r	ão ão ão

No apêndice deste volume, você encontra, para fins de consulta, as formações de todos os tempos verbais segundo as regras da gramática normativa.

O *tu* e o *vós*

Você viu, na unidade anterior, que os pronomes pessoais *tu* e *vós* têm sido cada vez menos utilizados na 2ª pessoa do singular e do plural no português brasileiro.

Em épocas mais antigas, entretanto, eles foram amplamente utilizados, com os verbos devidamente conjugados na 2ª pessoa, como na obra *Memórias póstumas de Brás Cubas*, estudada na seção **Literatura** deste capítulo:

> "Tu que me *lês*, se ainda *fores* viva, quando estas páginas vierem à luz – tu que me *lês*, Virgília amada, não *reparas* na diferença entre a linguagem de hoje e a que primeiro empreguei quando te vi? *Crê* que era tão sincero então como agora; a morte não me tornou rabugento, nem injusto.
>
> – Mas, *dirás* tu, como é que *podes* assim discernir a verdade daquele tempo, e exprimi-la depois de tantos anos?"
>
> (op. cit., p. 101.)

Os tempos verbais

Tradicionalmente, as gramáticas normativas conjugam os verbos em diferentes tempos verbais, como você pode ver, resumidamente, ao lado nas pessoas mais utilizadas atualmente no português brasileiro: eu, você/ele, nós, vocês/eles. Os exemplos representam os verbos regulares, isto é, aqueles cujos radicais não sofrem alteração quando conjugados.

Quanto às funções de cada tempo verbal, você verá no próximo capítulo que, assim como acontece com os modos verbais, elas vão depender das situações de comunicação em que se inserem os textos.

Os modos verbais

O modo verbal indica uma escolha feita pelo falante sobre o enunciado que profere, isto é, a escolha do modo verbal dá indícios de como o enunciador avalia o que está dizendo. Tradicionalmente, as gramáticas normativas dividem os modos verbais da seguinte maneira:

- **Modo indicativo:** utilizado para fazer referência a conteúdos que julgamos acontecerem de fato na realidade.

O amor das baleias *é* perfeito.
Empresas *exploram* petróleo em Abrolhos.

- **Modo subjuntivo:** utilizado para fazer referência a situações imaginárias, que não necessariamente correspondem ao que acontece de fato, mas que podem ser úteis para a reflexão.

Espero que as empresas *contribuam* para a reprodução das baleias.
Se o homem não *colaborar*, as baleias sofrerão as consequências.

- **Modo imperativo:** utilizado para dar ordem ou fazer um pedido diretamente ao interlocutor.

Deixe as baleias namorarem.
Diga não à exploração de petróleo em Abrolhos.

Ao longo de nossos estudos e especialmente no próximo capítulo, você verá que essas definições não são inflexíveis e que, assim como acontece com os tempos verbais, há mudança nas funções de cada modo, dependendo dos contextos específicos de produção e das demais palavras que combinamos com os verbos em nossos enunciados.

Tempos do modo indicativo

Presente: canto, canta, cantamos, cantam
vendo, vende, vendemos, vendem
parto, parte, partimos, partem
Pretérito perfeito: cantei, cantou, cantamos, cantaram
vendi, vendeu, vendemos, venderam
parti, partiu, partimos, partiram
Pretérito imperfeito: cantava, cantava, cantávamos, cantavam
vendia, vendia, vendíamos, vendiam
partia, partia, partíamos, partiam
Pretérito mais-que-perfeito: cantara, cantara, cantáramos, cantaram
vendera, vendera, vendêramos, venderam
partira, partira, partíramos, partiram
Futuro do presente: cantarei, cantará, cantaremos, cantarão
venderei, venderá, venderemos, venderão
partirei, partirá, partiremos, partirão
Futuro do pretérito: cantaria, cantaria, cantaríamos, cantariam
venderia, venderia, venderíamos, venderiam
partiria, partiria, partiríamos, partiriam

Tempos do modo subjuntivo

Presente: cante, cante, cantemos, cantem
venda, venda, vendamos, vendam
parta, parta, partamos, partam
Pretérito imperfeito: cantasse, cantasse, cantássemos, cantassem
vendesse, vendesse, vendêssemos, vendessem
partisse, partisse, partíssemos, partissem
Futuro: cantar, cantar, cantarmos, cantarem
vender, vender, vendermos, venderem
partir, partir, partirmos, partirem

Tempos do modo imperativo

Afirmativo: cante, cantemos, cantem
venda, vendamos, vendam
parta, partamos, partam
Negativo: não cante, não cantemos, não cantem
não venda, não vendamos, não vendam
não parta, não partamos, não partam

Formas nominais dos verbos

Infinitivo: cantar, vender, partir
Gerúndio: cantando, vendendo, partindo
Particípio: cantado, vendido, partido

APLIQUE O QUE APRENDEU

REGISTRE NO CADERNO

1. Leia a seguir um trecho de uma notícia.

Bebês trocados em maternidade agora vivem grudados, diz mãe

A doméstica Rita da Silva, 38, teve seu bebê trocado na Santa Casa de Votorantim (a 105 km de SP) em 2004. [...] Por decisão judicial, ela ficou com os dois.

(Disponível em: http://www1.folha.uol.com.br/cotidiano/2015/05/1628809-bebes-trocados-em-maternidade-agora-vivem-grudados-diz-mae.shtml. Acesso em: 10/1/2016.)

a. Reescreva o trecho como se a notícia falasse de Rita e seu marido. Comece por "A doméstica Rita da Silva, 38, e seu marido...".

b. Reescreva o trecho como se a própria Rita estivesse contando o fato. Comece por "Eu, Rita da Silva, ...".

c. Reescreva o trecho como se Rita e seu marido estivessem contando o fato. Comece por "Nós...".

2. Agora leia um trecho de outra notícia:

Um garoto australiano virou hit entre fãs de críquete após ser flagrado pelas câmeras comendo uma melancia inteira – incluindo a casca – durante um jogo em Melbourne, na Austrália.

Mitchell Schibeci, apelidado de "garoto melancia", afirmou que planejou a prática estranha para conseguir ter seu rosto estampado no telão da partida.

(Disponível em: http://www.bbc.com/portuguese/noticias/2016/01/160104_garoto_melancia_ab. Acesso em: 10/1/2016.)

a. Reescreva o trecho como se o próprio garoto estivesse contando o fato. Comece por "Eu...".

b. Reescreva o trecho como alguém que presenciou o fato e soubesse que não apenas um, mas dois garotos realizaram o feito. Comece por "Dois garotos ...".

3. Observe as formas verbais em cada um dos itens das questões anteriores e discuta com os colegas e o professor:

a. O que aconteceu com grande parte delas?

b. Por que isso aconteceu?

4. Leia a seguir trechos de duas canções.

Cada cigarro leva 1 ano de sofrimento.
Ela manda um maço, e de novo ta pronta pro arrebento.
Ri com os "traveco" no breu, com o vulgo que a rua deu.
Entra no carro se lembrando das amigas que morreu.

("Rua Augusta". Casp/Emicida. © Laboratório Fantasma © Warner Chappel Edições Musicais)

Eu não quis
Te fazer infeliz
Não quis
Por tanto não querer
Talvez fiz.

("Partir, andar". Hebert Vianna. © Edições Musicais Tapajós).

Nos dois trechos há formas verbais que estão em desacordo com a norma-padrão.

a. Identifique quais são elas e que formas verbais as substituiriam segundo as regras de conjugação verbal. Justifique sua resposta.

b. As regras pelas quais essas formas verbais estão em desacordo com a norma-padrão são diferentes. Justifique essa afirmativa e indique quais são essas regras.

c. Tendo em vista os contextos em que essas formas ocorrem, deduza: Por que os autores optaram por elas? Justifique sua resposta com elementos do texto.

REGISTRE NO CADERNO

Formas compostas e locuções verbais

Leia este cartum de Angeli:

© Angeli - Folha de S. Paulo

O cartum reproduz a suposta fala de uma pessoa rica em relação à aproximação entre as camadas ricas e pobres da sociedade: ao dizer "não são eles que estão vindo, mas nós que estamos indo", um dos ricos sugere que, em vez de a diminuição da distância se dar porque os mais pobres estão tendo oportunidades de melhorar suas vidas, são os mais ricos que estão empobrecendo. "Estão vindo" e "estamos indo" são locuções verbais.

Nas locuções verbais, o verbo auxiliar é conjugado e o verbo principal assume uma das formas nominais: gerúndio, infinitivo ou particípio. Os verbos auxiliares mais comuns são *ser, estar, ir, ter* e *haver*. Quando *ter* ou *haver* vem junto com o particípio do verbo principal, forma-se um tempo composto. É o caso, por exemplo, da forma *tenha feito*, discutida no exercício da seção anterior.

APLIQUE O QUE APRENDEU

Leia a tira a seguir.

1. Observe as personagens.

a. Quais sentimentos as expressões faciais de Calvin revelam?

b. Quais sentimentos as expressões faciais da mãe de Calvin revelam?

2. Em sua fala, Calvin enumera acontecimentos em um passado recente, em um passado anterior a esse passado recente, no presente e na formulação de afirmações assertivas ou hipóteses futuras.

REGISTRE NO CADERNO

Relacione, em seu caderno, cada um desses tempos às formas verbais. Se julgar necessário, consulte o quadro de tempos verbais ou o apêndice da página 340.

a. presente

b. passado recente

c. passado anterior ao passado recente

d. afirmações assertivas ou hipóteses futuras

Releia o seguinte trecho e responda às questões de 3 a 5.

"Dizem que os poluentes que nós lançamos no ar estão prendendo o calor solar"

Calvin & Hobbes, Bill Watterson © 1987. Watterson/ Dist. by Universal Uclick

3. A forma verbal *lançamos* é igual no presente e no pretérito perfeito do modo indicativo. Levante hipóteses: Qual é o tempo verbal e o sentido que adquire essa forma no enunciado lido? Justifique sua resposta com base na construção dos sentidos do texto.

4. Discuta com os colegas e o professor: Como ficariam as falas das personagens e quais mudanças de sentido ocorreriam no contexto da tirinha se fizéssemos as seguintes substituições nos tempos verbais?

a. Troca da forma *dizem* por uma locução verbal formada pelo presente do verbo *estar* + gerúndio do verbo *dizer*;

b. troca da forma *dizem* pelo pretérito perfeito do indicativo;

c. troca da forma *lançamos* por uma locução verbal formada pelo presente do verbo *ter* + particípio do verbo *lançar*;

d. troca da forma *lançamos* pelo futuro do pretérito do indicativo;

e. troca da forma *estão prendendo* pelo presente do indicativo simples.

Calvin & Hobbes, Bill Watterson 1987. Watterson/ Dist. by Universal Uclick

5. Releia todas as substituições feitas por você na questão 4 e conclua: Qual delas apresenta uma mudança de sentido que não apenas ameniza ou reforça o sentido original, mas de fato altera o que foi dito na tira?

6. A mãe de Calvin parece não concordar com as reivindicações dele.

a. Qual quadrinho permite chegar a essa conclusão?

b. Qual argumento a mãe de Calvin utiliza para sugerir que ele não tem razão de reclamar?

c. E qual argumento Calvin, por sua vez, utiliza para se justificar?

TEXTO E ENUNCIAÇÃO

Leia a seguir um cartum da Graúna, uma das personagens do cartunista brasileiro Henfil.

Henfil

(Disponível em: https://paginadozero.wordpress.com/tag/henfil/. Acesso em: 10/1/2016.)

1. No enunciado principal do cartum, lê-se: "Queremos o poder!". Em uma primeira leitura, o que se entende pelo termo *poder*? A qual classe de palavras ele pertence?

2. Ao ler os balões com a fala da Graúna, há uma mudança de perspectiva.

a. O que a Graúna está fazendo nas várias cenas do cartum?

b. Que novo sentido ganha o termo *poder* nesse contexto? A qual classe de palavras ele pertence?

3. Henfil viveu o auge de sua carreira à época da ditadura militar, tendo sido um grande defensor da redemocratização do Brasil nesse período. Leia o boxe "Henfil e as Diretas Já" e responda às questões.

a. Em que pessoa, tempo e modo verbal está a forma *queremos* do enunciado principal do cartum?

b. Levante hipóteses: Quem essa pessoa do discurso representa no contexto do cartum?

c. Qual o sentido do "poder" que essas pessoas queriam no período mencionado?

4. Durante o regime militar, havia a repressão e a censura, conduzida por um órgão que analisava os textos e não permitia a publicação daquilo que, do ponto de vista dos censores, incitava qualquer ação contra o governo. Observe as expressões da Graúna na sequência do cartum.

a. Que sentimento essas expressões revelam?

b. Explique: Qual efeito de sentido tem o fato de a Graúna conjugar o verbo *poder* nesse contexto?

Henfil e as Diretas Já

Diretas Já foi um movimento realizado no Brasil com início em 1983, quando o país ainda vivia sob a ditadura militar. Os militares previam o fim de seu governo, porém propunham que a eleição de 1984 para a presidência ainda fosse realizada de modo indireto, pelos membros do colégio eleitoral. Insatisfeita, a população saiu às ruas exigindo que a eleição fosse direta, isto é, se efetivasse pelo voto popular. Henfil foi grande entusiasta do movimento, criador do título *Diretas Já*. O cartunista morreu em 1988, um ano antes da eleição direta para a presidência de 1989, a primeira desde 1960 no Brasil.

Paulo Leite/ Estadão Conteúdo

PRODUÇÃO DE TEXTO

A notícia

PROJETO

O CONTEXTO DE PRODUÇÃO E RECEPÇÃO DOS TEXTOS

Quais textos você produzirá nesta unidade? Com que finalidade? Quem vai ler seus textos?

Nesta unidade, nosso projeto é a produção de uma *revista*, impressa ou digital, conforme for decidido pela classe, com a orientação do professor.

Com vistas à produção da revista, estudaremos no decorrer dos capítulos alguns gêneros da esfera jornalística: a notícia, a entrevista e a reportagem.

Como vimos anteriormente, a imprensa brasileira teve início no Brasil em 1808, com a chegada da família real, e cumpriu um papel fundamental na implantação do Romantismo brasileiro.

Tanto no Brasil quanto em outros países, o jornal foi o mais importante meio de divulgação de informações no século XIX. Veiculado inicialmente apenas na forma impressa, foi ao longo do tempo sofrendo grandes transformações, em decorrência das mudanças tecnológicas que aconteceram.

Getty Images/Glowimages

No início do século XX, com o aparecimento do rádio, o jornal começou a ser veiculado também oralmente e, na segunda metade do século, com o advento da TV, passou a existir, além do jornal de rádio, o jornal televisivo, que reuniu som e imagem. No final do século XX e início do XXI, com a popularização dos computadores e da Internet, tornou-se possível ler, ouvir e ver jornais em um único suporte, como *tablets* e *smartphones*.

Os gêneros jornalísticos, como a notícia, a entrevista, a reportagem e o editorial, também sofreram mudanças em razão da necessidade de adaptação às novas formas de transmissão de informações.

Com o passar do tempo, os veículos de comunicação foram se especializando e, atualmente, são comuns as revistas de notícias, que podem ser semanais, mensais, semestrais, etc., e as que tratam de variedades ou de assuntos específicos.

Neste capítulo, você vai estudar a notícia, o mais lido dos gêneros jornalísticos, uma vez que informa o público sobre os fatos que acabaram de acontecer.

FOCO NO TEXTO

Leia a notícia que segue.

Rompimento de barragens atinge dois distritos em Mariana (MG)

DE SÃO PAULO

Ao menos dois distritos de Mariana (116 km de Belo Horizonte) foram atingidos por um "tsunami de lama", após o rompimento de duas barragens de uma mineradora, na tarde desta quinta-feira (5).

Os bombeiros e a prefeitura da cidade ainda não tinham confirmado número de vítimas nem desabrigados até às 6h30 desta sexta (6), mas havia de 25 a 30 funcionários na empresa.

O acidente ocorreu por volta das 15h30, em Bento Rodrigues, a 15 km do centro de Mariana. Inicialmente, a Samarco havia divulgado, em nota, que apenas a barragem de Fundão tinha rompido.

À noite, o diretor-presidente da empresa Ricardo Vescovi informou em um vídeo, publicado em página de rede social, que duas barragens romperam na unidade industrial de Germano, localizada entre as cidades de Mariana e Ouro Preto. Ele disse que a segunda barragem rompida é a de Santarém.

A força da enxurrada destruiu centenas de casas, arrastou veículos e caminhões. Um carro chegou a parar em cima do muro de uma casa.

Na noite desta quinta, a lama já tinha atingido o distrito de Paracatu de Baixo e destruído ao menos 30 casas, segundo informações da Guarda Municipal de Mariana.

A tragédia só não foi maior em Paracatu de Baixo porque a Guarda conseguiu avisar os moradores a tempo de deixarem suas casas.

ROMPIMENTO DE BARRAGEM EM MARIANA, MG

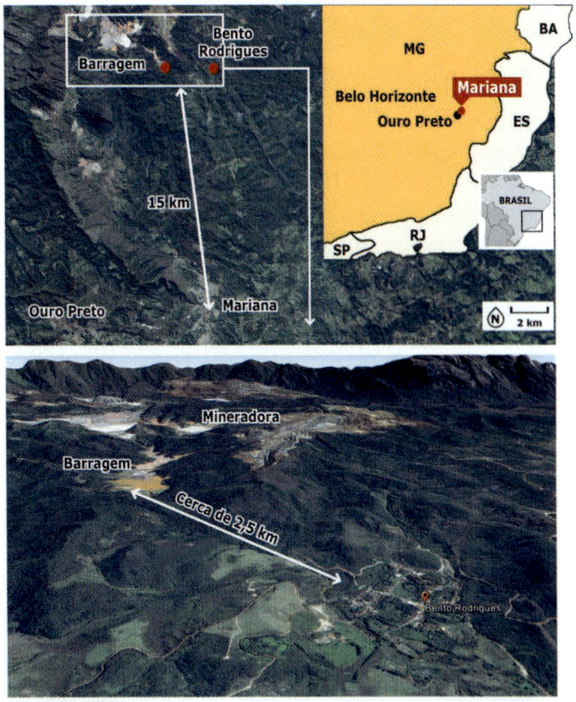

Imagens: Google Maps

Rony Costa/Finephoto/Folhapress

Muitas pessoas foram levadas ao abrigo improvisado para os desabrigados na Arena Mariana e outras buscaram abrigo em uma região de mata na parte mais alta de Paracatu de Baixo, de acordo com a Guarda Municipal.

[...]

(Disponível em: http://www.folha.uol.com.br/cotidiano/2015/11/1702906-rompimento-de-barragens-atinge-distritos-em-mariana-mg.shtml. Acesso em: 15/1/2016.)

1. Uma notícia normalmente informa o público sobre um fato recente, que acabou de acontecer. O primeiro parágrafo, chamado *lead*, costuma trazer as informações básicas de uma notícia: o que aconteceu, quando, onde, como e por quê. Releia o *lead* da notícia em estudo e responda:

a. Que fato é noticiado?

b. Quando ele aconteceu?

c. Em que lugar aconteceu?

d. Por que aconteceu?

e. Como aconteceu?

REGISTRE NO CADERNO

2. O *corpo* de uma notícia é a parte em que há o detalhamento das informações apresentadas no *lead*.

a. A partir de que parágrafo se inicia o corpo da notícia em estudo?

b. Que outras informações sobre o fato o corpo da notícia apresenta?

c. Que parágrafos do texto informam como o fato aconteceu?

3. Nas notícias, tanto em suportes impressos quanto digitais, é comum haver uma foto ou um infográfico relacionado com o fato informado.

a. Na notícia em estudo, qual é o papel dos infográficos?

b. Nas notícias de rádio, como se lida com ausência de imagens?

c. Nas notícias de TV, como as imagens são utilizadas?

4. Além da voz do jornalista, costuma haver em notícias a presença de outras vozes, geralmente de pessoas envolvidas com o fato informado.

REGISTRE NO CADERNO

a. Na notícia lida, que outras vozes é possível identificar?

b. Essas vozes aparecem na forma de discurso direto ou de discurso indireto?

5. Releia o seguinte trecho da notícia, observando as formas verbais destacadas:

"Inicialmente, a Samarco *havia divulgado*, em nota, que apenas a barragem de Fundão *tinha rompido*.

À noite, o diretor-presidente da empresa Ricardo Vescovi *informou* em um vídeo, publicado em página de rede social, que duas barragens *romperam* na unidade industrial de Germano"

a. Em que tempo estão as formas verbais destacadas no trecho?

b. O que justifica o emprego dessas formas verbais?

Léo Fontes/ O Tempo/ FuturaPress

Cenas da tragédia em Mariana.

6. Observe que, embora a notícia trate de um fato já acontecido, a forma verbal empregada no título está no presente.

a. Levante hipóteses: Por que os verbos dos títulos de notícias normalmente são empregados nesse tempo?

b. Haveria possibilidade de o presente também ser utilizado no corpo da notícia lida? Se sim, em que circunstâncias?

7. Em princípio, a linguagem jornalística deve ser objetiva e impessoal, sem a manifestação da opinião do jornalista a respeito do assunto. Apesar disso, muitas vezes é possível notar certo posicionamento do jornalista pelas escolhas linguísticas que faz. Observe estes trechos da notícia em estudo:

- "Um carro chegou a parar em cima do muro de uma casa."
- "A tragédia só não foi maior em Paracatu de Baixo porque"
- "Muitas pessoas foram levadas ao abrigo improvisado para os desabrigados"

a. É possível perceber um posicionamento do jornalista em relação ao fato noticiado? Se sim, qual?

b. Por meio de quais palavras ou expressões é possível inferir esse posicionamento?

c. Dê duas novas redações a cada um dos trechos destacados: em uma, faça modificações para torná-lo mais neutro; na outra, para torná-lo mais explícito quanto a posicionamento.

8. Observe a linguagem do texto quanto à variação linguística e à norma-padrão.

a. Ela está de acordo com a norma culta?

b. Ela é formal ou informal?

REGISTRE NO CADERNO

HORA DE ESCREVER

Como você sabe, no final da unidade será produzida, em grupo, uma revista.

Neste capítulo, você e seus colegas de grupo deverão definir o perfil e o suporte da revista e, a seguir, produzir uma notícia para ser publicada nessa revista.

DECIDINDO O PERFIL E O SUPORTE DA REVISTA

Em grupo, discutam e decidam as características que vocês gostariam que sua revista tivesse:

- Qual vai ser o suporte da revista: impresso ou digital?
- Caso a revista seja impressa, ela terá o formato do papel sulfite (na horizontal ou na vertical) ou outro? Como ela vai circular? Serão feitas cópias para vender ou distribuir para os leitores ou a revista será exposta em mesas ou murais? Se a revista for digital, como ela será divulgada? Em um *blog* do grupo, em um *blog* da classe ou de outras formas?
- Que perfil a revista terá? Ela será uma revista jovem, uma revista estudantil, uma revista de música, uma revista de artes, uma revista literária, uma revista de cinema, uma revista de esportes? Ou com outro perfil?
- Qual é o perfil do público que pretendem atingir: estudantes, jovens, esportistas, apreciadores de música ou de literatura?

Rita Barreto

PRODUZINDO NOTÍCIAS

Escreva, individualmente, uma notícia sobre um tema relacionado ao perfil da revista escolhido pelo grupo. Por exemplo, caso se trate de uma revista de música, escreva uma notícia sobre um fato recente ocorrido no meio musical; se a opção foi por uma revista de cinema, escreva uma notícia sobre um acontecimento recente ocorrido no meio cinematográfico; e assim por diante.

Thinkstock/Getty Images/Rony Costa/Finephoto

ANTES DE ESCREVER

Planeje seu texto, lembrando-se de:

- ter em vista o público para o qual vai escrever: jovens e/ou adultos que se interessam por temas relacionados ao perfil da revista;
- pesquisar em jornais, na Internet e em outras fontes o assunto sobre o qual pretende escrever e/ou conversar com pessoas que tenham informações sobre o assunto;
- no primeiro parágrafo, isto é, no *lead*, apresentar de forma sucinta as informações básicas relacionadas ao fato: o que aconteceu, quando, onde, como e por quê;
- no corpo da notícia, redigir quantos parágrafos forem necessários para detalhar as circunstâncias em que o fato aconteceu;
- acrescentar, se quiser, a fala de uma das pessoas envolvidas no fato, seja em discurso direto, entre aspas, seja em discurso indireto;
- empregar uma linguagem em conformidade com a norma-padrão;
- informar o que ocorreu sem explicitar sua opinião sobre o fato ou sobre as circunstâncias em que ele ocorreu;
- expressar-se com clareza e objetividade, como é próprio da linguagem jornalística;
- dar à notícia um título curto e, caso ele contenha verbo, empregá-lo no presente.

ANTES DE PASSAR A LIMPO

Antes de dar seu texto por terminado, verifique:

- se a notícia está de acordo com o perfil da revista escolhido pelo grupo e com o perfil do público a que se destina.
- se há um *lead* com as informações essenciais sobre o fato noticiado, ou seja, qual é ele e em quais circunstâncias ocorreu (o que, quem, quando, onde, como e por quê).
- se, como autor, você mostra neutralidade em relação ao fato e às circunstâncias em que ele ocorreu.
- se a linguagem está de acordo com a norma culta.
- caso o título contenha verbo, se ele está no presente.

CAPÍTULO

2 O Realismo e o Naturalismo no Brasil O verbo (II) A entrevista

LITERATURA

O Realismo e o Naturalismo no Brasil: Machado de Assis e Aluísio Azevedo

Os autores realistas rejeitaram a idealização feita nas narrativas românticas, mas, de certo modo, conservaram alguns traços do romance romântico, como a descrição da vida social e a análise psicológica das personagens. Assim, com base na razão, na objetividade e na observação dos fatos e do comportamento humano, o Realismo brasileiro aprofundou de modo singular nos romances a descrição do ambiente, dos costumes urbanos e regionais e a análise do caráter do ser humano e dos conflitos psicológicos.

O Naturalismo se distingue do Realismo por se aproximar mais estreitamente das teorias do evolucionismo de Darwin, do positivismo de Comte e do determinismo de Taine, procurando explicar as condutas humanas como resultado de fatores biológicos e sociais. Assim, para os naturalistas, elementos como a hereditariedade e o meio social eram fatores condicionantes das atitudes e dos destinos de suas personagens.

No Brasil, o Realismo e o Naturalismo tiveram repercussão entre 1870 e 1900, por influência direta de escritores franceses, como Émile Zola, fundador do Naturalismo na França, e de escritores portugueses, como Eça de Queirós.

As obras que marcam o início dessas tendências estéticas no Brasil são, respectivamente, *Memórias póstumas de Brás Cubas* (1880), de Machado de Assis, e *O mulato* (1881), de Aluísio Azevedo. Destacam-se também, na prosa realista, Raul Pompeia (1863-1895), com *O Ateneu* (1888), e, na prosa naturalista, Inglês de Sousa (1853-1918), com *O missionário* (1882), e Adolfo Caminha (1867-1897), com *O bom crioulo* (1895).

Pinacoteca do Estado de São Paulo

Retrato de moça, de Almeida Júnior (1850-1899).

O realismo de todos os tempos

A representação do que se observa no mundo real – coisas, pessoas ou sentimentos – é um procedimento que se verifica na literatura em diversos períodos da história e em diferentes lugares do mundo. Esse tipo de realismo, portanto, sempre existiu, diferentemente daquele que é considerado um movimento cultural e literário. Este se distingue por ter se manifestado nas literaturas europeias e americanas, na segunda metade do século XIX, como uma oposição ao Romantismo e por representar uma concepção estética que vinculava literatura, filosofia e ciência.

Machado de Assis

Além de ser o expoente do Realismo brasileiro, Machado de Assis é também um dos nossos principais escritores.

Na vasta obra que produziu, o autor se notabilizou como um ficcionista que, em linguagem concisa e permeada por ironia e ambiguidade, realizou uma profunda reflexão em torno dos conflitos psicológicos e dos dramas da vida interior. Sua prosa equilibrada, sem excessos descritivos, retrata a paisagem urbana e o homem cotidiano, envolto em suas contradições, incertezas, esperanças e fraquezas.

Nos primeiros romances que escreveu, como *A mão e a luva* (1874) e *Iaiá Garcia* (1878), ainda estão presentes as características estruturais mais gerais do romance do século XIX, pois, embora os caracteres das personagens tenham relevo nas narrativas, sobressai nestas a preocupação com a construção da trama.

A fase de maturidade do escritor se inicia com *Memórias póstumas de Brás Cubas*, obra publicada como folhetim em 1880, na *Revista Brasileira*, e em forma de livro no ano seguinte. O romance, narrado em 1ª pessoa por Brás Cubas, o "defunto autor", é todo construído em torno da análise da interioridade das personagens. Os fatos narrados desencadeiam, continuamente, reflexões a respeito tanto de traços psicológicos e morais das personagens quanto da condição humana. São dessa fase também os romances *Quincas Borba* (1891), *Dom Casmurro* (1899), *Esaú e Jacó* (1904) e *Memorial de Aires* (1908).

Machado de Assis

Filho de um pintor mulato e de uma lavadeira de roupa açoriana, Joaquim Maria Machado de Assis (1839-1908) nasceu no Rio de Janeiro.

Dono de vasta cultura literária, adquirida principalmente como autodidata, o escritor exerceu o trabalho de tipógrafo na Imprensa Nacional, foi revisor, redator, resenhista e crítico teatral em jornais e revistas e alcançou altos cargos na administração pública.

Na longa carreira literária que teve, Machado de Assis produziu uma obra vasta e variada, em que se incluem peças teatrais, poemas, crônicas, contos, romances, crítica literária e teatral. Exímio ficcionista, foi um mestre do conto, gênero com que os românticos brasileiros não se ocuparam de modo significativo. Entre os numerosos contos que escreveu, destacam-se "A cartomante", "Missa do galo", "Uns braços", "A causa secreta", "Teoria do medalhão", "O espelho", "Sereníssima república", "O alienista".

Machado de Assis foi um dos fundadores e o primeiro presidente da Academia Brasileira de Letras.

Fundação Biblioteca Nacional

Dom Casmurro

Em *Dom Casmurro*, o protagonista e narrador da história é Bento Santiago (Bentinho/Dom Casmurro). Com o propósito de "atar as duas pontas da vida, e restaurar na velhice a adolescência", o protagonista se propõe a escrever a história de sua vida, centrada na relação entre ele e Capitu (Capitolina).

Quando adolescentes, Bentinho e Capitu se descobrem apaixonados; porém, havia um impedimento para a concretização desse amor: a promessa da mãe de Bentinho de torná-lo padre. Depois de um tempo no seminário, onde conhece Escobar, que se torna seu melhor amigo, Bentinho consegue se livrar do compromisso clerical. Forma-se em Direito, casa-se com Capitu, tem um filho, Ezequiel, e mantém estreita amizade com o casal Escobar e Sancha. Escobar morre afogado no mar e o protagonista, ao observar o sofrimento de Capitu no velório, começa a suspeitar que sua mulher o traíra com o amigo. A semelhança de Ezequiel com Escobar aumenta a desconfiança de Bentinho, provoca conflitos com Capitu e o fim do casamento.

Em *Dom Casmurro*, não há nenhuma prova decisiva a respeito do adultério. Bentinho, um ciumento obsessivo e confesso, apresenta os fatos sob seu ponto de vista, não havendo no romance outra testemunha que confirme ou negue a possível traição da mulher e do amigo. Por isso, a narrativa, toda permeada de ambiguidades, não possibilita uma resposta definitiva em relação à inocência ou à culpa de Capitu.

Dom Casmurro e os demais romances de Machado de Assis retratam a paisagem e o ambiente social do Rio de Janeiro da segunda metade do século XIX, porém, pela genialidade com que o autor analisa a alma humana, superam as limitações do tempo e do lugar e alcançam uma projeção universal e atemporal.

FOCO NO TEXTO

Você vai ler, a seguir, um capítulo de *Dom Casmurro*. Nele, o narrador-protagonista conta como foi, aos poucos, percebendo as semelhanças entre o pequeno Ezequiel e Escobar.

CXXXII
O debuxo e o colorido

Nem só os olhos, mas as restantes feições, a cara, o corpo, a pessoa inteira, iam-se apurando com o tempo. Eram como um debuxo primitivo que o artista vai enchendo e colorindo aos poucos, e a figura entra a ver, sorrir, palpitar, falar quase, até que a família pendura o quadro na parede, em memória do que foi e já não pode ser. Aqui podia ser e era. O costume valeu muito contra o efeito da mudança; mas a mudança fez-se, não à maneira de teatro, fez-se como a manhã que aponta vagarosa, primeiro que se possa ler uma carta, depois lê-se a carta na rua, em casa, no gabinete, sem abrir as janelas; e a luz coada pelas persianas basta a distinguir as letras. Li a carta, mal a princípio e não toda, depois fui lendo melhor. Fugia-lhe, é certo, metia o papel no bolso, corria a casa, fechava-me, não abria as vidraças, chegava a fechar os olhos. Quando novamente abria os olhos e a carta, a letra era clara e a notícia claríssima.

Escobar vinha assim surgindo da sepultura, do seminário e do Flamengo para se sentar comigo à mesa, receber-me na escada, beijar-me no gabinete de manhã, ou pedir-me à noite a bênção do costume. Todas essas ações eram repulsivas; eu tolerava-as e praticava-as, para me não descobrir a mim mesmo e ao mundo. Mas o que pudesse dissimular ao mundo, não podia fazê-lo a mim, que vivia mais perto de mim que ninguém. Quando nem mãe nem filho estavam comigo o meu desespero era grande, e eu jurava matá-los a ambos, ora de golpe, ora devagar, para dividir pelo tempo da morte todos os minutos da vida embaraçada e agoniada. Quando, porém, tornava a casa e via no alto da escada a criaturinha que me queria e esperava, ficava desarmado e diferia o castigo de um dia para outro.

O que se passava entre mim e Capitu naqueles dias sombrios, não se notará aqui, por ser tão miúdo e repetido, e já tão tarde que não se poderá dizê-lo sem falha nem canseira. Mas o principal irá. E o principal é que os nossos temporais eram agora contínuos e terríveis. Antes de descoberta aquela má terra da verdade, tivemos outros de pouca dura; não tardava que o céu se fizesse azul, o sol claro e o mar chão, por onde abríamos novamente as velas que nos levavam às ilhas e costas mais belas do universo, até que outro pé de vento desbaratava tudo, e nós, postos à capa, esperávamos outra bonança, que não era tardia nem dúbia, antes total, próxima e firme.

Releva-me estas metáforas; cheiram ao mar e à maré que deram morte ao meu amigo e comborço Escobar. Cheiram também aos olhos de ressaca de Capitu. Assim, posto sempre fosse homem de terra, conto aquela parte da minha vida, como um marujo contaria o seu naufrágio.

Já entre nós só faltava dizer a palavra última; nós a líamos, porém, nos olhos um do outro, vibrante e decisiva, e sempre que Ezequiel vinha para nós não fazia mais que

Capitu, de Joaquim da Rocha Ferreira (1900-1965).

Museu Nacional de Belas Artes, Rio de Janeiro, RJ

separar-nos. Capitu propôs metê-lo em um colégio, donde só viesse aos sábados; custou muito ao menino aceitar esta situação.

— Quero ir com papai! Papai há de ir comigo! bradava ele.

Fui eu mesmo que o levei um dia de manhã, uma segunda-feira. Era no antigo Largo da Lapa, perto da nossa casa. Levei-o a pé, pela mão, como levara o ataúde do outro. O pequeno ia chorando e fazendo perguntas a cada passo, se voltaria para casa, e quando, e se eu iria vê-lo...

— Vou.

— Papai não vai!

— Vou sim.

— Jura, papai!

— Pois sim.

— Papai não diz que jura.

— Pois juro.

E lá o levei e deixei. A ausência temporária não atalhou o mal, e toda a arte fina de Capitu para fazê-lo atenuar, ao menos, foi como se não fosse; eu sentia-me cada vez pior. A mesma situação nova agravou a minha paixão. Ezequiel vivia agora mais fora da minha vista; mas a volta dele, ao fim das semanas, ou pelo descostume em que eu ficava, ou porque o tempo fosse andando e completando a semelhança, era a volta de Escobar mais vivo e ruidoso. Até a voz; dentro de pouco, já me parecia a mesma. Aos sábados, buscava não jantar em casa e só entrar quando ele estivesse dormindo; mas não escapava ao domingo, no gabinete, quando eu me achava entre jornais e autos. Ezequiel entrava turbulento, expansivo, cheio de riso e de amor, porque o demo do pequeno cada vez morria mais por mim. Eu, a falar verdade, sentia agora uma aversão que mal podia disfarçar, tanto a ela como aos outros. Não podendo encobrir inteiramente esta disposição moral, cuidava de me não fazer encontradiço com ele, ou só o menos que pudesse; ora tinha trabalho que me obrigava a fechar o gabinete, ora saía ao domingo para ir passear pela cidade e arrabaldes o meu mal secreto.

(Cotia: Ateliê, 2008. p. 340-3.)

ataúde: caixão.
atenuar: tornar mais suave.
auto: um tipo de documento jurídico.
comborço: amante de mulher casada.
debuxo: desenho, de algo ou alguém, desprovido de traços precisos; esboço.
diferir: transferir para outra data, adiar.
dúbio: incerto, impreciso.
gabinete: escritório.
pôr à capa: manobra que, em mau tempo, visa à proteção da embarcação.
ressaca: recuo das águas do mar após a rebentação de uma onda.

1. No início do capítulo, o narrador-protagonista, Bento Santiago, emprega uma linguagem figurada para descrever o modo como chegou à conclusão de que Capitu o traíra.

a. Ele relaciona o filho Ezequiel a um debuxo. Em que consiste essa imagem, no texto?

b. Releia o trecho:

"Li a carta, mal a princípio e não toda, depois fui lendo melhor. Fugia-lhe, é certo, metia o papel no bolso, corria a casa, fechava-me, não abria as vidraças, chegava a fechar os olhos. Quando novamente abria os olhos e a carta, a letra era clara e a notícia claríssima."

Bento Santiago emprega a imagem da carta para retratar a maneira como a traição se revelou aos seus olhos. De acordo com esse trecho e o contexto da narração, como isso ocorreu? Justifique sua resposta com elementos do trecho.

c. Além das imagens do debuxo e da carta, o narrador-protagonista utiliza também frases e expressões que reforçam, ao longo do texto, a ideia de traição de Capitu e de Escobar. Identifique no texto dois exemplos de frases ou expressões que confirmam essa ideia.

2. Leia, a seguir, um trecho do capítulo que antecede o capítulo lido.

"Capitu estava mais bela, Ezequiel ia crescendo. Começava o ano de 1872.

– Você já reparou que Ezequiel tem nos olhos uma expressão esquisita? Perguntou-me Capitu. Só vi duas pessoas assim, um amigo de papai e o defunto Escobar. Olha, Ezequiel; olhe firme, assim, vira para o lado de papai, não precisa revirar os olhos assim, assim...

[...] Aproximei-me de Ezequiel, achei que Capitu tinha razão; eram os olhos de Escobar, mas não me pareciam estranhos por isso."

(Idem, p. 338.)

Puxão de orelha, de Almeida Júnior (1850-1899).

De acordo com esse trecho:

a. Quem primeiro chama atenção para a semelhança entre Escobar e Ezequiel?

b. Pode-se dizer que esse fato cria uma ambiguidade na trama? Justifique sua resposta.

3. A convicção do adultério gera conflitos, tanto internos quanto externos.

a. Que conflitos psicológicos o protagonista vivencia logo que se convence do adultério? Justifique sua resposta com elementos do texto.

b. Naquele momento, os conflitos com Capitu tornam-se diferentes dos que até então tinham vivenciado. Em que consiste essa diferença? Justifique sua resposta com elementos do texto.

c. Diante dos conflitos vivenciados pelo casal, o que Capitu propõe a Bento Santiago para amenizar a situação?

4. É pelo ponto de vista de Bento Santiago que os leitores conhecem as características e o perfil psicológico das personagens.

a. Segundo o narrador-protagonista, Capitu tem "olhos de ressaca". Leia o trecho em que ele descreve o olhar de Capitu quando ela fitava o defunto Escobar:

"Momento houve em que os olhos de Capitu fitaram o defunto, quais os da viúva, sem o pranto nem as palavras desta, mas grandes e abertos, como a vaga do mar lá fora, como se quisesse tragar também o nadador da manhã."

(Idem, p. 328-9.)

REGISTRE NO CADERNO

Considerando o significado da palavra *ressaca* e o trecho lido, responda: Quais seriam as características do "olhar de ressaca" de Capitu?

b. No capítulo lido, o narrador-protagonista afirma:

"A ausência temporária não atalhou o mal, e toda a arte fina de Capitu para fazê-lo atenuar, ao menos, foi como se não fosse."

Com o emprego da expressão *arte fina*, o narrador-protagonista sugere um traço de caráter da heroína. Qual é esse traço?

5. Releia esta frase:

"A mesma situação nova agravou a minha paixão".

a. No trecho em que a frase aparece, que sentido a palavra *paixão* tem?

b. Na frase há um paradoxo. Identifique e explique esse paradoxo, considerando o contexto a que a frase diz respeito.

6. Um indivíduo casmurro é alguém que vive sempre fechado em si mesmo. Por ser calado e bastante reservado, vizinhos e amigos passaram a chamar Bento Santiago de Dom Casmurro, alcunha que o protagonista escolheu como título do seu livro. No último parágrafo do capítulo lido, a personagem revela esse traço de caráter? Por quê? Justifique sua resposta com elementos do texto.

Museu D'Orsay, Paris, França

O almoço sobre a relva (1862-1863), de Édouard Manet.

7. A obra machadiana explora com profundidade a vida interior das personagens e seus conflitos psicológicos. Ao fazer isso, ela desnuda as fraquezas e os tormentos da alma humana e, assim, alcança universalidade. Com base nas reflexões realizadas, conclua: *Dom Casmurro* é uma obra psicológica e universal? Justifique sua resposta.

Aluísio Azevedo

O romancista Aluísio Azevedo se notabilizou pela habilidade de retratar agrupamentos humanos, evidenciada em *O cortiço* e também em *Casa de pensão*.

Em suas obras, o autor, orientado pelos preceitos do Naturalismo, criou descrições objetivas e detalhadas do ambiente e de cenas coletivas e delineou o comportamento de suas personagens conforme as teorias científicas e filosóficas de seu tempo.

O cortiço

Em *O cortiço*, Aluísio Azevedo compõe um quadro em que retrata a um só tempo a vida cotidiana da alta sociedade e das camadas mais populares. Nesse quadro, aparecem lado a lado, como vizinhos, o português Miranda, rico comerciante que alcança o título de barão, e o português João Romão, um vendeiro que também era dono de uma pedreira e de vários terrenos da região, onde manda construir o cortiço.

O pobre aglomerado de casas de João Romão passa a ser habitado pelos mais diferentes tipos populares, como o malandro capoeirista, a lavadeira, a prostituta, o homossexual, a mulata sedutora, etc. Tais personagens são, em vários momentos, reduzidos ao nível de animais: a cabocla Paula, por exemplo, tem "dentes de cão", e o cavouqueiro (trabalhador de pedreira) Jerônimo tem "pescoço de touro" e olhos humildes como os de um "boi de carga".

Na trama, Jerônimo é um imigrante português que veio tentar a vida no Brasil, trazendo consigo a mulher Piedade e uma filha ainda pequena. Ao ser contratado por João Romão para trabalhar na pedreira, ele aluga um dos casebres do vendeiro e passa a morar com a família no cortiço.

Aluísio Azevedo

Aluísio Tancredo Gonçalves de Azevedo nasceu em São Luís, no Maranhão, em 1857. Aos 21 anos, mudou-se para o Rio de Janeiro, onde trabalhou como caricaturista em jornais políticos e humorísticos.

Com a morte do pai, em 1878, retornou a São Luís. Em 1881, publicou *O mulato*, obra que o consagrou como escritor naturalista. Após esse sucesso, o autor passou a viver exclusivamente da atividade literária. Escreveu os romances naturalistas *Casa de pensão* (1884) e *O cortiço* (1890) e também crônicas, contos e romances de folhetim românticos.

Em 1895, tornou-se cônsul e, a partir de então, deixou a literatura em segundo plano. Morreu em Buenos Aires, em 1913.

Acervo Iconographia

FOCO NO TEXTO

O trecho de *O cortiço* que você vai ler a seguir narra um episódio da vida de Jerônimo no cortiço de João Romão, lugar em que o cavouqueiro conhece Rita Baiana, uma mulata sedutora.

IX

Passaram-se semanas. Jerônimo tomava agora, todas as manhãs, uma xícara de café bem grosso, à moda da Ritinha e tragava dois dedos de parati "pra cortar a friagem".

Uma transformação, lenta e profunda, operava-se nele, dia a dia, hora a hora, revisцerando-lhe o corpo e alando-lhe os sentidos, num trabalho misterioso e surdo de crisálida. A sua energia afrouxava lentamente: fazia-se contemplativo e amoroso. A vida americana e a natureza do Brasil patenteavam-lhe agora aspectos imprevistos e sedutores que o comoviam; esquecia-se dos seus primitivos sonhos de ambição, para idealizar felicidades novas, picantes e violentas; tornava-se liberal, imprevidente e franco, mais amigo de gastar que de guardar; adquiria desejos, tomava gosto aos prazeres, e volvia-se preguiçoso resignando-se, vencido, às imposições do sol e do calor, muralha de fogo com que o espírito eternamente revoltado do último tamoio entrincheirou a pátria contra os conquistadores aventureiros.

Argos Filmes

O cortiço foi adaptado para o cinema em 1978. Mario Gomes e Betty Faria representaram o português Jerônimo e a mulata Rita Baiana.

E assim, pouco a pouco, se foram reformando todos os seus hábitos singelos de aldeão português: e Jerônimo abrasileirou-se. A sua casa perdeu aquele ar sombrio e concentrado que a entristecia; já apareciam por lá alguns companheiros de estalagem, para dar dois dedos de palestra nas horas de descanso, e aos domingos reunia-se gente para o jantar. A revolução afinal foi completa: a aguardente de cana substituiu o vinho; a farinha de mandioca sucedeu à broa; a carne-seca e o feijão-preto ao bacalhau com batatas e cebolas cozidas; a pimenta-malagueta e a pimenta-de-cheiro invadiram vitoriosamente a sua mesa; o caldo verde, a açorda e o caldo de unto foram repelidos pelos ruivos e gostosos quitutes baianos, pela muqueca, pelo vatapá e pelo caruru [...] e, desde que o café encheu a casa com o seu aroma quente, Jerônimo principiou a achar graça no cheiro do fumo e não tardou a fumar também com os amigos.

E o curioso é que, quanto mais ia ele caindo nos usos e costumes brasileiros, tanto mais os seus sentidos se apuravam, posto que em detrimento das suas forças físicas. Tinha agora o ouvido menos grosseiro para a música, compreendia até as intenções poéticas dos sertanejos, quando cantam à viola os seus amores infelizes; seus olhos, dantes só voltados para a esperança de tornar à terra, agora, como os olhos de um marujo, que se habituaram aos largos horizontes de céu e mar, já se não revoltavam com a turbulenta luz, selvagem e alegre, do Brasil [...]

Ao passo que com a mulher, a S'ora Piedade de Jesus, o caso mudava muito de figura. Essa, feita de um só bloco, compacta, inteiriça e tapada, recebia a influência do meio só por fora, na maneira de viver, conservando-se inalterável quanto ao moral, sem conseguir, à semelhança do esposo, afinar a sua alma pela alma da nova pátria que adotaram. Cedia passivamente nos hábitos de existência, mas no íntimo continuava a ser a mesma colona saudosa e desconsolada, tão fiel às suas tradições como a seu marido. Agora estava até mais triste; triste porque Jerônimo fazia-se outro; triste porque não se passava um dia que lhe não notasse uma nova transformação; triste, porque chegava a estranhá-lo, a desconhecê-lo, afigurando-se-lhe até que cometia um adultério, quando à noite acordava assustada ao lado daquele homem que não parecia o dela, aquele homem que se lavava todos os dias, aquele homem que aos domingos punha perfumes na barba e nos cabelos e tinha a boca cheirando a fumo. Que pesado desgosto não lhe apertou o coração a primeira vez em que o cavouqueiro, repelindo o caldo que ela lhe apresentava ao jantar, disse-lhe:

— Ó filha! por que não experimentas tu fazer uns pitéus à moda de cá?

— Mas é que não sei... balbuciou a pobre mulher.

— Pede então à Rita que to ensine... Aquilo não terá muito que aprender! Vê se me fazes por arranjar uns camarões, como ela preparou aqueles doutro dia. Souberam-me tão bem!

Este resvalamento do Jerônimo para as coisas do Brasil penalizava profundamente a infeliz criatura. Era ainda o instinto feminil que lhe fazia prever que o marido, quando estivesse de todo brasileiro, não a queria para mais nada e havia de reformar a cama, assim como reformou a mesa.

Jerônimo, com efeito, pertencia-lhe muito menos agora do que dantes. Mal se chegava para ela; os seus carinhos eram frios e distraídos, dados como por condescendência; já lhe não afagava os rins, quando os dois ficavam a sós, malucando na sua vida comum; agora nunca era ele que a procurava para o matrimônio, nunca; se ela sentia necessidade do marido, tinha de provocá-lo. E, uma noite, Piedade ficou com o coração ainda mais apertado, porque ele, a pretexto de que no quarto fazia muito calor, abandonou a cama e foi deitar-se no sofá da salinha. Desde esse dia não dormiram mais ao lado um do outro. O cavouqueiro arranjou uma rede e armou-a defronte da porta de entrada, tal qual como havia em casa da Rita.

Uma outra noite a coisa ainda foi pior. Piedade, certa de que o marido não se chegava, foi ter com ele; Jerônimo fingiu-se indisposto, negou-se, e terminou por dizer-lhe, repelindo-a brandamente:

— Não te queria falar, mas... sabes? deves tomar banho todos os dias e... mudar de roupa... Isto aqui não é como lá! Isto aqui sua-se muito! É preciso trazer o corpo sempre lavado, que, se não, cheira-se mal!... Tem paciência!

Ela desatou a soluçar. Foi uma explosão de ressentimentos e desgostos que se tinham acumulado no seu coração. Todas as suas mágoas rebentaram naquele momento.

[...]

Esta rezinga chamou outras que, com o correr do tempo, se foram amiudando. Ah! já não havia dúvida que mestre Jerônimo andava meio caído para o lado da Rita Baiana [...]. O fato de haver a mulata lhe oferecido o remédio, quando ele esteve incomodado, foi pretexto para lhe fazer presentes amáveis; pôr os seus préstimos à disposição dela e obsequiá-la em extremo todas as vezes que a visitava. [...]

[...]

(São Paulo: Paulus, 2002. p. 87-90.)

açorda: sopa feita com pedaços de pão e temperada com alho, coentro, azeite, etc.
alar: criar asas.
amiudar: repetir.
broa: pão redondo feito com farinha de milho.
crisálida: fase de desenvolvimento de certos insetos na qual a larva fica fechada em um casulo.
imprevidente: imprudente, descuidado.
moral: estado de ânimo ou de espírito.
obsequiar: fazer mimos ou prestar favores a alguém.
parati: cachaça.
patentear: liberar, abrir.
pitéu: petisco.
resignar-se: acatar, conformar-se.
rezinga: discussão acalorada.
unto: gordura de porco, banha.

1. Quando passa a viver no cortiço, o português Jerônimo vai, progressivamente, passando por uma transformação. Releia este trecho:

"Uma transformação, lenta e profunda, operava-se nele, dia a dia, hora a hora, reviscerando-lhe o corpo e alando-lhe os sentidos, num trabalho misterioso e surdo de crisálida".

Museu Van Gogh, Amsterdã, Países Baixos

Papoulas e borboletas (1890), de Vincent van Gogh.

a. Entre as palavras e as expressões abaixo, indique em seu caderno as que estão diretamente relacionadas ao fenômeno da metamorfose que leva uma lagarta a virar borboleta:

- transformação
- sentidos
- reviscerando-lhe
- alando-lhe
- trabalho misterioso e surdo

b. Tendo em vista que a frase apresenta um sentido figurado, explique o modo como se deu a transformação de Jerônimo. Justifique sua resposta com elementos da frase citada acima.

2. O comportamento, os hábitos e os valores de Jerônimo foram se transformando com o tempo. A mudança foi tal que, de acordo com o narrador, ele se abrasileirou.

a. Resumidamente, que usos e costumes brasileiros Jerônimo adotou para si? De acordo com o narrador, que mudanças foram ocorrendo no português, à medida que ele adotava hábitos brasileiros?

b. O narrador, além de descrever os hábitos brasileiros adotados por Jerônimo, também faz referência, ao longo do texto, a outras mudanças de comportamento e de valores que foram ocorrendo na personagem. Cite as principais dessas mudanças.

c. De acordo com o texto, o que teria provocado essas mudanças de comportamento e de valores? Em que teoria científico-filosófica o texto se baseia? Justifique sua resposta com elementos do texto.

3. A mudança em Piedade, esposa de Jerônimo, vai ocorrendo de modo diferente da experimentada pelo marido. Em que consiste essa diferença?

4. Seguindo a orientação da perspectiva científica, os romances naturalistas se distanciaram da idealização romântica.

a. No texto em estudo, a descrição de Piedade é objetiva ou subjetiva? Justifique sua resposta com elementos do texto.

b. No romance naturalista, os seres humanos, tal como os animais, são movidos mais pelo instinto do que pela afetividade. Isso se verifica no trecho lido? Justifique sua resposta com elementos do texto.

c. A animalização naturalista se dá também pela comparação direta dos seres humanos com animais. Identifique no texto um exemplo do uso desse tipo de comparação.

Coleção particular

O fado (1910), de José Malhoa, pintor naturalista português.

5. Embora nos romances naturalistas de Aluísio Azevedo prevaleça a norma-padrão, o escritor registrou as variedades linguísticas faladas pelos diversos tipos sociais presentes em suas narrativas. Em *O cortiço*, há o registro do modo de falar do português, inclusive de sua pronúncia, que subtrai letras de determinadas palavras ou expressões. Tais registros, embora se apresentem mais frequentemente nos diálogos das personagens, aparecem também na fala do narrador. Identifique na fala do narrador e das personagens palavras, expressões ou frases que são ilustrativas da variedade falada pelos portugueses.

ARQUIVO

Por meio da leitura de textos feita neste capítulo, você viu que:

na prosa realista de Machado de Assis:

- há uma profunda reflexão a respeito dos conflitos psicológicos e dos dramas da vida interior;
- a obra *Dom Casmurro* é construída a partir da visão de Bento Santiago e de ambiguidades, o que impossibilita ter certeza se Capitu praticou ou não adultério.

na prosa naturalista de Aluísio Azevedo:

- há o retrato de agrupamentos humanos nos quais estão presentes os mais variados tipos populares (o malandro, a prostituta, a lavadeira, o homossexual, etc.);
- as descrições das personagens são detalhadas, objetivas e imparciais e feitas com vistas a criar um retrato fiel do que é observado no mundo real;
- o ser humano é descrito de forma animalizada;
- os comportamentos humanos são explicados com base em teorias filosóficas e científicas da época, como o determinismo de Taine;
- há o registro da variedade linguística falada pelos diversos tipos sociais presentes nas narrativas do autor.

ENTRE TEXTOS

Você vai ler, a seguir, dois textos: o primeiro é um trecho do capítulo "A mão de Sancha", de *Dom Casmurro*, de Machado de Assis; o segundo, um trecho de *A audácia dessa mulher*, romance de Ana Maria Machado publicado em 1999. Nesta obra, a autora cria uma Capitu que teria existido na realidade. Essa personagem, perto do final da vida, envia a Sancha um caderno de receitas com registros pessoais e uma carta que, depois de muitos anos, no final do século XX, vão parar nas mãos de Bia, uma jornalista. No romance de Ana Maria Machado, Capitu é também chamada de Lina, forma abreviada de Capitulina.

Texto 1

CXVIII
A mão de Sancha

José Ferraz de Almeida Júnior. Moça com Livro, s/d (século XIX). Museu de Arte de São Paulo Assis Chateaubriand, São Paulo, Brasil

[...] Na véspera tínhamos passado a noite no Flamengo, não só os dous casais inseparáveis, como ainda o agregado e prima Justina. Foi então que Escobar, falando-me à janela, disse-me que fôssemos lá jantar no dia seguinte; precisávamos falar de um projeto em família, um projeto para os quatro.

– Para os quatro? Uma contradança.

– Não. Não és capaz de adivinhar o que seja, nem eu digo. Vem amanhã.

Sancha não tirava os olhos de nós durante a conversa, ao canto da janela. Quando o marido saiu, veio ter comigo. Perguntou-me de que é que faláramos; disse-lhe que de um projeto que eu não sabia qual fosse; ela pediu-me segredo e revelou-me o que era: uma viagem à Europa dali a dous anos. Disse isto de costas para dentro, quase suspirando. O mar batia com grande força na praia; havia ressaca.

– Vamos todos? perguntei por fim.

– Vamos.

Sancha ergueu a cabeça e olhou para mim com tanto prazer que eu, graças às relações dela e Capitu, não se me daria beijá-la na testa. Entretanto, os olhos de Sancha não convidavam a expansões fraternais, pareciam quentes e intimativos, diziam outra cousa, e não tardou que se afastassem da janela, onde eu fiquei olhando para o mar, pensativo. A noite era clara.

Dali mesmo busquei os olhos de Sancha, ao pé do piano; encontrei-os em caminho. Pararam os quatro e ficaram diante uns dos outros, uns esperando que os outros passassem, mas nenhuns passavam. Tal se dá na rua entre dous teimosos. A cautela desligou-nos; eu tornei a voltar-me para fora. [...]

(Machado de Assis. *Dom Casmurro*. Cotia: Ateliê, 2008. p. 320-21.)

Texto 2

Capítulo 16

Os livros continuam uns aos outros, apesar de nosso hábito de julgá-los separadamente.

Não fui eu quem disse isso, foi Virginia Woolf. Limito-me a lembrar e concordar. E não apenas porque existe uma tradição literária onde esses livros se inserem, fazendo com que nenhuma obra possa ser um fato isolado e solitário, mas tenha sempre que ser o resultado de muitos séculos de se pensar em conjunto, de tal forma que a experiência coletiva está sempre por trás da voz individual. Mais que isso, porém: a leitura aproxima livros diversos. O que o autor leu está embebido nele e passa para sua escrita. Acontece o mesmo com aquilo que cada leitor já leu antes e vai fazer dialogar com o que está lendo agora. Ou ainda com o que guardará do que está lendo neste momento e, em algum ponto futuro, acionará para incorporar a sua vida ou a outras leituras. Livros que continuam uns aos outros.

[...]

[...] Venham comigo ler a carta de Lina e mergulhar com Bia no que ela encontrar, nessas águas moventes onde se cruzam ficção e realidade, no contínuo fluxo de livros que se esparramaram por nossa vida e a fecundam.

Vevey, 28 de março de 1911.

Minha querida amiga Sancha,

Bem imagino tua incredulidade ao receber esta carta. Seguramente me tens por morta e enterrada há mais de vinte anos. E subitamente te escrevo, da Europa, sem nem ao menos saber se está viva ou se esta carta, afinal, te chega às mãos, visto que o único endereço que tenho é o de teus parentes no Paraná. Haveria tanto a dizer-te, sobre todas as cousas que se passaram nestes quarenta anos, contados dia a dia, desde a trágica manhã em que a catástrofe te trouxe a viuvez e deixou tua filhinha na orfandade. Inúmeras vezes compus este relato mentalmente, mas outras tantas o deixei de lado sem saber por onde começar, nem que palavras usar para dar conta das razões que me moveram.

Sei agora que tenho pouco tempo e não me cabe mais adiar. Deixo ordens expressas para que este envelope te seja enviado após meu falecimento, que segundo o médico não deve tardar muito. Sei, assim, que teu olhar só estará percorrendo estas linhas quando não haverá mais resposta possível neste mundo. As lembranças e emoções que deito ao papel não têm mais o poder de mudar o curso dos acontecimentos. Meu gesto serve apenas para trazer-me, a mim, um pouco de paz. E talvez também a ti, garantindo-te a certeza de que não guardei ressentimentos de ti (sim, eu sabia, vi os olhares entre ti e meu marido).

[...]

Acompanha esta carta um caderno de receitas que mamãe me deu pouco depois de sairmos do colégio, e no qual nunca mais escrevi desde a manhã em que ficaste viúva, quando nele fizera as últimas anotações, antes de saber da tragédia. Verás que ao longo do tempo, além de nele copiar receitas de cozinha e maneiras de fazer modelos de tricot e crochet, de quando em quando depositei em suas páginas registros de meu estado de espírito. [...]

Com a leitura, poderás acompanhar o que me ia na alma. Confirmarás quanto eu sempre amei meu marido e como entre nós duas nunca houvera antes daquela fatídica noite cousa alguma que maculasse nossas simpatias, nossa amizade começada no colégio, con-

tinuada e nunca interrompida até que um lance da fortuna fez separar para sempre duas criaturas que prometiam ficar por muito tempo unidas.

O que se seguiu à descoberta daquela noite, e que nem imaginas, tratarei de contar-te resumidamente.

Na manhã seguinte, aturdida e abatida, escrevi aquelas notas em meu caderno e depois fui à missa com prima Justina. Ao regressar, soube que Santiago fora chamado às pressas à tua casa, porque teu marido se afogara. Não pude deixar de recordar, imediatamente, que ainda na véspera eu pensara em sua morte, e na minha também. Igualmente pensara na tua morte e na de meu marido, cheguei a pedir aos céus que elas se abatessem, tão ferida e dilacerada me encontrava eu com a descoberta da traição. Devido à lembrança dessas orações recentes, sentia-me como se meus pensamentos houvessem provocado a tragédia, como se a morte dele, tua viuvez e a orfandade de minha afilhada tivessem como causa única meus desejos secretos. Ao chegar a hora da encomendação e da partida do corpo, teu desespero foi muito além do que eu podia suportar.

A olhar fixamente o cadáver, supliquei com todas as minhas forças que ele me levasse consigo, pensei em lançar-me ao mesmo mar que o levara e que agora me atraía, como se a única maneira de findar meu sofrimento fosse ser tragada pela mesma ressaca que o arrebatara e ainda bramia diante da casa. Nos dias e semanas seguintes, ajudei-te como pude a arrumar tuas cousas e preparar tua mudança para o Paraná. Por vezes desejava falar-te, contar que eu vira os olhares trocados por ti e Santiago. Outras vezes, desejava confessar-te que a morte que te atingiu fora invocada por mim. Não ousei. E depois de tua partida, continuamos nos escrevendo como se nada houvesse mudado em nossa amizade. De minha parte, essa correspondência constituiu uma mentira e uma falsidade que sempre me molestaram muito e só agora clareio.

[...]

(Ana Maria Machado. *A audácia dessa mulher*. Rio de Janeiro: Nova Fronteira, 1999, p. 185-90.)

bramir: fazer grande estrondo (o mar, trovão, etc.).
macular: manchar conspurcar.
Vevey: cidade da Suíça.

REGISTRE NO CADERNO

1. De acordo com o texto I, Bentinho e Capitu fazem uma visita noturna a Sancha e Escobar. Nessa noite, que antecede o dia da morte de Escobar, Sancha dirige certos olhares para Bentinho.

a. Qual é a impressão que o protagonista tem desses olhares? Justifique sua resposta com elementos do texto.

b. Em que contexto tais olhares ocorrem? Nesse contexto, qual seria outra possível interpretação para os olhares de Sancha?

Ana Maria Machado

A escritora Ana Maria Machado nasceu no Rio de Janeiro, em 1941. Formada em Letras, dedicou-se ao magistério, lecionando em universidades brasileiras e estrangeiras, e ao jornalismo, que abandonou em 1980, quando passou a se envolver principalmente com as atividades de escritora.

Seus livros, voltados tanto para o público adulto quanto para o público infantil, receberam vários prêmios, nacionais e internacionais. O romance *A audácia dessa mulher* foi vencedor do Prêmio Machado de Assis, da Biblioteca Nacional, em 1999.

Ana Maria Machado é membro da Academia Brasileira de Letras desde 2003.

2. No texto II, a Capitu recriada por Ana Maria Machado ganha voz e conta os fatos pelo seu ponto de vista. Na carta, Capitu faz referência a alguns conflitos vivenciados por ela na noite da visita e no dia seguinte, quando Escobar morre afogado.

a. De acordo com esse texto, de que maneira Capitu interpretou a troca de olhares entre Bentinho e Sancha? Justifique sua resposta com elementos do texto.

b. Por que Capitu se sente responsável pela morte de Escobar? Justifique sua resposta com elementos do texto.

c. Segundo Capitu, que motivo a levou a olhar fixamente o cadáver de Escobar? Que sentimentos a afligiam naquele momento?

3. O texto II se inicia com uma metaficção, ou seja, o narrador do texto ficcional reflete sobre o próprio ato de produzir ficção. Para iniciar essa reflexão, o narrador lembra o que afirma ter sido dito por Virginia Woolf: "Os livros continuam uns aos outros, apesar de nosso hábito de julgá-los separadamente".

REGISTRE NO CADERNO

a. Quais argumentos do narrador fundamentam essa ideia?

b. *A audácia dessa mulher* tem como proposta dar continuidade à obra de Machado de Assis. Tendo em vista que, em *Dom Casmurro*, com a separação do casal, Capitu passa a morar na Suíça e não aparece mais na história, responda: Que fatos do texto em estudo evidenciam essa proposta de continuidade?

4. Em *Dom Casmurro*, todos os fatos são narrados pela perspectiva de Bento Santiago, o Bentinho. No diálogo que faz com a obra, Ana Maria Machado modifica esse traço fundamental de *Dom Casmurro*.

a. Em que consiste essa mudança?

b. Essa mudança acarreta diferenças entre as histórias. Quais são essas diferenças?

5. Tendo em vista o texto de Ana Maria Machado e as reflexões realizadas ao longo do estudo feito, discuta com os colegas: Em *A audácia dessa mulher*, há uma abordagem que valoriza a figura feminina? Por quê?

Virginia Woolf

Ficcionista, crítica literária e ensaísta, a britânica Virginia Woolf (1882-1941) foi um dos principais nomes da literatura modernista. Entre os romances da autora, caracterizados sobretudo pela introspecção psicológica, destacam-se *Mrs. Dalloway* (1925) e *Orlando* (1928), que foram adaptados para o cinema na década de 1990, com títulos homônimos.

O filme *As horas*, de 2002, dirigido por Stephen Daldry e estrelado por Meryl Streep, Julianne Moore e Nicole Kidman, mostra três pontos de vista diferentes sobre a história contada em *Mrs. Dalloway*: o da personagem, o de uma leitora e o da escritora.

As horas.Direção: Stephen Daldry [S.l.]: Paramount Pictures, 2002

LÍNGUA E LINGUAGEM

O Verbo (II)

FOCO NO TEXTO

Leia o anúncio a seguir.

Promosell Comunicação

(Disponível em: https://target10.files.wordpress.com/2010/01/caneta-caderno-5colx40cm.jpg. Acesso em: 10/1/2016.)

1. Sobre o enunciado principal do anúncio:

REGISTRE NO CADERNO

a. Identifique as formas verbais utilizadas.

b. A qual verbo elas pertencem?

c. Em qual pessoa, tempo e modo verbal elas estão?

2. As expressões *sair da cabeça* e *sair do papel* são utilizadas no anúncio com sentido figurado. Explique, no contexto, qual é o sentido de:

a. "cada ideia que não sai da cabeça do consumidor"?

b. "centenas de outras que não saíram do papel"?

3. Leia as informações da parte inferior do anúncio. Sabendo que Sistema Verdes Mares é uma grande rede de televisão do Estado do Ceará:

a. Deduza: O que é "GP Verdes Mares"?

b. Por que há um período de inscrições e um regulamento?

c. A quem o anúncio se dirige?

REGISTRE NO CADERNO

4. Observe a parte não verbal do anúncio. Levante hipóteses:

a. Quem está segurando a caneta?

b. O que representam a caneta e o papel?

c. O que representam as gotas no papel?

5. Junto ao logotipo GP Verdes Mares, lê-se: "1% inspiração."

a. Conclua: O que representam os 99% restantes?

b. Explique por que, no contexto do anúncio, o confronto entre as formas do singular e do plural e do presente e do passado do verbo empregado são fundamentais para a construção dos sentidos do texto.

REFLEXÕES SOBRE A LÍNGUA

Relatividade das classificações verbais

Nem sempre é possível conseguir identificar exatamente a qual tempo ou modo uma ou outra forma verbal se refere, pois há questões contextuais da situação de comunicação dos textos que são fundamentais para a compreensão. Como falante nativo da língua portuguesa, você é capaz de perceber isso facilmente.

Leia o pequeno depoimento a seguir, escrito com os verbos em sua maioria no passado. Perceba que as formas verbais em destaque, embora morfologicamente sejam construídas no pretérito perfeito do modo indicativo, não têm valor de passado.

> *Dormi* o dia todo e acordei cansada! Sempre *tive* muito sono. Só quando vivi no interior, *consegui* levantar cedo todos os dias. Por isso, vamos combinar depois do almoço, que até essa hora com certeza já *acordei*.

Na primeira ocorrência, a forma *dormi*, acrescida da expressão *o dia todo*, ganha uma ideia de duração prolongada, podendo ser substituída por *Fiquei dormindo*. A forma *tive*, por sua vez, tem um valor de presente, pois se refere a algo que sempre aconteceu e ainda acontece, reforçada pelo termo *sempre*, que poderia ser suprimido, sendo a forma verbal substituída por *tenho*. Em *consegui*, a expressão *todos os dias* dá um caráter de ação rotineira no passado, papel cumprido pelo pretérito imperfeito do indicativo: *conseguia*. Por fim, a forma *acordei* tem valor de futuro, comprovado pela forma composta *vamos combinar* e os marcadores temporais *depois do almoço* e *até essa hora*. Poderia, portanto, ser substituída pela forma composta *terei acordado*. Assim, se trocados os tempos verbais, não haveria mudança de sentido:

> *Fiquei dormindo* o dia todo e acordei cansada! *Tenho* muito sono. Só quando vivi no interior, *conseguia* levantar cedo todos os dias. Por isso, vamos combinar depois do almoço, que até essa hora com certeza já *terei acordado*.

APLIQUE O QUE APRENDEU

Para resolver as questões desta seção, consulte o apêndice "Formação dos tempos verbais simples segundo a gramática normativa", na página 340, caso julgue necessário.

1. Você vai ler um pequeno trecho de um relato no qual os verbos estão em sua maioria conjugados no presente, embora apresentem valor semântico de outros tempos e modos. Identifique a qual tempo e modo se refere semanticamente cada uma das formas verbais em destaque. Discuta com os colegas e o professor a fim de justificar sua resposta, tomando por base outros termos do texto que levaram você a tal conclusão.

> Estávamos almoçando tranquilamente ontem, quando de repente minha mãe *engasga*. Se *estou* distraída, nem *presto* socorro. Agora ela está no hospital, mas amanhã já *tem* alta.

Leia os episódios a seguir, compare cada bloco de enunciados entre si e responda às questões de 2 a 4.

> O chefe fala para seus funcionários, ao final de uma reunião:
> I. *Quero* que vocês façam o que eu determinei.
> II. *Queria* que vocês fizessem o que eu determinei.
> III. *Façam* o que eu determinei.
>
> Um colega de classe fala para outro:
> I. Você *pode*, por favor, devolver meu lápis?
> II. Você *poderia*, por favor, devolver meu lápis?
> III. *Devolva* meu lápis.

2. Quais são os tempos e modos das formas verbais destacadas em I, II e III?

3. Releia com atenção os enunciados e, com base em seu conhecimento sobre o uso da língua, deduza em quais deles o pedido:

REGISTRE NO CADERNO

a. pode ser entendido como ríspido e direto.

b. é direto, mas atenuado pelo uso de outro verbo que explicita tratar-se de um pedido ou um desejo.

c. é o mais polido entre as três formas.

4. Discuta com os colegas e o professor e conclua: Qual é a relação entre os tempos e modos verbais vistos na questão 2 e a polidez da fala?

Verbos irregulares e anômalos, defectivos e abundantes

Leia a letra de uma canção de Arnaldo Antunes:

2 perdidos

Quando eu quis você
Você não me quis
Quando eu fui feliz
Você foi ruim
Quando foi afim
Não soube se dar
Eu estava lá mas você não viu
Tá fazendo frio nesse lugar
Onde eu já não caibo mais
Onde eu já não caibo mais
Onde eu já não caibo mais
Onde eu já não caibo em mim
Se eu já me perdi
Quando perdi você
Quando eu quis você
Você desprezou
Quando se acabou
Quis voltar atrás
Quando eu fui falar
Minha voz falhou
Tudo se apagou você não me viu

Nelson Provazi

("2 perdidos". Arnaldo Antunes / Dadi Cor do Som.) © Rosa Celeste / Universal Music. © Nossa Música Produções e Edições Musicais.)

As formas verbais *quis, fui/foi, soube, viu, caibo, perdi* e *fui* pertencem, respectivamente, aos verbos *querer, ser, saber, ver, caber, perder, ir*. Perceba que em todos esses casos há alterações no radical, diferentemente dos exemplos de verbos regulares apresentados no quadro de formação dos tempos verbais, na página 200. Por isso esses verbos são chamados de **verbos irregulares**.

Conjugar um verbo no presente e no pretérito perfeito do indicativo permite concluir se ele é ou não regular, isto é, se segue ou não o modelo de conjugação padrão. São verbos irregulares, portanto, *querer* (quis); *saber* (sei, soube); *ver* (vejo, visse); *caber* (caibo, coube); *perder* (perco).

Os verbos *ser* (sou, fui, era) e *ir* (vou, fui, ia), por sofrerem em seu radical grandes alterações ao serem conjugados nos diferentes tempos verbais, são chamados **verbos anômalos**.

Verbos defectivos são aqueles que não apresentam forma em alguma pessoa do discurso. Entre eles, estão: abolir, banir, colorir, extorquir, falir.

Verbos abundantes, por sua vez, são os que apresentam mais de uma forma de conjugação, especialmente no particípio: O particípio regular tem a terminação em *-ado* ou *-ido* e o particípio irregular tem as demais terminações. Entre os verbos abundantes estão: entregado/entregue; expulsado/expulso; imprimido/impresso; limpado/limpo; prendido/preso; soltado/solto; etc.

APLIQUE O QUE APRENDEU

REGISTRE NO CADERNO

1. Complete as manchetes a seguir, com os verbos indicados, selecionando a forma do particípio mais apropriada.

a. Gato despenca do 4º andar e é ▬. (3/9/2015) salvo/salvado.

b. Morre Nicholas Winton, conhecido por ter ▬ dos nazistas 669 crianças. (2/7/2015) salvo/salvado

c. Justin Bieber é ▬ de sítio arqueológico após tentar escalar ruína maia. (8/1/2016) expulso/expulsado

d. Presidente da Korean Air se desculpa por filha ter ▬ um tripulante. (12/12/2014) expulso/expulsado

e. Guerra às drogas poderia ter ▬ presidentes dos EUA, diz pesquisador. (7/10/2015) preso/prendido

f. Jovens transportando rifle e escopeta são ▬ em torneio de Pokémon nos EUA. (23/8/2015) presos/prendidos

(Manchetes extraídas do portal do jornal *Folha de S. Paulo*.)

2. Releia suas respostas da questão 1 e complete as regras com uma das alternativas:

- As formas regulares do particípio, terminadas em –ado e –ido, são utilizadas em locuções verbais nas quais o verbo auxiliar é ▬. (ser ou estar / ter ou haver)
- As formas irregulares do particípio são utilizadas em locuções verbais nas quais o verbo auxiliar é ▬. (ser ou estar / ter ou haver)

Leia a seguir um poema do paraibano Zé da Luz, para responder às questões de 3 a 6.

Ai se sesse

Se um dia nós se gostasse;
Se um dia nós se queresse;
Se nós dois se impariasse;
Se juntinho nós dois vivesse!
Se juntinho nós dois morasse;
Se juntinho nós dois drumisse;
Se juntinho nós dois morresse!
Se pro céu nós assubisse!?
Mas porém se acontecesse,
Qui São Pedo não abrisse
As porta do céu e fosse,
Te dizê quarqué toulice?
E se eu me arriminasse
E tu cum eu insistisse,
Pra qui eu me arrezorvesse
E a minha faca puchasse,
E o buxo do céu furasse?...
Tarvez qui nós dois ficasse,
Tarvez qui nós dois caísse,
E o céu furado arriasse
E as Virge todas fugisse!!!

Nelson Provazi

(Disponível em: http://www.ppgel.uneb.br/wp/wp-content/uploads/2011/09/rosa_flavia.pdf. Acesso em: 22/1/2016.)

REGISTRE NO CADERNO

3. Conta-se que Zé da Luz escreveu esse poema porque lhe disseram que, para falar sobre amor, era preciso utilizar um "português correto".

a. Levante hipóteses: O que seria o "português correto" ao qual se referiu quem desafiou Zé da Luz?

b. Deduza: O poeta concordou com essa afirmação? Justifique sua resposta.

c. O que o poema de Zé da Luz mostra sobre esse desafio que lhe foi imposto?

4. A começar pelo título, o poema em estudo segue uma lógica própria na conjugação dos verbos.

a. Em qual tempo e modo verbais estão todas as formas que terminam os versos?

b. A qual pessoa do discurso se referem essas formas nos versos de 1 a 8 e 18 e 19? Identifique no poema o termo que comprova essa referência.

c. A qual pessoa do discurso se refere essa forma verbal no último verso? Identifique no poema o termo que comprova essa referência.

d. Como ficariam essas formas seguindo o modelo de conjugação proposto pela norma-padrão?

5. Seguindo a lógica do poema e a lógica da norma-padrão:

a. Aponte em seu caderno como ficariam os versos a seguir com o verbo indicado seguindo cada uma dessas lógicas (a de Zé da Luz e a da norma-padrão).

E se algum anjo ▬ (intervir)
E se o céu eles ▬ (reaver)
E se uma promessa nós ▬ (fazer)
E se a minha jura eu ▬ (dar)
E se a palavra nós ▬ (manter)
E se no meu coração você ▬ (caber)
E se nem os santos ▬ (saber)

b. Discuta com os colegas e o professor: Em quais casos a lógica de Zé da Luz se diferencia da norma-padrão?

c. Dê continuidade ao poema, criando outros versos. Sugerimos empregar os verbos: *pôr, ter, deter, supor.*

6. Tendo em vista suas respostas às questões anteriores, discuta com os colegas e o professor e conclua:

a. Por que o poeta optou por seguir essa lógica ao produzir seu poema?

b. Qual seria o efeito de uma possível adaptação do poema de Zé da Luz às regras da gramática normativa?

TEXTO E ENUNCIAÇÃO

Leia a tira a seguir.

1. Aparecem na tirinha Eddie Sortudo, em posição central, e o casal Hagar e Helga.

a. Qual sentimento expressa a fisionomia de Hagar e Helga no 1º quadrinho?

b. Qual sentimento expressa a fisionomia de Hagar no 2º quadrinho?

c. E a de Helga?

2. Sabendo que Hagar é um *viking* de comportamento em geral bárbaro e rude e que Eddie Sortudo é seu tolo escudeiro, deduza, com base nas falas das personagens:

a. Quem é a mulher por quem Hagar se apaixonou há tantos anos?

b. O que Eddie Sortudo entendeu da fala de Hagar? Justifique sua resposta.

Releia este trecho e responda às questões 3 e 4.

"A mulher pela qual me *apaixonei* há tantos anos"

3. Em qual pessoa, tempo e modo verbal está a forma em destaque?

4. Veja a seguir algumas das possíveis funções desse tempo verbal nos enunciados:

I. Fazer referência a fatos pontuais no passado, isto é, fatos que se iniciaram e terminaram no passado.

II. Fazer referência a acontecimentos que ocorreram no passado e tiveram uma certa duração no passado.

III. Fazer referência a um fato que ocorreu no passado, mas que é reiterado no presente, isto é, ainda acontece.

Entre essas funções, qual(is) delas:

a. descreve o uso feito por Hagar?

b. descreve o uso entendido por Eddie Sortudo?

REGISTRE NO CADERNO

5. A fim de eliminar a ambiguidade, crie um complemento para a fala de Hagar do 1º quadrinho:

a. com o sentido que ele pretendia;

b. com o sentido dado por Eddie Sortudo.

PRODUÇÃO DE TEXTO

A entrevista

FOCO NO TEXTO

Leia, a seguir, uma entrevista com o *rapper* Emicida.

"O racismo é a minha luta para a vida", diz Emicida; leia a entrevista na íntegra

AMANDA NOGUEIRA
DE SÃO PAULO

Greg Salibian/Folhapress

Emicida.

Com novo disco, lançado no início de agosto, o *rapper* Emicida reacendeu o debate sobre o racismo, que considera ser sua "luta para a vida" e "o maior problema do Brasil hoje em dia".

Sobre Crianças, Quadris, Pesadelos e Lições de Casa inclui faixas que abordam questões sociais levadas ao extremo, como "Boa Esperança", cujo clipe apresenta um cenário de guerra civil, quando empregados de uma mansão rebelam-se após serem humilhados no trabalho.

Ainda que transmitam mensagens vorazes em uma tentativa de confronto à injustiça social, as canções do álbum possuem melodia lúdica e alto astral, como em "Passarinhos", gravada em parceria com a cantora Vanessa da Mata.

Algumas faixas foram gravadas durante viagem a Cabo Verde e Angola e contam com arranjos de músicos locais; outras, com parceria de artistas como Caetano Veloso, que participa de "Baiana".

[...]

Por que decidiu conhecer Cabo Verde e Angola e qual sua lembrança mais marcante dessa viagem?

Essa já era uma vontade antiga. Eu sempre li sobre a África, sempre me interessei em entendê-la sob vários aspectos, a música, a história, a crueldade das pessoas sendo escravizadas no Brasil, é a minha ancestralidade. Com o tempo, o rumo que a minha carreira foi tomando, isso foi ficando mais latente e ao mesmo tempo se tornando uma possibilidade mais próxima de ser real do que apenas um sonho, sabe? A oportunidade surgiu com o patrocínio da Natura, então lá fomos nós. Estes países foram escolhidos propositalmente por serem de língua portuguesa e este ano comemoram 40 anos de independência. O título do disco é a melhor síntese, creio eu, das minhas lembranças mais marcantes. Foi encantador ver o modo simples de vida daquele povo em meio a todas as limitações que a vida impõe. Crianças sorridentes, quadris dançando sem que aquilo seja uma ofensa, seja criminalizado. Eu me lembro de ir à casa de uma senhora em Cabo Verde e ela me pedir desculpas porque as flores não haviam surgido ainda naquele período e a paisagem não estava tão bonita. Essa é uma lembrança marcante, que vem à tona quando essa pergunta me é feita.

Li que o nome da música "Boa Esperança" veio do livro "A Rainha Ginga", de José Eduardo Agualusa. Poderia me contar como foi isso?

É o nome de um navio negreiro que veio para o Brasil. Os navios negreiros que chegavam aqui tinham todos nomes bonitos, de coisas boas. Isso de uma coisa que era sinônimo de horror ter um nome bonito, até poético, ficou na minha cabeça.

Muito da literatura africana me inspirou. Me vem à mente também o "As Aventuras de Ngunga", do Pepetela. A história é um soco no estômago, de um menino angolano, um soldado ainda jovem. Como eu vinha pesquisando sobre isso há anos, sem nem imaginar que faria essa viagem, e que ela se desdobraria em um disco, acho que muita coisa me inspirou até de forma indireta. A literatura africana é riquíssima, mas nem tudo chega aqui. Só que eu fui descobrindo muita coisa durante as minhas turnês pela Europa, em Portugal, por exemplo, é fácil achar muita coisa. Qualquer conexão em Lisboa já é suficiente pra eu perder horas em uma livraria (risos).

Editora Quetzal

O disco aborda a questão do racismo de uma forma bem direta e você chegou a declarar que essa é a questão primordial para você. Acredita que o seu trabalho tem poder de mudança no cenário que vivemos?

Primordial para mim e o maior problema do Brasil hoje em dia. É o pano de fundo, nunca admitido, das razões para a desigualdade, para a discriminação. Seria maravilhoso que meu trabalho por si só tivesse o poder de mudar esse cenário em que vivemos, mas não acho que eu sozinho possa reverter algo que está impregnado no cotidiano do país desde a chegada dos escravos. O que eu não posso deixar de fazer é de apontar para isso, é de lembrar que, sim, somos um país muito racista.

Emicida. Sobre Crianças, Quadris, Pesadelos e Lições de Casa..., 2015.

Capa do CD *Sobre crianças, quadris, pesadelos e lições de casa.*

Ao mesmo tempo é um disco com uma sonoridade lúdica e canções alegres. Por que essa combinação ao tratar do assunto?

Porque a música africana é isso, eu trouxe instrumentistas africanos, eu trouxe ritmos africanos, e não acho que tudo precise soar como "Boa Esperança" para que eu consiga transmitir a mensagem que desejo, digo no sentido da letra e do instrumental. Não é preciso muita reflexão para sacar que "Passarinhos" traz ali uma questão social. Eu não faço essa reflexão do "por que não fazer essa combinação" porque não sei onde está escrito que é proibido, que não se pode fazer. Eu bato na tecla da liberdade da minha arte, sabe. Não estou tratando com desdém dessa questão tão lamentável quando dou a ela uma roupagem como a de "Passarinhos". Só estou chamando a atenção para ela de uma forma diferente da que fiz em "Boa Esperança".

Você pretende continuar abordando este tema nos próximos trabalhos?

O racismo é a minha luta para a vida, acredito eu, para que minha filha não precise crescer em um ambiente como o que eu cresci e infelizmente eu nem acho que isso seja possível, talvez para os filhos dela apenas. Então acredito que sim, eu estarei às voltas com isso por toda a minha vida, não é uma escolha. Possivelmente nas minhas músicas também.

Você acha que o rap virou moda ou já o enxerga como um gênero consolidado na música popular brasileira? Como fortalecê-lo ainda mais?

O que vai fortalecê-lo é a consistência das obras. Desde que eu era adolescente o rap esteve na minha vida, Racionais sempre foi aula de história. São 25 anos de história, formando gerações, inspirando possivelmente todos os MCs que hoje vemos aí fazendo sucesso. Não é uma história mais do que consolidada na música brasileira? Para mim sempre foi. Talvez tenha virado moda para determinada parcela que sempre teve preconceito com o gênero, que não conhecia. Uma outra parte do público gosta de alguns grupos, mas não conhece a história do gênero, o que acho natural também, embora fosse melhor se essas pessoas tivessem o desejo de se aprofundar.

(Disponível em: http://www1.folha.uol.com.br/saopaulo/2015/08/1669076-o-racismo-e-a-minha-luta-para-a-vida-diz-emicida-leia-entrevista-na-integra.shtml. Acesso em: 15/1/2016.)

1. Observe que, antes da entrevista propriamente dita, há um título e uma introdução.

a. Que estratégia foi utilizada na criação do título?

b. Qual é a finalidade da introdução?

2. Normalmente, quando uma pessoa é entrevistada, há interesse sobre algo novo que ela tenha a dizer. No caso de Emicida, que já é conhecido pelo público, o que motivou a jornalista a entrevistá-lo?

3. Para não haver confusão entre a voz do entrevistador e a do entrevistado, é comum os jornais e as revistas identificarem os interlocutores, inserindo o nome do jornal ou revista e o nome do entrevistado antes da fala de cada um. Na entrevista lida, entretanto, foi utilizado outro recurso.

a. Qual é esse recurso?

b. Esse recurso foi eficiente para distinguir as vozes no texto?

4. De acordo com a entrevista:

a. O que levou Emicida a querer conhecer países africanos como Angola e Cabo Verde?

b. Em que essa viagem influenciou o novo trabalho do *rapper*, o disco *Sobre crianças, quadris, pesadelos e lições de casa*?

5. A terceira pergunta introduz um dos assuntos principais abordados na entrevista: o racismo no Brasil.

a. Emicida acredita que sua arte possa transformar a realidade em relação ao problema do racismo? Por quê?

b. Considere esta afirmação do *rapper*:

> "O que eu não posso deixar de fazer é de apontar para isso, é de lembrar que, sim, somos um país muito racista."

Com base na afirmação, deduza: Qual é o papel da arte e do artista, na opinião do músico?

6. Emicida lançou o primeiro CD em 2013.

a. O músico tem consciência de seu papel histórico na música brasileira? Justifique sua resposta.

b. O que ele acha da ideia de que o *rap* seja apenas um modismo musical?

7. Antes de realizar uma entrevista, o jornalista deve se preparar, procurando colher informações sobre a vida, a obra ou as ideias do entrevistado e, além disso, deve também montar um roteiro básico de perguntas.

a. A entrevistadora se preparou para entrevistar Emicida? Justifique sua resposta.

b. Numa entrevista em que entrevistador e entrevistado falam ao vivo, como se estivessem conversando, o entrevistador pode, a partir de uma resposta, improvisar e fazer uma nova pergunta. Você acha que, na entrevista lida, foram feitas perguntas de improviso? Justifique sua resposta.

Emicida

Leandro Roque de Oliveira, o Emicida, nasceu em São Paulo, em 1985.

O nome artístico Emicida é junção das palavras MC e *homicida*, termo associado ao *rapper* em razão da rapidez com que improvisa rimas, "matando seus adversários de rima".

Ao longo de anos, o *rapper* alcançou sucesso na Internet e nas redes sociais com inúmeros *clips* e *singles*.

Depois de fazer gravações amadoras, lançou em 2013 o primeiro álbum gravado em estúdio, *O retorno de quem nunca esteve aqui*, e vem se firmando como um dos principais artistas da cultura *hip-hop* no Brasil.

A cultura *hip-hop* e a cena musical na periferia

O *hip-hop* surgiu na década de 1970, nos subúrbios negros e latinos de Nova Iorque. Inicialmente, consistia em apenas um novo ritmo musical, mas, aos poucos, foi incorporando outras formas de expressão artística, como a dança, a moda e o grafite.

O *rap* é uma das manifestações artísticas do *hip-hop*. A tradução literal do termo inglês *rap* é "ritmo e poesia", isto é, poema com rimas, geralmente falado de forma veloz. Como expressão musical da periferia e das camadas mais pobres da população, o *rap* normalmente tem conotação social e política.

Rogério Reis/Pulsar Imagens

Uma das manifestações do *hip-hop* é a dança, praticada em calçadas das grandes cidades.

8. Em geral, as entrevistas são realizadas oralmente, depois são transcritas e, a seguir, editadas, com a finalidade de ser publicadas. Durante a edição, dependendo do perfil do órgão de imprensa, podem ser suprimidas marcas de oralidade e de informalidade, tais como gírias, repetições, pausas, palavras e expressões como *né?*, *tá ligado?*, *então...*, *hum...*, etc.
Observe estes trechos das falas de Emicida:

Eduardo Anizelli/Folhapress

- "uma possibilidade mais próxima de ser real do que apenas um sonho, *sabe*?"
- "com o patrocínio da Natura, *então lá fomos nós*."
- "A história é *um soco no estômago*"
- "*eu trouxe* instrumentistas africanos, *eu trouxe* ritmos africanos"

a. Embora não haja fronteiras rígidas entre marcas típicas da linguagem oral e marcas de informalidade, tente associar a essas características da linguagem os termos destacados nos trechos.

b. Levante hipóteses: Com que finalidade foram mantidas no texto algumas marcas de oralidade e de informalidade da linguagem?

9. Observe este outro trecho da entrevista:

REGISTRE NO CADERNO

"O que vai *fortalecê-lo* é a consistência das obras. [...] Talvez tenha virado moda *para* determinada parcela que sempre teve preconceito com o gênero"

No trecho, foram empregadas formas gramaticais pouco usuais na linguagem oral, mesmo entre pessoas que dominam a norma-padrão.

a. Quais são as formas gramaticais mais comumente usadas na fala, nessa situação?

b. Levante hipóteses: Emicida realmente falou do modo como o trecho foi publicado ou a edição da entrevista fez alterações? Justifique sua resposta.

c. A linguagem do entrevistador e a de Emicida estão, no geral, de acordo com a norma-padrão?

d. Conclua: Como se caracteriza a linguagem empregada no gênero *entrevista*?

HORA DE ESCREVER

Prepare-se para produzir uma entrevista, individualmente ou em grupo, conforme a orientação do professor. O texto fará parte da revista do seu grupo, que será lançada no projeto **Fatos em revista**, no final da unidade.

PROJETO

Como você sabe, no final da unidade será produzida, em grupo, uma *revista*.
Neste capítulo, você vai produzir uma entrevista, que fará parte da revista.

ANTES DE ESCREVER

Planeje sua entrevista, seguindo estas orientações:

- Tenha em vista o público para o qual vai escrever: jovens e/ou adultos que se interessam pelo tema geral relacionado ao perfil da revista.
- Levando em conta o perfil da revista escolhido pelo grupo, pense em uma pessoa de destaque cuja atuação diz respeito a ele; por exemplo, um músico, um jogador de futebol ou de vôlei, um ator, um palhaço, um cineasta, um jovem ou um pai de aluno que tenha uma experiência interessante para contar, etc.
- Prepare um roteiro de perguntas não muito extenso, considerando que a transcrição das respostas é bastante trabalhosa. Planeje algumas perguntas para o caso de ser necessário "improvisar" no momento da entrevista.
- Grave a entrevista e tire fotos do entrevistado. Peça a ele que autorize por escrito a eventual publicação da entrevista e das imagens.
- Faça a transcrição da entrevista, passando-a do registro oral para o registro escrito. Adote alguns critérios para a supressão de marcas excessivas de oralidade e/ou informalidade, mas esteja atento para que a espontaneidade da linguagem não se perca.
- Na transcrição, procure deixar a linguagem predominantemente de acordo com a norma-padrão da língua (a não ser que outra variedade seja mais conveniente), porém mantendo a informalidade.
- Escolha um trecho da fala do entrevistado e, a partir dele, crie um título atraente para a entrevista.
- Escreva um texto de introdução, apresentando o entrevistado e situando seu trabalho ou sua experiência na área em que ele atua.

Defina seus objetivos

Jacqui Banaszynski, professora da Universidade de Missouri [EUA], aconselha os jornalistas a responderem às seguintes perguntas antes de ligarem seus gravadores: Por que você está fazendo esta matéria? O que você precisa saber (e como vai conseguir)? O que você quer saber (e como vai conseguir)? Qual é o seu propósito ou foco inicial? Quais são os desafios logísticos/jornalísticos/éticos/morais envolvidos?

(Disponível em: https://knightcenter.utexas.edu/pt-br/blog/00-14023-guia-para-jornalistas-que-querem-dominar-arte-da-entrevista. Acesso em: 8/12/2015.)

RICO

ANTES DE PASSAR A LIMPO

Antes de dar sua entrevista por finalizada, observe:

- se ela está de acordo com o perfil da revista escolhido pelo grupo e com o perfil do público a que se destina;
- se o título é atraente e se há um texto de apresentação que situa o leitor quanto à atuação do entrevistado;
- se a sequência de perguntas e respostas cria um ritmo natural e agradável para a leitura;
- se o grau de informalidade da linguagem e as marcas de oralidade são adequados ao perfil da revista.

CAPÍTULO 3

Parnasianismo
O advérbio
A reportagem

LITERATURA

O Parnasianismo no Brasil: Olavo Bilac

O Parnaso (1509-1511), do pintor renascentista Rafael. O afresco representa o monte Parnaso, que, na mitologia grega, é a morada de Apolo, o deus da música e da poesia, e das nove musas. A cultura clássica greco-latina, amplamente cultivada durante o Renascimento, foi retomada pelo Parnasianismo.

Museus e Galerias do Vaticano, Cidade do Vaticano, Itália

Na segunda metade do século XIX, como reação à poesia romântica, marcada pelo sentimentalismo, pela idealização e pela subjetividade, surgiu o Parnasianismo. O nome dessa tendência poética foi inspirado no título da obra *Parnaso contemporâneo* (*Parnasse contemporain*), uma antologia de poemas de diversos poetas franceses publicada entre 1866 e 1876. Tal nome sugere a revalorização da cultura clássica greco-latina, defendida principalmente por Leconte de Lisle, colaborador da antologia e um dos mestres do Parnasianismo francês. Como representante da nova tendência poética, Leconte de Lisle propôs a abordagem de temas históricos e mitológicos greco-latinos e orientais; descrições de sentimentos sem os excessos românticos; o retrato objetivo e detalhado de cenas e objetos; o aprimoramento formal, por meio do emprego de vocabulário sofisticado e preciso, versos bem ritmados e efeitos sonoros e visuais.

Théophile Gautier, outro importante colaborador do *Parnaso contemporâneo*, também exerceu grande influência entre os parnasianos. Para o poeta, a beleza do verso não era fruto de uma simples inspiração, mas, sim, resultado de um trabalho intenso e persistente com a palavra. Dessa ideia resultou a concepção de "arte pela arte", segundo a qual a arte não tem outra finalidade a não ser a criação da beleza. Essa concepção criava uma grande distância entre o Parnasianismo e o Realismo e o Naturalismo, para os quais a arte e a literatura eram meios de retratar e criticar a realidade.

Os ideais estéticos defendidos pelos poetas franceses Leconte de Lisle e Théophile Gautier influenciaram o Parnasianismo brasileiro, que teve início, formalmente, com a publicação de *Fanfarras* (1882), de Teófilo Dias. Os poetas mais representativos desse movimento literário são Raimundo Correia, com *Sinfonias* (1883), Alberto de Oliveira, com *Meridionais* (1884), Olavo Bilac, com *Poesias* (1888), Francisca Júlia, com *Mármores* (1895) e Vicente de Carvalho, com *Poemas e canções* (1908).

Olavo Bilac

Considerado o mais popular dos poetas parnasianos brasileiros, Olavo Bilac se destacou pela fluidez de seus versos e pela sofisticação da linguagem de seus poemas.

Em conformidade com os preceitos dos parnasianos franceses, Bilac criou em sua obra descrições detalhadas, primou pelo rigor formal e defendeu o princípio de que a beleza do poema resulta do esforço empreendido em sua composição, e não da inspiração do autor. Tal princípio, bem como o de que a finalidade da poesia é a beleza, foi expresso em "Profissão de fé", poema-manifesto que inicia o livro *Poesias*.

Combinando o exemplo dos parnasianos franceses e a tradição clássica portuguesa, Bilac deu preferência às formas fixas, especialmente o soneto, tipo refinado de composição amplamente cultivado por Camões, no Classicismo, e por Bocage, no Arcadismo português. Em seus poemas, as cores, as formas, as texturas, os movimentos e os sons constroem imagens primorosas, dando concretude ao mundo criado. Essa riqueza imagética da poesia do autor está presente tanto nos poemas líricos quanto nos poemas patrióticos de caráter épico, como "O caçador de esmeraldas", que narra os feitos do bandeirante Fernão Dias Pais Leme.

Em poemas das séries intituladas "Via láctea" e "Sarças de fogo", que integram a obra *Poesias*, a objetividade parnasiana não é categórica. Em alguns poemas de "Via láctea", o sentimento amoroso é expresso de modo fervoroso, desdobrando-se em um lirismo espiritualizado, enquanto em outros de "Sarças de Fogo", há a presença de forte sensualidade.

Arquivo/D.A Press

Olavo Bilac

Olavo Brás Martins dos Guimarães Bilac (1865-1918) nasceu no Rio de Janeiro. Estudou Medicina e Direito, mas não concluiu nenhum desses cursos, que abandonou para atuar no jornalismo e na literatura.

Como poeta, estreou com sucesso aos 23 anos, com a publicação de *Poesias*. Dedicou-se também ao ensino e produziu poemas infantis e livros didáticos. Foi grande defensor da difusão da instrução primária e do serviço militar obrigatório e, como patriota convicto, escreveu a letra do Hino à Bandeira e poemas de temática nacionalista.

Em seu tempo, Bilac foi um dos poetas mais lidos e mais populares, tendo sido eleito em um concurso da revista *Fon-Fon!* como o "príncipe dos poetas brasileiros". Foi um dos fundadores da Academia Brasileira de Letras.

Entre as obras poéticas do autor estão também *Poesias infantis* (1904) e *Tarde* (1919), esta publicada postumamente.

FOCO NO TEXTO

Você vai ler, a seguir, dois textos de Olavo Bilac: o poema "Rio abaixo", da série "Sarças de fogo", e o poema XXXI, da série "Via láctea".

Texto 1

Rio abaixo

Treme o rio, a rolar, de vaga em vaga...
Quase noite. Ao sabor do curso lento
Da água, que as margens em redor alaga,
Seguimos. Curva os bambuais o vento.

Vivo há pouco, de púrpura, sangrento,
Desmaia agora o ocaso. A noite apaga
A derradeira luz do firmamento...
Rola o rio, a tremer, de vaga em vaga.

Um silêncio tristíssimo por tudo
Se espalha. Mas a lua lentamente
Surge na fímbria do horizonte mudo:

E o seu reflexo pálido, embebido
Como um gládio de prata na corrente,
Rasga o seio do rio adormecido.

(*Os melhores poemas de Olavo Bilac*.
Seleção de Marisa Lajolo. São Paulo: Global, 1985. p. 71.)

desmaiar: perder a cor.
fímbria: linha, traço.
gládio: espada.
ocaso: pôr do sol.

Museu de Belas Artes (Jenisch), Vevey, Suíça

Pôr do sol sobre o lago Leman (1874), de Gustave Courbet.

Texto 2

XXXI

Longe de ti, se escuto, porventura,
Teu nome, que uma boca indiferente
Entre outros nomes de mulher murmura,
Sobe-me o pranto aos olhos, de repente...

Tal aquele, que, mísero, a tortura
Sofre de amargo exílio, e tristemente
A linguagem natal, maviosa e pura,
Ouve falada por estranha gente...

Porque teu nome é para mim o nome
De uma pátria distante e idolatrada,
Cuja saudade ardente me consome:

E ouvi-lo é ver a eterna primavera
E a eterna luz da terra abençoada,
Onde, entre flores, teu amor me espera.

(Idem, p. 54.)

mavioso: melodioso, agradável ao ouvido.
porventura: por acaso.

1. Diferentemente do Romantismo, o Parnasianismo se distinguiu pelo aprimoramento formal e pelo emprego de uma linguagem sofisticada.

REGISTRE NO CADERNO

a. Nos textos 1 e 2, Bilac utilizou um tipo refinado de composição poética. Observe a organização dos versos nas estrofes, faça a escansão dos primeiros versos dos poemas e responda: Qual é o nome desse tipo de composição? Qual é a métrica empregada?

b. A fim de garantir a métrica, o ritmo e a rima, o poeta realizou inversões na ordem direta das palavras nas frases. Identifique um exemplo desse procedimento em cada um dos poemas em estudo.

c. Identifique em cada um dos textos uma palavra que exemplifique o elevado nível vocabular cultivado pelo poeta parnasiano.

2. No texto 1, o eu lírico descreve uma cena da natureza.

a. Qual é o tema da cena descrita? Que elementos da natureza compõem tal cena?

b. O eu lírico está ausente ou presente na cena descrita? Justifique sua resposta com elementos do texto.

c. O título do poema confirma a resposta do item anterior?

3. No texto 1, cores, movimentos e sons revelam os detalhes da paisagem natural.

REGISTRE NO CADERNO

a. Nas três primeiras estrofes do poema, identifique um exemplo de cada um desses elementos.

b. Qual é a imagem construída pelo eu lírico na última estrofe do poema?

c. Na descrição feita no poema, prevalece um retrato objetivo e concreto da paisagem ou um retrato subjetivo, criado pela imaginação? Justifique sua resposta com elementos do texto.

Pinacoteca do Estado de São Paulo

O violeiro (1899), de Almeida Júnior. O pintor foi considerado o principal nome da pintura realista brasileira.

4. Em relação ao texto 2, responda:

a. Que sentimentos afligem o eu lírico? Justifique sua resposta com elementos do texto.

b. Para expressar seus sentimentos, qual é a comparação que o eu lírico faz nas duas primeiras estrofes do poema?

c. Nas duas últimas estrofes, o amor a que o eu lírico faz alusão é sensual ou espiritualizado? Justifique sua resposta com elementos do texto.

d. É possível afirmar que a amada corresponde ao amor do eu lírico? Justifique sua resposta com elementos do texto.

5. Os poetas parnasianos, na tentativa de se afastar do sentimentalismo dos poetas românticos, buscaram um lirismo moderado, sem excessos. Nesse poema, Bilac segue à risca essa proposta do Parnasianismo? O eu lírico demonstra total equilíbrio de suas emoções? Justifique sua resposta com elementos do texto.

ARQUIVO

Por meio da leitura dos poemas feita neste capítulo, você viu que, na poesia de Olavo Bilac:

- há um grande rigor formal, observado no cultivo do soneto e no emprego de uma linguagem sofisticada;
- as descrições são detalhadas, e cores, formas, texturas, movimentos e sons dão concretude a cenas e objetos;
- a objetividade parnasiana não é categórica; embora na descrição de paisagens prevaleça um retrato objetivo e concreto da realidade, a expressão dos sentimentos às vezes foge à proposta de moderação e objetividade defendida pelos parnasianos.

LÍNGUA E LINGUAGEM

O advérbio

FOCO NO TEXTO

Leia a tira a seguir.

1. Os três quadrinhos que compõem a tirinha lida retratam tempos e lugares diversos.

a. Quando se passam os acontecimentos retratados nos dois primeiros quadrinhos?

b. E o terceiro?

c. Quais lugares são retratados na tira?

2. Observe as atitudes e expressões faciais de Ozzy nos três quadrinhos. Tendo em vista as informações da tira, bem como o comportamento e a aparência da personagem, deduza:

a. Onde Ozzy mora?

b. Qual é a idade dele?

c. Como é o quarto de Ozzy em relação à limpeza e à organização?

REGISTRE NO CADERNO

3. O humor da tira é construído com base na quebra de expectativa, tendo em vista o comportamento de Ozzy e a ironia do último quadrinho.

a. Como se espera que as pessoas se sintam ao passar férias na praia ou no campo?

b. Como se espera que as pessoas se sintam ao ficar presas em um quarto como o de Ozzy?

c. Identifique, no 3º quadrinho, a expressão que constrói a ironia e explique, com base no desenho, como a ironia é construída.

4. Em seu caderno, identifique, na descrição a seguir, quais dos termos em destaque constroem cada um dos sentidos enumerados.

> "Ozzy *não* se divertiu *muito*. *Talvez* porque tenha sentido saudades de sua casa. *Certamente*, fará outro passeio como esse *apenas* se for obrigado por seus pais."

I. intensidade **II.** exclusão **III.** negação **IV.** afirmação **V.** dúvida

REGISTRE NO CADERNO

5. Em seu caderno, escreva a única palavra que completa cada frase a seguir, substituindo a expressão entre parênteses.

a. Ao entrar no mar, Ozzy gritou ______ (com desespero).

b. Para fugir da borboleta, Ozzy correu ______ (com rapidez).

c. (no fim) ______, Ozzy pôde descansar ______ (com tranquilidade) em seu quarto.

6. Em relação à questão anterior:

a. Quais dos termos escritos por você modificam verbos?

b. E qual termo modifica toda uma oração?

c. Qual das circunstâncias a seguir esses termos acrescentam às frases?

- intensidade
- modo
- dúvida
- interrogação

REFLEXÕES SOBRE A LÍNGUA

No estudo da tira, você viu que há palavras e expressões que, no discurso, constroem sentidos circunstanciais de lugar, tempo, intensidade, modo, entre outros. Elas podem se referir a verbos, a outros termos, ou mesmo a orações inteiras. São elas: *na praia*, *no campo*, *agora*, *já*, *muito*, etc. Essas palavras e expressões são denominadas *advérbios* e *locuções adverbiais*.

Do ponto de vista semântico, os advérbios podem ser conceituados desta forma:

> **Advérbio** é a palavra que acrescenta atributos, qualificações, particularidades a outros termos (em especial verbos, adjetivos, substantivos e outros advérbios) ou a orações inteiras.

Do ponto de vista morfológico, os advérbios são palavras que não sofrem nenhuma variação e, por isso, independem do tempo, do número e das pessoas envolvidas no enunciado.

No trecho do poema "Via Láctea", de Olavo Bilac, estudado por você na seção **Literatura** deste capítulo, foram utilizados diversos advérbios. Releia a seguir as duas primeiras estrofes.

Longe de ti, se escuto, porventura,
Teu nome, que uma boca indiferente
Entre outros nomes de mulher murmura,
Sobe-me o pranto aos olhos, de repente...

Tal aquele, que, mísero, a tortura
Sofre de amargo exílio, e tristemente
A linguagem natal, maviosa e pura,
Ouve falada por estranha gente...

Nesse trecho do poema, as palavras e expressões *longe*, *porventura*, *de repente* e *tristemente* são advérbios. *Longe* acrescenta um sentido espacial, de lugar, à forma verbal *escuto* ("escuto longe de ti"); *porventura* reforça em toda a oração anterior ("se escuto longe de ti") a ideia de que se trata de uma hipótese; *de repente* acrescenta à oração "Sobe-me aos olhos o pranto" o modo como isso ocorre, isto é, de forma repentina; o mesmo ocorre com *tristemente*, que reforça o modo como se "ouve a linguagem natal falada por estranha gente".

As palavras denotativas

Há, na língua, palavras que têm função semelhante à dos advérbios, porém tradicionalmente não são classificadas como advérbios pelas gramáticas normativas, que preferem denominá-las *palavras denotativas*. Essas palavras se dividem de acordo com seu valor semântico, sendo algumas delas:

- palavras denotativas de inclusão: ainda, até, mesmo, inclusive, também;
- palavras denotativas de exclusão: apenas, exclusivamente, salvo, senão, somente, simplesmente, só, unicamente;
- palavras denotativas de retificação: aliás, isto é, melhor, ou antes.

Classificação dos advérbios

Tradicionalmente, as gramáticas normativas classificam os advérbios por um critério semântico, tendo em vista a circunstância que expressam. Essas classificações podem variar de acordo com a fonte. A seguir, estão algumas delas.

- **Lugar/espaço:** aqui, antes, dentro, ali, adiante, fora, acolá, atrás, além, lá, detrás, cá, acima, onde, perto, aí, abaixo, aonde, longe, debaixo, afora, embaixo, em cima, etc.
- **Tempo:** hoje, logo, ontem, outrora, amanhã, cedo, depois, antigamente, antes, doravante, nunca, então, jamais, agora, sempre, já, enfim, afinal, amiúde, breve, às vezes, etc.
- **Modo:** bem, mal, assim, melhor, pior, depressa, devagar, às pressas, às claras, às cegas, à toa, à vontade, às escondidas, aos poucos, desse jeito, desse modo, dessa maneira, em geral, de cor, em vão e grande parte dos que terminam em *-mente*: calmamente, tristemente, pacientemente, amorosamente, escandalosamente, etc.
- **Afirmação:** sim, certamente, realmente, efetivamente, decerto, etc.
- **Negação:** não, nem, nunca, jamais, tampouco, de jeito nenhum, etc.
- **Dúvida:** acaso, porventura, possivelmente, provavelmente, quiçá, talvez, casualmente, etc.
- **Intensidade:** muito, demais, pouco, tão, bastante, mais, menos, quanto, quão, tanto, tudo, nada, todo, quase, extremamente, intensamente, grandemente, etc.
- **Interrogação:** onde, por que, quando, como.

APLIQUE O QUE APRENDEU

Leia a tira a seguir e responda às questões de 1 a 3.

(Disponível em: http://solinguagem.blogspot.com.br/2012_04_01_archive.html. Acesso em: 18/1/2016.)

1. Em sua fala no 1º quadrinho, a atendente utilizou um advérbio e uma expressão adverbial.

a. Qual desses termos se refere a lugar/espaço?

b. Qual desses termos se refere a tempo?

REGISTRE NO CADERNO

2. No 2º quadrinho, o paciente questiona a data de sua consulta.

a. Na avaliação dele, qual seria o problema dessa data?

b. Identifique os advérbios na fala do paciente. Qual é o valor semântico desses advérbios?

c. Qual era a expectativa dele com sua fala?

d. Conclua: Como o uso de advérbios com esse sentido auxilia na construção da ideia do paciente?

3. Reveja a postura da atendente no 3º quadrinho. Levante hipóteses:

a. Qual sentimento expressa a fisionomia do paciente nesse quadrinho?

b. Ela entendeu o que o paciente disse?

c. Por que ela age dessa maneira?

4. Há palavras que podem ter mais de uma classificação, dependendo do contexto em que ocorrem. Os termos *quanto* e *muito*, por exemplo, podem se comportar como pronomes ou advérbios, dependendo dos termos que modificam na frase, ou, ainda, de sua flexão. Complete as frases a seguir em seu caderno, empregando a forma mais adequada. Em seguida, indique a qual palavra se refere o termo que você empregou e como ele pode ser classificado.

REGISTRE NO CADERNO

a. *quanto* e variações

▬ essa camisa custa?

▬ essas camisas custam?

▬ tempo você vai passar conosco?

▬ dias você vai passar conosco?

▬ semanas você vai passar conosco?

▬ gente apareceu por aqui!

b. *muito* e variações

Quero ▬ ficar com vocês no feriado.

Quero ▬ feriados nesse ano.

Queremos ▬ um DVD novo.

Queremos ▬ duas TVs novas.

Quero ▬ TVs nessa casa.

5. Com base nas suas respostas aos itens da questão anterior, conclua: Qual é a diferença entre a flexão dos advérbios e a dos pronomes?

6. Com base no que já aprendeu sobre advérbio, discuta com os colegas e o professor: Quais formas a seguir você utilizaria e em quais situações? Justifique suas respostas.

a. — As crianças estão melhor?
— As crianças estão melhores?

b. — As roupas são caras.
— As roupas custam caro.

c. — Ele falou rápido.
— Ele falou rapidamente.

7. Você viu que o advérbio é considerado pela gramática normativa como uma classe de palavras que não se flexiona. É comum, entretanto, encontrarmos construções do tipo:

– Vamos falar *baixinho*.
– O restaurante é *longinho*.
– Cheguei *agorinha*.

REGISTRE NO CADERNO

a. Discuta com os colegas e o professor: Qual sentido constrói o acréscimo do sufixo *–inho* aos advérbios nesses casos?

b. Cite outros exemplos em que essa mesma construção é possível.

TEXTO E ENUNCIAÇÃO

Leia o cartum a seguir para responder às questões de 1 a 5.

Caco Galhardo

1. O cartunista faz uma sátira com uma expressão muito utilizada atualmente na fala de algumas pessoas. Relacione as falas ao desenho das personagens:

a. Qual palavra e qual expressão são alvo da sátira?

b. Como as personagens do cartum foram desenhadas?

c. Qual relação há entre a palavra *meio* e o desenho? Qual o sentido da palavra *meio* nesse caso?

2. Releia as seguintes falas:

É um lance *meio* complexo. Ando *meio* confuso.

a. Identifique a qual palavra ou expressão se refere o termo em destaque em cada uma das duas ocorrências e como ele se classifica.

b. Qual é o sentido da palavra *meio* nessas frases?

c. Reescreva as frases em seu caderno:

- substituindo *lance* por *situação*;
- conjugando o verbo *andar* na 1ª pessoa do plural;
- substituindo *confuso* pela forma feminina.

d. As alterações feitas por você implicaram alguma mudança na flexão da palavra *meio*?

e. Conclua: Qual é a classificação morfológica do termo *meio* nessas frases?

3. A expressão *meio que* é utilizada atualmente em diversas situações. Veja as falas a seguir:

I. A novela é meio que um passatempo para ela.

II. Agora nós estamos meio que testando esse novo formato para ver se vai dar certo.

III. A divulgação meio que ajuda a conseguir público, mas há diversos outros fatores envolvidos.

a. Levante hipóteses: Essas falas acontecem em contextos menos ou mais formais? Há um grupo de pessoas que utiliza mais essa expressão? Justifique sua resposta.

b. Qual sentido a expressão *meio que* constrói em cada um desses contextos?

4. Agora releia estas falas do cartum:

"Meu avô meio que morreu!"
"Eu meio que tenho certeza!"
"Eu meio que não sei!"

O uso da expressão *meio que* nessas frases reforça a crítica do cartum. Qual é essa crítica? Justifique sua resposta.

5. Tendo em vista suas respostas às questões anteriores, conclua: Qual é a relação entre as falas das personagens, o desenho e o título do cartum, "Meiolândia"?

Leia o anúncio a seguir e responda às questões de 6 a 9.

Fischer America

6. Sobre a parte não verbal do texto e os ícones:

a. Quem é o anunciante e qual é o produto anunciado?

b. Quais características da imagem do carro chamam mais atenção no anúncio?

7. O enunciado central do anúncio faz uma referência a um pensamento muito comum sobre esse tipo de carro.

a. Levante hipóteses: Qual é esse pensamento?

b. O anúncio confirma esse pensamento? Justifique sua resposta apontando uma locução adverbial presente no anúncio e apontando sua função no contexto.

8. Observe as expressões *o meio do nada* e *o centro de tudo*.

a. Levante hipóteses: Como seria um lugar "no meio do nada"?

b. E um lugar "no centro de tudo"?

c. Tendo em vista o sentido do texto, indique em seu caderno quais dos termos a seguir poderiam substituir cada uma dessas expressões.

- longe • além • aquém • acolá • perto • cá

REGISTRE NO CADERNO

9. Ao final do texto inferior do anúncio, lê-se: "Ligue [...] e descubra a concessionária mais próxima".

a. Em que modo verbal estão os dois verbos dessa frase? Justifique o emprego desse modo no anúncio.

b. A qual palavra se refere o termo *mais*?

c. Compare as expressões *a concessionária próxima* e *a concessionária mais próxima* e conclua: Qual sentido a presença do termo *mais* acrescenta? Por que esse é um dado importante no anúncio?

A reportagem

FOCO NO TEXTO

Leia a reportagem que segue.

Como silenciamos o estupro

Todo mundo concorda que estupro é um dos piores crimes que existem. Ainda assim, 99% dos agressores sexuais estão soltos — e eles não são quem você imagina. Culpa de uma tradição milenar: o nosso hábito de abafar a violência sexual a qualquer custo. Entenda aqui por que é tão difícil falar de estupro.

Por Karin Hueck

Patrick Foto/ Shutterstock

Luci era uma donzela de 13 anos que, no século X, vivia em um importante vilarejo com seus pais. Certo dia de verão, ela saiu para ir à feira com uma amiga quando sentiu uma vontade enorme de ir ao banheiro. Sem ter aonde ir, entrou no primeiro casebre do caminho e resolveu fazer xixi por lá mesmo. Foi quando um homem de 35 anos a encontrou e decidiu que a tomaria à força. O rapaz a prendeu dentro da cabana e a violentou: foi tanta brutalidade que Luci ficou toda ensanguentada e com as vestes rasgadas. Quando a menina chegou em casa, seu pai se encheu de desgosto – não podia acreditar que a filha não era mais virgem. Ainda assim, a família decidiu buscar justiça e foi falar com o mandatário local para mandar prender o criminoso. O oficial logo encontrou o acusado, que, depois de muito tempo, acabou confessando o crime. Assim, de acordo com a lei da época, o oficial apresentou duas opções para a família: ou o homem ia preso ou assumia a menina e se casava com Luci para resgatar sua "honra". Como o pai da menina não queria mais saber daquela filha impura, mandou ela se casar com seu estuprador. Foi o que aconteceu. No dia seguinte, Luci se mudou para a cabana onde foi violentada, onde passou 11 anos ao lado de seu monstruoso marido. Ele a engravidou por cinco vezes e bateu nela todos os dias enquanto permaneceram casados.

A história seria apenas mais um terrível conto medieval, se eu não tivesse esquecido um "X" na data lá em cima. O caso de Luci não aconteceu no século X, mas no século XX – em 1982, para ser exato. O importante vilarejo era a cidade de Guarulhos, em São Paulo, e Luci é Lucineide Souza Santos, uma cabeleireira de 46 anos que, hoje, está separada de seu estuprador. (E, se você ficou na dúvida: sim, até 2002 existia na lei brasileira a possibilidade de o estuprador não cumprir pena caso ele se casasse com sua vítima.)

Segundo o Anuário do Fórum Brasileiro de Segurança Pública, todos os anos cerca de 50 mil pessoas são estupradas no Brasil. Esses são os números oficiais, obtidos a partir da papelada formal. Mas eles não correspondem à realidade. O estupro é um dos crimes mais subnotificados que existem e o Instituto de Pesquisa Econômica Aplicada estima que os dados oficiais representem apenas 10% dos casos ocorridos. Ou seja, o verdadeiro número de pessoas estupradas todos os anos no Brasil é mais de meio milhão. Nos EUA, onde existem dados longitudinais, de acordo com o Center for Disease Control and Prevention, uma em cinco mulheres vai ser estuprada ao longo da vida.

Os casos registrados são baixos porque existe um comportamento persistente que cerca o estupro: o silêncio. Vítimas não denunciam seus agressores, policiais não investigam as acusações, famílias ignoram os pedidos de ajuda, instituições não entregam seus criminosos – esses mecanismos invisíveis fazem com que 90% da violência sexual jamais seja conhecida por ninguém. E isso, sim, é um crime ainda maior do que a soma de cada caso.

Apesar de entendermos o estupro como um dos piores crimes que podem acontecer a alguém – segundo pesquisas sobre percepção de crueldade, ele só perde para o assassinato –, somos estranhamente incrédulos para acreditar que ele realmente acontece. O estupro é o único crime no qual a vítima é julgada junto com o criminoso. Imagine que roubaram o seu celular e você decide fazer um B.O. Agora imagine que o delegado que pegou o seu caso resolve perguntar onde você foi assaltado, que horas eram e se você era conhecido por trocar de aparelho o tempo todo. Depois ele pergunta se você tem certeza de que o assalto realmente aconteceu ou se você não deu o celular ao bandido por vontade própria. Se você então explica que o roubo foi de madrugada e depois de você ter tomado umas cervejas, o delegado decide – por conta própria – que não houve crime algum: você estava na rua e bêbado, quem pode garantir que você está falando a verdade? Ou então, pior, quem disse que você não queria ter sido assaltado?

Isso acontece com quem foi estuprado o tempo todo. Mulheres relatam como são recebidas com desconfiança quando resolvem contar suas histórias para alguém. Pessoas perguntam que roupa ela vestia, onde ela estava, que horas eram, se estava bêbada, se já não havia ficado com o estuprador alguma vez, se deu a entender que queria fazer sexo e até se já teve muitos namorados antes. E essas perguntas podem vir de qualquer um. Foi o que aconteceu com a menina Maria, por exemplo, estuprada pelo avô aos 14 anos. Quando ela resolveu pedir ajuda à avó, ouviu que a culpa havia sido dela. "Você saiu do banho de toalha na frente do seu avô, que não sabe controlar os instintos." O avô seguiu normalmente a vida, e Maria viveu com a culpa de quase ter desestruturado toda a sua família, como insinuou a avó. Comentários assim surgem de amigos, familiares, policiais, médicos, advogados – e até de juízes. Todas as instâncias trabalham para abafar o crime e jogar o assunto para baixo do tapete. Todas mesmo.

[...]

Entre universitários

- 4% dos rapazes admitem que já obrigaram alguém a fazer sexo com eles.
- Desses, 63% já fizeram isso com mais de uma mulher (a média é seis vítimas)
- 83% deles têm o hábito de embebedar as meninas antes do sexo.
- 92% conheciam as moças que estupraram.

Perguntar ofende

Não é fácil denunciar um estupro. É preciso ir à delegacia e prestar depoimento para funcionários que nem sempre sabem lidar com vítimas de violência sexual (não há nenhum tipo de treinamento especial para isso aqui no Brasil) e que podem, sim, fazer as perguntas e insinuações que nosso delegado fictício lá atrás fez. Se quiser que o caso tenha continuidade no processo jurídico, a vítima terá de ir ao IML fazer o exame médico (consultas feitas em postos de saúde ou médicos particulares não têm validade legal). O exame é constrangedor: o médico legista examina o corpo inteiro da mulher em busca de fibras ou pelos que possam incriminar alguém, além de vasculhar vagina, ânus e períneo por sinais de laceração, feridas ou esperma. A mulher é apalpada, penetrada por instrumentos e interrogada sobre detalhes do crime, apenas horas depois do ocorrido.

Em seguida, a agredida terá de torcer para que seu caso seja encaminhado para os tribunais: quem decide isso são promotores e juízes, e a maioria deles prefere dar continuidade apenas aos casos que têm maior chance de serem provados nas cortes. Isso quer dizer que, se não houver sinais de esperma, ou se a vítima não tiver sido ameaçada por arma de fogo ou se ela não apresentar machucados porque preferiu ficar imóvel e não apanhar do estuprador, as provas ficam mais frágeis. Quem poderá garantir que a relação foi diante de ameaça, afinal? Se a mulher conhecer o criminoso, então, as chances de seu caso ser levado à frente caem drasticamente. Primeiro, pelo medo de retaliação: muitas preferem nem fazer a queixa para não serem perseguidas pelos seus agressores. E, segundo, porque é quase impossível provar se houve ou não consentimento. Se a vítima chegar à delegacia dizendo que foi estuprada por um namorado, marido, ficante ou amigo, é quase certeiro que seu caso não vá para frente.

Mesmo se for parar no tribunal, a acusação corre o risco de se voltar contra a mulher, como já vimos. "Os advogados podem usar qualquer tipo de argumento para invalidar a vítima. Geralmente são argumentos moralistas – e que funcionam", diz Ana Paula Meirelles Lewin, coordenadora do Núcleo de Defesa dos Direitos da Mulher da Defensoria Pública do Estado de São Paulo. Não é à toa, então, que 90% das mulheres desistam de denunciar o crime: sabe-se lá o que advogados e procuradores vão inventar sobre ela. O estupro acaba silenciado pela vergonha, uma arma eficientíssima. E vergonha é a palavra-chave nesses casos. "O estupro é um crime extremamente íntimo, uma violação profunda, como pouquíssimas outras coisas são. Se as pessoas que lidam com esses casos – médicos, advogados, policiais – não tiverem respeito por essa violação, elas não vão conseguir ajudar as mulheres", diz o médico Jefferson Drezett, que atende vítimas de violência sexual no hospital Pérola Byington, em São Paulo.

[...]

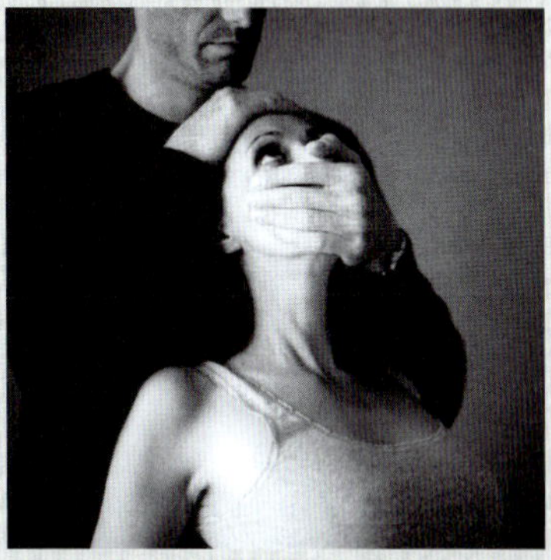
Emmanuelle Brisson/Getty Images

(*Superinteressante*, nº 349, p. 32-41. Abril Comunicações S.A.)

B.O.: Abreviatura de *boletim de ocorrência*, documento em que um escrivão de uma delegacia policial registra a ocorrência de um crime ou queixa.

1. Em relação à reportagem lida, responda:

a. Qual é o tema central?

b. Qual é a finalidade principal?

2. Como é comum às reportagens em geral, o texto é aberto com uma introdução. Qual é o papel da introdução na reportagem lida?

3. O 1º parágrafo do texto é constituído pelo relato de uma história aparentemente ocorrida na Idade Média.

a. Que palavras e expressões contribuem para criar uma atmosfera medieval para o relato?

b. Considerando-se a finalidade da reportagem, que função esse relato desempenha?

c. Que outro relato é utilizado no texto?

4. Nas reportagens, é comum haver dados numéricos e estatísticos, como meio de fundamentar cientificamente as informações. De acordo com a reportagem lida:

a. Quantos são provavelmente os casos reais de estupro no Brasil por ano?

b. Percentualmente, quantos desses casos são denunciados por ano?

c. O que esses números revelam quanto à gravidade do problema?

5. Muitas vezes o estupro é associado a fatores como nível social e grau de escolaridade dos estupradores, ou se pensa que o estuprador é sempre um estranho. Esses dados são confirmados pelos dados estatísticos apresentados no texto? Justifique sua resposta com elementos do texto.

Estupro: crime hediondo

O estupro é considerado um dos crimes mais violentos. Pode ser praticado com violência real (agressão) ou presumida (quando se volta contra menores de 14 anos, alienados mentais ou pessoas que não podem oferecer resistência).

Embebedar uma pessoa com a finalidade de estuprá-la – o crime ocorre com frequência em festas universitárias – configura-se como crime de estupro praticado com violência presumida, pois a vítima não pode oferecer resistência.

A pena para estupradores no Brasil é de 6 a 10 anos de reclusão; se houver lesão corporal da vítima ou se a vítima tiver entre 14 e 18 anos pode aumentar e ser de 8 a 12 anos. Se ocorrer a morte da vítima, a pena passa a ser de 12 a 30 anos.

6. Releia este trecho do 5º parágrafo do texto:

> "O estupro é o único crime no qual a vítima é julgada junto com o criminoso."

ChameleonsEye/Shutterstock

a. Explique essa afirmação.

b. Logo depois dessa afirmação, é introduzida uma comparação entre o estupro e o roubo de celular. Qual é a função dessa comparação, na construção do texto?

c. No mesmo parágrafo, é relatado o caso de Maria, que foi estuprada pelo avô. Que papel esse relato cumpre no contexto?

7. De acordo com o texto, um dos principais problemas que envolvem o estupro é o silêncio. Por que as vítimas silenciam? Aponte ao menos três causas.

8. A reportagem não é exatamente um texto de opinião, porém, nela, mais do que na notícia, o jornalista tem liberdade para expressar seu ponto de vista sobre o tema e até apontar saídas ou fazer sugestões.

a. A autora da reportagem chega a se posicionar claramente sobre o tema? Se sim, qual é o ponto de vista que ela expressa? Comprove com marcas do texto.

b. A autora não chega a explicitar propostas de solução para o silêncio que envolve as vítimas de estupro. É possível, porém, inferir no texto saídas para o problema? Justifique sua resposta com elementos do texto.

c. O título do texto – "Como silenciamos o estupro" – justifica sua resposta no item anterior? Por quê?

9. Ao produzir uma reportagem, o jornalista pode lançar mão de vários recursos ou procedimentos que conferem amplitude e profundidade ao tema. Alguns deles são estes:

- entrevista com especialistas
- relato de casos verídicos
- comparações
- dados estatísticos
- exemplo histórico
- citação de pessoas ilustres (filósofos, escritores, líderes)

Quais desses recursos ou procedimentos foram utilizados na reportagem em estudo?

10. A entrevista foi publicada na revista *Superinteressante*, que é voltada a um público constituído por estudantes, jovens e adultos, que gostam de assuntos científicos e de interesse geral. Observe a linguagem empregada na reportagem.

a. Foi empregada a norma culta?

b. Como é a linguagem quanto a formalidade ou informalidade?

c. Esse tipo de linguagem é adequado ao perfil da revista e do público? Por quê? Justifique sua resposta.

O jornalismo investigativo

Em princípio, o jornal tem a função de informar. Contudo, às vezes, os jornalistas descobrem informações que vão além dos fatos cotidianos e podem revelar uma rede de interesses e práticas escusas, envolvendo políticos, empresários, religiosos, etc. Nesse caso, o jornalismo se torna investigativo e passa a ter um papel semelhante ao da polícia. Muitas vezes, até, imprensa e polícia atuam juntas.

O cinema já retratou esse papel do jornalismo várias vezes. O filme *Todos os homens do presidente*, de Alan J. Pakula, por exemplo, mostra o papel decisivo da imprensa na denúncia do Caso Watergate, que envolveu a Casa Branca, nos Estados Unidos. Já o filme *Spotlight – Segredos revelados*, de Tom McCarthy, mostra o papel da imprensa na apuração de casos de pedofilia que envolveram cerca de 70 religiosos em Boston, nos EUA. Outros filmes que também retratam o jornalismo investigativo são *Nos bastidores da notícia*, de James L. Brooks, e *Boa noite e boa sorte*, de George Clooney.

Anonymous content/First look media/Collection Christophel/Participant media/AFP

Cena do filme *Spotlight*, que ganhou Oscar de melhor filme em 2016.

HORA DE ESCREVER

Prepare-se para produzir uma reportagem, individualmente ou em grupo, conforme a orientação do professor. O texto fará parte da revista que será lançada no projeto **Fatos em revista**, no final da unidade.

Pense em uma reportagem coerente com o perfil de revista escolhido pelo grupo. Por exemplo, se vocês optaram por uma revista de música, a reportagem poderá abordar a origem do *rock* brasileiro, as mais importantes bandas de *rock* do nosso país, as influências que o *rock* brasileiro sofreu, o panorama do *rock* brasileiro atual, os discos de *rock* mais vendidos, um músico de *rock*, a vinda ao país das grandes bandas de *rock*, etc. Se optaram por uma revista de esportes, a reportagem poderá ser sobre as maiores torcidas do país, sobre os principais jogadores, os principais técnicos, os números de títulos ganhos, e assim por diante.

PROJETO

Como você sabe, no final da unidade será produzida, em grupo, uma *revista*.

Neste capítulo, você vai produzir uma reportagem, que fará parte da revista.

ANTES DE ESCREVER

Planeje sua reportagem, seguindo estas orientações:

- Tenha em vista o público para o qual vai escrever: jovens e/ou adultos que se interessam pelo tema geral relacionado ao perfil de revista.
- Levando em conta o perfil da revista, pense em um tema que possa ser abordado de forma ampla, sob diferentes pontos de vista, com apoio de entrevistas, dados estatísticos, relatos, exemplos, comparações, etc.
- Faça uma pesquisa sobre o tema escolhido, consultando *sites* da Internet, livros e revistas especializados no assunto. Recolham depoimentos, dados estatísticos, fatos históricos, dados comparativos, etc.
- Se houver entrevistas, realize-as e selecione trechos que poderão ser aproveitados. Peça aos(s) entrevistado(s) autorização por escrito para publicar a entrevista ou trechos dela e imagens.
- Trace um roteiro para a reportagem: como será o texto de apresentação que vem logo abaixo do título; se houver relatos e entrevistas, quando e onde entrarão no texto; quais dados estatísticos serão utilizados; sob qual ponto de vista a reportagem vai desenvolver o tema; se houver dica ou sugestões para os leitores, quais serão, etc.
- Utilize uma linguagem que leve em conta o perfil da revista e do público-alvo e que esteja predominantemente de acordo com a norma-padrão da língua, mas mantendo a informalidade.
- Selecione imagens que deem sustentação visual à reportagem.
- Dê um título atraente à reportagem.

Fernando Favoretto / Criar Imagem

ANTES DE PASSAR A LIMPO

Antes de dar sua reportagem por finalizada, observe:

- se o tema tem relação com o perfil da revista e com o perfil do público a que ela se destina;
- se o título é atraente e se há um texto de apresentação que prepara o leitor para se aprofundar no tema;
- se recursos ou procedimentos como relato de casos, entrevista com especialistas, dados estatísticos, comparações, citações, alusão a fatos históricos, etc. são bem utilizados;
- se o grau de informalidade da linguagem é adequado ao perfil e ao público da revista;
- se as imagens dão suporte visual à reportagem.

MUNDO plural

ÉTICA

Editora Contexto

Ética e liberdade de expressão

Ética e censura são dois temas que caminham juntos na imprensa. Vez ou outra nos deparamos com afirmações de políticos que pretendem criar algum mecanismo jurídico para controlar a imprensa, com a alegação de que os jornais e as revistas fazem afirmações falsas ou não comprovadas.

O texto a seguir é parte da introdução da obra *Ética no jornalismo*, de Rogério Christofoletti, que trata desse tema. Leia-o e, depois, discuta com os colegas e o professor as questões propostas.

O jornalismo e a realidade que nos cerca

Não é exagero dizer que grande parte do que chamamos de realidade nos chega pelos meios de comunicação. Seja o tsunami que varre a Indonésia, seja o assalto na esquina de casa. Atualmente, a mídia ocupa lugar central na vida de todos. Ajuda a moldar nosso imaginário, estabelecer prioridades, decidir e descartar opções. Essa onipresença não comporta apenas um poder avassalador de formação de opiniões, de registro da história recente ou de definição de relevâncias sociais. O poder dessa centralidade traz também muitas preocupações de natureza moral e ética. Onde ficam os limites, afinal?

Latinstock/© Kevin Carter/Sygma/Corbis/Sygma Premium by Corbis

Foto de Kevin Carter.

Foi correto o repórter fotográfico Kevin Carter congelar a imagem da criança negra vulnerável ao abutre? O que ele deveria fazer naquele momento: espantar a ave predadora ou clicar e denunciar a miséria humana ao mundo? Em nome do que os jornalistas podem se apossar da imagem de alguém em situação de tanta fragilidade quanto a da refugiada que corre das bombas? Por que é importante flagrar o cidadão comum que se contrapõe ao arbítrio, mesmo que não se saiba o nome dele? Essas e outras perguntas estão diretamente ligadas às condutas dos profissionais envolvidos nessas coberturas. Referem-se ao questionamento dos limites morais do jornalismo e da mídia em geral. Aqui, o nome do jogo é ética.

Porque ostentam um magnífico poder, os meios de comunicação têm uma responsabilidade igualmente gigantesca. É a contrapartida.

[...]

Um assunto para todos, jornalistas ou não

No jornalismo, a ética é mais que rótulo, que acessório. No exercício cotidiano da cobertura dos fatos que interessam à sociedade, a conduta ética se mistura com a própria qualidade técnica de produção do trabalho. Repórteres, redatores e editores precisam dominar equipamentos e linguagens, mas não devem se descolar de seus comprometimentos e valores. Podem tentar suspender suas opiniões em certos momentos, mas, se por acaso esquecerem suas funções e suas relações com o público, vão colocar tudo a perder. Nas redações, há quem diga que o jornalismo se define por uma ética. Se é exagero ou não, o que temos é que o jornalismo é uma atividade humana, que se planta e se espalha na relação entre os humanos. A ética é algo que só existe nesse entremeio, na distância entre as pessoas. É uma exclusividade humana, mas isso não é nem rima nem solução. Quer ver? Mentir a um paciente pode não ser um problema para um médico, mas uma forma de poupá-lo no estágio terminal. Para um jornalista, abandonar o compromisso com a verdade não é um deslize, é uma falha ética e grave. Então, há especificidades no campo da ação humana, da conduta ética. O jornalismo – a exemplo de outras profissões – tem suas particularidades, e não só é necessário conhecê-las como também refletir sobre elas, atualizando-as diariamente. Como se faz nas páginas dos jornais com as notícias. Isso não interessa só a quem vive dos fatos. Importa a todos. As sociedades, os governos, as organizações, todos são afetados pela mídia. Os estilhaços de realidade que nos bombardeiam pelos meios de comunicação beneficiam (ou prejudicam) a todos. Ninguém está imune, e é por essa presença que a ética no campo do jornalismo deve preocupar não só quem produz informação, mas também quem a consome. Historicamente, as sociedades tornaram-se mais complexas, e as atividades profissionais – entre elas, o jornalismo – precisaram acompanhar esse compasso. Consumimos notícias com cores fortes e tons pastéis, com traços rápidos e contornos suaves. Os retratos da vida e da morte são lançados diante de nossos sentidos. Com velocidade e força. Alguns relatos se prendem à nossa memória e passam a fazer parte de nós mesmos, como se fossem uma porção de nossa ótica ou de nossa ética. Isso não é pouco. [...]

(Disponível em: http://editoracontexto.com.br/etica-no-jornalismo.html. Acesso em: 12/12/2015.)

1. Você acha que deve haver ampla liberdade de expressão na imprensa ou deve haver algum tipo de controle? Em sociedades democráticas, como lidar com informações falsas ou infundadas veiculadas por órgãos de imprensa?

2. Na atuação de um repórter fotográfico, qual é o limite ético? Por exemplo, o jornalista sul-africano Kevin Carter ganhou o prêmio Pulitzer com a foto de uma criança africana sendo observada por um abutre. Carter fez essa foto em benefício próprio, para se projetar como fotojornalista, ou como meio de denunciar a fome no Sudão?

3. Você é a favor do jornalismo investigativo? O objetivo desse tipo de jornalismo é "vender notícias" ou contribuir para combater a corrupção e outros desvios morais na sociedade? Como o jornalista investigativo deve atuar, sem perder de vista a ética?

4. Como a imprensa está presente na sua vida? Há algum meio de comunicação específico que você utiliza para tomar conhecimento dos fatos que estão acontecendo? Em caso afirmativo, qual é o motivo dessa preferência? Você acredita que a imprensa informa sobre a realidade de forma objetiva?

POR DENTRO DO ENEM E DO VESTIBULAR

ENEM EM CONTEXTO

Leia esta questão do Enem:

Leia o texto e examine a ilustração:

Cândido Portinari. Rio de Janeiro: Cem Bibliófilos do Brasil, 1943. p.1.

Óbito do autor

(....) expirei às duas horas da tarde de uma sexta-feira do mês de agosto de 1869, na minha bela chácara de Catumbi. Tinha uns sessenta e quatro anos, rijos e prósperos, era solteiro, possuía cerca de trezentos contos e fui acompanhado ao cemitério por onze amigos. Onze amigos! Verdade é que não houve cartas nem anúncios. Acresce que chovia – peneirava – uma chuvinha miúda, triste e constante, tão constante e tão triste, que levou um daqueles fiéis da última hora a intercalar esta engenhosa ideia no discurso que proferiu à beira de minha cova: –"Vós, que o conhecestes, meus senhores, vós podeis dizer comigo que a natureza parece estar chorando a perda irreparável de um dos mais belos caracteres que tem honrado a humanidade. Este ar sombrio, estas gotas do céu, aquelas nuvens escuras que cobrem o azul como um crepe funéreo, tudo isto é a dor crua e má que lhe rói à natureza as mais íntimas entranhas; tudo isso é um sublime louvor ao nosso ilustre finado." (....)

(Adaptado. Machado de Assis. *Memórias póstumas de Brás Cubas*. Ilustrado por Cândido Portinari. Rio de Janeiro: Cem Bibliófilos do Brasil, 1943. p. 1.)

Compare o texto de Machado de Assis com a ilustração de Portinari. É correto afirmar que a ilustração do pintor

a. apresenta detalhes ausentes na cena descrita no texto verbal.

b. retrata fielmente a cena descrita por Machado de Assis.

c. distorce a cena descrita no romance.

d. expressa um sentimento inadequado à situação.

e. contraria o que descreve Machado de Assis.

As questões do Enem exigem determinadas habilidades de leitura, como a comparação entre dois textos, podendo ser um deles uma imagem, tal como ocorre nessa questão. Para resolvê-la, é necessário que o aluno identifique e compare as semelhanças e as diferenças entre os elementos que compõem o texto de Machado de Assis e a ilustração de Portinari.

Nas alternativas *c*, *d*, e *e*, as respectivas afirmações de que a ilustração "distorce a cena", "expressa um sentimento inadequado à situação" e "contraria o que descreve Machado de Assis" não são verdadeiras, já que a imagem contém elementos essenciais do texto machadiano, tais como a chuva, os amigos reunidos e a situação do discurso fúnebre. A alternativa *b* refere-se a um retrato fiel, algo que não é inteiramente verdadeiro, pois há na imagem detalhes que podem ser subentendidos no texto verbal, mas que não foram explicitados, tais como as montanhas ao fundo, os diversos túmulos ao redor, as pequenas árvores e os guarda-chuvas. Por isso, embora a cena seja fiel à essência do texto verbal, ela "apresenta detalhes ausentes na cena" machadiana. Alternativa correta: *a*.

QUESTÕES DO ENEM E DO VESTIBULAR

REGISTRE NO CADERNO

1. (UNIFESP-SP) Leia o trecho de *O cortiço*, de Aluísio Azevedo.

Jerônimo bebeu um bom trago de parati, mudou de roupa e deitou-se na cama de Rita.

– Vem pra cá... disse, um pouco rouco.

– Espera! espera! O café está quase pronto!

E ela só foi ter com ele, levando-lhe a chávena fumegante da perfumosa bebida que tinha sido a mensageira dos seus amores (...)

Depois, atirou fora a saia e, só de camisa, lançou-se contra o seu amado, num frenesi de desejo doído.

Jerônimo, ao senti-la inteira nos seus braços; ao sentir na sua pele a carne quente daquela brasileira; ao sentir inundar-se o rosto e as espáduas, num eflúvio de baunilha e cumaru, a onda negra e fria da cabeleira da mulata; ao sentir esmagarem-se no seu largo e peludo colo de cavouqueiro os dois globos túmidos e macios, e nas suas coxas as coxas dela; sua alma derreteu-se, fervendo e borbulhando como um metal ao fogo, e saiu-lhe pela boca, pelos olhos, por todos os poros do corpo, escandescente, em brasa, queimando-lhe as próprias carnes e arrancando-lhe gemidos surdos, soluços irreprimíveis, que lhe sacudiam os membros, fibra por fibra, numa agonia extrema, sobrenatural, uma agonia de anjos violentados por diabos, entre a vermelhidão cruenta das labaredas do inferno.

Pode-se afirmar que o enlace amoroso entre Jerônimo e Rita, próprio à visão naturalista, consiste

a. na condenação do sexo e consequente reafirmação dos preceitos morais.

b. na apresentação dos instintos contidos, sem exploração da plena sexualidade.

c. na apresentação do amor idealizado e revestido de certo erotismo.

d. na descrição do ser humano sob a ótica do erótico e animalesco.

e. na concepção de sexo como prática humana nobre e sublime.

2. (FUVEST-SP)

Capítulo CVII

Bilhete

"Não houve nada, mas ele suspeita alguma cousa; está muito sério e não fala; agora saiu. Sorriu uma vez somente, para Nhonhô, depois de o fitar muito tempo, carrancudo. Não me tratou mal nem bem. Não sei o que vai acontecer; Deus queira que isto passe. Muita cautela, por ora, muita cautela."

Capítulo CVIII

Que se não entende

Eis aí o drama, eis aí a ponta da orelha trágica de Shakespeare. Esse retalhinho de papel, garatujado em partes, machucado das mãos, era um documento de análise, que eu não farei neste capítulo, nem no outro, nem talvez em todo o resto do livro. Poderia eu tirar ao leitor o gosto de notar por si mesmo a frieza, a perspicácia e o ânimo dessas poucas linhas traçadas à pressa; e por trás delas a tempestade de outro cérebro, a raiva dissimulada, o desespero que se constrange e medita, porque tem de resolver-se na lama, ou no sangue, ou nas lágrimas?

Machado de Assis, *Memórias póstumas de Brás Cubas*.

Atente para o excerto, considerando-o no contexto da obra a que pertence. Nele, figura, primeiramente, o bilhete enviado a Brás Cubas por Virgília, na ocasião em que se torna patente que o marido da dama suspeita de suas relações adúlteras. Segue-se ao bilhete um comentário do narrador (cap. CVIII). Feito isso, considere a afirmação que segue:

No excerto, o narrador frisa aspectos cuja presença se costuma reconhecer no próprio romance machadiano da fase madura, entre eles,

I. o realce da argúcia, da capacidade de exame acurado das situações e da firmeza de propósito, ainda quando impliquem malignidade;

II. a relevância da observação das relações interpessoais e dos funcionamentos mentais correspondentes;

III. a operação consciente dos elementos envolvidos no processo de composição literária: narração, personagens, motivação, trama, intertextualidade, recepção etc.

Está correto o que se indica em

a. I, somente.

b. II, somente.

c. I e II, somente.

d. II e III, somente.

e. I, II e III.

3. (ENEM)

Narizinho correu os olhos pela assistência. Não podia haver nada mais curioso. Besourinhos de fraque e flores na lapela conversavam com baratinhas de mantilha e miosótis nos cabelos. Abelhas douradas, verdes e azuis, falavam mal das vespas de cintura fina – achando que era exagero usarem coletes tão apertados. Sardinhas aos centos criticavam os cuidados excessivos que as borboletas de toucados de gaze tinham com o pó das suas asas. Mamangavas de ferrões amarrados para não morderem. E canários cantando, e beija-flores beijando flores, e camarões camaronando, e caranguejos caranguejando, tudo que é pequenino e não morde, pequeninando e não mordendo.

LOBATO, Monteiro. *Reinações de Narizinho.* São Paulo: Brasiliense, 1947.

No último período do trecho, há uma série de verbos no gerúndio que contribuem para caracterizar o ambiente fantástico descrito. Expressões como "camaronando", "caranguejando" e "pequeninando e não mordendo" criam, principalmente, efeitos de

a. esvaziamento de sentido.

b. monotonia do ambiente.

c. estaticidade dos animais.

d. interrupção dos movimentos.

e. dinamicidade do cenário.

REGISTRE NO CADERNO

4. (ENEM)

Em junho de 1913, embarquei para a Europa a fim de me tratar num sanatório suíço. Escolhi o de Clavadel, perto de Davos-Platz, porque a respeito dele me falara João Luso, que ali passara um inverno com a senhora. Mais tarde vim a saber que antes de existir no lugar um sanatório, lá estivera por algum tempo Antônio Nobre. "Ao cair das folhas", um de seus mais belos sonetos, talvez o meu predileto, está datado de "Clavadel, outubro, 1895". Fiquei na Suíça até outubro de 1914.

BANDEIRA, M. *Poesia completa e prosa.* Rio de Janeiro: Nova Aguilar, 1985.

No relato de memórias do autor, entre os recursos usados para organizar a sequência dos eventos narrados, destaca-se a

a. construção de frases curtas a fim de conferir dinamicidade ao texto.

b. presença de advérbios de lugar para indicar a progressão dos fatos.

c. alternância de tempos do pretérito para ordenar os acontecimentos.

d. inclusão de enunciados com comentários e avaliações pessoais.

e. alusão a pessoas marcantes na trajetória de vida do escritor.

5. (UFPE-PE) Assinale a alternativa em que a forma verbal esteja de acordo com a norma-padrão.

a. Presentei com amor!

b. O Governador pediu que o Secretário intervisse na liberação dos recursos.

c. Saborei os nossos petiscos.

d. Se o treinador vir o nível dos atletas, com certeza não irá aceitá-los.

e. As crianças entreteram-se com o espetáculo de danças.

6. (PUC-SP) Assinale a alternativa em que somente advérbios foram acrescentados à frase: "O tempo passou".

a. O sofrido tempo não passou muito rápido, infelizmente.

b. O tempo passou bastante, majestoso.

c. Realmente, o tempo passou depressa demais.

d. Sim, o curto tempo já passou.

7. (FUVEST-SP) "É preciso agir, e *rápido*", disse ontem o ex-presidente nacional do partido.
A frase em que a palavra sublinhada **não** exerce função idêntica à de *rápido* é:

a. Como estava exaltado, o homem gesticulava e falava *alto*.

b. Mademoiselle ergueu *súbito* a cabeça, voltou-a pro lado, esperando, olhos baixos.

c. Estavam acostumados a falar *baixo*.

d. Conversamos por alguns minutos, mas tão *abafado* que nem as paredes ouviram.

e. Sim, havíamos de ter um oratório bonito, *alto*, de jacarandá.

8. (UNICAMP-SP) Os enunciados abaixo são parte de uma peça publicitária que anuncia um carro produzido por uma conhecida montadora de automóveis.

UM CARRO
QUE ATÉ A ORGANIZAÇÃO
MUNDIAL DA SAÚDE APROVARIA:
ANDA MAIS
E BEBE MENOS.

ELE CABE NA SUA VIDA. SUA VIDA CABE NELE.

(Adaptado de *Superinteressante*, jun. 2009, p. 9)

a. A menção à Organização Mundial da Saúde na peça publicitária é justificada pela apresentação de uma das características do produto anunciado. Qual é essa característica? Explique por que o modo como a característica é apresentada sustenta a referência à Organização Mundial da Saúde.

b. A peça publicitária apresenta duas orações com o verbo *caber*. Contraste essas orações quanto à organização sintática. Que efeito é produzido por meio delas?

Produção de texto

9. (UEM-PR) O texto a seguir aborda uma temática social contemporânea: medo e fobia. Tendo-o como apoio, redija o gênero textual solicitado.

Medos e fobias

Rosa Basto

Sentir medo é normal. As situações desconhecidas podem levar-nos a algum tipo de ansiedade que provoca algum tipo de medo. Ter medo pode ser definido como uma sensação de perigo, de que algo mau possa estar para acontecer, em geral acompanhado de sintomas físicos que incomodam bastante. Esse tipo de medo ajuda-nos a precavermos as situações para não sermos afetados e, dessa forma, preparamo-nos. Chama-se a isso ansiedade funcional. Quando esse medo é desproporcional à ameaça, por definição irracional, com fortíssimos sinais de perigo, e também seguido de tentativas de se evitarem as situações causadoras de medo, é chamado de fobia [...].

De forma breve, as fobias referem-se ao medo excessivo de um objeto, de uma circunstância ou de uma situação específica, fazendo parte do quadro de perturbações de ansiedade. Existem três grandes tipos de fobias: fobia específica, fobia social e agorafobia. A fobia específica é o medo intenso e persistente de um objeto ou de uma situação (medo de cães, medo de andar de elevador, medo de avião, medo de dirigir, medo de cobras, medo de aranhas etc.), enquanto a fobia social é o medo intenso e persistente de situações em que possam ocorrer embaraço e humilhação (medo de falar em público, medo de ser observado e avaliado, medo de se expor etc.). Já as pessoas com agorafobia evitam situações em que seria difícil obter ajuda, preferindo a companhia de um amigo ou de um familiar, em espaços fechados, ruas movimentadas ou locais que as façam se sentir encurraladas (*shoppings*, túneis, pontes, rodovias etc.) [...].

Nas fobias, as causas são bastante variadas. Como em todas as perturbações mentais, há heterogeneidade de causas. A patogenia das fobias, quando compreendida, pode-se mostrar como um modelo de interações entre fatores genéticos, por um lado, e fatores ambientais, por outro. Com relação aos fatores genéticos, segundo Otto Fenichel, as fobias específicas tendem a ocorrer em famílias. Estudos relatam que de dois terços a três quartos das pessoas afetadas têm, pelo menos, um parente de primeiro grau com fobia específica do mesmo tipo. Também os parentes de primeiro grau dos indivíduos com fobia social têm cerca de três vezes mais probabilidades de serem afetados do que parentes de indivíduos sem perturbação. Quanto aos fatores ambientais, são geralmente associados a estados de ansiedade generalizada devido às grandes pressões de caráter social. A competitividade nos dias de hoje leva ao tão famoso *stress*. Esse, por sua vez, desencadeia todo um processo de aceleração da produção de cortisol no organismo, que provoca aumento da ansiedade, generalizando-a. Pessoas que vivem em ambiente de risco também estão mais expostas às perturbações de humor e de ansiedade, podendo desenvolver mais facilmente acesso às fobias.

(Texto adaptado de: http://rosabasto.com/pdf/revista_top_winner_Outubro_medos_e_fobias.pdf>. Acesso em: 18/3/2013.)

GÊNERO TEXTUAL – RELATO

Considere a seguinte situação: você começou a fazer sessão de terapia para tentar resolver um dos três tipos de fobias apresentados no texto *Medos e fobias*, de Rosa Basto. Na primeira sessão, você vai expor sua *experiência* no convívio com a fobia e o que o fez procurar auxílio clínico, mas deverá fazer isso por escrito ao terapeuta. Redija, portanto, um **RELATO**, em até 15 linhas, expondo, obrigatoriamente, qual é a sua fobia, em que momentos ela se manifesta, como você se sente quando ela surge, se você tenta ou não fazer algo para enfrentá-la. Caso necessite incluir alguém no seu relato, use os nomes Freud ou Nise.

PROJETO

Fatos em revista

Hartmut Schmidt / Imagebroker / Glow Images

Alamy/Fotoarena

Como encerramento da unidade, passaremos à fase final de produção da *revista* para a qual você e seus colegas de grupo criaram notícias, entrevistas e reportagens.

Deem à revista um nome que seja atraente e ao mesmo tempo compatível com o perfil que escolheram para ela.

O lançamento da revista deverá ocorrer em uma data e em um local combinados com o professor e os outros grupos.

Diagramação, imagens e revisão

Definido o formato da revista (tamanho e forma), providenciem em grupo a diagramação dela. Adotem critérios quanto ao tipo e ao tamanho das fontes para o texto, para o título e para as legendas; quanto ao uso ou não de colunas; quanto ao tipo e ao tamanho das imagens.

Feita a diagramação, numerem as páginas e façam a revisão do texto, observando a apresentação visual, a relação entre texto e imagens, a divisão silábica nas colunas, etc.

Criem uma capa (ou página de abertura, na versão digital) para a revista e uma chamada de destaque, em letras grandes, e outras chamadas com menor destaque.

Ilustrações: RICO

Façam um sumário, apresentando por título e por autor(es) as notícias, as entrevistas e as reportagens e indicando a página em que cada uma começa.

Iniciem a revista com um texto de apresentação, explicando os objetivos do grupo ao escolher o tema geral da revista e ao produzir os textos que ela contém.

Versão impressa e versão digital

Se o grupo optou pela versão impressa, providenciem alguns exemplares da revista para os membros do grupo e outros para expor no dia do lançamento. Caso queiram vender a revista ao público, providenciem um número maior de exemplares e definam o preço.

Se o grupo optou pela versão digital, providenciem mesas e computadores no local do lançamento. Se a revista estiver hospedada em uma página da Internet, é necessário que, no local, haja conexão.

Lançamento da revista

Discutam com o professor a melhor forma de divulgar para o maior número possível de pessoas o lançamento da revista: cartazes, faixas, *e-mails*, redes sociais.

Preparem o local do evento. Poderá ser um espaço no pátio ou nos corredores da escola, uma sala especial ou o auditório. Fiquem atentos a pontos de energia e à conexão com Internet, se necessário.

No espaço, deverá haver mesas para acomodar as revistas impressas e os computadores e cadeiras para que as pessoas possam ler ou navegar confortavelmente.

UNIDADE

4 Palavra e música

O friso de Beethoven (1902), de Gustav Klimt. A obra, da fase simbolista do pintor, representa a eterna busca da felicidade empreendida pelo ser humano, na qual ele tem de lutar tanto contra o mal que há no mundo quanto o que habita seu interior. Nesse contexto, a arte se configura como um meio capaz de conduzir o ser humano a um reino ideal, onde se encontram a alegria verdadeira, a felicidade e o amor puro. A obra foi pintada em homenagem ao compositor Beethoven e diretamente em uma parede.

PROJETO

JORNAL OPINIÃO

Participe, em grupo, da produção de um *jornal*, impresso ou digital, que deverá conter editorial, resenhas críticas e cartas.

Österreichische Galerie Belvedere, Viena, Áustria

Paisagem de luar

Na nitidez do ar frio, de finas vibrações de cristal, as estrelas crepitam...
Há um rendilhamento, uma lavoragem de pedrarias claras, em fios sutis de cintilações palpitantes, na alva estrada esmaltada da Via-Láctea.
Uma serenidade de maio adormecido entre frouxéis de verdura cai do veludo do firmamento, torna a noite mais solitária e profunda.
O Mar pontilhado dos astros faísca, fosforece e rutila agitando o dorso glauco.
[...]

(Cruz e Sousa. Apud: Antonio Candido e J. A. Castello. *Presença da literatura brasileira – Das origens ao Realismo.* São Paulo: Difel, 1985. p. 401-2.)

Carta de Katie (1897), de Haynes King. / Atkinson Art Gallery, Southport, Lancashire, Inglaterra

Entre

entre arco e flecha
entre flecha e alvo
entre alvo e treva
entre treva e ocaso
entre ocaso e terra
entre terra e marte
entre marte e perto
entre parto e morte
entre parte e parte
[...]

(Arnaldo Antunes / Pericles Cavalcanti. © Rosa Celeste / Universal Music. © Warner Chappell Edições Musicais)

CAPÍTULO

1 Simbolismo
A preposição e a conjunção
O editorial

LITERATURA

O Simbolismo

FOCO NA IMAGEM

Veja esta pintura, de Gustave Moreau:

Museu de Orsay, Paris, França

Orfeu (1865).

Gustave Moreau

Gustave Moreau (1826-1898) nasceu em Paris, onde estudou pintura na Real Escola de Belas Artes.

Começou a despontar no cenário parisiense na década de 1850 e alcançou sua maturidade artística duas décadas depois. Entre os temas que abordou, muitos são da mitologia e da Bíblia. É considerado um dos mais importantes representantes da pintura simbolista de todo o mundo.

A residência do pintor e seu ateliê, em Paris, foram transformados no Museu Gustave Moreau, onde se encontra boa parte da obra que produziu.

Roger-Viollet/AFP/ Museu Gustave Moreau, Paris, França

Autorretrato (1850), de Gustave Moreau.

1. Observe a luz e a paisagem que se veem na tela.

a. Levante hipóteses: Em que momento do dia ocorre a cena?

b. Como é a luminosidade da cena?

2. No topo da rocha, ao fundo, há três homens. No canto direito inferior, há duas tartarugas.

a. O que os homens estão fazendo? Qual é o trabalho deles? Levante hipóteses.

b. Sabendo-se que a primeira lira – instrumento de cordas muito utilizado na Antiguidade – foi construída com casco de tartaruga, o que, na pintura, as tartarugas representam?

c. O cenário da pintura é uma paisagem realista ou uma paisagem onírica (típica de sonhos)?

3. No centro da pintura, vemos uma jovem, que tem nas mãos uma lira sobre a qual repousa a cabeça de um jovem. Pelo título da tela, inferimos que se trata da cabeça do poeta Orfeu, personagem da mitologia grega. Observe a moça.

a. Como ela está vestida?

b. Como é o semblante dela?

c. O que ela está fazendo?

d. Levante hipóteses: Por que ela está com os olhos fechados?

4. Leia o boxe "A morte de Orfeu". Depois, levante hipóteses:

a. Quem pode ser a mulher retratada no quadro *Orfeu*?

b. Que sentimento ela parece ter pelo jovem?

c. Por que a cena reúne elementos líricos e trágicos ao mesmo tempo?

d. Considerando-se que Orfeu e sua lira representam a poesia e a música, a mulher acolhe ou rejeita essas manifestações da arte?

5. A morte de Orfeu foi retratada por pintores de diferentes épocas. Enquanto eles procuraram recriar a cena do assassinato, como Émile Lévy, em *A morte de Orfeu* (veja a pintura no boxe ao lado), Moreau foi o primeiro a retratar Orfeu depois de morto. Compare *Orfeu*, de Moreau, e o quadro de Lévy.

a. O que é ressaltado na tela de Émile Lévy?

b. E na tela de Gustave Moreau?

c. Há sensualidade nas duas telas?

d. Em qual das duas telas predomina uma atmosfera mágica e introspectiva?

A morte de Orfeu

Na mitologia grega, Orfeu era filho de Calíope e Apolo, rei da Trácia. Segundo o mito, Orfeu era um poeta incomparável e, quando tocava a lira e cantava, encantava a todos, e até os animais ferozes e as aves paravam para ouvir seu canto.

Orfeu se apaixona por Eurídice e se casa com ela; porém, logo depois do casamento ela é picada por uma cobra e morre.

Desesperado, Orfeu clama aos deuses que restituam a vida a Eurídice, mas não é atendido. Decide, então, ir ao Inferno (o mundo dos mortos) em busca da amada. Lá, consegue permissões do rei Hades e de sua mulher para trazer Eurídice de volta, mas, no último momento da caminhada, descumpre a promessa de não a olhar e perde a amada para sempre.

Orfeu passa, então, a ter uma vida reclusa e distante das mulheres. Certo dia, quando estava no alto de uma montanha cantando sua tristeza, foi encontrado pelas mênades – ninfas que participavam dos rituais bacantes. Como o odiavam por se sentirem desprezadas por ele, as mênades o apedrejam até a morte e o esquartejam.

Museu de Orsay, Paris, França

A morte de Orfeu (1866), de Émile Lévy, amigo do pintor Gustave Moreau.

REGISTRE NO CADERNO

O mito de Orfeu no cinema e no teatro

A história de Orfeu e Eurídice foi contada várias vezes no cinema e no teatro.

Vinícius de Morais, na década de 1940, transpôs o mito grego para o mundo das favelas cariocas, na peça *Orfeu da Conceição*. Levada aos palcos do Rio em 1956, a peça foi adaptada para o cinema pelo cineasta francês Marcel Camus e deu origem ao premiado filme *Orfeu negro* (1959).

Em 1999, o cineasta brasileiro Cacá Diegues, partindo do texto de Vinícius, lançou o filme *Orfeu*, em que a ação acontece no contexto do tráfico de drogas nas favelas cariocas.

Teatro Municipal do Rio de Janeiro

A peça *Orfeu da Conceição*, de Vinícius de Morais, estreou no Teatro Municipal do Rio de Janeiro em 1956. No elenco, atuavam apenas atores negros.

6. Diferentemente do Realismo, o Simbolismo não se propunha a retratar a realidade de forma objetiva. Qual é o tema central da tela de Moreau?

7. A tela de Moreau apresenta algumas características que são próprias do movimento simbolista, tanto na pintura quanto na literatura. Entre os itens a seguir, indique os que correspondem a características do Simbolismo observadas em *Orfeu*.

- musicalidade / referência à música
- religiosidade e misticismo
- mistério
- linguagem sugestiva
- amplitude cósmica
- onirismo
- interioridade e introspecção
- interesse por temas etéreos e distantes da realidade concreta
- morbidez e a morte por tema

REGISTRE NO CADERNO

FIQUE CONECTADO!

Amplie seus conhecimentos sobre o Simbolismo, pesquisando em:

LIVROS

- Conheça as principais obras de nosso Simbolismo, lendo: *Melhores poemas de Cruz e Sousa*, organizado por Flávio Aguiar (Global); *Broquéis e faróis*, de Cruz e Sousa (Russell); *Melhores poemas de Alphonsus de Guimaraens*, organizado por Alphonsus de Guimaraens Filho (Global).

Editora DCL

- Leia também livros sobre a vida e a obra de Cruz e Sousa, como *Cruz e Sousa – Dante negro do Brasil*, de Uelinton Farias Alves (Pallas); *O Simbolismo de Cruz e Sousa – Negritude, dor e satanismo*, de Cristiano Lima de Reis (In House), *Cruz e Sousa*, de Paola Prandini (Selo Negro); *Consciência do impacto nas obras de Cruz e Sousa e Lima Barreto*, de Cuti (Autêntica).

FILMES

- Para conhecer a vida de Cruz e Sousa, assista a *Cruz e Sousa, o poeta do desterro*, de Sylvio Back. Para saber mais sobre a obra de artistas europeus relacionados com o Simbolismo e com o Impressionismo, assista a *O eclipse de uma paixão*, de Agnieszka Holland; *Camille Claudel*, de Bruno Nuytten; *Sonhos*, de Akira Kurosawa; *A vida de Toulouse-Lautrec*, de Roger Planchon; *Vida e obra de um gênio – Vincent e Theo*, de Robert Altman; *Moulin Rouge*, de Baz Luhrmann.

FIT Productions, Portman Productions, Société Française de Production (SFP)

MÚSICAS

- As principais novidades musicais da época do Simbolismo literário fazem parte do Impressionismo, corrente artística que é contemporânea da primeira. Os principais compositores impressionistas são Claude Debussy, Maurice Ravel, Ralph Vaughan Williams e Ottorino Respighi.

SITES

- Baixe as obras de Cruz e Sousa, que são de domínio público, acessando http://www.dominiopublico.gov.br/pesquisa/PesquisaObraForm.do?select_action=&co_autor=45 e leia poemas de Cruz e Sousa em http://www.jornaldepoesia.jor.br/pk.html.

PINTURAS

- Conheça a obra dos pintores simbolistas Gustave Moreau e Odilon Redon. E também a de pintores que tiveram uma fase simbolista em sua produção, como Paul Gauguin, Edvard Munch, Gustav Klimt e Frida Kahlo.

Musa sobre Pegasus (c. 1900), de Odilon Redon./ Coleção particular

OBRAS ARQUITETÔNICAS

- O principal escultor do final do século XIX foi Auguste Rodin, que recebeu influência do Realismo, do Simbolismo e do Impressionismo. Conheça o trabalho do artista, acessando o *site* do Museu Rodin, de Paris: http://www.musee-rodin.fr/en/home.

O contexto de produção e recepção do Simbolismo

A pintura *Orfeu* é representativa do Simbolismo, movimento artístico e literário que surgiu na França e se manifestou no Brasil no final do século XIX. Quem produzia poesia simbolista no Brasil nesse período? Quem era o público consumidor?

Meios de circulação

Os poetas simbolistas brasileiros foram contemporâneos dos poetas parnasianos. Seus poemas, porém, não alcançaram entre o público leitor da época o mesmo prestígio que os dos parnasianos. No Brasil, para a maioria do público leitor de então, formado principalmente por pessoas das camadas médias e altas da sociedade – a maior parte da população era ainda analfabeta –, o Simbolismo não passava de uma excentricidade literária.

A divulgação dos poemas simbolistas ocorreu por meio de rodas literárias, livros, revistas e jornais, como a *Folha Popular*, do Rio de Janeiro, na qual foi publicado o manifesto simbolista de autoria do grupo de poetas formado por Cruz e Sousa, Emiliano Perneta, Oscar Rosas e Bernardino Lopes. Nas numerosas e efêmeras revistas que lançaram em diversos Estados brasileiros, os simbolistas realizaram experiências com a imagem e as palavras, contribuindo, assim, para o aprimoramento gráfico das publicações e para a criação de um clima pré-modernista.

A revista *Fon-Fon!*

Idealizada e editada pelos simbolistas Gonzaga Duque, Mario Pederneiras e Lima Campos, a revista *Fon-Fon!* começou a ser publicada em 1907, no Rio de Janeiro, e circulou até 1958. O título da revista, inspirado na buzina de carro, sugeria a efervescência da vida urbana, motivada pelas inovações tecnológicas e pelas transformações culturais da época.

Nos primeiros anos, a revista, alinhada com as concepções simbolistas, se aventurou em novas experiências com a linguagem gráfica e publicava poemas do Simbolismo brasileiro e francês. Eram publicados na revista também crônicas, textos irreverentes e humorísticos sobre política e comentários sobre peças teatrais e filmes, em um momento no qual o cinematógrafo era a grande novidade.

Revista Fon-Fon

Ilustração da revista *Fon-Fon!*, extraída da primeira edição, publicada em abril de 1907.

O Simbolismo em contexto

Surgido na segunda metade do século XIX, o Simbolismo foi um movimento de reação às teorias positivistas e deterministas que embasavam o Realismo, o Naturalismo e o Parnasianismo, e que, na concepção dos simbolistas, promoviam na literatura e nas artes uma visão mecanicista do homem e do universo. Na Europa, os simbolistas, ao se posicionarem contra a ciência e o cientificismo, procuravam afirmar a primazia do mistério e da transcendência sobre o mundo objetivo.

Resgatando a subjetividade romântica, os simbolistas se voltavam para o mundo interior e para o acesso a níveis mais profundos da mente humana, dos quais fazem parte os sonhos, os devaneios e a loucura. Enquanto, por um lado, herdaram dos parnasianos o apreço pela forma, por outro recusaram a separação entre objeto e sujeito, ou seja, entre o assunto e o artista. Na concepção que tinham, o objetivo e o subjetivo se fundem em razão de afinidades, de correspondências misteriosas entre o mundo e a alma.

A aversão ao mundo objetivo e a busca da totalidade e do transcendente expressam, no contexto em que se desenvolveu a arte simbolista, um mal-estar e um desencanto profundos em relação aos valores e aos ideais baseados em concepções como o materialismo e o cientificismo vigentes.

A serenidade da morte

Na pintura a seguir, a cor branca, simbolicamente associada à transitoriedade e ao término da vida, se harmoniza com a presença do anjo da morte. A expressão facial do coveiro não sugere temor diante do anjo negro, que o enlaça em suas asas e tem, em uma das mãos, uma chama verde, cor que simboliza a vida. A pintura sugere o interesse do Simbolismo pela morte e pela transcendência.

Museu do Louvre, Paris, França

A morte e o coveiro (1900), de Carlos Schwabe, pintor simbolista alemão.

Uma pureza transcendente

No quadro *Gioventù* (Juventude), a figura da garota sugere pureza (também simbolizada pelas pombas), enquanto a luminosidade diáfana e as cores brancas das figuras criam uma atmosfera de transcendência. A garota retratada em *Gioventù* foi considerada por alguns críticos a Mona Lisa brasileira.

Museu Nacional de Belas Artes, Rio de Janeiro, Brasil

Gioventù (1898), de Eliseu Visconti, o primeiro simbolista na pintura brasileira.

FOCO NO TEXTO

Leia, a seguir, dois poemas de Cruz e Sousa, expoente do Simbolismo brasileiro.

Texto 1

Siderações

Para as Estrelas de cristais gelados
as ânsias e os desejos vão subindo,
galgando azuis e siderais noivados,
de nuvens brancas a amplidão vestindo...

Num cortejo de cânticos alados
os arcanjos, as cítaras ferindo,
passam, das vestes nos troféus prateados,
as asas de ouro finamente abrindo...

Dos etéreos turíbulos de neve
claro incenso aromal, límpido e leve,
ondas nevoentas de Visões levanta...

E as ânsias e os desejos infinitos
vão com os arcanjos formulando ritos
da Eternidade que nos Astros canta...

(In: Antonio Candido e J. A. Castello. *Presença da literatura brasileira – história e antologia*. Rio de Janeiro: Bertrand, 1997. p. 396.)

etéreo: celestial, divino.
sideral: relativo ao céu, celeste.
turíbulo: recipiente no qual se queima incenso em cerimônias litúrgicas.

Coleção particular

Anjo dos esplendores (1894), do pintor simbolista Jean Delville.

Texto 2

Música da Morte...

A Música da Morte, a nebulosa,
estranha, imensa música sombria,
passa a tremer pela minh'alma e fria
gela, fica a tremer, maravilhosa...

Onda nervosa e atroz, onda nervosa,
letes sinistro e torvo da agonia,
recresce a lancinante sinfonia,
sobe, numa volúpia dolorosa...

Sobe, recresce, tumultuando e amarga,
tremenda, absurda, imponderada e larga,
de pavores e trevas alucina...

E alucinando e em trevas delirando,
como um ópio letal, vertiginando,
os meus nervos, letárgica, fascina...

(Idem, p. 397-8.)

lancinante: doloroso, torturante.
letárgico: sonolento, esmorecido.
letes: na mitologia grega, um dos cinco rios do inferno.
ópio: substância entorpecente extraída da papoula.
torvo: terrível.
volúpia: sensação muito prazerosa, deleite.

1. Os simbolistas, como os parnasianos, cultivaram o aprimoramento formal.

a. Nos textos 1 e 2, a métrica e a forma de composição poética são habituais no Parnasianismo? Justifique sua resposta.

b. Hipérbato é o nome que se dá a construções em que a ordem direta das palavras em frases deixa de ser usada. No texto 1, esse recurso foi bastante utilizado. Passe para a ordem direta os versos da primeira e da terceira estrofes desse texto nos quais há hipérbato.

c. Os simbolistas utilizaram com frequência reticências e letras maiúsculas em substantivos comuns. Observe o emprego desses recursos estilísticos nos textos 1 e 2 e levante hipóteses: Que efeito o emprego desses recursos produz nos poemas em estudo?

2. Seguindo a postura antimaterialista, os simbolistas evocavam nos poemas o misticismo, a religiosidade, a vida cósmica e a transcendência. No texto 1:

a. Como se manifesta a aspiração do eu lírico à transcendência? Justifique sua resposta com elementos do texto.

b. Que palavras ou expressões de caráter místico e religioso reforçam a atmosfera de transcendência?

Museu de Arte Moderna, Nova Iorque, EUA

A noite estrelada (1889), de Vincent van Gogh, pintor holandês pós-impressionista.

3. Observe as palavras e expressões em destaque nestes dois grupos de versos extraídos do texto 1:

I.

- "Para as *Estrelas de cristais* gelados"
- "de nuvens *brancas* a amplidão vestindo..."
- "passam, das vestes nos troféus *prateados*,"
- "as asas *de ouro* finamente abrindo..."
- "Dos etéreos turíbulos *de neve*"
- "ondas *nevoentas* de Visões levanta..."
- "da Eternidade que nos *Astros* canta..."

II.

- "de nuvens brancas a *amplidão* vestindo..."
- "galgando azuis e *siderais* noivados,"
- "da *Eternidade* que nos Astros canta..."

a. No grupo de versos I, em que consiste o cromatismo – recurso bastante explorado pelos poetas simbolistas – resultante do emprego das palavras e expressões em destaque? Que efeito esse cromatismo produz no poema?

REGISTRE NO CADERNO

b. No grupo de versos II, que ideia as palavras em destaque expressam? Que efeito o emprego dessas palavras produz no poema?

4. O texto 2 apresenta o tema da morte, que foi abordado amplamente pelos românticos e retomado pelos simbolistas.

a. Nesse poema, o eu lírico trata do tema de maneira sugestiva e subjetiva ou propõe uma definição concreta e objetiva para a morte? Justifique sua resposta com elementos do texto.

b. As impressões do eu lírico sobre a "Música da Morte" se opõem, são contrárias umas às outras. Identifique essas contradições e explique o sentido que elas constroem no poema.

c. Os poetas simbolistas se interessaram pelos níveis mais profundos da mente humana. Como esse interesse é expresso no texto 2? Justifique sua resposta com elementos do texto.

The Bridgeman Art Library/ Keystone Brasil/ Louvre, Paris, França

A queda do Phaethon, de Gustave Moreau (1826-1898).

A *belle époque*

A expressão *belle époque*, criada após a Primeira Guerra Mundial (1914-1918), designa o período de prosperidade político-econômica, de surgimento de importantes invenções, de efervescência artística e de mudanças culturais que a Europa viveu entre 1880 e 1914. Os avanços tecnológicos ocorridos ao longo desse período, como o automóvel, a motocicleta, o avião, a eletricidade, o telefone e o cinematógrafo, trouxeram à sociedade uma onda de otimismo e de crença no progresso.

Em Paris, a mudança de costumes decorrente das transformações culturais do final do século XIX se traduziu na criação de cabarés, como o famoso Moulin Rouge (Moinho Vermelho). Toulouse-Lautrec (1864-1901), pintor pós-impressionista francês afeito à boemia e uma das figuras de destaque do período inicial da *belle époque*, produziu diversos cartazes para esse cabaré.

Coleção particular

Cartaz de Toulouse-Lautrec, de 1891, que faz referência a uma famosa dançarina do Moulin Rouge, Louise Weber, conhecida como Goulue.

5. Na concepção de Baudelaire, poeta francês precursor do Simbolismo, os diversos elementos que compõem o mundo natural e o mundo metafísico têm afinidades, se correspondem. Para os simbolistas, esse jogo de correspondências de elementos díspares é percebido pelo poeta e traduzido por meio das sinestesias, recurso que consiste na fusão de duas ou mais sensações percebidas pelos órgãos dos sentidos (visão, olfato, paladar, audição e tato). Identifique, nos textos 1 e 2, trechos que exploram a linguagem sinestésica e indique os órgãos sensoriais neles envolvidos.

REGISTRE NO CADERNO

6. No Simbolismo, o valor dos poemas não se devia aos processos descritivos ou narrativos, mas, sim, à sugestão; por isso, os poetas simbolistas se aproximaram da música, explorando intensamente a sonoridade dos versos.

a. Identifique nos poemas 1 e 2 os fonemas que constroem a aliteração (repetição de sons consonantais) e a assonância (repetição de sons vocálicos).

b. Conclua: Qual é o papel que esses recursos sonoros desempenham nos textos em estudo?

ARQUIVO

Por meio da leitura dos poemas de Cruz e Sousa feita neste capítulo, você viu que, no Simbolismo:

- há o cultivo da forma, observado no gosto pelo soneto e no emprego de determinados recursos estilísticos, como inversões sintáticas (hipérbato), uso de reticências e uso de maiúsculas em substantivos comuns;
- há a presença do misticismo, da religiosidade, do interesse pela morte e da busca de transcendência espiritual;
- há interesse pelos níveis mais profundos da mente humana, observado na referência a devaneios, alucinações, sonhos.
- há a presença de elementos brancos, brumosos, translúcidos e brilhantes e o emprego de expressões que evocam infinitude e auxiliam na criação de imagens vagas, fluidas, imprecisas e transcendentais;
- prevalece a subjetividade e a sugestividade, expressas por meio de sinestesias e da musicalidade criada por rimas, assonâncias e aliterações.

ENTRE SABERES

FILOSOFIA • HISTÓRIA • LITERATURA

O final do século XIX foi um período de efervescência artística, de novas descobertas a respeito da mente humana e de transformações políticas no Brasil.

Para refletir sobre as principais questões que envolvem esse período de mudanças culturais e sociais, leia os textos a seguir.

Freud e o inconsciente

Sigmund Freud (1856-1939) se aproximou do mundo do inconsciente em 1885, quando conheceu o trabalho do neurologista Jean-Martin Charcot, que utilizava a hipnose em tratamentos de doenças mentais. Na obra fundamental que escreveu, *A interpretação dos sonhos* (1900), Freud se referiu à existência do inconsciente, porém, conforme afirmou o criador da psicanálise, não foi ele quem fez essa descoberta: "Poetas e filósofos descobriram o inconsciente antes de mim; o que eu descobri foi o método científico de estudá-lo".

Bettmann by Corbis/ Corbis/ Latinstock

A mente cotidiana

É fácil presumir a realidade do consciente e ingenuamente acreditar que pensamentos, sentimentos, lembranças e experiências constituem a totalidade da mente humana. Segundo Freud, porém, o estado ativo da consciência – isto é, a mente operacional da qual estamos diretamente cientes durante a experiência cotidiana – é apenas uma fração total de forças atuantes em nossa realidade psicológica. O consciente existe em um nível superficial, ao qual temos acesso fácil e imediato. Sob o consciente estão as potentes dimensões de armazenagem do inconsciente que ditam os nossos estados cognitivos ativos e comportamentos. O consciente está à mercê do inconsciente. A mente consciente é apenas a superfície de um complexo reino psíquico.

O inconsciente abrange tudo, afirmou Freud, e contém dentro dele os domínios do consciente e de uma área denominada "pré-consciente". Tudo o que é consciente – aquilo sobre o qual temos um saber ativo – esteve em algum momento nas profundezas do inconsciente antes de emergir à consciência. Entretanto, nem tudo se torna conhecimento consciente; muito do que é inconsciente lá permanece. Lembranças que não estão na nossa memória cotidiana, mas que não foram reprimidas, habitam a parte da mente consciente denominada por Freud de pré-consciente. Somos capazes de trazer essas memórias para a consciência a qualquer momento. O inconsciente funciona como receptáculo de ideias e memórias poderosas ou dolorosas demais, ou que estão de alguma forma além da capacidade de processamento da mente consciente. Freud acreditava que, quando certas ideias ou memórias (e as emoções a elas associadas) ameaçam inundar a psique, elas são retiradas da memória acessível pela mente consciente e armazenadas no inconsciente.

(Vários autores. *O livro da psicologia*. São Paulo: Globo, 2012. p. 95-6.)

O Simbolismo e a pintura impressionista

[...] Tal como o simbolismo, [...] o impressionismo é um retorno à poesia pessoal, proscrita tanto por parnasianos como realistas. É um apelo apaixonado à liberdade e à vida, mas é o contrário de uma anarquia. Quer descobrir relações de ordem intuitiva, mas admite a necessidade do método e do valor das regras. [...]

[...] O simbolismo, com seu apetite de novidade e de emoção pura, recorre a processos que têm uma notória semelhança com os do impressionismo. Os seus efeitos devem-se essencialmente ao ritmo e à supressão das linhas e do tema, bem como a supressão das imagens clássicas e dos processos descritivos dá à nova arte uma fluidez até então desconhecida que lhe permite sugerir o movimento e o efêmero. Qualquer uma destas artes se recusa a precisar as imagens, embora sejam pródigas em sugestões visuais, que pretendem provocar não pela representação, mas pela analogia, através da emoção. O ritmo, forma livre tão diferente quanto possível da simetria, de que por vezes utiliza alguns métodos, tem um papel decisivo, embora oculto. É ele que faz que, diante das *Nymphéas*, tenhamos a ilusão de ver levantar-se um mundo de formas, asilo maravilhoso sonhado pelo poeta, que se recusa a impor a sua visão ao espectador, pretendendo unicamente provocar-lhe um estado de alma que lhe permita transformar-se ele mesmo num poeta, pelo encadeamento simultâneo de emoções de ordem óptica e sentimental. [...]

(Pierre Francastel. *O impressionismo*. São Paulo: Martins Fontes, 1988. p. 123-4.)

Museu de Belas Artes de Houston, Houston, EUA

Ninfeias (1907), do pintor impressionista Claude Monet.

analogia: ponto de semelhança entre coisas ou fatos distintos.
pródigo: fértil, fecundo; que gasta em excesso.
proscrito: banido, censurado.

Negros libertos?

Logicamente, todo o intento pelo movimento abolicionista, perpassado por uma ideologia humanitária, não recaía nos reais problemas que diziam respeito ao homem negro, mas sim se pautava pela óptica ideológica do branco. Assim sendo, atingindo o que se considerava o intento verdadeiro, a proclamação da República, a abolição dos escravos é dada como causa superada. Não existirá, a partir de 1888, nenhuma preocupação por parte dos dirigentes da nação em se promover uma política social capaz de favorecer a integração desse homem livre ao contexto social da época. A liberdade do negro não é respaldada por nenhuma política econômica. Seria uma liberdade para a ociosidade e não para o fortalecimento social do país. Os suicídios de negros e mulatos, que começaram a ocorrer depois de 1850, aumentaram muito depois de 1888. Era uma resposta pessoal que se dava a tal postura branca. Um pouco antes da abolição eram muitos os levantes de escravos que já sofriam as mais variadas formas de pressões. São trágicas as condições de trabalho do negro. É a partir daí que se instaura o profundo preconceito de cor no Brasil. [...]

(Benjamim Abdala Jr., Marisa Lajolo, Samira Y. Campedelli. *Cruz e Sousa*. São Paulo: Nova Cultural, 1988. p. 15. Literatura Comentada.)

Impressionismo

À medida que a fotografia se desenvolvia, a percepção experimentada pelo pintor diante do real adquiria mais importância do que a descrição fiel do real. Essa nova perspectiva na pintura, considerada impressionista, decorria de os pintores valorizarem sobretudo o registro da *impressão* que a luz e as cores de determinada paisagem produziam em sua sensibilidade. Tecnicamente, essa pintura se caracterizou pela suspensão dos contornos e pelo uso de pinceladas fragmentadas e justapostas.

O movimento impressionista se iniciou na França, com uma exposição em 1874, e teve entre seus principais representantes Monet, Renoir, Sisley, Pissarro, Cézanne e Degas.

Museu Marmottan Monet, Paris, França

Impressão, sol nascente (1872), de Claude Monet, cujo título deu origem ao nome do movimento impressionista.

Agora, discuta com os colegas:

1. As áreas mais profundas da mente humana, alvo de interesse dos poetas simbolistas, foram amplamente estudadas por cientistas no final do século XIX. O austríaco Sigmund Freud, criador da psicanálise, descreveu a estrutura da mente humana e popularizou a ideia de inconsciente. De acordo com o texto "A mente cotidiana", como é constituída essa estrutura? Segundo Freud, qual é a função do inconsciente?
2. O Impressionismo foi um movimento na pintura que ocorreu paralelamente ao Simbolismo. Segundo Pierre Francastel, há algumas semelhanças entre a arte dos pintores impressionistas e os poemas simbolistas. Quais são as principais semelhanças?
3. No período em que ocorreu o movimento Simbolista no Brasil, houve no país dois importantes acontecimentos históricos: a Abolição da Escravatura, em 1888, e a Proclamação da República, em 1889. No texto "Negros libertos?" é feita uma crítica aos primeiros dirigentes republicanos do país. Qual é essa crítica?

LÍNGUA E LINGUAGEM

A preposição e a conjunção

FOCO NO TEXTO

Leia este anúncio publicitário:

Almap BBDO

(Disponível em: http://www.putasacada.com.br/wp-content/uploads/2013/09/havaianas_007.jpg. Acesso em: 28/1/2016.)

1. O anúncio promove uma conhecida marca de sandálias. Qual é o perfil do público a que se destina o anúncio? Caracterize-o, justificando sua resposta.

2. Releia o enunciado principal do anúncio:

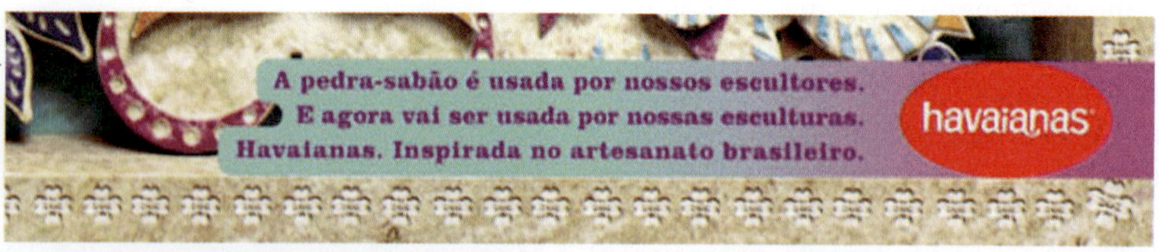

Almap BBDO

O enunciado faz uso de um jogo de palavras, criando propositalmente ambiguidade.

a. O que é a pedra-sabão? Que relação ela tem com os escultores?

b. Quem são as "esculturas" a que se refere o enunciado? De que modo elas poderiam usar a pedra-sabão?

c. Considerando o perfil do público-alvo, pode-se dizer que os argumentos de persuasão utilizados no anúncio (verbais e não verbais) são adequados e convincentes? Justifique sua resposta.

d. Que efeito o jogo de palavras e a ambiguidade criam no texto? Esse efeito é importante para os objetivos do anúncio? Por quê?

Artesanato em pedra-sabão.

Rubens Chaves/Pulsar Imagens

3. Releia agora o enunciado principal do anúncio, com a supressão de algumas palavras:

A pedra-sabão é usada nossos escultores. Agora vai ser usada nossas esculturas. Havaianas. Inspirada o artesanato brasileiro.

REGISTRE NO CADERNO

a. Que palavras foram suprimidas do enunciado?

b. Dessas palavras, qual introduz a noção de:

- agente da ação?
- lugar?
- conexão?

c. A maior parte dessas palavras liga palavras entre si. Uma delas, entretanto, liga duas frases. Qual é ela?

d. Conclua: Que papel essas palavras cumprem na construção do enunciado?

4. Em lugar da palavra *e*, o anunciante poderia ter optado por empregar a palavra *mas*. Veja:

A pedra-sabão é usada por nossos escultores. *Mas* agora vai ser usada por nossas esculturas.

O sentido seria exatamente o mesmo? Se não, que diferença de sentido apresenta?

Os nexos e a coesão e a coerência textuais

As preposições e as conjunções, também chamadas de *nexos*, cumprem um papel essencial na construção da coerência e da coesão textuais.

Por meio dos nexos, podemos estabelecer relações semânticas complexas no interior de um texto, como as de causa e efeito, de proporcionalidade, de exclusão, de adição, de oposição, de condição, de concessão, etc.

Conhecer e dominar o valor semântico das preposições e conjunções auxilia na construção de textos mais elaborados.

REFLEXÕES SOBRE A LÍNGUA

Ao resolver as questões, você notou que algumas palavras cumprem o papel de fazer a conexão entre outras palavras ou partes maiores do texto.

Observe:

A pedra-sabão é usada *por* nossos escultores.
E agora [a pedra-sabão] vai ser usada por nossas esculturas.

Note que, na primeira situação, a palavra *por* introduz a expressão "por nossos escultores", que é o agente da ação de *usar*. Portanto, o papel gramatical da palavra *por* é ligar palavras. *Por* é uma preposição.

Na segunda situação, a palavra *E* introduz outra frase, adicionando uma informação nova: a de que a pedra-sabão vai ser usada por nossas esculturas. Portanto, o papel gramatical da palavra *E* é ligar sentenças, ou seja, frases ou orações. A palavra *E* é uma conjunção.

Veja outros exemplos de palavras que ligam palavras e observe o sentido que introduzem:

Thinkstock/Getty Images

Cesto *de* frutas (conteúdo)
Peça *em* dois atos (distribuição)
Chegar *ao* Recife (lugar)

Veja, agora, outros exemplos de palavras que ligam sentenças e observe o sentido que introduzem:

Gostaria de ir ao aniversário, *porém* não poderei. (oposição)
Não pude ir ao aniversário *porque* viajei. (causa)
Ligarei para você *quando* eu chegar a Fortaleza. (tempo)

Embora mais raro, às vezes uma conjunção também pode ligar palavras. Veja:

Compre suco *ou* leite.
Compre suco *e* leite.

As palavras *ou* e *e*, que ligam *suco* e *leite*, também são conjunções. No caso, a conjunção *ou* exclui, ao passo que a conjunção *e* adiciona.

Assim, pode-se dizer que, do ponto de vista semântico:

Preposições são palavras gramaticais que relacionam palavras; **conjunções** são palavras que conectam sentenças e palavras.

Do ponto de vista morfológico, preposições e conjunções são palavras invariáveis, formadas por morfemas gramaticais, isto é, palavras que têm um papel estritamente gramatical.

Quando um grupo de palavras cumpre o papel de preposição, chamamos de **locução prepositiva**. Veja:

Entre *antes de* mim.
Seja bom *para com* as pessoas.

Quando um grupo de palavras cumpre o papel de conjunção, chamamos de **locução conjuntiva**. Veja:

Ainda que seja tarde, termine de ler o livro hoje.
Emprestarei o dinheiro, *contanto que* me pague logo.

A preposição

Leia esta tira de Dik Browne, na qual Helga conversa com o marido, Hagar:

(*Folha de S. Paulo*, 22/12/2008.)

Observe que, na tira, a preposição *para*, ou sua forma contraída *pra*, foi utilizada duas vezes: em "lanche *pra* você" e em "vou *para* uma batalha". Na primeira situação, a preposição *pra* liga o substantivo *lanche* ao pronome *você*, indicando a *finalidade* com que Helga, esposa de Hagar, fez o lanche. Já na segunda situação, a preposição *para* liga a forma verbal *vou* ao termo *uma batalha*, indicando a *direção* para onde Hagar vai.

Como se nota, as preposições apresentam uma carga semântica, mas seu sentido é contextual e depende sempre da situação discursiva em que são empregadas.

Quando se une a outras palavras, a preposição pode ou não sofrer redução. Quando perde alguns fonemas, é chamada de *contração*: *dele* (de + ele), *daquele* (de + aquele), *numa* (em + uma). Quando se une a outra palavra sem perda, é chamada de *combinação*: *ao* (a + o).

Preposições mais utilizadas

Não há necessidade de memorizar uma lista de preposições da língua. Porém, conheça algumas delas, a título de informação complementar.

a	em
ante	exceto
após	entre
até	mediante
com	para
conforme	perante
contra	por
consoante	salvo
de	segundo
desde	sem
diante de	sob
durante	sobre

APLIQUE O QUE APRENDEU

Leia esta outra tira, de Nik:

(*Gaturro 2*, cit., p. 25.)

1. Gaturro é apaixonado pela gatinha Ágata, mas ela não costuma ligar para ele.

a. O que ele diz para ela no 1º e no 2º quadrinhos?

b. Por que ele está suando enquanto fala?

2. Somente no último quadrinho fica claro que houve um mal-entendido.

a. Qual é o mal-entendido?

b. O que significa a palavra *proposição*?

c. O que Ágata, que já tinha restrições aos sentimentos de Gaturro, deve pensar dele depois do mal-entendido?

3. Indiretamente, a tira cria humor ironizando um hábito praticado nas escolas até pouco tempo atrás.

a. Qual é esse hábito?

b. De acordo com o ponto de vista da tira, decorar uma lista de palavras melhora o desempenho verbal das pessoas? Justifique.

4. Uma mesma preposição pode apresentar diferentes valores semânticos, dependendo da situação em que é utilizada. Em seu caderno, indique o valor semântico das seguintes preposições, considerando os enunciados que seguem.

REGISTRE NO CADERNO

a. Com a preposição *a:*

- *A* meia hora do início do jogo, ainda estávamos no trânsito.
- Feche a porta *à* chave.
- Sente-se *à* mesa para jantar.

b. Com a preposição *com*:

- Ande *com* os bons e será um deles.
- Faça o serviço *com* o caminhão ou *com* a caminhonete.
- Você é muito parecido *com* seu pai.

c. Com a preposição *em:*

- Estarei *em* casa todo o dia.
- Fique *em* paz.
- Calou-se *em* protesto à opressão.

Gaturro, Nik © 2008 Nik/Dist. by Universal

Classificação das conjunções

Tradicionalmente, a gramática normativa divide as conjunções em dois grupos: as *coordenativas* e as *subordinativas*. As conjunções coordenativas ligam orações que têm valor equivalente. Veja:

Aproximou-se do balcão *e* perguntou sobre o anúncio.

conjunção coordenativa

Já a conjunção subordinativa liga duas orações, de modo que uma desempenha uma função dentro da outra. Veja:

Perguntou *se* havia uma vaga para secretária.

conjunção subordinativa

Veja que a oração "se havia uma vaga para secretária" complementa a forma verbal *perguntou* da outra oração; é o complemento dela e, por isso, está subordinada à outra.

A conjunção

Leia este poema, de José Paulo Paes:

Madrigal

Meu amor é simples, Dora,
Como a água e o pão.

Como o céu refletido
Nas pupilas de um cão.

(*Os melhores poemas de José Paulo Paes*. 5. ed. São Paulo: Global, 2003. p. 69.)

The Bridgeman Art Library/ Keystone Brasil/ Coleção particular

No poema, o eu lírico afirma que seu amor é simples. Para dar a dimensão da simplicidade de seu sentimento, ele faz duas comparações: na primeira, compara o amor à água e ao pão; na segunda, compara-o ao céu que se reflete nas pupilas de um cão. Para construir as duas comparações, é empregada a conjunção comparativa *como*. Assim, *como*, nesse contexto, é uma conjunção comparativa.

Veja agora estes outros empregos da palavra *como*:

- *Como* você não tinha chegado, resolvi voltar outro dia. (porque)
- Fiz o contrato *como* você me pediu. (conforme)

Note que, na primeira situação, *como* introduz uma noção de causa, por isso é uma conjunção causal. Já, na segunda situação, introduz a noção de conformidade; por isso, é uma conjunção conformativa.

Assim, a maior parte das conjunções apresenta valor semântico próprio, que, entretanto, só pode ser definido numa situação contextual e discursiva.

O número de conjunções na língua portuguesa é extenso e não há necessidade de memorizá-las. O mais importante é saber empregá-las de forma adequada e precisa, de acordo com o sentido que expressam.

Caso queira ter uma visão do conjunto das conjunções do português, consulte o **Apêndice**, na página 342.

APLIQUE O QUE APRENDEU

1. Compare estes dois enunciados:

- Dei tudo de mim *e* não consegui passar no concurso.
- Dei tudo de mim *e* consegui passar no concurso.

Os dois enunciados são possíveis na língua portuguesa, mas com sentidos diferentes.

a. Que sentido tem a conjunção *e* em cada enunciado?

b. Em qual deles a conjunção *e* poderia ser substituída por uma conjunção adversativa, como *mas, porém, contudo*, sem alterar o sentido?

REGISTRE NO CADERNO

Leia o anúncio publicitário a seguir e responda às questões 2 e 3.

Equipe Planeta Sustentável

(*Veja*, ano 47, nº 24.)

2. Como você sabe, as conjunções ligam orações e, às vezes, ligam palavras. Observe o emprego da conjunção *e* neste trecho do enunciado principal do anúncio:

"Crianças com acesso à água tratada *e* à coleta de esgoto têm mais qualidade de vida *e* saúde."

REGISTRE NO CADERNO

a. Que termos são ligados pela conjunção *e* na primeira ocorrência?

b. E na segunda ocorrência?

c. Nesse caso, as conjunções estão ligando orações ou palavras de valor equivalente?

3. Observe agora as conjunções *por isso* e *e*, da segunda frase.

Por isso faltam menos e passam mais tempo na sala de aula.

a. Qual é o sentido da conjunção *por isso* em relação ao que foi dito na frase anterior: de explicação, de conclusão, de condição ou de oposição?

b. Nesse contexto, a conjunção *por isso* liga palavras ou orações?

c. E a conjunção *e*, que sentido ela apresenta nesse contexto?

d. Que palavras ou orações ela liga?

4. Leia e compare os enunciados a seguir. Depois, imagine em que contextos eles poderiam ser ditos e explique o sentido produzido por tais enunciados nesses contextos.

REGISTRE NO CADERNO

a. Eu falei sobre Pedro.

b. Eu falei a Pedro.

c. Eu falei com Pedro.

d. Eu falei perante Pedro.

e. Eu falei junto com Pedro.

(Exercício adaptado de atividade proposta por Luís Carlos Travaglia. *Gramática e interação.* São Paulo: Cortez, 1996. p. 186.)

5. Considere estes valores semânticos:

- tempo
- comparação
- condição
- conformidade
- causa

Associe, em seu caderno, as conjunções destacadas a seguir a esses valores semânticos.

a. Faça o que quiser, *desde que* não atrapalhe.

b. *Desde que* esse técnico passou a coordenar a equipe, o time só vem ganhando.

c. *Como* está chovendo, é melhor irmos de carro.

d. Você canta *como* sua mãe.

e. Os funcionários agiram *como* manda a lei.

TEXTO E ENUNCIAÇÃO

Leia este anúncio:

Delantero Comunicação (CE)

(Disponível em: http://www.putasacada.com.br/wp-content/uploads/2016/smc002.png. Acesso em: 8/2/2016.)

1. Observe os aspectos enunciativos do texto.

a. Quem é o locutor ou o responsável pelo anúncio?

b. Levante hipóteses: Qual é o público-alvo?

c. Qual é a finalidade do texto?

d. Levante hipóteses: Onde e quando o texto pode ter circulado?

2. No enunciado principal do anúncio, lemos:

"Queima de fogos ou 11.000 mamografias"

a. Considerando a frase que está abaixo desse enunciado – "Não é falta de recurso. É falta de prioridade" –, explique o sentido do enunciado principal.

b. Que sentido apresenta a conjunção *ou* no enunciado principal: de alternância, de exclusão ou de adição?

3. No enunciado "Não é falta de recurso. É falta de prioridade", há duas orações, que poderiam ser ligadas por uma conjunção, transformando-o numa única frase.

REGISTRE NO CADERNO

a. Qual das conjunções a seguir poderia fazer a conexão das orações, mantendo o sentido original?

- pois
- mas
- e
- não só... mas também

b. Compare os dois enunciados, com e sem a conjunção que você apontou no item anterior. Que diferença de sentido existe entre eles?

Agora, leia o folheto educativo ao lado.

4. O folheto faz parte de uma campanha de trânsito. Pode-se dizer que, na época da divulgação do folheto, tratava-se de uma campanha nova ou de uma campanha já em curso? Justifique com elementos do texto.

Prefeitura do Estado de São Paulo

E o número de mortes causadas por atropelamento também caiu significativamente. Apesar dos números positivos, é importante que você, motorista, continue respeitando a faixa de pedestres.

(Prefeitura de São Paulo)

5. No anúncio, há preposições e conjunções.

a. No enunciado principal, identifique os termos que são ligados pelas preposições:

- "O número *de* atropelamentos"
- "A luta pelo respeito *à* faixa *de* pedestre continua"

b. E qual transmite a noção de "em favor de"?

c. Qual é o sentido da preposição *de* em "faixa de pedestre"?

6. No enunciado principal, há uma conjunção.

a. Identifique-a e comente seu papel na construção do enunciado.

b. Se a campanha de trânsito vem dando certo, por que foi empregada a conjunção *mas* e não a conjunção *e*, por exemplo?

c. Modifique a segunda oração da sentença, introduzindo-a pela conjunção *e* com valor de adição. Faça as alterações necessárias para que o emprego dessa conjunção seja coerente com o conteúdo do enunciado.

PRODUÇÃO DE TEXTO

O editorial

PROJETO

O CONTEXTO DE PRODUÇÃO E RECEPÇÃO DOS TEXTOS

Quais textos você produzirá nesta unidade? Com que finalidade? Quem vai ler os seus textos?

Nesta unidade, você produzirá, em grupo, um jornal destinado à comunidade escolar ou à do bairro, no qual serão abordados assuntos de interesse das pessoas que fazem parte dessas comunidades. Para isso, trabalharemos no decorrer dos capítulos com mais alguns gêneros da esfera jornalística: o editorial, a resenha crítica e a carta aberta.

O jornal poderá circular em suporte impresso ou digital, conforme a escolha do grupo, com a orientação do professor. Poderão fazer parte do jornal também notícias, entrevistas e reportagens que vocês produziram na unidade anterior e não foram publicadas na revista.

FOCO NO TEXTO

Leia o texto a seguir.

Economia solidária em tempos de crise

Crise é a palavra mais ouvida em 2016. Saúde, educação, segurança, inflação, obras, emprego, comércio, indústria – não há setor à margem do tsunami político e econômico que se abateu sobre o país. Reações ao quadro calamitoso se dividem em dois polos. Um: de desânimo. Uns não enxergam saída a curto prazo. Preferem dar tempo ao tempo. Esperam que a eleição de 2018 traga novos ventos.

O outro: de luta. Os membros desse grupo pensam como os chineses. Apagam a letra s da palavra crise. Transformam-na em crie. Enxergam no ciclo que se abre oportunidade para inovar, buscar saídas para problemas velhos. Assumem o protagonismo antes entregue ao governo. Se o Estado faliu, incapaz de dar respostas satisfatórias às urgências dos cidadãos, a sociedade pode – e deve – assumir o protagonismo.

Exemplos sobressaem Brasil afora. Dois verbos – compartilhar e economizar – encabeçam as iniciativas. Pais se organizam para dividir carona. Famílias se associam para comprar no atacado e, assim, obter desconto no total a pagar. Moradores de casas plantam horta e dividem a colheita com vizinhos e amigos. As redes sociais divulgam receitas para aproveitar cascas e talos de hortifrútis que normalmente seriam destinados ao lixo.

Há grupos que aproveitam alimentos que seriam descartados por grandes distribuidoras em razão da aparência ou do prazo próximo do vencimento, para distribuí-los a famílias e instituições carentes. Ceasas, supermercados e atacadistas são fonte de toneladas de variados produtos que, há muito, se tornaram ingredientes que frequentam a mesa de trabalhadores, estudantes e donas de casa.

Vale lembrar o exemplo do Instituto de Pesquisas e Estudos Aplicados à Sociedade (Ipeas). A associação, voltada para o combate à fome, recolhe em supermercado alimentos considerados impróprios para o comércio. São cerca de sete toneladas diárias de frutas, verduras, legumes, produtos com embalagem danificada que, triados e classificados, garantem a refeição de populações pobres.

Vario Images / AGB Photo

Roberto Campos costumava dizer que a tragédia do Brasil é ser país produtor de banana. A fruta, que não exige investimento para ser cultivada nem esforço para ser colhida, teria forjado pessoas esbanjadoras. Talvez. Mas, tenha ou não tenha razão, o embaixador, famoso pela ironia, focou uma característica nacional. Sem ter sido educado para poupar e compartilhar, o brasileiro precisa incorporar novo paradigma. A crise ensina lição da economia solidária.

(Diário de Pernambuco, 18/1/2016. Disponível em: http://www.diariodepernambuco.com.br/app/noticia/politica/2016/01/18/interna_politica,621959/editorial-economia-solidaria-em-tempos-de-crise.shtml. Acesso em: 16/2/2016.)

1. O texto lido é um editorial do jornal *Diário de Pernambuco*, publicado em 18/1/2016. De qual assunto ele trata?

2. Os editoriais são textos publicados em veículos de comunicação, em geral jornais e revistas. Em relação ao editorial lido, levante hipóteses:

a. Por que não há referência ao seu autor nem uso da 1ª pessoa?

b. A pessoa que escreveu o editorial desempenha qual função no jornal?

c. De quem é o ponto de vista expresso no texto?

3. Para discutir o assunto abordado, o editorial faz referência a duas posturas distintas dos brasileiros.

REGISTRE NO CADERNO

a. Quais são essas duas posturas?

b. Qual das posturas é apoiada pelo jornal? Justifique sua resposta.

4. Em um editorial podem ser utilizadas diferentes estratégias para a defesa de uma opinião sobre o tema abordado. Entre as estratégias a seguir, quais são utilizadas no editorial lido?

- exemplificação com fatos do cotidiano
- referência a fatos históricos que ilustram a situação abordada
- constatação de um problema
- argumentação com apresentação de dados estatísticos obtidos em pesquisas reconhecidas socialmente
- reprodução de trechos de entrevistas concedidas por autoridades
- citação de vozes de autoridade
- exposição e análise de posturas diferentes diante de uma mesma situação

Felipe Gabriel/Projetor/Folhapress

5. Embora não faça uso da 1ª pessoa do singular, o editorial lido expressa um ponto de vista. Releia estes trechos:

I. "Crise é a palavra mais ouvida em 2016. Saúde, educação, segurança, inflação, obras, emprego, comércio, indústria – não há setor à margem do tsunami político e econômico que se abateu sobre o país."

II. "Os membros desse grupo pensam como os chineses. Apagam a letra *s* da palavra crise. Transformam-na em crie."

III. "A fruta, que não exige investimento para ser cultivada nem esforço para ser colhida, teria forjado pessoas esbanjadoras. Talvez."

IV. "Sem ter sido educado para poupar e compartilhar, o brasileiro precisa incorporar novo paradigma. A crise ensina lição da economia solidária."

REGISTRE NO CADERNO

a. Em quais trechos há referência a fatos que são tratados como verdadeiros e sobre os quais o editorial aparentemente não explicita opinião?

b. Em quais trechos uma opinião é defendida explicitamente?

6. Mesmo não havendo marcas que explicitem uma opinião, é importante notar que os textos sempre expressam, de alguma forma, um ponto de vista.

a. Discuta essa afirmação com os colegas e o professor e conclua: Quais elementos podem dar pistas sobre o ponto de vista de um texto?

b. Identifique no editorial lido alguns desses elementos.

7. Releia o trecho a seguir, extraído do segundo parágrafo:

"Se o Estado faliu, incapaz de dar respostas satisfatórias às urgências dos cidadãos, a sociedade pode – e deve – assumir o protagonismo."

a. Qual é a opinião defendida explicitamente nesse trecho em relação à postura da sociedade?

b. Ao reler o segundo parágrafo inteiro, é possível perceber que essa opinião não está marcada explicitamente na voz do editorial. Releia-o e conclua: Conforme o texto, de quem é esse ponto de vista?

c. Ao longo da leitura, é possível perceber a postura defendida pelo editorial. Conclua: O editorial concorda com a opinião expressa no trecho reproduzido anteriormente? Justifique sua resposta com base em elementos do texto.

8. Para fundamentar o ponto de vista que defende, o editorial lança mão de dados concretos, que confirmam as observações feitas. Entre os trechos a seguir, quais exemplificam o emprego dessa estratégia?

REGISTRE NO CADERNO

I. "Uns não enxergam saída a curto prazo. Preferem dar tempo ao tempo. Esperam que a eleição de 2018 traga novos ventos."

II. "Enxergam no ciclo que se abre oportunidade para inovar, buscar saídas para problemas velhos."

III. "Dois verbos – compartilhar e economizar – encabeçam as iniciativas."

IV. "São cerca de sete toneladas diárias de frutas, verduras, legumes, produtos com embalagem danificada que, triados e classificados, garantem a refeição de populações pobres."

V. "As redes sociais divulgam receitas para aproveitar cascas e talos de hortifrútis que normalmente seriam destinados ao lixo."

9. Releia o último parágrafo do editorial e, a seguir, responda:

a. Quem é Roberto Campos e qual é a importância para a discussão da referência a esse nome? Deduza, com base nas informações do texto.

b. Qual é a relação entre a fala de Roberto Campos citada e a discussão feita no editorial?

c. É possível determinar se o editorial concorda ou não com a afirmação de Roberto Campos? Justifique sua resposta com base no texto.

d. O trecho final do parágrafo explicita o ponto de vista do editorial sobre a realidade do país. Qual é esse ponto de vista?

10. A linguagem empregada ao longo do texto lido tende à formalidade, isto é, tem construções típicas da escrita formal. O primeiro parágrafo, entretanto, apresenta alguns trechos que têm um tom menos formal.

a. Identifique esses trechos.

b. Levante hipóteses: Por que isso acontece nesse parágrafo e não em outros?

c. Entre os itens a seguir, aponte em seu caderno quais contribuem para o tom formal e impessoal do editorial lido.

- uso da 3ª pessoa
- uso da 1ª pessoa
- apresentação de exemplos concretos e dados objetivos
- uso de nomes de instituições de prestígio
- uso de gírias e ditados populares
- interpelação do leitor no decorrer do texto

d. Tendo em vista as respostas às questões anteriores, conclua: Ao optar por uma linguagem com tom impessoal, que imagem o jornal procura passar aos leitores?

HORA DE ESCREVER

Como você sabe, no final da unidade haverá a produção, em grupo, de um jornal. Seguem duas propostas de produção de editorial, texto que depois será publicado no jornal do grupo. Combine com o professor a melhor forma de realizar o trabalho, a organização em grupos e quais grupos ficam responsáveis por uma ou outra proposta.

1. O cartum abaixo, de André Dahmer, satiriza uma situação muito comum nos dias de hoje, relacionada ao choque de gerações observado entre pais e filhos. Inspirem-se no cartum e escrevam um editorial, discutindo esse tema. Pensem em como as diferenças entre gerações afetam a vida da comunidade, bem como o público-alvo do jornal do grupo. Ao tratar do tema, escolham um dos aspectos a seguir, ou outro que prefiram.

- O conflito entre as gerações na convivência em família
- A convivência entre diferentes gerações no contexto da escola
- Conflito de gerações no ambiente de trabalho
- As novas tecnologias e o choque de gerações

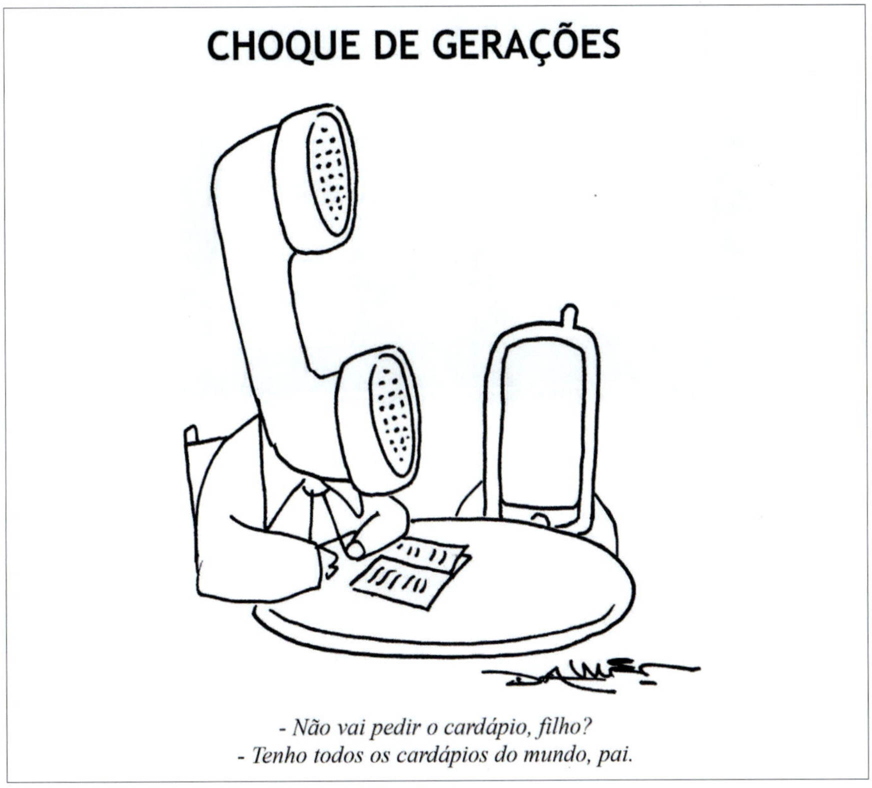

André Dahmer

2. Produzam um editorial sobre um assunto relacionado a política, a economia, a moda ou a outro tema. Procurem abordar o assunto por uma perspectiva que leve em conta os interesses da comunidade escolar ou do bairro.

ANTES DE ESCREVER

Planejem o editorial, seguindo estas orientações:

- Discutam o assunto e cheguem a um consenso, independentemente das opiniões individuais, sobre o ponto de vista a ser adotado no editorial. Considerem quem é o público-alvo e qual é a imagem que vocês querem construir para o jornal.

- Escrevam em 3ª pessoa e deem um tom impessoal ao texto, abordando o assunto em nome do jornal, e não do ponto de vista de uma única pessoa.
- Fundamentem com exemplos concretos, fatos, dados numéricos, falas de especialistas, entre outras possibilidades, o ponto de vista defendido.
- Deem uma estrutura ao texto: apresentação do assunto ou problema enfocado; exposição de ideias das pessoas em geral sobre o assunto; desenvolvimento da argumentação, com dados que a fundamentem; fechamento.
- Deem um título ao editorial.

Thinkstock/Getty Images

ANTES DE PASSAR A LIMPO

Antes de dar o texto por terminado, verifiquem:

- se o assunto discutido é relevante para o público-alvo;
- se a opinião é apresentada como sendo do jornal, e não de uma única pessoa do grupo;
- se o ponto de vista adotado corresponde à imagem que o grupo pretende que o jornal tenha;
- se a linguagem está de acordo com a norma-padrão;
- se a linguagem tem um tom impessoal e transmite credibilidade aos leitores;
- se há apresentação de dados e exemplos de situações concretas que fundamentam o ponto de vista defendido;
- se o texto está organizado em partes e se elas se ligam umas às outras;
- se o título escolhido é adequado ao assunto tratado e chama a atenção dos leitores.

CAPÍTULO

2 Simbolismo no Brasil
A interjeição
A resenha

LITERATURA

O Simbolismo: Cruz e Sousa e Alphonsus de Guimaraens

O Simbolismo apareceu como movimento literário na década de 1880, na França. Suas primeiras manifestações são, porém, anteriores a esse momento, conforme atestam criações de seus iniciadores, Verlaine e Mallarmé, e de Baudelaire, precursor do movimento, publicadas na coletânea de poemas *Parnaso Contemporâneo* (1866-1876). O nome *Simbolismo* tem relação com as aspirações da nova poesia: sugerir, como um símbolo, ideias abstratas por meio de imagens evocativas de cores, sons, formas, etc.

Coleção particular

A inspiração (século XIX), de Gustave Moreau.

A *Revista Ilustrada*

Idealizada e editada por um renomado artista gráfico, Angelo Agostini, a *Revista Ilustrada* foi um importante veículo de difusão de ideias abolicionistas e republicanas. Além de textos políticos, figuravam entre as publicações do periódico também textos literários, charges e a série "As aventuras de Zé Caipora", considerada a primeira história em quadrinhos do Brasil. A revista circulou no Rio de Janeiro entre 1876 e 1898 e contou com a colaboração de autores como Olavo Bilac e Cruz e Sousa.

Museu Imperial/Ibram/Minc, Petrópolis/Brasil

Capa de uma das edições da *Revista Ilustrada*.

Por influência dos poetas franceses, o Simbolismo se manifestou no Brasil no final da década de 1890. Nos anos anteriores, os fundadores do Simbolismo brasileiro realizaram um percurso semelhante ao dos principais poetas parnasianos. Como estes, participaram de campanhas republicanas e abolicionistas por meio da publicação, em jornais e revistas, de artigos, crônicas e poemas, como foi o caso de Cruz e Sousa, nosso maior simbolista.

Oficialmente, o Simbolismo teve início no Brasil em 1893, com a publicação das obras *Missal*, com poemas em prosa, e *Broquéis*, com poemas em versos, de Cruz e Sousa. Destacam-se no movimento também os poetas Alphonsus de Guimaraens, Emiliano Perneta, Dario Veloso e Pedro Kilkerry.

Cruz e Sousa

O poeta Cruz e Sousa, chamado de "Dante negro", foi admirado durante sua vida por um grupo reduzido de amigos. Sua obra foi conquistando reconhecimento ao longo do século passado e, atualmente, ele é considerado um dos maiores poetas brasileiros.

Como você viu no capítulo anterior, os aspectos formais da obra de Cruz e Sousa se caracterizam, principalmente, pela exploração da melodia das palavras, pelo emprego de sinestesias e pela presença de imagens criadas a partir de elementos brancos, translúcidos e brilhantes. Esses recursos sensoriais produzem uma poesia sugestiva, que evoca a transcendência espiritual, a integração cósmica, o misticismo, a espiritualidade, o mistério, a morte, a melancolia, os níveis mais profundos da mente e a sublimação sexual.

O poeta viveu em um período de tomada de consciência em relação ao preconceito e à discriminação racial e, ao contrário do que julgaram determinados críticos, ele não se manteve alheio aos dramas vivenciados pelos negros. Cruz e Sousa atuou na campanha abolicionista, participando de conferências e publicando artigos contra a escravidão, e manifestou sua insatisfação a respeito da situação do negro em textos literários como "Pandemonium", "Litania dos pobres", "Dor negra", "Consciência tranquila" e os poemas "Emparedado", em prosa, e "Crianças negras", em versos.

Cruz e Sousa

Filho de escravos, João da Cruz e Sousa (1861-1898) nasceu em Desterro, atual Florianópolis, em Santa Catarina. Os pais foram alforriados e, tutelado pelos ex-senhores, recebeu uma educação primorosa até o momento em que seu protetor morreu, quando teve de deixar os estudos.

Começou a trabalhar ainda muito jovem, na imprensa catarinense, na qual colaborou com textos em que se manifestava contra a escravidão e o preconceito racial, de que foi vítima em mais de uma ocasião.

Em 1890, mudou-se para o Rio de Janeiro, onde entrou em contato com as obras de Verlaine e de Baudelaire e liderou o primeiro grupo de simbolistas brasileiros. Colaborou de maneira irregular em jornais e revistas cariocas e viveu quase na penúria.

Morreu, aos 36 anos, de tuberculose, doença que também vitimou seus quatro filhos e a mulher.

Além de *Missal* e *Broquéis*, destacam-se na produção do escritor as obras *Evocações* (1898), *Faróis* (1900) e *Últimos sonetos* (1905), publicadas postumamente.

Biblioteca Nacional

FOCO NO TEXTO

Leia, a seguir, o poema "Crianças negras", de Cruz e Sousa, publicado postumamente na obra *Últimos sonetos*.

Crianças negras

[...]

Preso à cadeia das estrofes que amam,
que choram lágrimas de amor por tudo,
que, como estrelas, vagas derramam
num sentimento doloroso e mudo.

Preso à cadeia das estrofes quentes
como uma forja em labaredas acesa
para cantar as épicas frementes
tragédias colossais da Natureza.

Para cantar a angústia das crianças!
Não das crianças de cor de oiro e rosa,
mas dessas que o vergel das esperanças
viram secar, na idade luminosa.

Das crianças que vêm da negra noite,
dum leite de venenos e de treva,
dentre os dantescos círculos do açoite,
filhas malditas da desgraça de Eva.

E que ouvem pelos séculos afora
o carrilhão da morte que regela,
a ironia das aves rindo à aurora
e a boca aberta em uivos da procela.

Das crianças vergônteas dos escravos,
desamparadas, sobre o caos à toa
e a cujo pranto de mil peitos bravos,
a harpa das emoções palpita e soa.

Ó bronze feito carne e nervos, dentro
do peito, como em jaulas soberanas,
ó coração! És o supremo centro
das avalanches das paixões humanas.

Como um clarim as gargalhadas vibras,
vibras também eternamente o pranto
dentre o riso e o pranto te equilibras
de forma tal, que a tudo dás encanto.

És tu que à piedade vens descendo,
como quem desce do alto das estrelas
e a púrpura do amor vais estendendo
sobre as crianças, para protegê-las.

Mauro Fermariello/AGF Foto RM/Diomedia

© Babelon Pierre-Yves/Alamy Stock Photo / Fotoarena

© AAD Worldwide Travel Images/Alamy Stock Photo/Fotoarena

És tu que cresces como o oceano, e cresces
até encher as curvas dos espaços
e que lá, coração, lá resplandeces
e todo te abres em maternos braços.

Te abres em largos braços protetores,
em braços de carinho que as amparam,
e elas, crianças, tenebrosas flores,
tórridas urzes que petrificaram.

As pequeninas, tristes criaturas
ei-las, caminham por desertos vagos,
sob o aguilhão de todas as torturas,
na sede atroz de todos os afagos.

Vai coração! Na imensa cordilheira
da Dor, florindo como um loiro fruto
partindo toda a horrível gargalheira
da chorosa falange cor de luto.

As crianças negras, vermes da matéria
colhidas do suplício à estranha rede,
arranca-as do presídio da miséria
e com teu sangue mata-lhes a sede!

(In: Zilá Bernd, org. *Antologia da poesia afro-brasileira — 150 anos de consciência negra no Brasil. Belo Horizonte*: Mazza, 2011. p. 50-2.)

aguilhão: ponta de ferro, perfurante, colocada na extremidade de uma vara; ferrão de certos insetos.
bronze: no poema, metonímia de sino.
carrilhão: conjunto de sinos afinados em tons diferentes que tocam ao mesmo tempo.
clarim: instrumento de sopro, feito de metal, cujo som é claro e estridente.
dantesco: cena ou situação que causa terror, sofrimento, tal como em cenas da obra *A divina comédia*, de Dante Alighieri.
falange: grupo de soldados ou de anjos; agrupamento compacto de pessoas.
fremente: trêmulo, agitado.
gargalheira: espécie de coleira de ferro ou madeira usada para sujeitar escravos fugitivos.
procela: tormenta, temporal.
rutilante: cintilante.
urze: arbusto nativo da África.
vergel: jardim extenso, coberto de flores, árvores frutíferas e vários outros tipos de vegetação.
vergôntea: descendente, filho.

1. O eu lírico sugere que, para cantar a angústia das crianças negras, suas estrofes são "quentes como uma forja em labaredas acesa". De acordo com os versos iniciais do poema, que sentimentos tais estrofes expressam? Justifique sua resposta com elementos do texto.

2. Em seus versos, o eu lírico sugere a angústia das crianças negras por meio de elementos sensoriais (imagens, sons, sabores, etc.).

a. Que diferença de tratamento social há entre as crianças negras e as crianças brancas? Justifique sua resposta com elementos do texto.

b. Além da desigualdade, o poema evoca outras circunstâncias ameaçadoras para a criança negra. Quais são elas? Justifique sua resposta com elementos do texto.

c. Os elementos sensoriais presentes nos versos confirmam o sentimento de dor experimentado pelo poeta diante do sofrimento das crianças negras. Na quarta e quinta estrofes, identifique elementos sensoriais que comprovam essa afirmação.

REGISTRE NO CADERNO

3. A partir da sétima estrofe, o eu lírico evoca o coração, o "bronze feito carne e nervos".

a. Para descrevê-lo, ele emprega metáforas e comparações. Explique o sentido que essas figuras de linguagem sugerem no texto, utilizando exemplos de tais recursos estilísticos.

b. O eu lírico sugere que o coração lhe desperta determinados sentimentos e desejos. Quais são eles? Justifique sua resposta com elementos do texto.

c. Em meio a tais sentimentos despertados pelo coração, o eu lírico se volta para o mundo social, para as dores das crianças negras, afastando-se do mundo cósmico, etéreo, sideral. Que trecho do poema expressa esse movimento do eu lírico?

4. Observe as estrofes finais de "Crianças negras" e a última estrofe de "O navio negreiro" de Castro Alves:

Cena do filme *Cruz e Sousa – O poeta do desterro*, dirigido por Sylvio Back.

Sylvio Back

Vai coração! na imensa cordilheira
da Dor, florindo como um loiro fruto
partindo toda a horrível gargalheira
da chorosa falange cor de luto.

As crianças negras, vermes da matéria
colhidas do suplício à estranha rede,
arranca-as do presídio da miséria
e com teu sangue mata-lhes a sede!

(In: Zilá Bernd. *Antologia da poesia afro-brasileira*..., cit., p. 52.)

Fatalidade atroz que a mente esmaga!
Extingue nesta hora o *brigue imundo*
O trilho que Colombo abriu na vaga,
Como um íris no pélago profundo!...
... Mas é infâmia de mais... Da etérea plaga
Levantai-vos, heróis do Novo Mundo...
Andrada! Arranca esse pendão dos ares!
Colombo! Fecha a porta de teus mares!

(In: *Castro Alves*. Seleção de textos, notas, estudo biográfico, histórico e crítico por Marisa Lajolo e Samira Campedelli. São Paulo: Abril, 1980. p. 64. Literatura Comentada.)

brigue: navio.
etéreo: elevado, sublime.
íris: halo de luz.
pendão: bandeira.
pélago: abismo oceânico.
plaga: país, região.

a. Que semelhanças há entre as estrofes de Cruz e Sousa e a de Castro Alves quanto ao tema?

b. Leia as estrofes em voz alta, de forma enfática. Que semelhança há entre as de um e a do outro poeta quanto ao tom da linguagem?

c. Considerando o contexto sociopolítico em que os dois poetas se situam, responda: Os poemas "Crianças negras" e "Navio Negreiro" cumprem a finalidade prevista por seus autores? Se sim, de que modo?

d. Na sua opinião, qual dos poemas toca mais o leitor?

Alphonsus de Guimaraens

Sobrinho do escritor romântico Bernardo Guimarães, Afonso Henriques da Costa Guimarães (1870-1921) nasceu em Ouro Preto, Minas Gerais.

Estudou Direito em São Paulo, onde se integrou a um grupo de poetas simbolistas. Foi admirador de Cruz e Sousa, a quem conheceu pessoalmente, no Rio de Janeiro.

Em 1902, utilizando o nome Alphonsus de Guimaraens, publicou a obra *Kyriale*, que o projetou como poeta e o tornou reconhecido no meio literário.

Acervo Iconographia

Alphonsus de Guimaraens

A poesia de Alphonsus de Guimaraens é quase toda marcada pela espiritualidade e pelo tema da morte. A presença dessa temática na obra do poeta tem relação com o sofrimento que ele viveu na juventude em razão da morte prematura de sua prima e noiva Constança.

Em torno da morte e em meio a uma atmosfera mística, litúrgica e misteriosa, o poeta evoca outros temas, como a arte, a natureza, a religião e os estados mais profundos da mente. Em alguns poemas, a presença do corpo morto, do luto, do esquife, dos círios, dos espectros e das orações fúnebres é expressão de certo traço do Romantismo gótico, recuperado por alguns poetas simbolistas.

A poesia de Alphonsus de Guimaraens, mais simples em comparação com a de Cruz e Sousa, se distingue pela fluidez e pela melancolia. O poeta cultivou versos de maior rigor formal, como os decassílabos e os alexandrinos (doze sílabas métricas), e também as redondilhas, originadas na tradição popular.

FOCO NO TEXTO

Leia, a seguir, um soneto de Alphonsus de Guimaraens.

cinamomo: árvore de flores aromáticas, pequenas e de cor violeta.
silente: silencioso.

Hão de chorar por ela os cinamomos,
Murchando as flores ao tombar do dia.
Dos laranjais hão de cair os pomos,
Lembrando-se daquela que os colhia.

As estrelas dirão: – "Ai! nada somos,
Pois ela se morreu silente e fria..."
E pondo os olhos nela como pomos,
Hão de chorar a irmã que lhes sorria.

A lua, que lhe foi mãe carinhosa,
Que a viu nascer e amar, há de envolvê-la
Entre lírios e pétalas de rosa.

Os meus sonhos de amor serão defuntos...
E os arcanjos dirão no azul ao vê-la,
Pensando em mim: – "Por que não vieram juntos?"

(In: Antonio Candido e J. A. Castello. *Presença da literatura brasileira — História e antologia*. Rio de Janeiro: Bertrand, 1997. p. 409.)

Museu de Orsay, Paris, França

O sonho: "Em seu sono ele viu o Amor, a Glória e a Riqueza aparecerem para ele" (1883), de Pierre Puvis de Chavannes.

1. Ao tematizar a morte da amada e expressar seus sentimentos, o eu lírico emprega prosopopeias (figura de linguagem que consiste em atribuir ações, pensamentos e sentimentos a seres inanimados ou irracionais).

a. Identifique no poema exemplos de prosopopeia.

b. Que efeito de sentido o emprego dessa figura de linguagem constrói no texto?

2. A poesia de Alphonsus de Guimaraens é marcada pela espiritualidade.

REGISTRE NO CADERNO

a. Que elementos do texto evocam religiosidade?

b. O que a morte da mulher amada representa para o eu lírico? Qual é o desejo dele na circunstância em que se encontra?

ARQUIVO

Por meio da leitura dos poemas de Cruz e Sousa e de Alphonsus de Guimaraens feita neste capítulo, você viu que, na poesia desses autores do Simbolismo brasileiro:

- há presença da religiosidade, do interesse pela morte e da busca pela transcendência;
- as sugestões são expressas por meio de metáforas, de comparações, de prosopopeias, de sinestesias e da musicalidade;
- embora os temas sociais não sejam o centro de interesse dos simbolistas, há na poesia de Cruz e Sousa uma vertente social e abolicionista.

ENTRE TEXTOS

Você vai ler, a seguir, dois textos: um trecho de "Emparedado", poema em prosa de Cruz e Sousa, e o poema "A cor da pele", do poeta contemporâneo Adão Ventura.

Fotografias: Foto Pierre Verger© Fundação Pierre Verger

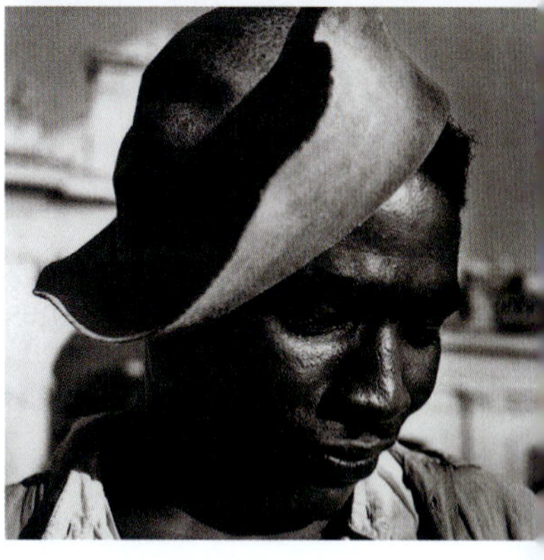

Texto 1

Emparedado

[...]

Artista! pode lá isso ser se tu és da África, tórrida e bárbara, devorada insaciavelmente pelo deserto, tumultuando de matas bravias, arrastada sangrando no lodo das civilizações despóticas, torvamente amamentada com leite amargo e venenoso da Angústia! A África arrebatada nos ciclones torvelinhantes das Impiedades supremas, das Blasfêmias absolutas, gemendo, rugindo, bramando no caos feroz, hórrido, das profundas selvas brutas, a sua formidável Dilaceração humana! [...]

Artista?! Loucura! Pode lá isso ser se tu vens dessa longínqua região desolada, lá do fundo exótico dessa África sugestiva, gemente, Criação dolorosa e sanguinolenta de Satãs rebelados, dessa flagelada África, grotesca e triste, melancólica, gênese assombrosa de gemidos, tetricamente fulminada pelo mortal; [...]

[...]

Não! Não! Não! Não transporás os pórticos milenários da vasta edificação do Mundo, porque atrás de ti e adiante de ti não sei quantas gerações foram acumulando, acumulando pedra sobre pedra, pedra sobre pedra, que para aí estás agora o verdadeiro emparedado de uma raça.

Se caminhares para a direita baterás e esbarrarás ansioso, aflito, numa parede horrendamente incomensurável de Egoísmos e Preconceitos! Se caminhares para a esquerda, outra parede, de Ciências e Críticas, mais alta do que a primeira, te mergulhará profundamente no espanto! Se caminhares para a frente, ainda nova parede, feita de Despeitos e Impotências, tremenda, de granito, broncamente se elevará ao alto! Se caminhares, enfim, para trás, ah! Ainda, uma derradeira parede, fechando tudo, fechando tudo – horrível – parede de Imbecilidade e Ignorância, te deixará num frio espasmo de terror absoluto...

E, mais pedras, mais pedras se sobreporão às pedras já acumuladas, mais pedras, mais pedras... Pedras destas odiosas, caricatas e fatigantes civilizações e Sociedades... Mais pedras, mais pedras! E as estranhas paredes hão de subir, subir, subir mudas, silenciosas, até às Estrelas, deixando-te para sempre perdidamente alucinado e emparedado dentro do teu Sonho..."

(In: Zilá Bernd, org. *Antologia da poesia afro-brasileira — 150 anos de consciência negra no Brasil*, cit., p. 48-9.)

Texto 2

A cor da pele

a cor da pele
saqueada
e vendida.

a cor da pele
chicoteada
e cuspida.

a cor da pele
camuflada
e despida.

a cor da pele
vomitada
e engolida.

a cor da pele
esfolada
em banho-maria.

(Idem, p. 204.)

despeito: ressentimento; sentimento que, por inveja ou ciúme, leva ao desejo de causar um mal.
despótico: opressor, tirano.
pórtico: porta principal.
torvelinhante: em forma de redemoinho.

1. No texto 1, Cruz e Sousa revela uma postura crítica em relação à sociedade de seu tempo.

a. No primeiro parágrafo, o poeta expõe o ponto de vista que a sociedade tinha sobre os artistas negros. Qual é esse ponto de vista? Como ele se posiciona em relação a tal ponto de vista? Justifique sua resposta com elementos do texto.

REGISTRE NO CADERNO

b. Nesse parágrafo, há uma crítica implícita do poeta às civilizações europeias, que ele chama "despóticas". Qual é essa crítica? Justifique sua resposta com elementos do texto.

2. Cruz e Sousa, a julgar pela própria experiência, considera a condição do artista negro como "emparedado".

a. Quais são as paredes que ele sente à sua volta?

b. Tendo em vista que o poeta viveu no período de circulação das teorias positivistas, evolucionistas e deterministas, o que significa ser emparedado pelas "Ciências e Críticas"?

c. Considerando todas as paredes que circundam o poeta, conclua: Por que ele se sente emparedado dentro do próprio sonho? Justifique sua resposta com elementos do texto.

3. No texto 2, o poeta negro Adão Ventura repete em todas as estrofes o verso "a cor da pele". Com base nos demais versos que compõem o poema, responda: Que sentido a repetição do verso "a cor da pele" constrói no texto? Justifique sua resposta com elementos do texto.

4. Os poemas de Cruz e Sousa e de Adão Ventura foram escritos em momentos históricos diferentes, mas apresentam, igualmente, uma importante reflexão sobre o tratamento dado aos negros nesses diferentes períodos.

a. Há diferença no sentimento que os poemas revelam?

b. Nesse contexto, qual papel social é possível considerar que esses textos tiveram, cada um em sua época?

Adão Ventura

Neto de escravos, Adão Ventura Ferreira dos Reis (1946-2004) nasceu em Santo Antônio do Itambé, Minas Gerais, em 1946.

Cursou Direito na Universidade Federal de Minas Gerais, lecionou no exterior e, juntamente com o renomado poeta mineiro Affonso Ávila e outros escritores, colaborou no *Suplemento Literário de Minas Gerais*.

Publicou vários livros, entre eles *Abrir-se de um abutre ou mesmo depois de deduzir dele o azul* (1970), *Jequitinhonha* (1980) e *A cor da pele* (1980), que o tornou um poeta reconhecido.

A obra literária de Adão Ventura faz parte de antologias, como *Os cem melhores poemas brasileiros do século*, organizada por Ítalo Moriconi.

Arquivo pessoal

CONEXÕES

Observe, a seguir, uma obra de Auguste Rodin (1840-1917), escultor francês do final do século XIX, e leia uma tirinha de Mafalda, do cartunista argentino Quino (1932).

Texto 1

The Bridgeman Art Library/Keystone Brasil

O pensador (1880-1889).

A escultura na Antiguidade Clássica e no Neoclassicismo

As esculturas dos deuses na Antiguidade Clássica apresentam perfeição anatômica, como o *Apolo Belveder*, considerado um exemplo de perfeição física masculina. Durante o Neoclassicismo (século XVIII), os escultores pretendiam inspirar e instruir o homem por meio de sua associação com as perfeições estéticas e morais dos deuses e heróis da Antiguidade.

Top Foto / AGB Photo

Texto 2

Joaquín Salvador Lavado (QUINO)

REGISTRE NO CADERNO

1. Diferentemente da escultura do período do Neoclassicismo, a que era produzida no final do século XIX se voltava para a interioridade humana. Na concepção de Rodin, a escultura deveria expressar a complexidade e a intensidade das emoções e dos sentimentos do ser humano. Tendo em vista essas informações, o que a postura e a expressão do homem retratado na escultura *O pensador* sugerem?

2. Na tirinha de Quino, a personagem Mafalda mostra para Filipe uma foto da escultura de Rodin. No 3º quadrinho, como Mafalda reage diante do desconhecimento de Filipe a respeito da escultura? Por que ela reage dessa forma?

3. No último quadrinho da tira, Mafalda diz: "O deus da telepatia, cara!". Levante hipóteses:

a. Por que, na perspectiva de Mafalda, a figura representada é um deus, e não um homem?

b. Por que, na opinião de Mafalda, a figura representada está se comunicando por telepatia?

4. Como o humor é construído na tira?

LÍNGUA E LINGUAGEM

A interjeição

FOCO NO TEXTO

Honoris causa: expressão latina que nomeia um título conferido por universidades a uma pessoa de destaque na sociedade, por suas ações ou por seu conhecimento, independentemente de ela ter títulos acadêmicos. No Brasil, por exemplo, Lula e Fernando Henrique Cardoso ganharam o título de *doutor honoris causa*.

Leia este poema, de Ulisses Tavares:

Honoris causa

Ah, o amor é uma bobagem
Escrevi, li, conversei a respeito.
Mas depois de conhecer você
Bagunçou tudo no meu peito
Perguntam se o amor é nada?
Ora, mais respeito se dê!
Bolas, isso é pergunta de quem
Não conhece você!

(*Diário de uma paixão*. São Paulo: Editorial, 2003. s/p.)

Andressa Honório

1. Qual é o tema do poema?

2. O poema pode ser dividido em duas partes, cada uma delas relacionada a uma fase vivida pelo eu lírico.

a. Quais são essas fases? Que versos correspondem a cada uma delas?

b. Que fato foi responsável por essa mudança? Que versos do poema correspondem a esse fato?

3. As alterações emocionais do eu lírico também podem ser notadas a partir do emprego de algumas palavras. Observe, no texto, as palavras *Ah*, *Ora* e *Bolas*.

a. Que tipo de sentimento expressa a palavra *Ah* no 1º verso? Que relação ela tem com as ideias da primeira parte do poema?

b. Que sentimentos expressam as palavras *Ora* e *Bolas* no contexto? Que relação elas têm com a segunda parte do poema?

4. Depois de ler o sentido da expressão latina *honoris causa*, explique por que o poema foi nomeado com ela.

5. A palavra *Ah* pode apresentar outros sentidos, além do que você apontou na questão anterior. Troque ideias com os colegas e indique o sentido da palavra *Ah* em cada uma das situações a seguir.

- Ah, já ia me esquecendo: você quer ser meu padrinho de casamento?
- Ah! Não suporto mais este trânsito!
- Ah! As férias finalmente chegaram.
- Ah! Francamente! Isso são horas de chegar?

Ulisses Tavares

Ulisses Tavares nasceu em Sorocaba (SP), em 1950. É poeta, professor, publicitário, jornalista, dramaturgo e compositor, entre outras atividades.

Começou a divulgar seus poemas por meio de mimeógrafos na década de 1960. Na década de 1970, participou do movimento da poesia marginal e, de lá para cá, publicou mais de cem livros, entre eles *Viva a poesia viva!* e *Caindo na real*.

Edison Russo

REGISTRE NO CADERNO

- "Ah!... hoje vou passear a minha mão
Pela tua mão
Pelo teu rosto
Pelos teus cabelos...
Vou entrelaçar meus dedos
Entre teus dedos..."

(Chico Araújo. "Nós". In: *Versos de setembro e outras insurreições*. Fortaleza: Gráfica LCR, 2008. p. 56.)

REFLEXÕES SOBRE A LÍNGUA

Nos exercícios vistos há pouco, você notou que algumas palavras da língua expressam o nosso estado emocional. A palavra *Ah*, por exemplo, dependendo da entonação e da situação discursiva em que é utilizada, pode expressar diferentes sentimentos, como raiva, ternura, alegria, satisfação, reprovação, impaciência. Palavras como *Ah, Ora, Bolas*, entre outras, são chamadas de *interjeição*.

Assim, do ponto de vista semântico, pode-se dizer que:

> **Interjeição** é a palavra ou expressão com que traduzimos nossas emoções e sentimentos

Do ponto de vista morfológico, a interjeição é uma palavra invariável, a não ser que seja substantivada: meus ais, os adeuses.

Quando a emoção é expressa não por uma palavra, mas por um grupo de palavras, dizemos que é uma **locução interjetiva**. Veja:

Minha nossa! O que aconteceu? (surpresa, espanto)
Que horror! Veja a qualidade deste tomate! (reprovação)

As frases com valor interjetivo também são consideradas interjeições. Veja:

Deus o livre! Quem me dera! Raios te partam!

Valores semânticos das interjeições

Não há necessidade de memorizar uma lista de interjeições e de seus valores semânticos, pois eles são sempre contextuais. Apesar disso, conheça algumas delas, a título de informação complementar.

advertência: Cuidado!, Atenção!
alegria: Ah!, Oh!, Eba!
alívio: Ufa!
animação: Coragem!, Força!
apelo: Alô!, Ei!, Psiu!
aplauso: Bravo!, Parabéns!, Bis!
aversão: Credo!
desejo: Tomara!, Oxalá!
dor: Ai!, Ui!
satisfação: Oba!, Legal!, Boa!
saudação: Salve!, Olá!, Viva!
silêncio: Psiu!, Silêncio!

APLIQUE O QUE APRENDEU

É comum algumas pessoas confundirem interjeições e onomatopeias. Para examinar essa questão, leia esta tira do cartunista argentino Quino:

(*Mafalda 1*. São Paulo: Martins Fontes, 1988. p. 60-1.)

1. Mafalda está brincando com seu amigo Filipe, que acabou de ganhar um "jogo de xadrez científico" do pai.

   a. Do que eles estão brincando nessas cenas?

   b. Que tipo de peça Mafalda tem na mão, no último quadrinho?

   c. Infira: Qual é o conhecimento que as crianças têm sobre o jogo de xadrez?

2. Nos três primeiros balões, vemos algumas letras e palavras em negrito.

   a. Quais delas representam o som feito pelo cavalo no galope?

   b. Quais expressam a voz de comando dos cavaleiros?

   c. Sabendo-se que a onomatopeia é uma palavra que tenta reproduzir sons e ruídos naturais, identifique quais dessas palavras são onomatopeias e quais são interjeições.

   d. Que função têm as interjeições na brincadeira?

REGISTRE NO CADERNO

Leia, a seguir, o anúncio publicitário criado e publicado pela agência de publicidade Borghi Lowe, hoje conhecida como Mullen Lowe Brasil.

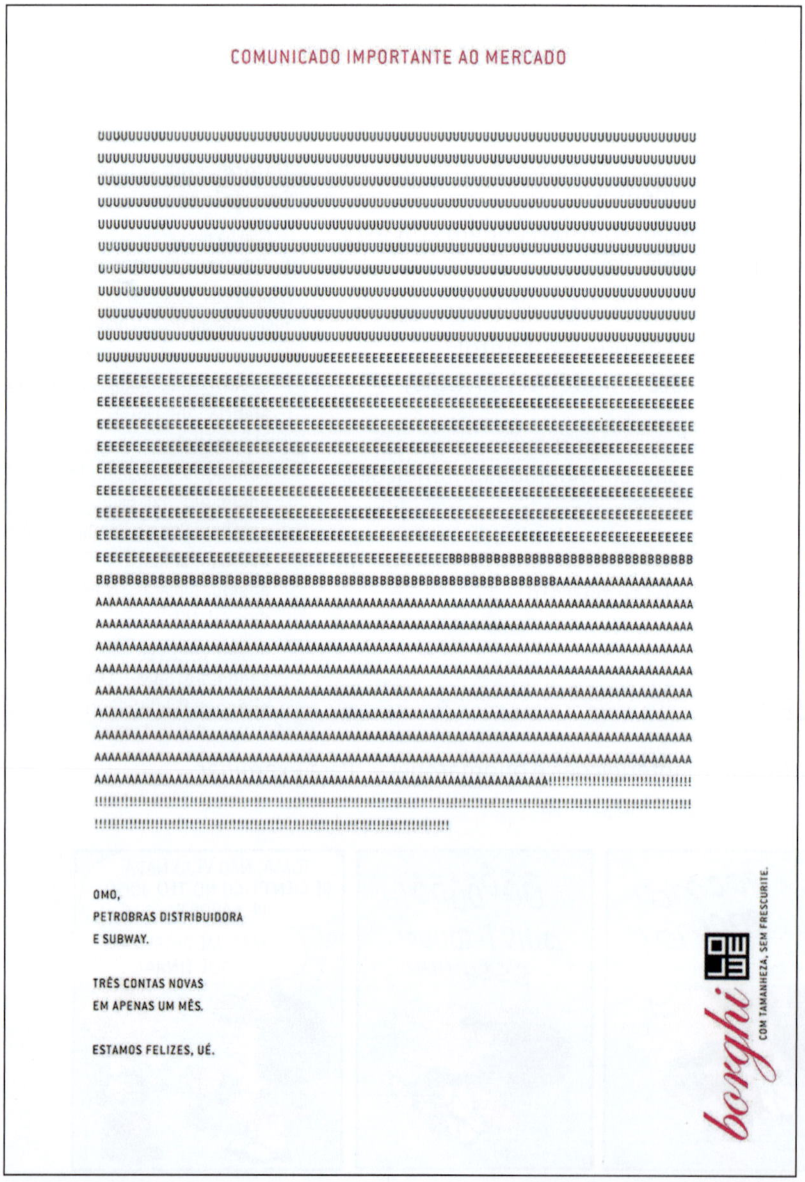

LOWE

(Disponível em: http://www.putasacada.com.br/ueba-borghilowe/. Acesso em: 9/2/2016.)

3. Considerando o tipo de atividade da empresa, explique a afirmação "três contas novas em apenas um mês".

4. Observe que o texto central é formado por um conjunto de letras repetidas.

a. Que interjeição essas letras formam? Que sentimento ela expressa?

b. Que relação há entre essa interjeição e os novos contratos?

c. Que frase do texto confirma sua resposta anterior?

5. Na frase "Estamos felizes, ué", foi empregada outra interjeição.

a. Identifique-a. Que sentido ela normalmente tem?

b. Que sentido ela tem no contexto?

6. Na linguagem digital, é comum enviarmos e recebermos mensagens com *emoticons* – termo que resulta da soma de *emotion* (emoção) + *icons* (ícones). Assim, os *emoticons* são símbolos que cumprem, na linguagem digital, um papel semelhante ao das interjeições, já que também expressam emoções.

Thinkstock/Getty Images

Reescreva os enunciados a seguir, substituindo os *emoticons* por interjeições. Ao lado de cada frase, escreva o tipo de emoção que pretende traduzir.

a. Vai ter festa no sábado!!

b. Não posso ir, estou gripado.

REGISTRE NO CADERNO

c. Você se saiu muito bem!

d. Foi muito bom nosso encontro.

e. Promovido a chefe da seção? Não acredito!

Fotografias: Thinkstock/Getty Images

TEXTO E **ENUNCIAÇÃO**

Leia este anúncio publicitário:

100% Propaganda

(Publicado em 24/4/2014. Disponível em: http://www.putasacada.com.br/recreio-1121. Acesso em: 10/2/2016.)

1. O anúncio foi publicado por uma concessionária de veículos situada no bairro do Recreio, no Rio de Janeiro. Qual é a finalidade do anúncio?

2. Há, no anúncio, uma frase com o valor de locução interjetiva.

a. Identifique-a e comente em que situações ela costuma ser usada e com qual sentido.

b. Na parte de baixo do anúncio, lemos: "Homenagem da Recreio, a maior do Brasil, ao Fusca, o mais querido do mundo". Por esse comentário, é de se supor que o fusca esteja "morto"?

3. O anúncio faz um jogo verbal entre as palavras *tenha* e *teve*.

a. Com que sentido a forma verbal *tenha* foi empregada?

b. E a forma verbal *teve*?

c. Qual é o efeito de sentido produzido por esse jogo verbal?

4. No recorte de jornal ao lado da figura do Fusca se lê: "O último fusca do mundo será feito no dia 30. Volks quer trazer exemplares para vender no Brasil".

a. Além da homenagem, que outro sentido ganha o anúncio ao reproduzir a notícia? Responda em seu caderno:

REGISTRE NO CADERNO

- tom de lamento
- tom de comemoração
- tom de advertência
- tom de apelo

b. Quais interjeições caberiam nesse contexto?

5. Quando o anúncio foi publicado, o Fusca já era um veículo fora de linha. Levante hipóteses: O que, então, levaria o anunciante a publicar esse anúncio?

PRODUÇÃO DE TEXTO

A resenha crítica

FOCO NO TEXTO

Leia o texto:

O Menino e o Mundo é um dos melhores do cinema nacional atual

SÉRGIO ALPENDRE

Photos 12 Cinema/Diomedia

Cena do filme *O menino e o mundo*.

Convém esquecermos por um instante o clima de Copa do Mundo criado com a indicação de "O Menino e o Mundo" para o Oscar de animação. É bom para o filme, é notícia, mas o clima de festa não faz bem à reflexão crítica.

Premiados ou não, alguns artistas elevaram a animação ao *status* de arte: Walt Disney, Tex Avery, Chuck Jones e Alexander Ptushko, por exemplo. Nos últimos anos, temos o elogiadíssimo animador japonês Hayao Miyazaki ("A Viagem de Chihiro").

Com o belíssimo "O Menino e o Mundo", Alê Abreu sobe mais um degrau no longo caminho a ser percorrido para entrar no rol de gigantes.

Seu filme narra a história de um menino que parte em busca do pai e, ao mesmo tempo, descobre o mundo e a força da imaginação. O traço simples segue a compreensão infantil das coisas, utilizando várias técnicas (giz, aquarela, lápis, colagens).

A narrativa é poética e sensível sem ser sentimental, semelhante à de outro fera da animação, o holandês Michaël Dudok de Wit, cuja obra-prima, "Father and Daughter" (Pais e filhas), de 2000, está no YouTube.

Em alguns momentos, a tela se enche de cores, como numa aquarela escolar inconscientemente fauvista (uma espécie de versão simplória, mas com sua própria beleza, das telas de André Derain).

fauvista: relacionado ao fauvismo, movimento ocorrido na pintura no início do século XX, caracterizado principalmente pelo uso de cores vibrantes e livre tratamento da forma na representação do mundo.

Isso porque, obviamente, a escolha das cores e suas combinações não são bem as de uma criança. A não ser que fossem de um pequeno Mozart das artes plásticas.

Em sua aventurosa busca, o menino se depara com procissões de homens com pernas de pau, carroceiros, animais estranhos, paisagens de sonho e até um Carnaval.

Os poucos diálogos são ditos em reverso, como numa brincadeira infantil, o que ajuda a colocar o filme dentro de uma bolha peculiar. Essa é sua maior força.

Podemos questionar o excesso de trilha sonora, mesmo levando em conta que um dos músicos participantes é o craque Naná Vasconcelos. A música torna-se excessiva porque é forte, com melodias marcantes, e, assim, satura.

Trata-se, contudo, de um pequeno deslize entre uma série impressionante de acertos, que fazem deste filme uma das melhores coisas do cinema brasileiro recente.

Museu de Orsay, Paris, França

Luxo, calma e volúpia (1904), de Henri Matisse (1869-1954). O pintor foi um dos principais representantes da pintura fauvista.

(*Folha de S. Paulo*, 27/1/2016. Disponível em: http://www1.folha.uol.com.br/ilustrada/2016/01/1733860-o-menino-e-o-mundo-e-um-dos-melhores-do-cinema-nacional-atual.shtml. Acesso em: 12/2/2016.)

1. O texto lido comenta o filme *O menino e o mundo*, uma animação brasileira em longa-metragem. Entre os itens a seguir, indique em seu caderno o que traduz a finalidade principal do texto.

REGISTRE NO CADERNO

- Noticiar o lançamento do filme, falar dos profissionais envolvidos na sua produção e comentar a indicação que ele teve ao Oscar.
- Apresentar de maneira breve o enredo do filme e expor um ponto de vista crítico sobre ele.
- Tratar, na forma de reportagem investigativa, da problemática social abordada no filme.

2. Considere que é possível identificar no texto as seguintes partes:

I. apresentação do contexto em que o filme se insere;

II. breve resumo da história e descrição de algumas cenas do filme, entremeadas por elogios;

III. ressalva aos pontos positivos e referência a um ponto negativo do filme;

IV. conclusão, considerando os dois lados apontados.

a. Discuta com os colegas e o professor: Quais parágrafos correspondem a cada uma das partes?

b. Identifique, nas partes I e II, expressões que revelam o caráter elogioso ao filme.

c. Identifique, na parte III, expressões que fazem menção a pontos negativos do filme.

d. Conclua: Entre a crítica positiva e a crítica negativa feitas ao filme, qual prevalece no texto? Justifique sua resposta com base nas respostas dos itens anteriores.

Os *booktubers*, os *blogs* e os canais de resenhas

Você já ouviu falar em *booktubers*? São pessoas que criam canais no YouTube que disponibilizam vídeos com resenhas de livros, indicando-os ou não. Outra ferramenta de divulgação de resenhas críticas de livros que vem crescendo no mundo digital são os *blogs* especializados na área. Essa é uma tendência notada inclusive por muitas editoras, que enviam para alguns desses canais e *blogs* livros publicados por eles, a fim de garantir sua divulgação.

Tal prática tem se tornado comum não apenas em relação a livros, mas também a bens culturais e mercadorias em geral, de filmes, *shows*, parques e eventos a produtos de beleza, roupas e acessórios.

As resenhas críticas feitas por *booktubers* vêm assumindo um papel antes desempenhado pela crítica especializada e pela publicidade, pois têm influenciado de modo significativo o consumo de livros entre a população.

Fotografias: Shutterstock

3. Para construir seu texto e fundamentar a crítica que faz, o autor lança mão das seguintes estratégias:

- menção a nomes de autoridades na área cinematográfica;
- descrição detalhada de uma ou mais cenas do filme;
- uso de termos ou explicações de caráter mais técnico.

a. Identifique no texto os trechos em que cada estratégia é empregada.

b. Levante hipóteses: Qual efeito de sentido resulta do emprego dessas estratégias no texto?

Os *spoilers*

Em geral, as resenhas críticas são escritas com a finalidade de dar aos leitores uma ideia sobre um filme, um seriado, um livro. Elas ajudam o leitor a ponderar se, tendo em vista seu gosto pessoal, vale a pena consumir certo produto. Assim, o autor de uma resenha deve tomar cuidado ao fazer descrições que envolvem histórias, a fim de deixar em aberto as situações do enredo.

Pessoas que fazem os chamados *spoilers*, entretanto, parecem não ter essa preocupação. Conforme indica o nome, com origem no verbo inglês *to spoil*, que quer dizer "estragar", os *spoilers* são a versão digital dos famosos "estraga-prazeres". Eles ocorrem quando o autor de uma resenha crítica de filme ou livro conta, por exemplo, o final da história e revela segredos do enredo. Por isso, convém que se faça um "Alerta de *spoiler*", caso uma resenha contenha esse tipo de menção, a fim de que os leitores ou espectadores não sejam negativamente surpreendidos com informações que vão estragar o prazer de ler um livro ou ver um filme.

Westend 61 RF/WB - Images/Diomedia

4. A linguagem utilizada no texto lido – publicado em um jornal de grande circulação – segue a norma-padrão, porém não apresenta um alto grau de formalidade.

REGISTRE NO CADERNO

a. Entre os seguintes trechos do texto, indique em seu caderno aqueles que permitem classificar como pouco formal a linguagem empregada.

- "Convém esquecermos por um instante o clima de Copa do Mundo criado com a indicação de 'O Menino e o Mundo' para o Oscar de animação."
- "Premiados ou não, alguns artistas elevaram a animação ao *status* de arte"

- "Alê Abreu sobe mais um degrau no longo caminho a ser percorrido para entrar no rol de gigantes."
- "A narrativa é poética e sensível sem ser sentimental, semelhante à de outro fera da animação"
- "Isso porque, obviamente, a escolha das cores e suas combinações não são bem as de uma criança."
- "um dos músicos participantes é o craque Naná Vasconcelos"
- "Trata-se, contudo, de um pequeno deslize entre uma série impressionante de acertos"

REGISTRE NO CADERNO

b. Discuta com os colegas e o professor e conclua: Quais possíveis sentidos o uso de uma linguagem menos formal pode atribuir a um texto como esse?

c. Releia estes trechos:

- "outro fera da animação, o holandês Michaël Dudok de Wit"
- "um pequeno Mozart das artes plásticas"
- "é o craque Naná Vasconcelos"

Ao mesmo tempo em que conferem mais informalidade ao texto, esses trechos também auxiliam na construção da imagem do autor da resenha. Qual imagem é essa? De que forma ela contribui para a credibilidade do autor?

5. Releia o trecho:

"Podemos questionar o excesso de trilha sonora, mesmo levando em conta que um dos músicos participantes é o craque Naná Vasconcelos. A música torna-se excessiva porque é forte, com melodias marcantes, e, assim, satura."

a. Discuta com os colegas e o professor: Trata-se de um trecho que faz uma crítica positiva ou uma crítica negativa ao filme?

b. Proponha uma reescrita para esse trecho, mantendo a mesma ideia, mas acentuando o caráter apontado no item anterior.

c. Compare o texto original ao que você criou e conclua: Qual tom o autor escolheu para fazer a crítica ao filme?

6. A resenha crítica despertou em você vontade de assistir ao filme? Troque impressões com os colegas e o professor e justifique sua resposta.

HORA DE ESCREVER

Seguem três propostas de produção de resenha crítica, individualmente ou em grupo, conforme a orientação do professor. Os textos farão parte do jornal que será produzido na unidade.

1. Escolha um produto ou um bem cultural que você queira recomendar: um *show*, um evento, um local, um CD ou um DVD, um filme, um produto de beleza, um jogo, entre outras opções. Escreva uma resenha crítica, fazendo essa recomendação com base em sua experiência pessoal.

PROJETO

Dê continuidade à produção do jornal do seu grupo, escrevendo uma resenha crítica.

2. Escolha um produto ou um bem cultural com o qual você tenha tido uma má experiência, e que, portanto, não queira recomendar: um *show*, um evento, uma exposição, um CD ou um DVD, um filme, um produto de beleza, um jogo, entre outras opções. Com base em sua experiência pessoal, escreva uma resenha crítica, sugerindo ao leitor que não consuma o produto ou o bem cultural.

3. Nas unidades anteriores, você conheceu grandes autores da literatura brasileira, entre eles Castro Alves, Álvares de Azevedo e Machado de Assis. Escolha um poema de Castro Alves, um capítulo de *Noite na taverna*, de Álvares de Azevedo, ou um conto de Machado de Assis e faça uma resenha crítica sobre o texto. Caso tenha preferência por outro autor já estudado, faça sua resenha, se quiser, sobre um texto desse poeta ou escritor.

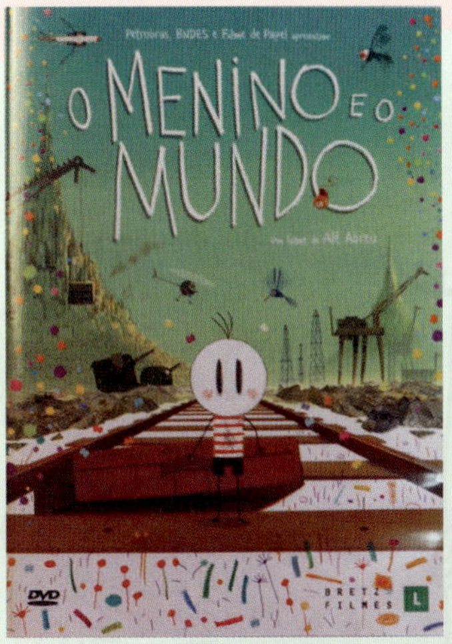

Fernando Vivaldini/Fotoarena

Thinkstock/Getty Images

Christian Bertrand/Shutterstock

Laura Boushnak/Getty Images/ArabianEye

ANTES DE ESCREVER

Planeje sua resenha crítica, seguindo estas orientações:

- Decida qual produto ou bem cultural será o objeto da sua resenha e a que público você vai se dirigir.
- Tenha clareza quanto ao objetivo principal do seu texto: recomendar ou não recomendar o produto ou bem cultural.
- Anote pontos positivos e pontos negativos a serem mencionados no texto.
- Decida se a recomendação ou não recomendação que você fará será explícita ou se você prefere deixá-la implícita, por meio de elogios ou de comentários negativos.

- Apresente o produto ou o bem cultural resenhado, situando-o no contexto de que ele faz parte, ou seja, comparando-o com similares a ele.
- Demonstre ter conhecimento sobre o produto ou o bem cultural. Se julgar necessário, leia outros textos com opiniões de especialistas e autoridades no assunto, a fim de fundamentar bem sua opinião.
- Evite fazer *spoiler*.
- Procure mencionar o conhecimento e a experiência pessoal que você tem e explicar clara e objetivamente os motivos que o levaram a formar sua opinião.
- Ainda que sua opinião não fique explicitada por meio de expressões como *Minha opinião é*, *Penso que* ou similares, construa seu texto de maneira que o leitor, ao terminar de lê-lo, tenha clareza quanto ao seu ponto de vista.
- Considerando o público em vista e o contexto de circulação de seu texto, empregue uma linguagem menos ou mais formal.

Rico

ANTES DE PASSAR A LIMPO

Antes de dar sua resenha crítica por finalizada, verifique:

- se há clareza quanto a qual é o objeto ou bem cultural resenhado;
- se há uma apresentação do produto ou bem cultural e sua comparação com outros, similares a ele;
- se foram mencionados pontos positivos e negativos;
- se outras vozes foram trazidas a fim de fundamentar melhor a opinião defendida na resenha;
- se relatos de fatos e situações do cotidiano foram trazidos para fundamentar a argumentação;
- se não há *spoiler* e, caso haja, se foi devidamente identificado;
- se, ao final da leitura, sua opinião ficou clara mesmo que ela não tenha sido explicitada no texto;
- se a linguagem está adequada ao público-alvo e ao contexto de circulação do jornal do seu grupo.

CAPÍTULO

3 Panorama da literatura portuguesa no século XIX Pontuação Carta aberta e carta de leitor

LITERATURA

Panorama da literatura portuguesa no século XIX: Eça de Queirós

Coleção particular

Cais de Setúbal, do pintor português João Vaz (1859-1931).

O Romantismo

Na década de 1820, quando se iniciou o Romantismo em Portugal, o país vivia um momento político atribulado, com disputa de poder entre os absolutistas, defensores do velho regime, e os liberais, pertencentes às camadas burguesas, que lutavam por uma nova Constituição e por profundas reformas na administração pública. Nesse contexto, os escritores mais ativos do Romantismo português contribuíram para a afirmação dos ideais liberais.

A primeira geração romântica portuguesa, da qual fizeram parte Almeida Garrett e Alexandre Herculano, se destacou pelo nacionalismo, pelas preocupações políticas e históricas e pelo empenho na implantação do movimento no país.

O poema narrativo *Camões* (1825), de Almeida Garrett (1799-1854), é considerado a primeira produção do Romantismo português, embora ainda contenha determinados traços da tradição clássica. Na obra do autor, destacam-se: *Folhas caídas* (1853), poesia lírica com traços marcadamente românticos; *Viagens na minha terra* (1846), romance que se distinguiu pela técnica narrativa e por reflexões de teor político, filosófico, histórico, religioso e artístico; e *Frei Luís de Sousa* (1844), peça teatral que se baseia em fatos históricos e é considerada uma obra-prima do teatro romântico português. Alexandre Herculano (1810-1877) se notabilizou com a produção de romances históricos, entre os quais *Eurico, o presbítero* (1844), que aborda um período de dominação moura na península Ibérica, no século VIII, e retrata criticamente a questão do celibato clerical.

A segunda geração romântica se caracterizou pela presença de traços ultrarromânticos e pelas primeiras manifestações do Realismo. O expoente dessa fase é Camilo Castelo Branco (1825-1890), autor de *Amor de perdição* (1863), novela marcada pelo amor passional. Destacam-se também nessa geração o romancista Júlio Dinis e os poetas João de Deus e Soares de Passos.

O Romantismo e o desenvolvimento da imprensa

No século XIX, em Portugal, como nos demais países europeus, o Romantismo se vinculou ao desenvolvimento da imprensa e à consolidação da burguesia como o novo público leitor. Almeida Garrett, o mais ativo e radical integrante do grupo de escritores românticos, teve uma grande participação na imprensa, com a publicação de textos políticos em defesa dos ideais liberais. Nesse período, a imprensa foi também um importante meio de difusão da estética literária romântica. O jornal literário *O Panorama*, por exemplo, contou com a colaboração de autores como Alexandre Herculano, Camilo Castelo Branco e Casimiro de Abreu, poeta do Romantismo brasileiro.

O PANORAMA.
JORNAL LITTERARIO E INSTRUCTIVO
Sociedade Propagadora dos Conhecimentos Uteis.
PUBLICADO TODOS OS SABBADOS — JUNHO 17, 1837.

Hemeroteca Municipal de Lisboa, Lisboa, Portugal

Primeira página da edição do jornal literário *O Panorama* publicada em 17/6/1837.

O Realismo-Naturalismo

A consolidação do liberalismo, ocorrido na primeira metade do século XIX, estimulou o comércio e a vida cultural nas cidades. Nesse contexto, as camadas burguesas urbanas, em que se situava a maioria dos consumidores de jornais, revistas e romances, queriam ver seus problemas retratados na literatura. Existia, portanto, na segunda metade do século XIX, um público leitor interessado na representação de problemas sociais, políticos, econômicos e psicológicos, abordados com profundidade na produção literária dos escritores realistas-naturalistas.

Formalmente, o Realismo português se iniciou em 1865, com a Questão Coimbrã, uma polêmica literária travada entre o poeta romântico Antônio Feliciano de Castilho e jovens da Universidade de Coimbra que criticavam os excessos do Ultrarromantismo. O poeta Antero de Quental (1842-1891), um dos jovens envolvidos nessa polêmica, foi o principal líder do novo movimento. Entre suas obras, destacam-se *Odes modernas* (1865), caracterizada pelo engajamento político, e *Sonetos completos* (1886), poemas que expressam o pessimismo e os dilemas existenciais do poeta.

Eça de Queirós, autor que você conhecerá neste capítulo, é o expoente da prosa realista e naturalista em Portugal e um dos escritores mais importantes do país. Manteve-se à margem da Questão Coimbrã, mas, por volta de 1870, reencontrou em Lisboa amigos que dela tinham participado e, com eles, formou o grupo que se tornou conhecido como Geração de 70. Por meio de conferências e publicações, o grupo propunha mudanças políticas, sociais e culturais profundas no país. Outros autores de destaque desse período são os poetas Guerra Junqueiro, que integrou a Geração de 70, e Cesário Verde.

O Simbolismo

O Realismo entrou em declínio a partir de 1890, ano em que Eugênio de Castro (1869-1944) publicou *Oaristos*, obra que marca o início do Simbolismo português. Camilo Pessanha (1867-1926) foi o principal poeta simbolista; sua obra promoveu uma importante inovação na poesia portuguesa e influenciou poetas que, alguns anos depois, fundariam o modernismo português, como Fernando Pessoa. A dor, o pessimismo e a musicalidade marcaram os poemas de Camilo Pessanha, reunidos em *Clepsidra*, obra publicada somente em 1920. Destacaram-se no movimento também os poetas Antônio Nobre e Eugênio de Castro.

Eça de Queirós

Por meio principalmente das obras *O primo Basílio* e *Os Maias*, Eça de Queirós conquistou em Portugal e no Brasil um grande público leitor. No Rio de Janeiro, centro cultural e político durante o Império e a República brasileiros, a presença do autor também foi marcante no jornalismo, em razão dos textos que, por dezesseis anos, publicou na *Gazeta de notícias*.

Tradicionalmente, a obra de Eça de Queirós é dividida em três fases. A primeira fase corresponde à iniciação literária do autor, marcada por determinados traços românticos. A segunda fase é propriamente realista e naturalista, sendo orientada pelas teorias científico-filosóficas da época, como o positivismo, o determinismo e o evolucionismo. São traços marcantes das obras dessa fase, publicadas entre 1875 e 1888, a ironia e a crítica mordaz à sociedade portuguesa, decorrentes da postura, então assumida pelo autor, de que era preciso criticar para reformar os hábitos, os costumes e os valores. A última fase se caracteriza por um afastamento da estética naturalista. Nos romances dessa fase, publicados em 1900 e 1901, as soluções dos conflitos dependem mais de aspectos subjetivos do que da situação social das personagens.

Com *Os Maias*, obra que você vai conhecer a seguir, o autor encerrou sua fase acentuadamente positivista. Nesse romance realista e naturalista, a trama central é o amor incestuoso entre Carlos da Maia e Maria Eduarda Monforte, irmãos que foram separados na infância e, anos depois, se apaixonam sem saber que eram filhos dos mesmos pais. Tal separação se dá em razão do adultério da mãe dos protagonistas, Maria Monforte, que foge de Lisboa com um amante, levando consigo a pequena Maria Eduarda. Estabelecida em Paris, ela revela sua história somente ao amigo Guimarães e confia-lhe, antes de morrer, uma caixa com os documentos que atestavam a verdadeira origem de Maria Eduarda.

Eça de Queirós

José Maria Eça de Queirós (1845-1900) nasceu em Póvoa de Varzim, em Portugal, e cursou Direito na Universidade de Coimbra.

Em Lisboa, fez parte da Geração de 70 e exerceu, simultaneamente, a advocacia e o jornalismo. Publicou em jornais textos críticos e irônicos a respeito de política, economia, literatura e costumes sociais.

Depois de ingressar na carreira diplomática, afastou-se de Portugal e viveu principalmente na Inglaterra e na França. Em 1875, publicou *O crime do padre Amaro*, sua primeira obra de destaque. A seguir, influenciado por *Madame Bovary*, de Gustave Flaubert, escreveu o romance *O primo Basílio* (1878).

Mantendo o espírito de irreverência que lhe era habitual e fazendo à sociedade portuguesa uma crítica mordaz, publicou, em 1888, *Os Maias, episódios da vida romântica*, considerado um de seus mais importantes romances.

As últimas obras que escreveu são *A ilustre casa de Ramires* (1900) e *A cidade e as serras* (1901).

Acervo Iconographia

FOCO NO TEXTO

No seguinte fragmento de *Os Maias*, é narrado o episódio em que João da Ega, amigo e confidente de Carlos da Maia, toma conhecimento das origens de Maria Eduarda por meio de Guimarães, amigo de Maria Monforte.

Capítulo XVI

[...]

Guimarães não descia. No segundo andar surgira uma luz viva, numa janela aberta. Ega recomeçou a passear lentamente pelo meio do largo. E agora, pouco a pouco, subiu nele uma incredulidade contra esta catástrofe de dramalhão. Era acaso verosímil que tal se passasse, com um amigo seu, numa rua de Lisboa, numa casa alugada à mãe Cruges?... Não podia ser! Esses horrores só se produziam na confusão social, no tumulto da Meia-Idade! Mas numa sociedade burguesa, bem policiada, bem escriturada, garantida por tantas leis, documentada por tantos papéis, com tanto registro de baptismo, com tanta certidão de casamento, não podia ser! Não! Não estava no feitio da vida contemporânea que duas crianças separadas por uma loucura da mãe, depois de dormirem um instante no mesmo berço, cresçam em terras distantes, se eduquem, descrevam as parábolas remotas dos seus destinos – para quê? Para virem tornar a dormir juntas no mesmo ponto, num leito de concubinagem! Não era possível. Tais coisas pertencem só aos livros, onde vêm, como invenções sutis da arte, para dar à alma humana um terror novo... Depois levantava os olhos para a janela alumiada, onde o Sr. Guimarães, decerto, rebuscava os papéis na mala. Ali estava porém esse homem com a sua história – em que não havia uma discordância por onde ela pudesse ser abalada!... E pouco a pouco aquela luz viva, saída do alto, parecia ao Ega penetrar nessa intrincada desgraça, aclará-la toda, mostrar-lhe bem a lenta evolução. Sim, tudo isso era provável no fundo! Essa criança, filha de uma senhora que a levara consigo, cresce, é amante de um brasileiro, vem a Lisboa, habita Lisboa. Num bairro vizinho vive outro filho dessa mulher, por ela deixado, que cresceu, é um homem. Pela sua figura, o seu luxo, ele destaca nesta cidade provinciana e pelintra. Ela, por seu lado, loura, alta, esplêndida, vestida pela Laferrière, flor de uma civilização superior, faz relevo nesta multidão de mulheres miudinhas e morenas. Na pequenez da Baixa e do Aterro, onde todos se acotovelavam, os dois fatalmente se cruzam: e com o seu brilho pessoal, muito fatalmente se atraem! Há nada mais natural? Se ela fosse feia e trouxesse aos ombros uma confecção barata da loja da América, se ele fosse um mocinho encolhido de chapéu-coco, nunca se notariam e seguiriam diversamente nos seus destinos diversos. Assim, o conhecerem-se era certo, o amarem-se era provável... E um dia o Sr. Guimarães passa, a verdade terrível estala!

A porta do hotel rangeu no escuro, o Sr. Guimarães adiantou-se, de boné de seda na cabeça, com o embrulho na mão.

— Não podia dar com a chave da mala, desculpe V. Exª. É sempre assim quando há pressa... E aqui temos o famoso cofre!

— Perfeitamente, perfeitamente...

Era uma caixa que parecia de charutos e que o democrata embrulhara num velho número do *Rappel*. Ega meteu-a no bolso largo do seu paletó: e imediatamente, como se qualquer outra palavra entre eles fosse vã, estendeu a mão ao Sr. Guimarães. Mas o outro insistiu em o acompanhar até à esquina da rua do Arsenal, apesar de estar de boné. A noite, para quem vinha de Paris, tinha uma doçura oriental – e ele, com os seus hábitos de jornalista, nunca se deitava senão tarde, às duas, três horas da madrugada...

[...]

Felizmente um trem avançava, rolando devagar, do lado do Terreiro do Paço. Ega, precipitadamente, deu um aperto de mão ao democrata, desejou-lhe uma "boa viagem", atirou ao cocheiro a *adresse* do Ramalhete. Mas o Sr. Guimarães ainda se apoderou da portinhola para aconselhar ao Ega que fosse a Paris. Agora, que tinham feito amizade, havia de o apresentar a toda aquela gente... E o Sr. Ega veria! Não era cá a grande *pose* portuguesa, destes imbecis, destes pelintras a darem-se ares, torcendo os bigodes. Lá, na primeira nação do mundo, tudo era alegria e fraternidade e espírito a rodos...

— E a minha *adresse*, na redação do *Rappel*! Bem conhecida no mundo! E, quanto ao embrulhozinho, fico descansado...

— Pode V. Exª ficar descansado!

— Criado de V. Exª... Os meus comprimentos à Srª D. Maria!

Na carruagem, através do Aterro, a ansiosa interrogação do Ega a si mesmo foi – "que hei de fazer?" Que faria, santo Deus, com aquele segredo terrível que possuía, de que só ele era senhor, agora que o Guimarães partia, desaparecia para sempre? E antevendo com terror todas as angústias em que essa revelação ia lançar o homem que mais estimava no mundo – a sua instintiva ideia foi guardar para sempre o segredo, deixá-lo morrer dentro em si. Não diria nada; o Guimarães sumia-se em Paris; e quem se amava continuava a amar-se!... Não criaria assim uma crise atroz na vida de Carlos – nem sofreria ele, como companheiro, a sua parte dessas aflições. Que coisa mais impiedosa, de resto, que estragar a vida de duas inocentes e adoráveis criaturas, atirando-lhes à face uma prova de incesto!...

Mas, a esta ideia de *incesto*, todas as consequências desse silêncio lhe apareceram, como coisas vivas e pavorosas, flamejando no escuro diante dos seus olhos. Poderia ele tranquilamente testemunhar a vida dos dois — desde que a sabia *incestuosa*? Ir à rua de S. Francisco, sentar-se-lhes alegremente à mesa, entrever, através do reposteiro, a cama em que ambos dormiam — e saber que esta sordidez de pecado era obra do seu silêncio? Não podia ser... Mas teria também coragem de entrar, ao outro dia, no quarto de Carlos, e dizer-lhe em face – "Olha que tu és amante de tua irmã?"

Ar de Filmes

A obra *Os Maias* foi adaptada para o cinema em 2014. No filme, o ator português Graciano Dias e a atriz brasileira Maria Flor representam Carlos e Maria Eduarda.

A carruagem parara no Ramalhete. Ega subiu, como costumava, pela escada particular de Carlos. Tudo estava apagado e mudo. Acendeu a sua palmatória; entreabriu o reposteiro dos aposentos de Carlos; deu alguns passos tímidos no tapete, que pareceram já soar tristemente. Um reflexo de espelho alvejou ao fundo na sombra da alcova. E a luz caiu sobre o leito intacto, com a sua longa colcha lisa, entre os cortinados de seda. Então a ideia que Carlos estava àquela hora na Rua de S. Francisco, dormindo com uma mulher que era sua irmã, atravessou-o com uma cruel nitidez, numa imagem material, tão viva e real, que ele viu-os claramente, de braços enlaçados, e em camisa... Toda a beleza de Maria, todo o requinte de Carlos desapareciam. Ficavam só dois animais, nascidos do mesmo ventre, juntando-se a um canto como cães, sob o impulso bruto do cio!

Correu para o seu quarto, fugindo àquela visão a que o escuro do corredor, mal dissipado pela luz trêmula, acentuava mais o relevo. Aferrolhou a porta; acendeu à pressa, sobre o toucador, uma depois da outra, com a mão agitada, as seis velas dos candelabros. E agora aparecia-lhe mais urgente, inevitável, a necessidade de contar tudo a Carlos. Mas ao mesmo tempo sentia em si, a cada instante, menos ânimo para chegar, encarar Carlos e destruir-lhe a felicidade e a vida com uma revelação de incesto. Não podia! Outro que lho dissesse! Ele lá estava depois para o consolar, tomar metade da sua dor, carinhoso e fiel. Mas o desgosto supremo da vida de Carlos não viria de palavras caídas da sua boca!... Outro que lho dissesse! Mas quem? Mil ideias passavam na sua pobre cabeça, incoerentes e tontas. Pedir a Maria que fugisse, desaparecesse... Escrever uma carta anônima a Carlos, com a detalhada história do Guimarães... E esta confusão, esta ansiedade ia-se resolvendo lentamente em ódio ao Sr. Guimarães. Para que falara àquele imbecil? Para que insistira em lhe confiar papéis alheios? [...]

(Porto Alegre: L&PM, 2001, p. 398-400.)

***adresse*:** palavra francesa que significa "endereço".
alcova: quarto de dormir.
concubinagem: união de um casal não casado legalmente.
Laferrière: casa de alta-costura situada em Paris, no século XIX.
Meia-Idade: o mesmo que Idade Média.
palmatória: um tipo de castiçal baixo.
pelintra: pessoa que procura aparentar uma condição social mais elevada que a sua.
***pose*:** pose (palavra de origem francesa que, pelo seu uso corrente, foi integrada ao léxico da língua portuguesa).
Ramalhete: casa da família de Carlos da Maia.
***Rappel*:** jornal francês que teve entre seus fundadores o escritor romântico Victor Hugo (1802-1885).
reposteiro: cortina que cobre portas do interior de casas.
Rua de S. Francisco: rua onde morava Maria Eduarda; o imóvel era alugado da mãe de Cruges, um amigo de Carlos.
toucador: cômoda ou mesa encimada por um ou mais espelhos; penteadeira.

1. Como adepto do Realismo-Naturalismo, Eça de Queirós se ocupou do retrato da sociedade de sua época. Que classe social o texto em estudo retrata? Justifique sua resposta com elementos do texto.

2. Releia este trecho:

REGISTRE NO CADERNO

"Ega [...] atirou ao cocheiro a *adresse* do Ramalhete. Mas o Sr. Guimarães ainda se apoderou da portinhola, para aconselhar ao Ega que fosse a Paris. Agora, que tinham feito amizade, havia de o apresentar a toda aquela gente... E o Sr. Ega veria! Não era cá a grande *pose* portuguesa, destes imbecis, destes pelintras a darem-se ares, torcendo os bigodes. Lá, na primeira nação de todo mundo, tudo era alegria e fraternidade e espírito a rodos..."

a. As obras de Eça de Queirós se caracterizam pela crítica aos costumes da sociedade portuguesa da segunda metade do século XIX. No trecho, que efeito é construído pelo emprego das palavras de origem francesa? Que críticas ficam evidenciadas? Justifique sua resposta com elementos do texto.

b. Leia o boxe "Discurso indireto livre". A seguir, identifique no trecho uma situação de uso de discurso indireto livre. Que efeito o emprego dessa técnica produz na narrativa?

3. No Realismo, foi bastante utilizado o monólogo interior, técnica narrativa que explora a mente das personagens e mostra o fluxo ininterrupto de seus pensamentos, lembranças, imagens, ideias, intuições, etc. No primeiro parágrafo do texto lido, o monólogo interior reproduz o fluxo de pensamentos de Ega no momento em que ele aguarda Guimarães.

a. Esses pensamentos apresentam clareza e lógica ou parecem obscuros e ilógicos?

b. Observe o emprego de reticências, de interrogações e de exclamações no monólogo interior. Que efeito de sentido essas pontuações constroem no texto? Justifique sua resposta com exemplos observados no texto.

Discurso indireto livre

O Realismo fez amplo uso do discurso indireto livre, técnica narrativa que resulta da mistura dos discursos direto e indireto. Observe um trecho de *Os Maias*, de Eça de Queirós:

"Queixou-se então do Castro Gomes. *Em resumo era um telhudo. E a vida daquele homem era misteriosa... Que diabo estava ele a fazer em Lisboa?*"

Na primeira frase, há apenas a voz do narrador, enquanto nas seguintes a voz do narrador se une à voz da personagem de modo quase imperceptível, uma vez que não há utilização de verbos de elocução (*dizer, responder*, etc.) nem de sinais como aspas, travessão e dois-pontos. Com essa técnica, as frases em destaque podem ser um comentário tanto da personagem como do próprio narrador.

Museu de José Malhoa, Caldas da Rainha, Portugal

Os bêbados (1907), do pintor naturalista português José Malhoa.

4. Em *Os Maias*, João da Ega é um defensor da literatura naturalista e dos ideais racionalistas, positivistas, deterministas e evolucionistas que a embasavam. Tendo em vista essas informações e o primeiro parágrafo do texto:

a. Explique por que, na perspectiva de Ega, a situação ocorrida entre Carlos e Maria Eduarda parecia algo impossível de acontecer. Comprove sua resposta com elementos do texto.

b. Levante hipóteses: Por que a situação incestuosa acontecida entre os jovens afrontava as convicções de Ega?

c. Em meio à surpresa, Ega busca uma explicação racional e material para o fato de Carlos e Maria Eduarda terem se aproximado um do outro em Lisboa. Qual é essa explicação?

Édipo rei

A temática do incesto, presente em *Os Maias*, é explorada desde a Antiguidade. Na famosa tragédia Édipo rei, do dramaturgo grego Sófocles (século V a.C.), o incesto e o parricídio foram previstos na vida de Édipo antes de seu nascimento; por isso, quando o menino nasce, seu pai, Laio, rei de Tebas, manda abandoná-lo em uma montanha. O servo encarregado dessa ação, porém, entrega o menino aos reis de Corinto, que o criam como filho, sem revelar sua verdadeira origem. Quando Édipo vai consultar o oráculo de Delfos, a sacerdotisa lhe profetiza: "Matarás teu pai e casarás com tua própria mãe". Para fugir a essa profecia, Édipo decide não retornar a Corinto, mas acaba indo ao encontro de seu destino. No meio da viagem, ele se desentende com um velho desconhecido, seu verdadeiro pai, e o mata. Segue para Tebas, decifra o enigma da Esfinge, torna-se rei da cidade e, sem saber, casa-se com a própria mãe, a rainha Jocasta.

Inspirado nessa tragédia, Freud criou o conceito de "complexo de Édipo", do qual tratou em algumas de suas obras, como *Totem e tabu* (1913).

Museu Metropolitano de Arte, Nova Iorque, EUA

Édipo e a Esfinge (1864), de Gustave Moreau.

5. Em *Os Maias*, a paixão entre Carlos e Maria Eduarda é mostrada ao longo do romance como resultado da ação implacável do destino, como na tragédia grega *Édipo rei*. No monólogo interior de Ega, a ideia de destino aparece de forma implícita. Explique essa afirmação, tendo em vista as respostas dos itens da questão anterior.

6. Depois de se despedir de Guimarães, Ega é tomado por novos pensamentos, que o atordoam.

a. Quais conflitos o monólogo interior da personagem revela?

b. A perspectiva naturalista de Ega pode ser observada com clareza nesse novo monólogo interior. Que trecho do texto comprova essa afirmação?

7. O surgimento de *Os Maias* se deu em uma época de declínio da literatura naturalista em Portugal. Com base nos fundamentos dessa estética literária, explique por que a presença do destino nesse romance espelha tal declínio.

ARQUIVO

Por meio da leitura do texto de Eça de Queirós feita neste capítulo, você viu que, na obra *Os Maias*:

- é feito um retrato crítico de comportamentos da burguesia portuguesa da segunda metade do século XIX, entre os quais a importação da cultura e de costumes franceses;
- há a utilização de monólogo interior e de discurso indireto livre, técnicas narrativas muito utilizadas pelo Realismo-Naturalismo.
- há certo distanciamento em relação às bases teóricas da literatura naturalista, como o positivismo e o determinismo, o que indicava o declínio dessa estética literária em Portugal.

LÍNGUA E LINGUAGEM

A pontuação

FOCO NO TEXTO

Leia este anúncio publicitário:

Agência CMC

(Disponível em: http://www.putasacada.com.br/2016/01/. Acesso em: 10/2/2016.)

REGISTRE NO CADERNO

1. O anúncio faz parte de uma campanha.

a. Qual é a finalidade da campanha?

b. Quem são os responsáveis pelo anúncio?

c. A quem o anúncio pretende atingir?

d. Por que a campanha é feita em época de férias?

2. O anúncio estabelece um jogo entre imagem e texto verbal, explorando a ambiguidade.

a. Qual é o termo que provoca ambiguidade? Explique como se constrói a ambiguidade no enunciado verbal.

b. Explique de que forma a parte visual do anúncio reforça a ambiguidade que ocorre na parte verbal.

3. Observe que o enunciado se inicia com a locução adverbial de tempo *nessas férias*.

a. Que efeito de sentido resulta do fato de a locução ser colocada no início da frase?

b. Levante hipóteses: O que justifica o emprego da vírgula depois dessa expressão?

c. Que alteração de sentido ocorreria se o termo *nessas férias* fosse suprimido?

d. E se o termo *nessas férias* fosse colocado no final da frase?

e. Em que outra posição da frase o termo *nessas férias* poderia ser empregado sem alterar essencialmente o sentido? Como ficaria a pontuação nesse caso?

4. Observe este enunciado:

Nas férias, abandonou o cão o dono.

Agência CMC

Do modo como está redigido, o enunciado pode gerar problemas de compreensão, que podem ser resolvidos apenas com a ajuda de vírgulas.

a. Empregando vírgulas, redija novamente o enunciado, de tal modo que:

- o dono tenha abandonado o cão;
- o cão tenha abandonado o dono.

REGISTRE NO CADERNO

b. Sem fazer uso de pontuação, de que outra forma os enunciados poderiam ser escritos, evitando a ambiguidade?

REFLEXÕES SOBRE A LÍNGUA

Nos exercícios anteriores, você viu que a pontuação cumpre um papel decisivo na construção dos sentidos dos enunciados, seja para torná-los mais claros e precisos, seja para enfatizar uma ideia.

> **Pontuação** é o sistema de sinais gráficos da língua que contribui para organizar os textos, separando unidades menores e maiores, coordenando-as ou subordinando-as, introduzindo informações complementares, marcando pausas, etc.

Os critérios que organizam a pontuação são basicamente sintáticos, porém em certos casos a pontuação também pode se justificar por razões semânticas e estilísticas.

Principais casos de pontuação

Como falante nativo do português que chegou ao ensino médio, você provavelmente já conhece os sinais de pontuação da língua portuguesa e sabe como empregar a maioria deles. O objetivo deste capítulo, entretanto, é aprofundar e aprimorar seu conhecimento sobre o assunto, dando destaque principalmente ao emprego da vírgula e do ponto e vírgula.

Emprego da vírgula

Alguns casos de emprego de vírgula exigem noções elementares de sintaxe, como sujeito, objeto direto, orações subordinadas, etc. Se necessário, consulte o **Apêndice**, das páginas 340 a 351.

Emprega-se a vírgula:

- para separar termos coordenados, com função equivalente:

"Era um convite à arremetida contra *o tirano*, *o opressor*, *o infiel*."

Andressa Honório

- para isolar vocativos, em qualquer posição na frase:

Paula, você poderá vir no próximo domingo?
Você poderá vir, *Paula*, no próximo domingo?

- para isolar expressões de explicação, correção, conclusão, concessão, etc.:

O pagamento, *aliás*, será feito amanhã.
O nosso desejo, *ou melhor*, o seu desejo é viajar no feriado, não?

- para marcar a elipse de uma forma verbal:

Vocês preferem o verde e nós, o amarelo. (preferimos)

- para separar as repetições:

As pessoas *sempre*, *sempre* perguntam a mesma coisa.

- para isolar advérbios ou locuções adverbiais que precedem o verbo e as orações adverbiais que vêm antes ou no meio da oração principal:

Às vezes, acho melhor ficar calado.
Quando nasce a manhã, os pescadores chegam com seus barcos cheios de peixe.
Eu gostaria muito, *ainda que não possa*, de participar desse projeto.

- para ligar orações coordenadas, inclusive quando ligadas pela conjunção aditiva *e* (mas com sujeitos diferentes):

É melhor você ir agora, *pois* a chuva vai começar.
As crianças ficaram no quarto, *e* os adultos foram para a sala de jantar.

- para separar as orações adjetivas explicativas:

Os alunos do 3º ano, *que pretendem fazer uma festa de formatura diferente neste ano*, já começaram a entrar em contato com agências de turismo.

- para isolar orações intercaladas:

Ainda não pensei no assunto, *respondi rapidamente*, mas amanhã lhe darei uma resposta.

Nota: Não se deve empregar a vírgula entre sujeito e predicado, nem entre verbo e seus objetos, a não ser que haja um termo ou oração intercalados (neste caso, o termo fica entre vírgulas). Veja:

Aquela pessoa de terno cinza e pasta na mão é pai de algum aluno?
Aquela pessoa, *de terno cinza e pasta na mão*, é pai de algum aluno?
Aquela pessoa, *que está de terno cinza e pasta na mão*, é pai de algum aluno?
Olhe a beleza destes campos.
Olhe, *com calma*, a beleza destes campos.

O ponto e vírgula

É um sinal intermediário entre a vírgula e o ponto. Observe o emprego do ponto e vírgula neste trecho de *Os Maias*, que você estudou neste capítulo:

"Correu para o seu quarto, fugindo àquela visão a que o escuro do corredor, mal dissipado pela luz trêmula, acentuava mais o relevo. Aferrolhou a porta; acendeu à pressa, sobre o toucador, uma depois da outra, com a mão agitada, as seis velas dos candelabros."

Note que, na segunda frase, Ega realiza essencialmente duas ações: aferrolha a porta e acende as velas. Se fosse empregada a vírgula depois de porta, ficaria confusa a subordinação das partes, já que há um conjunto de termos relacionados à ação de acender divididos por vírgulas: *sobre o toucador, uma depois da outra, com a mão agitada.*

Assim, empregando o ponto e vírgula, o autor deixa claro sintaticamente que as ações centrais são *aferrolhar* e *acender*, que estão no mesmo plano; os demais elementos estão subordinados a *acender* e se subordinam ao verbo com vírgulas.

Outros sinais de pontuação

- **Ponto:** emprega-se ao final de frases declarativas.

O banco abre às 9 horas.

- **Ponto de interrogação:** emprega-se ao final de frases interrogativas.

A que horas abre o banco?

- **Ponto de exclamação:** emprega-se ao final de frases exclamativas e imperativas.

Aproxime-se!
A chuva chegou!

- **Dois-pontos:** introduzem palavras, orações ou citações que esclarecem algo dito anteriormente. Também podem introduzir a fala de personagem.

A verdade é esta: ele nunca gostou de trabalhar.

- **Aspas:** destacam palavras estrangeiras, marcam ironia, demarcam a fala de personagens ou citações.

O que quis dizer quando disse que eu era "prolixo"?

- **Parênteses:** introduzem no discurso explicações ou comentários complementares e separam indicações bibliográficas.

Ela finalmente entrou no auditório (precisava chegar com uma hora de atraso?).

- **Travessão:** introduz ou isola a fala de personagens nos textos narrativos e põe em evidência um esclarecimento ou ampliação de uma informação dada anteriormente.

"[...] pelo comando de greve do Andes – o Sindicato Nacional dos Docentes de Ensino Superior –, dando conta das últimas notícias do movimento [...]"

- **Reticências:** indicam interrupção na frase, com o objetivo de sugerir dúvida, hesitação, prolongamento da frase, suspensão do pensamento, supressão de trechos, etc.

Ora, amigos... O que ela queria dizer quando afirmou publicamente que éramos apenas amigos?

APLIQUE O QUE APRENDEU

Releia o parágrafo que segue, extraído do texto de *Os Maias*, que você estudou na parte de literatura deste capítulo.

"A carruagem parara no Ramalhete. Ega subiu como costumava, pela escada particular de Carlos. Tudo estava apagado e mudo. Acendeu a sua palmatória; entreabriu o reposteiro dos aposentos de Carlos; deu alguns passos tímidos no tapete, que pareceram já soar tristemente. Um reflexo de espelho alvejou ao fundo, na sombra da alcova. E a luz caiu sobre o leito intato, com a sua longa colcha lisa, entre os cortinados de seda. Então a ideia que Carlos estava àquela hora na Rua de S. Francisco, dormindo com uma mulher que era sua irmã, atravessou-o com uma cruel nitidez, numa imagem material, tão viva e real, que ele viu-os claramente, de braços enlaçados, e em camisa... Toda a beleza de Maria, todo o requinte de Carlos, desapareciam. Ficavam só dois animais, nascidos do mesmo ventre, juntando-se a um canto como cães, sob o impulso bruto do cio!"

Narodni Galerie, Prga, República Checa

Os amantes (1875), de Pierre Auguste Renoir.

1. No início desse parágrafo, há três frases curtas.

a. Que outra redação poderia ter sido dada a essas frases, fazendo uso apenas de sinais de pontuação diferentes?

b. Compare essa outra redação à de Eça de Queirós e levante hipóteses: Que efeito de sentido buscava o narrador ao escolher essa pontuação?

REGISTRE NO CADERNO

2. Observe agora este trecho do parágrafo:

"Acendeu a sua palmatória; entreabriu o reposteiro dos aposentos de Carlos; deu alguns passos tímidos no tapete, que pareceram já soar tristemente."

Note que, nesse trecho, o ponto e vírgula foi empregado três vezes para dividir as partes da frase.

a. Identifique as partes.

b. Levante hipóteses: O que pode explicar o emprego de ponto e vírgula, em vez de ponto?

c. Também seria possível dividir as três partes desse período com vírgulas, mas o autor preferiu empregar o ponto e vírgula. Levante um argumento que possa explicar essa opção, tendo em vista a clareza e a precisão do texto.

3. Observe o emprego das reticências e do ponto de exclamação neste trecho:

"Então a ideia que Carlos estava àquela hora na Rua de S. Francisco, dormindo com uma mulher que era sua irmã, atravessou-o com uma cruel nitidez, numa imagem material, tão viva e real, que ele viu-os claramente, de braços enlaçados, e em camisa... Toda a beleza de Maria, todo o requinte de Carlos, desapareciam. Ficavam só dois animais, nascidos do mesmo ventre, juntando-se a um canto como cães, sob o impulso bruto do cio!"

Note que, no lugar das reticências, o autor poderia ter empregado o ponto de exclamação, e vice-versa. Levante hipóteses: Qual era o efeito de sentido pretendido pelo autor ao optar por esses sinais de pontuação no lugar em que foram empregados?

4. O texto a seguir foi adaptado. Suprimimos os pontos, as vírgulas e as aspas.

a. Em seu caderno, reescreva o texto, empregando os sinais de pontuação. Não se esqueça de usar a letra maiúscula no início das frases.

Tem vida inteligente aí?

Estamos cada vez mais perto de esbarrar com ETS inteligentes já sabemos até onde procurar um novo estudo aponta que a morada alienígena mais provável são os aglomerados de estelares eles reúnem milhares até milhões de estrelas muito próximas umas das outras os astrônomos acreditavam que a força gravitacional intensa que existe entre elas fosse um empecilho para a vida alienígena no entanto a proximidade pode ser a grande vantagem o trânsito interplanetário fica mais fácil civilizações inteiras poderiam sobreviver por bilhões de anos viajando pelo espaço e escapando de ameaças cósmicas com essas distâncias tão curtas viagens interestelares se tornam uma coisa completamente diferente teoriza Rosanne di Stefano, do Centro Harvard-Smithsonian de Astrofísica responsável pela pesquisa.

(*Superinteressante*, edição 357.)

Lynette Cook/Science Photo Library/SPL/Latinstock

b. Compare suas respostas às de seus colegas e observe se há diferenças de pontuação. Verifique se há alterações de sentido, dependendo do sinal de pontuação empregado.

5. Leia o enunciado a seguir.

Jogador diz que, durante a entrevista, ainda pretende jogar no futebol europeu.

Do modo como está redigido, o enunciado gera ambiguidade.

a. Qual é o termo responsável pela ambiguidade?

b. Discuta com os colegas o sentido da frase e explique por que, do modo como está redigida, ela é absurda.

c. Dê outras duas redações ao enunciado, tornando-o mais preciso, deslocando termos e modificando a pontuação, se necessário.

6. A pontuação do enunciado a seguir apresenta problemas, causando ambiguidade. Leia-o:

REGISTRE NO CADERNO

A universidade convocou os estudantes de engenharia que já tinham entrado com o requerimento em maio, para uma conversa com o reitor.

Reescreva o enunciado, tornando-o claro, levando em conta:

a. que todos os alunos de engenharia tinham entrado com o requerimento em maio;

b. que apenas uma parte dos alunos de engenharia tinha entrado com o requerimento em maio.

TEXTO E ENUNCIAÇÃO

Leia este texto de Roberto Pompeu de Toledo:

Nelson Provazi

A farsa cruel de um ponto de exclamação

A greve continua! Assim terminava o comunicado expedido na segunda-feira passada pelo comando de greve do Andes – o Sindicato Nacional dos Docentes de Ensino Superior –, dando conta das últimas notícias do movimento deflagrado já lá iam mais de oitenta dias nas universidades federais. O ponto de exclamação ao fim da frase dizia mais de suas intenções do que as palavras. Caso estivesse escrito "A greve continua", sem ponto de exclamação, se trataria de uma informação, não mais que isso, aos associados. O ponto de exclamação mudava tudo. Conferia à frase épicos tons de heroísmo, de ardor pela causa, de brado retumbante. Não, a questão não era apenas que a greve continuava. Era que a greve continua!

O ponto de exclamação, até pela forma, representava uma espada desembainhada contra o inimigo. *En garde!* Era um convite à arremetida contra o tirano, o opressor, o infiel. Ele vai ver só! Quem vai ver? Quando há greve numa fábrica, quem "vai ver só" é o patrão, que sentirá seus efeitos no bolso. Numa greve em universidade, com perdão para repisar no óbvio, são os alunos. É contra eles, ao fim e ao cabo, que se produzem seus resultados.

[...]

[...] "A greve continua!" é irmã gêmea de "A luta continua!". Que por sua vez é prima de "o povo unido jamais será vencido!" e cunhada de "Abaixo a ditadura!". Pertencem todas a uma família de slogans apropriados ao combate contra os regimes castradores de direitos e opressores do povo. Tiveram seu papel durante o regime militar. Na democracia devem ser usados com cuidado. Quando menos, o cuidado de verificar se o direito de um – o de greve, da parte do docente – não fere o do outro – o de ter aulas, da parte do estudante.

[...]

(*Veja*, edição 1933.)

arremetida: ato de arremeter com fúria; investida.
***en garde*:** expressão francesa usada para dar início a uma luta de esgrima.

1. O texto é parte de um artigo de opinião que tem, como tema, a greve em universidades federais.

a. Qual é a posição do autor a respeito do movimento?

b. Qual é o principal argumento utilizado pelo autor para justificar seu ponto de vista?

REGISTRE NO CADERNO

2. O autor introduz seu texto de forma curiosa, explorando o sentido do ponto de exclamação empregado na frase "A greve continua!". Segundo ele, "o ponto de exclamação ao fim da frase dizia mais de suas intenções do que as palavras".

a. Para ele, que conotação tem o ponto de exclamação nessa frase?

b. Na sua opinião, que outros sentidos poderiam ser atribuídos ao ponto de exclamação, na mesma situação descrita pelo autor?

c. Para o autor, se no comunicado estivesse escrito "A greve continua", a frase seria apenas uma informação, não mais do que isso. Você concorda com a opinião do autor? Justifique sua resposta.

d. Que novo sentido o enunciado teria, caso terminasse com reticências?

3. Há, no texto, outras situações em que o ponto de exclamação também foi utilizado. Observe:

- "Ele vai ver só!"
- "o povo unido jamais será vencido!"
- "Abaixo a ditadura!"
- "A luta continua!"

a. Em qual ou quais dessas frases o sentido expresso pelo ponto de exclamação é igual ao daquele empregado na frase "A greve continua!"?

b. Crie duas frases empregando o ponto de exclamação, de modo que ele expresse, respectivamente: alegria, ordem, surpresa.

4. No primeiro e no último parágrafo, o autor fez uso de travessões. Em geral, os travessões são usados para adicionar uma informação complementar, ou para esclarecer, explicar ou ampliar o sentido de uma palavra ou ideia anteriormente expressa. Observe o emprego desse sinal de pontuação e conclua: Com que função eles foram utilizados no texto?

Nelson Provazi

5. As aspas também foram empregadas em algumas situações do texto, como:

- "A greve continua!"
- "A greve continua"
- "vai ver só"

Compare as três situações e conclua: Com que finalidade as aspas foram empregadas?

6. Observe o emprego da vírgula nestes trechos do texto:

- "Conferia à frase épicos tons de heroísmo, de ardor pela causa, de brado retumbante."
- "Era um convite à arremetida contra o tirano, o opressor, o infiel."
- "Caso estivesse escrito 'A greve continua', sem ponto de exclamação, se trataria de uma informação, não mais que isso, aos associados."

REGISTRE NO CADERNO

a. O que justifica o emprego das vírgulas no primeiro enunciado?

b. E no segundo enunciado?

c. No terceiro enunciado, as expressões *sem ponto de exclamação* e *não mais que isso* foram empregadas entre vírgulas. O que justifica o emprego das vírgulas nesses casos?

PRODUÇÃO DE TEXTO

Carta aberta e carta de leitor

Carta aberta

FOCO NO TEXTO

Leia o texto a seguir.

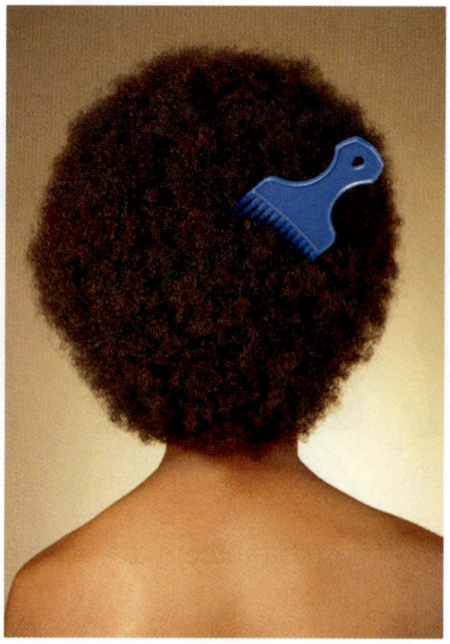

Thinkstock/Getty Images

CARTA ABERTA AOS BRANCOS PRÓ-MOVIMENTO NEGRO

OS ENTENDIDOS — 30 DE AGOSTO DE 2015

Texto do nosso colaborador, Gabriel Hilair.

Você, pessoa branca, constantemente apresenta a tendência de querer tomar para si o protagonismo de todas as lutas. Acha que pode escrever e falar sobre racismo. Acha que pode lutar lado a lado comigo contra o racismo. Acha que pode falar sobre o quanto o racismo tem impacto na minha vida. Mas, como branco, não tem a menor ideia sobre o que é racismo e, por consequência, não sabe nada sobre a opressão que eu sofro.

Só através do convívio com pessoas negras e ouvindo-as sinceramente acabará compreendendo que não, você não tem a exata dimensão do que é ser negro. Não. Você não sabe o que é viver como negro e nunca vai saber. Você nunca vai compreender exatamente o que é sofrer racismo ou como é crescer e ter que conviver com a sensação de não ter a aparência socialmente aceita.

Por mais revoltante, sem sentido [...] que você ache o racismo. Não sabe nada sobre ele. Simplesmente porque nunca o sofreu. Você pode se indignar com atitudes racistas, com declarações racistas, pode colaborar com a luta contra o racismo, mas jamais colocar-se como protagonista nesse movimento porque, enquanto branco, embora em potencial, você permanece sendo meu opressor.

O racismo, quer você queira, quer você não queira, te beneficia. E, inevitavelmente, em algum momento da sua vida, você vai usar dos seus inúmeros privilégios. Então por que perceber essas questões é tão importante? Para que você não tome o meu lugar de fala, para que você não me silencie, para que você não tente roubar o meu protagonismo.

Você acha que dói em você o racismo. Não dói. Não dói porque quando você entra em um estabelecimento comercial, não é seguido por seguranças e nem desconfiam de você apenas pela cor da sua pele. Sua vivência não é marcada pelo abuso de poder da polícia militar como a de muitos negros, especialmente periféricos, que apanham e são presos e mortos sem causa. Seu psicológico não foi destruído pelas práticas racistas desde os navios negreiros e a baixa autoestima não é inerente ao seu povo. [...]

Apesar de você achar que cor de pele não faz diferença, saiba que ela faz toda a diferença sim. É por causa da sua pele branca que você é aceito pela sociedade e eu não. Ser branco diz respeito apenas à cor da sua pele, mas ser negro, além de dizer respeito à cor da minha pele, diz respeito sobre como as pessoas me veem, à minha autoestima e às minhas experiências como alvo de preconceito e discriminação.

Então, miga, seje menas.

(Disponível em: http://www.revistaforum.com.br/osentendidos/2015/08/30/carta-aberta-aos-brancos-pro-movimento-negro/. Acesso em: 21/1/2016.)

1. É comum as cartas abertas mencionarem no título o assunto ou os interlocutores envolvidos na situação de comunicação em que elas circulam.

a. Na carta aberta lida, o que o título menciona?

b. A quem ela é direcionada?

c. Caso se optasse por um título que indicasse o assunto, qual poderia ser?

d. Não há nessa carta assinatura convencional nem data. Tendo em vista que ela foi publicada em uma página da Internet, levante hipóteses: Por que isso acontece?

e. Levante hipóteses: Caso essa carta tivesse o formato de uma carta pessoal, qual seria a localização da data e da assinatura?

2. Apesar de o título indicar que a carta é direcionada a um grupo de pessoas, o autor trata o destinatário no singular.

a. Identifique no texto pronomes que se referem ao destinatário da carta.

b. Discuta com os colegas e o professor: Qual efeito é criado pela utilização do singular no tratamento do destinatário?

3. Outra estratégia utilizada pelo autor da carta em sua argumentação é contrapor o perfil do seu destinatário ao seu próprio perfil.

a. Identifique no texto pronomes que se referem ao autor da carta.

b. Além da diferença na cor da pele, o autor do texto faz outras contraposições em que inclui ele próprio e o destinatário. Entre as opções a seguir, indique em seu caderno quais estão presentes no texto.

- ricos x pobres
- prepotentes x conscientes
- privilegiados x desrespeitados
- simpáticos x antipáticos
- acolhidos x desamparados
- bonitos x feios
- legitimados x desprestigiados
- polidos x estúpidos
- opressores x oprimidos

REGISTRE NO CADERNO

4. Ao longo da carta, o autor questiona certo comportamento das pessoas brancas em geral.

a. Qual é esse comportamento?

b. Por que esse comportamento não é aceito pelo autor?

c. O autor explica a importância de as pessoas brancas pró-movimento negro compreenderem seu ponto de vista e mudarem a postura que têm tido. Qual é a mudança que ele propõe?

5. Para construir sua argumentação, o autor faz referência a episódios do cotidiano vividos por negros e não vividos por brancos. Quais são esses episódios?

Christian Knepper/Opção Brasil Imagens

6. Discuta com os colegas e o professor e explique: Por que a construção da oposição eu/negro × você/branco, na carta, inverte a perspectiva de que os negros são sempre subjugados aos brancos, mencionada pelo autor?

7. A carta em estudo foi escrita em uma variedade linguística que, em alguns momentos, se aproxima mais da fala. Releia os trechos a seguir e indique quais são mais próximos da fala e quais são mais próximos da escrita.

REGISTRE NO CADERNO

a. "Acha que pode lutar lado a lado comigo"
b. "constantemente apresenta a tendência de querer tomar para si o protagonismo"
c. "como branco, não tem a menor ideia"
d. "você não tem a exata dimensão do que é ser negro"
e. "quer você queira, quer você não queira"
f. "Você acha que dói em você"
g. "Simplesmente porque nunca o sofreu"
h. "É por causa da sua pele branca que você é aceito"
i. "Ser branco diz respeito apenas à cor de sua pele"

8. Releia a última frase da carta:

"Então, miga, seje menas."

a. Por que é possível considerar que a variedade utilizada nesse trecho destoa do restante do texto?
b. Levante hipóteses: Por que o autor optou por escrever apenas esse trecho dessa maneira?
c. Como ficaria a frase em uma variedade que seguisse a norma-padrão?
d. Compare a frase correspondente à resposta do item anterior à frase do texto e conclua: Que efeito de sentido o uso dessa variedade produz no texto?

HORA DE ESCREVER

Escreva uma carta aberta, individualmente ou em grupo, conforme a orientação do professor. O texto fará parte do jornal que será produzido no final da unidade.

O assunto da carta pode ser um problema que esteja afligindo a comunidade da escola ou um dos que seguem.

- Um comportamento inadequado nas dependências da instituição — carta aberta dirigida aos colegas da classe ou da escola toda.
- Um comportamento exemplar, observado nas dependências da instituição, que mereça ser enaltecido – dirigida aos colegas da classe ou da escola toda.
- Uma decisão tomada sem consulta aos alunos e que você(s) gostaria(m) de discutir — destinada à direção da escola.
- Parabenização por uma decisão da direção da escola tomada em conjunto com os alunos para resolver um problema coletivo – destinada à própria direção da escola.
- Questionamento ou elogio de uma atitude de político(s) ou pessoa(s) formadora(s) de opinião – dirigida a autoridades da cidade.
- Concordância ou discordância em relação a um comportamento ou a uma conduta de personalidade nacional – dirigida à própria pessoa.

PROJETO

Dê continuidade à produção do jornal do seu grupo, escrevendo uma carta aberta.

ANTES DE ESCREVER

Thinkstock/Getty Images

Planeje a carta aberta, seguindo estas orientações:

- Tenha clareza quanto ao assunto da carta e a quem ela será dirigida.
- Caso ela seja dirigida a um interlocutor específico, procure deixar claro por que foi feita a opção pela carta aberta, e não por uma carta pessoal.
- Tenha clareza quanto ao ponto central a ser abordado na carta, isto é, quanto ao objetivo com que ela vai ser escrita.
- Procure fundamentar seu ponto de vista com argumentos objetivos e concretos, mencionando fatos, autoridades, situações do cotidiano.
- Caso se trate de um assunto diretamente ligado a você, apresente relatos de fatos de sua experiência pessoal como exemplos para fundamentar sua argumentação.
- Deixe claro para os leitores que, mesmo envolvendo interesses pessoais, estes têm relação também com o bem comum.
- Procure esclarecer que seu objetivo não é polemizar, mas apresentar uma visão sensata e equilibrada sobre o assunto em questão; para isso, deixe claro que leva em conta outras opiniões e outras perspectivas.
- Procure adequar a linguagem ao assunto e aos interlocutores, empregando, conforme for conveniente, linguagem menos ou mais formal.
- Dê um título chamativo ao seu texto.

ANTES DE PASSAR A LIMPO

Antes de dar sua carta aberta por finalizada, verifique:

- se o assunto e o destinatário estão claros;
- se a opção pela carta aberta está justificada no texto;
- se o objetivo que você tem em vista está explicitado de forma clara e objetiva;

- se seu ponto de vista está bem-fundamentado, apoiado em fatos, argumentos, exemplos e relatos que criem empatia nos leitores;
- se há o esclarecimento de que, embora você tenha seus próprios interesses, eles têm relação com o bem comum;
- se você considerou diferentes pontos de vista e levou em conta opiniões diferentes da sua, justificando por que considera a sua perspectiva a mais sensata;
- se a linguagem está adequada ao público que você pretende atingir;
- se o título é chamativo e adequado ao conteúdo e aos destinatários da carta.

Carta de leitor

FOCO NO TEXTO

As cartas de leitor que seguem são relativas a uma reportagem de capa da revista *Veja*, intitulada "Ok, vocês venceram!". Leia-as.

Cães nas famílias brasileiras

Oportuna a reportagem "A casa agora é deles" (10 de junho), que retrata a relevância e o significativo aumento da presença dos animais de estimação na vida das famílias brasileiras. A convivência harmoniosa entre crianças, idosos e animais consagra um novo momento no cotidiano dos lares no país. Esse avanço reflete e comprova quanto os animais são importantes para os seres humanos. Cuidemos bem de nossos amigos.

Ricardo Tripoli
Deputado federal (PSDB-SP)
Coordenador de Fauna da Frente Parlamentar Ambientalista do Congresso Nacional
Brasília, DF

Editora Abril

VEJA confirmou que, em termos financeiros, sociais e ambientais (já que somos mais de 7 bilhões de pessoas a consumir mais do que o planeta pode oferecer de recursos), a opção por pets em vez de filhos é a mais racional e lógica que se pode ter.

L. C. de C. V.

Gosto dos animais, respeito-os e tenho carinho por eles, mas não concordo com sua "humanização". Esse exagero no trato com essas "crianças felpudas" traduz o fracasso do ser humano em lidar com os seus semelhantes; afinal, o cão é subserviente e não discute com o dono, enaltecendo seu desejo de poder.

J. E. T. L.
Vila Velha, ES

A criação de cachorros em detrimento da de crianças significa para o país o absurdo dos absurdos! Cachorros tratados como filhos... com tantas crianças precisando de adoção, de uma família. Acorda, povo!

V. M. L. de A. L.
Recife (PE), via smartphone

Eu me sinto privilegiada em sempre ter convivido com os animais. Além de nos proporcionar seu amor incondicional, o contato com eles nos remete à mais pura essência da natureza. Ocorre uma simbiose, e, na presença deles, nós nos esquecemos de toda a maldade e ganância inerentes aos seres humanos: a alma se purifica.

J. P.
Foz do Iguaçu, PR

Thinkstock/Getty Images

Demografia Além de entreterem as famílias que têm filhos, os "bebês" de quatro patas são frequentemente a alternativa escolhida para preencher o vazio em lares com pouca gente. As famílias brasileiras já têm mais cães (52 milhões) do que crianças (45 milhões) — e tudo indica que esse fenômeno vai se acentuar nos próximos anos.

Nada contra criar animais de estimação, mas dez cachorros não substituem um filho.

M. F. G. V.
São João da Boa Vista, SP

(*Veja*, 17/7/2015. Disponível em: http://acervoveja.digitalpages.com.br/home.aspx. Acesso em: 20/1/2016.)

REGISTRE NO CADERNO

1. Leia a capa da revista, reproduzida na página anterior, ao lado das cartas. Levante hipóteses:

a. Qual é o assunto central da matéria da capa?

b. Qual comportamento dos brasileiros – acentuado no texto situado na parte inferior do painel de cartas – é focalizado na reportagem?

c. Em quais situações a frase em letras maiúsculas estampada na capa da revista pode ser dita? Por quem e para quem?

2. Ao final de cada uma das cartas lidas, há informações relativas ao seu remetente, entre elas nome, cidade de onde ele enviou a mensagem, modo como a enviou, ocupação profissional. Levante hipóteses:

a. Por que, na primeira carta, é explicitada também a ocupação profissional do remetente?

b. Por que, na segunda carta, consta apenas o nome do remetente?

c. Apenas na quarta carta há referência ao modo como ela foi enviada. De que forma as outras podem ter sido enviadas à revista?

d. Qual é a relevância, para a revista, de registrar o nome da cidade de origem das cartas?

e. Em uma carta de leitor, que outros dados do remetente podem ser importantes?

3. Uma carta de leitor pode ter diferentes finalidades. Entre as cartas lidas:

a. Quais concordam com o comportamento apontado na revista?

b. Quais discordam desse comportamento?

4. As cartas de leitor costumam ser editadas pelos jornais ou revistas, que conservam apenas os trechos que consideram mais importantes, a fim de publicá-las em maior número. Releia os trechos a seguir, cada um extraído de uma das cartas lidas:

I. "Esse avanço reflete e comprova quanto os animais são importantes para os seres humanos."

II. "já que somos mais de 7 bilhões de pessoas a consumir mais do que o planeta pode oferecer de recursos"

III. "o cão é subserviente e não discute com o dono, enaltecendo seu desejo de poder"

IV. "Cachorros tratados como filhos... com tantas crianças precisando de adoção, de uma família."

V. "Eu me sinto privilegiada em sempre ter convivido com os animais."

REGISTRE NO CADERNO

Todos os trechos são exemplos de estratégias de construção de argumentação que podem ser utilizadas com a finalidade de defender um ponto de vista. Entre eles:

a. Qual menciona uma experiência pessoal?

b. Qual menciona uma característica típica dos cães?

c. Qual apresenta um dado numérico relacionado ao assunto?

d. Qual faz referência a um problema social?

e. Qual expressa uma conclusão baseada nas informações apresentadas na reportagem?

5. Releia a última carta:

"Nada contra criar animais de estimação, mas dez cachorros não substituem um filho."

Sobre o ponto de vista defendido nessa carta, responda:

a. Ele é favorável ou contrário ao comportamento focalizado na reportagem?

b. É possível considerar que os números utilizados constituem dados numéricos que reforçam a argumentação? Justifique sua resposta.

REGISTRE NO CADERNO

6. A linguagem das cartas lidas segue a norma-padrão e tem, predominantemente, um tom formal. Em uma das cartas, entretanto, é possível considerar que o tom empregado é menos formal.

   a. Qual é ela?

   b. Indique elementos do texto que comprovam a resposta do item anterior.

   c. Quais diferenças de sentido entre essa carta e as outras resultam especificamente desse tom menos formal da linguagem?

HORA DE ESCREVER

Como a carta aberta, a carta de leitor também tem um caráter opinativo-argumentativo. A especificidade da carta de leitor e a diferença entre ela e a carta aberta dizem respeito essencialmente aos interlocutores envolvidos. Enquanto na carta aberta se escreve para um público amplo, mesmo que ela seja dirigida a um ou mais remetentes específicos, a carta de leitor tem como principal objetivo o contato direto com o meio de comunicação que veiculou uma notícia ou uma reportagem específica, a fim de fazer um comentário ou sugerir uma nova pauta. Seguem três propostas de produção de cartas de leitor, para publicação no jornal que será montado no final da unidade. Combine com seu professor a melhor maneira de produzi-las.

PROJETO

Dê continuidade à produção do jornal do seu grupo, escrevendo uma carta aberta.

1. Escolha, individualmente ou em votação pela classe, uma matéria publicada por um veículo de comunicação importante em sua cidade que mereça ser comentada, quer com elogios, quer com uma crítica negativa. Individualmente ou em conjunto com a classe, escreva(m) uma carta de leitor comentando a matéria e aguarde(m) a edição seguinte para ver se ela será publicada. Para decidir se a carta será produzida individualmente, em grupo ou em conjunto pela classe, discuta com os colegas e o professor:
   - O que é mais conveniente: cada aluno enviar uma carta individual ou ser enviada uma única carta, assinada em nome da classe?
   - O assunto tratado na matéria é do interesse de todos os alunos ou apenas de alguns?

AGE FOTOSTOCK/AGB PHOTO

2. Individualmente, escolha uma matéria publicada em uma das revistas produzidas em grupo no projeto da unidade 3 e comente-a em uma carta de leitor. Encaminhe sua carta ao grupo responsável pela revista em que o texto foi publicado.

3. No capítulo 1 desta unidade, você produziu, em grupo, um editorial. Após troca de editoriais entre os grupos, escolha um que você julgue merecer comentários, positivos ou negativos. Escreva uma carta de leitor e a encaminhe ao grupo responsável pelo jornal que publicou o editorial, a fim de que ela seja avaliada para possível publicação no jornal, que o grupo produzirá no projeto desta unidade.

ANTES DE ESCREVER

Planeje sua carta de leitor, seguindo estas orientações:

- Leia atentamente a matéria escolhida, selecionando pontos que julga serem merecedores de elogio e pontos que, a seu ver, possam ser alvo de crítica negativa.
- Tenha clareza quanto ao objetivo principal de sua carta, isto é, se você fundamentalmente concorda com a matéria ou se discorda dela.
- Uma vez definido o objetivo principal do seu texto, procure fazer ressalvas; por exemplo, se vai predominantemente discordar, encontre pontos positivos que mereçam ser ressaltados, e vice-versa.
- Lembre-se de indicar a data e o local de onde escreve, bem como assinar a carta. Se, considerando o assunto, julgar relevante, informe também algum(ns) de seus dados pessoais (idade, ocupação profissional, bairro onde mora, etc.).
- Faça referência clara à matéria que será comentada em sua carta (mencione título, data, repórter responsável, etc.).
- Fundamente seu ponto de vista com argumentos objetivos e concretos, mencionando fatos, voz de autoridades, situações do cotidiano que ilustrem e esclareçam suas posições.
- Caso se trate de um assunto diretamente ligado à sua experiência pessoal, apresente também relatos extraídos de sua vida como exemplos para fundamentar sua argumentação.
- Procure esclarecer o destinatário de que seu objetivo não é apenas polemizar, mas mostrar uma visão sensata e equilibrada sobre o assunto. Para tanto, deixe claro que considera outras opiniões e que leva em conta diferentes perspectivas.
- Procure adequar a linguagem ao assunto e ao veículo de comunicação ao qual sua carta se destina: as matérias publicadas por ele são escritas, em geral, em um tom menos ou mais formal? Há maior possibilidade de sua carta ser publicada se você escrever de uma forma que se aproxima da linguagem da publicação a que se dirige.

ANTES DE PASSAR A LIMPO

Antes de dar sua carta de leitor por finalizada, verifique:

- se a matéria comentada está devidamente identificada;
- se o objetivo que você teve em vista está explicitado de forma clara e objetiva;
- se há a apresentação de pontos positivos e negativos, com as devidas ressalvas e sem comprometimento do ponto de vista defendido;
- se seu ponto de vista está bem-fundamentado, isto é, baseia-se em fatos, argumentos, exemplos e relatos que podem convencer os leitores de que sua carta é oportuna;
- se a imagem do veículo de comunicação a que você se dirige não foi prejudicada com algum de seus comentários;
- se a linguagem está adequada ao destinatário;
- se você indicou data, local, seu nome completo e outros dados que julgue relevantes no contexto da carta.

POR DENTRO DO ENEM E DO VESTIBULAR

ENEM EM CONTEXTO

Como se sabe, nas provas do Enem a gramática é abordada de forma contextualizada e sem preocupação com nomenclatura gramatical. Por isso, não se costuma cobrar dos estudantes, por exemplo, o mero reconhecimento de classes gramaticais, nem a função sintática de termos da oração, nem a classificação das orações subordinadas. Apesar disso, são comuns as questões que envolvem conceitos gramaticais e seus aspectos semânticos. Veja, por exemplo, esta questão do Enem:

O Flamengo começou a partida no ataque, *enquanto* o Botafogo procurava fazer uma forte marcação no meio-campo e tentar lançamentos para Victor Simões, isolado entre os zagueiros rubro-negros. *Mesmo* com mais posse de bola, o time dirigido por Cuca tinha grande dificuldade de chegar à área alvinegra *por causa do* bloqueio montado pelo Botafogo na frente da sua área.

No entanto, na primeira chance rubro-negra, saiu o gol. *Após* cruzamento da direita de Ibson, a zaga alvinegra rebateu a bola de cabeça para o meio da área. Kléberson apareceu na jogada e cabeceou por cima do goleiro Renan. Ronaldo Angelim apareceu nas costas da defesa e empurrou para o fundo da rede quase que em cima da linha: Flamengo 1 a 0.

O texto, que narra uma parte do jogo final do Campeonato Carioca de futebol, realizado em 2009, contém vários conectivos, sendo que:

a. *após* é conectivo de causa, já que apresenta o motivo de a zaga alvinegra ter rebatido a bola de cabeça.

b. *enquanto* tem um significado alternativo, porque conecta duas opções possíveis para serem aplicadas no jogo.

c. *no entanto* tem significado de tempo, porque ordena os fatos observados no jogo em ordem cronológica de ocorrência.

d. *mesmo* traz ideia de concessão, já que "com mais posse de bola" ter dificuldade não é algo naturalmente esperado.

e. *por causa de* indica consequência, porque as tentativas de ataque do Flamengo motivaram o Botafogo a fazer um bloqueio.

A questão aborda essencialmente o valor semântico das preposições e das conjunções, também conhecidas como *nexos* ou *conectores*. Portanto, em vez de exigir que o estudante identifique ou classifique essas classes de palavras, a questão foca o sentido de cada uma delas no contexto.

Examinemos cada um dos itens da questão:

- *Após* é uma preposição com um valor temporal, equivalente a "depois de", e não causal.
- *Enquanto* é uma conjunção com sentido equivalente a "durante o tempo em que"; logo, tem um valor semântico temporal.
- *No entanto* é uma locução conjuntiva (adversativa) que expressa uma oposição de ideias: por um lado, a dificuldade de o time dirigido por Cuca chegar à área alvinegra e, por outro lado, conseguir fazer o gol.
- *Por causa de* é uma locução prepositiva que expressa uma noção de causa.

Assim, a resposta correta é a alternativa *d*, ou seja, a conjunção *mesmo* apresenta um valor concessivo, com sentido equivalente a "ainda que", "apesar de que".

QUESTÕES DO ENEM E DO VESTIBULAR

1. (ENEM)

Joaquín Salvador Lavado (QUINO)

Nessa charge, o recurso morfossintático que colabora para o efeito de humor está indicado pelo(a)

a. emprego de uma oração adversativa, que orienta a quebra da expectativa ao final.

b. uso de conjunção aditiva, que cria uma relação de causa e efeito entre as ações.

c. retomada do substantivo *mãe*, que desfaz a ambiguidade dos sentidos a ele atribuídos.

d. utilização da forma pronominal *la*, que reflete um tratamento formal do filho em relação à "mãe".

e. repetição da forma verbal *é*, que reforça a relação de adição existente entre as orações.

2. (ENEM)

Os filhos de Ana eram bons, uma coisa verdadeira e sumarenta. Cresciam, tomavam banho, exigiam para si, malcriados, instantes cada vez mais completos. A cozinha era enfim espaçosa, o fogão enguiçado dava estouros. O calor era forte no apartamento que estavam aos poucos pagando. Mas o vento batendo nas cortinas que ela mesma cortara lembrava-lhe que se quisesse podia parar e enxugar a testa, olhando o calmo horizonte. Como um lavrador. Ela plantara as sementes que tinha na mão, não outras, mas essas apenas.

LISPECTOR, C. *Laços de família*. Rio de Janeiro: Rocco, 1998.

A autora emprega por duas vezes o conectivo *mas* no fragmento apresentado. Observando aspectos da organização, estruturação e funcionalidade dos elementos que articulam o texto, o conectivo *mas*:

a. expressa o mesmo conteúdo nas duas situações em que aparece no texto.

b. quebra a fluidez do texto e prejudica a compreensão, se usado no início da frase.

c. ocupa posição fixa, sendo inadequado seu uso na abertura da frase.

d. contém uma ideia de sequência temporal que direciona a conclusão do leitor.

e. assume funções discursivas distintas nos dois contextos de uso.

3. (FUVEST-SP) "Podem acusar-me: estou com a consciência tranquila." Os dois-pontos (:) desse período poderiam ser substituídos por vírgula, explicitando-se o nexo entre as duas orações pela conjunção:

a. portanto
b. e
c. como
d. pois
e. embora

REGISTRE NO CADERNO

4. (ENEM)

Vida obscura

Ninguém sentiu o teu espasmo obscuro,
ó ser humilde entre os humildes seres,
embriagado, tonto de prazeres,
o mundo para ti foi negro e duro.

Atravessaste no silêncio escuro
a vida presa a trágicos deveres
e chegaste ao saber de altos saberes
tornando-te mais simples e mais puro.

Ninguém te viu o sofrimento inquieto,
magoado, oculto e aterrador, secreto,
que o coração te apunhalou no mundo,

Mas eu que sempre te segui os passos
sei que cruz infernal prendeu-te os braços
e o teu suspiro como foi profundo!

(SOUSA, C. *Obra completa*. Rio de Janeiro: Nova Aguilar, 1961.)

Com uma obra densa e expressiva no Simbolismo brasileiro, Cruz e Souza transpôs para seu lirismo uma sensibilidade em conflito com a realidade vivenciada. No soneto, essa percepção traduz-se em

a. sofrimento tácito diante dos limites impostos pela discriminação.

b. tendência latente ao vício como resposta ao isolamento social.

c. extenuação condicionada a uma rotina de tarefas degradantes.

d. frustração amorosa canalizada para as atividades intelectuais.

e. vocação religiosa manifesta na aproximação com a fé cristã.

5. (ENEM)

REGISTRE NO CADERNO

Cárcere das almas

Ah! Toda a alma num cárcere anda presa,
Soluçando nas trevas, entre as grades
Do calabouço olhando imensidades,
Mares, estrelas, tardes, natureza.

Tudo se veste de uma igual grandeza
Quando a alma entre grilhões as liberdades
Sonha e, sonhando, as imortalidades
Rasga no etéreo o Espaço da Pureza.

Ó almas presas, mudas e fechadas
Nas prisões colossais e abandonadas,
Da Dor no calabouço, atroz, funéreo!

Nesses silêncios solitários, graves,
que chaveiro do Céu possui as chaves
para abrir-vos as portas do Mistério?!

CRUZ E SOUSA, J. *Poesia completa*. Florianópolis: Fundação Catarinense de Cultura / Fundação Banco do Brasil, 1993.

Os elementos formais e temáticos relacionados ao contexto cultural do Simbolismo encontrados no poema *Cárcere das almas*, de Cruz e Sousa, são

a. a opção pela abordagem, em linguagem simples e direta, de temas filosóficos.

b. a prevalência do lirismo amoroso e intimista em relação à temática nacionalista.

c. o refinamento estético da forma poética e o tratamento metafísico de temas universais.

d. a evidente preocupação do eu lírico com a realidade social expressa em imagens poéticas inovadoras.

e. a liberdade formal da estrutura poética que dispensa a rima e a métrica tradicionais em favor de temas do cotidiano

6. (ITA-SP) O poema a seguir traz a seguinte característica da escola literária em que se insere:

Violões que choram...

Cruz e Sousa

Ah! plangentes violões dormentes, mornos,
soluços ao luar, choros ao vento...
Tristes perfis, os mais vagos contornos,
bocas murmurejantes de lamento.

Noites de além, remotas, que eu recordo,
noites de solidão, noites remotas
que nos azuis da Fantasia bordo,
vou constelando de visões ignotas.

Sutis palpitações à luz da lua,
anseio dos momentos mais saudosos,
quando lá choram na deserta rua
as cordas vivas dos violões chorosos.

[...]

(*Poesias completas*. Rio de Janeiro: Ediouro, s.d. p. 50-1.)

a. tendência à morbidez.

b. lirismo sentimental e intimista.

c. precisão vocabular e economia verbal.

d. depuração formal e destaque para a sensualidade feminina.

e. registro da realidade através da percepção sensorial do poeta.

Produção de texto

7. (UNICAMP-SP) Coloque-se na posição de um *jornalista* que, com base na leitura do texto abaixo, deverá escrever um *editorial*, isto é, *um artigo jornalístico opinativo*, para um importante jornal do país, discutindo o *crescimento do e-lixo no Brasil*. Seu texto deverá, necessariamente:

- abordar *dois dos problemas* relacionados ao crescimento do e-lixo no Brasil levantados pelo texto abaixo; e
- apontar *uma* forma possível de enfrentar esse crescimento.

Atenção: Por se tratar de um editorial, você deverá atribuir um título ao seu texto. Lembre-se de que não deverá recorrer à mera colagem de trechos do texto lido.

Aumento na geração de e-lixo e responsabilidade compartilhada

Quando você descarta um equipamento eletrônico, você está gerando o que se conhece como "e-lixo". São materiais tais como pilhas, baterias, celulares, computadores, televisores, DVDs, CDs, rádios, lâmpadas fluorescentes e muitos outros que, se não tiverem uma destinação adequada, vão parar em aterros comuns e contaminar o solo e as águas, trazendo danos para o meio ambiente e para a saúde humana. Com a rápida modernização das tecnologias, os aparelhos tornam-se ultrapassados em uma velocidade assustadora. Na composição dos equipamentos eletrônicos existem substâncias tóxicas como mercúrio, chumbo, cádmio, belírio e arsênio – altamente perigosos à saúde humana.

A Organização das Nações Unidas (ONU) pediu em 22 de fevereiro de 2010 medidas urgentes contra o crescimento exponencial do lixo de origem eletrônica em países emergentes como o Brasil. O Programa das Nações Unidas para o Meio Ambiente (Pnuma) apresentou um relatório que ressalta a urgência de estabelecer um processo ambicioso e regulado de coleta e gestão adequada do lixo eletrônico uma vez que a geração desse lixo cresce mundialmente a uma taxa de cerca de 40 milhões de toneladas por ano.

Casemiro Tércio Carvalho, coordenador de planejamento ambiental da Secretaria do Meio Ambiente de São Paulo, credita a posição do Brasil à ampliação da inclusão digital no país e ao aumento do poder aquisitivo das classes C, D e E. Para o professor Fernando S. Meirelles, da FGV (Fundação Getúlio Vargas), a questão do lixo eletrônico no Brasil não é necessariamente um problema de governo. "É um fator cultural. O mercado de reciclados ainda é muito incipiente e não há coletores suficientes."

Embora ainda tramite no Senado o projeto de lei da Política Nacional de Resíduos Sólidos – PNRS (aprovado pela Câmara dos Deputados em março de 2010 após 19 anos de tramitação), é possível fazer alguns comentários sobre o conjunto de obrigações legais que estruturarão juridicamente, no Brasil, a Logística Reversa (o retorno do equipamento usado para o fabricante ou comerciante), que tem como implicação a Responsabilidade Compartilhada entre os Produtores/Fabricantes, os Comerciantes e Distribuidores, e os Consumidores. Está visto que não adianta a boa vontade dos consumidores se não existir uma infraestrutura de recolha do lixo eletrônico. É essa falta de estrutura que representa o grande entrave na política de gestão prevista na PNRS. Não podemos ignorar que a nossa cultura de gestão de resíduos é "zero". Daí por que o planejamento de política pública é o ponto inicial para qualquer medida que pretenda ser eficaz nessa área.

(Adaptado das seguintes fontes: http://www.e-lixo.org/elixo.html (acessado em abril de 2010), www.uol.com.br por Juan Palop (publicada em 22.02.2010) e http://lixoeletronico.org por Diogo Guanabara (publicado em 20.04.2010))

8. (UNICAMP-SP) Em virtude dos problemas de trânsito, uma associação de moradores de uma grande cidade se mobilizou, buscou informações em textos e documentos variados e optou por elaborar uma *carta aberta*. *Você, como membro da associação*, ficou responsável por redigir a carta a ser divulgada nas redes sociais. Essa carta tem o objetivo de *reivindicar, junto às autoridades municipais, ações consistentes para a melhoria da mobilidade urbana na sua cidade*. Para estruturar a sua argumentação, utilize também informações apresentadas nos trechos abaixo, que foram lidos pelos membros da associação.

Atenção: assine a carta usando apenas as iniciais do remetente.

I

"A boa cidade, do ponto de vista da mobilidade, é a que possui mais opções", explica o planejador urbano Jeff Risom, do escritório dinamarquês Gehl Architects. E Londres está entre os melhores exemplos práticos dessa ideia aplicada às grandes metrópoles.

A capital inglesa adotou o pedágio urbano em 2003, diminuindo o número de automóveis em circulação e gerando uma receita anual que passou a ser reaplicada em melhorias no seu já consolidado sistema de transporte público. Com menos carros e com a redução da velocidade máxima permitida, as ruas tornaram-se mais seguras para que fossem adotadas políticas que priorizassem a bicicleta como meio de transporte. Em 2010, Londres importou o modelo criado em 2005 em Lyon, na França, de bikes públicas de aluguel. Em paralelo, começou a construir uma rede de ciclovias e determinou que as faixas de ônibus fossem compartilhadas com ciclistas, com um programa de educação massiva dos motoristas de coletivos. Percorrer as ruas usando o meio de transporte mais conveniente – e não sempre o mesmo – ajuda a resolver o problema do trânsito e ainda contribui com a saúde e a qualidade de vida das pessoas.

(Natália Garcia, Oito iniciativas urbanas inspiradoras, em *Red Report*, fev. 2013, p. 63. Disponível em http://cidadesparapessoas.com/2013/06/29/pedalando-por-cidades-inspiradorass/. Acesso em: 6/9/2013.)

II

Mas, afinal, qual é o custo da morosidade dos deslocamentos urbanos na região metropolitana de São Paulo? Não é muito difícil fazer um cálculo aproximado.

Podemos aceitar como tempo normal, com muita boa vontade, uma hora diária. Assim, o tempo médio perdido com os congestionamentos em São Paulo é superior a uma hora por dia. Sendo a jornada de trabalho igual a oito horas, é fácil verificar que o tempo perdido é de cerca de 12,5% da jornada de trabalho. O valor monetário do tempo perdido é de R$ 62,5 bilhões por ano.

Esse é o custo social anual da lentidão do trânsito em São Paulo.

(Adaptado de André Franco Montoro Filho, O custo da (falta de) mobilidade urbana, *Folha de São Paulo*, Caderno Opinião, São Paulo, 04 ago. 2013. Disponível em http://www1.folha.uol.com.br/opiniao/2013/08/1321280-andrefrancomontoro-filho-o-custo-da-falta-de-mobilidade-urbana.shtml. Acesso em: 9/9/2013.)

III

Torna-se cada vez mais evidente que não há como escapar da progressiva limitação das viagens motorizadas, seja aproximando os locais de moradia dos locais de trabalho ou de acesso aos serviços essenciais, seja ampliando o modo coletivo e os meios não motorizados de transporte.

Evidentemente que não se pode reconstruir as cidades, porém são possíveis e necessárias a formação e a consolidação de novas centralidades urbanas, com a descentralização de equipamentos sociais, a informatização e descentralização de serviços públicos e, sobretudo, com a ocupação dos vazios urbanos, modificando-se, assim, os fatores geradores de viagens e diminuindo-se as necessidades de deslocamentos, principalmente motorizados.

(BRASIL. Ministério das Cidades. *Caderno para a Elaboração de Plano Diretor de Transporte e da Mobilidade. Secretaria Nacional de Transportes e de Mobilidade Urbana* [SeMob], 2007, p. 22-23. Disponível em http://www.antp.org.br/_5dotSystem/download/dcmDocument/2013/03/21/79121770-A746-45A0-BD32-850391F983B 5.pdf. Acesso em: 6/9/2013.)

9. (UNICAMP-SP) Você é um estudante que participará de um concurso de resenhas, promovido pelo Centro de Apoio ao Estudante (CAE), órgão que desenvolve atividades culturais em sua Faculdade. Esse concurso tem o objetivo de estimular a leitura de obras literárias e ampliar o horizonte cultural dos estudantes. A resenha será lida por uma comissão julgadora, que deverá selecionar os dez melhores textos a serem publicados. Você pode escolher resenhar a fábula de La Fontaine transcrita abaixo. Em seu texto, você deverá incluir:

a. Uma síntese da fábula, indicando os seus elementos constitutivos;

b. a construção de uma situação social análoga aos fatos narrados, que envolva um problema coletivo;

c. um fechamento, estabelecendo relações com a temática do texto original.

Seu texto deverá ser escrito em linguagem formal, deverá indicar o título da obra e ser assinado com um pseudônimo.

A deliberação tomada pelos ratos

Rodilardo, gato voraz,
aprontou entre os ratos tal matança
que deu cabo de sua paz,
de tantos que matava e guardava na pança.
Os poucos que sobraram não se aventuravam
a sair dos buracos: mal se alimentavam.
Para eles, Rodilardo era mais que um gato:
era o próprio Satã, de fato.
Um dia em que, pelos telhados,
foi o galante namorar,
aproveitando a trégua, os ratos, assustados,
resolveram confabular
e discutir um modo de solucionar
esse grave problema. O decano, prudente,
definiu a questão: simples falta de aviso,
já que o gato chegava, solerte. Era urgente
amarrar-lhe ao pescoço um guizo,
concluiu o decano, rato de juízo.
Acharam a ideia excelente,
e aplaudiram seu autor. Restava, todavia,
um pequeno detalhe a ser solucionado:
quem prenderia o guizo — e qual se atreveria?
Um se esquivou, dizendo estar muito ocupado;
Outro alegou que andava um tanto destreinado
em dar laços e nós. E a bela ideia
teve triste final. Muita assembleia,
ao fim, nada decide — mesmo sendo de frades,
ou de veneráveis abades...

Deliberar, deliberar...
conselheiros, existem vários;
mas quando é para executar,
onde estarão os voluntários?

(*Fábulas de La Fontaine*. Tradução de Milton Amado e Eugênia Amado. Belo Horizonte: Itatiaia, 2003, p. 134-136.)

abade: superior de ordem religiosa que dirige uma abadia.
frade: indivíduo pertencente a ordem religiosa cujos membros seguem uma regra de vida e vivem separados do mundo secular.
decano: o membro mais velho ou mais antigo de uma classe, assembleia, corporação, etc.
guizo: pequena esfera de metal com bolinhas em seu interior que, quando sacudida, produz um som tilintante.
solerte: engenhoso, esperto, sagaz, ardiloso, arguto, astucioso.

PROJETO

Jornal Opinião

© Erik Tham/Corbis/Latinstock

Como encerramento da unidade, passaremos à fase final de produção e à divulgação do jornal para o qual você e seus colegas criaram, no decorrer da unidade, editoriais, resenhas críticas, cartas abertas e cartas de leitor.

Aproveitem o jornal do grupo para publicar também notícias, reportagens e entrevistas que não foram incluídas nas revistas produzidas na unidade anterior.

Versão impressa, versão digital, mural

- Procurem preferencialmente fazer uma versão impressa e uma versão digital do jornal do grupo. Caso isso não seja possível, optem pela versão mais acessível. Também é possível produzir o jornal na forma de mural, expondo os textos em painéis distribuídos em locais estratégicos da escola.
- Definam como o jornal será organizado. Se a opção do grupo foi abordar um assunto específico (esportes, música, eventos, artes em geral, etc.), a estrutura será diferente da que terão os jornais dos grupos que optaram por abordar temas diversificados. Enquanto no primeiro caso a divisão em seções poderá ser feita com base nos gêneros produzidos no decorrer da unidade, no segundo ela pode se dar por seções temáticas.

Rico

Diagramação, imagens e revisão

- Definida(s) a(s) forma(s) como o jornal será veiculado, providenciem em grupo a diagramação dele. No caso de jornal mural, lembrem-se de que o tamanho das letras e das imagens deverá ser maior, a fim de viabilizar a leitura dos textos. No caso de jornal impresso, será preciso diagramar, decidir se serão utilizadas colunas, definir o tamanho das imagens e o espaço que será reservado para cada seção ou texto.
- Escolham o texto que, na opinião de vocês, poderá chamar mais a atenção do público leitor e criem a manchete principal do jornal. Na primeira página podem constar os trechos iniciais dos textos e a indicação da seção e da página em que fica a continuação. Lembrem-se de utilizar letras maiores nos títulos.
- Por último, façam a revisão do material, observando a apresentação visual, a relação entre texto e imagens, a divisão silábica nas colunas, etc.

A voz dos leitores

- Leiam todas as cartas de leitores, com comentários sobre editoriais recebidos pelo grupo, e façam uma seleção das que julgarem mais relevantes para publicação. Atentem para o fato de que vocês precisarão editá-las, mantendo apenas as ideias principais, a fim de que o maior número possível de leitores tenha sua carta publicada.

Rico

Distribuição e divulgação do jornal

- Discutam com os colegas dos outros grupos e o professor e decidam qual a melhor forma de distribuir o jornal, tendo em vista a(s) forma(s) de veiculação escolhida(s). No caso da versão impressa, distribuam pessoalmente cópias à comunidade da escola e da região e deixem certo número delas em pontos estratégicos (balcão da secretaria da escola, lanchonetes do bairro, pontos de ônibus, etc.). Em relação à versão digital e ao mural, vocês podem fazer folhetos de divulgação, indicando o endereço virtual ou a localização exata do mural.

APÊNDICE

Formação dos tempos verbais simples segundo a gramática normativa

Presente do indicativo, presente do subjuntivo e imperativo

1. Do presente do indicativo deriva o *presente do subjuntivo*.

- 1ª conjugação: troca-se a vogal final do presente do indicativo por *-e*.
- 2ª e 3ª conjugações: troca-se a vogal final da 1ª pessoa do presente do indicativo por *-a*.

1ª CONJUGAÇÃO		2ª CONJUGAÇÃO		3ª CONJUGAÇÃO	
PRESENTE DO INDICATIVO	PRESENTE DO SUBJUNTIVO	PRESENTE DO INDICATIVO	PRESENTE DO SUBJUNTIVO	PRESENTE DO INDICATIVO	PRESENTE DO SUBJUNTIVO
conto	conte	vivo	viva	ajo	aja
contas	contes	vives	vivas	ages	ajas
conta	conte	vive	viva	age	aja
contamos	contemos	vivemos	vivamos	agimos	ajamos
contais	conteis	viveis	vivais	agis	ajais
contam	contem	vivem	vivam	agem	ajam

2. Do presente do indicativo e do presente do subjuntivo originam-se o *imperativo afirmativo* e o *imperativo negativo*.

PRESENTE DO INDICATIVO		IMPERATIVO AFIRMATIVO		PRESENTE DO SUBJUNTIVO		IMPERATIVO NEGATIVO
falo		________		fale		________
fala~~s~~	→	fala tu		fales	→	não fales tu
fala		fale você	←	fale	→	não fale você
falamos		falemos nós	←	falemos	→	não falemos nós
fala~~is~~	→	falai vós		faleis	→	não faleis vós
falam		falem vocês	←	falem	→	não falem vocês

Pretérito perfeito do indicativo, pretérito mais-que-perfeito do indicativo, pretérito imperfeito do subjuntivo, futuro do subjuntivo

Para encontrar o tema do pretérito perfeito do indicativo, basta extrair a desinência *-ste* da 2ª pessoa do singular:

1ª conjugação: conta*ste* – tema: conta
2ª conjugação: vive*ste* – tema: vive
3ª conjugação: agi*ste* – tema: agi

Do tema do pretérito perfeito do indicativo derivam os seguintes tempos verbais:

- o *pretérito mais-que-perfeito do indicativo*, juntando-se ao tema as desinências *-ra*, *-ras*, *-ra*, *-ramos*, *-reis*, *-ram*;
- o *pretérito imperfeito do subjuntivo*, juntando-se ao tema as desinências *-sse*, *-sses*, *-sse*, *-ssemos*, *-sseis*, *-ssem*;
- o *futuro do subjuntivo*, juntando-se ao tema as desinências *-r*, *-res*, *-r*, *-rmos*, *-rdes*, *-rem*.

PRETÉRITO PERFEITO DO INDICATIVO	PRETÉRITO MAIS-QUE-PERFEITO DO INDICATIVO	PRETÉRITO IMPERFEITO DO SUBJUNTIVO	FUTURO DO SUBJUNTIVO
cont*ei*	conta*ra*	conta*sse*	conta*r*
conta*ste*	conta*ras*	conta*sses*	conta*res*
cont*ou*	conta*ra*	conta*sse*	conta*r*
cont*amos*	contá*ramos*	contá*ssemos*	conta*rmos*
conta*stes*	contá*reis*	contá*sseis*	conta*rdes*
conta*ram*	conta*ram*	conta*ssem*	conta*rem*

Infinitivo impessoal, futuro do presente do indicativo, futuro do pretérito do indicativo, infinitivo pessoal

Do tema do infinitivo impessoal (que obtemos extraindo a desinência *-r*) derivam:

- o *futuro do presente do indicativo*, juntando-se ao tema as desinências *-rei*, *-rás*, *-rá*, *-remos*, *-reis*, *-rão*;
- o futuro do pretérito do indicativo, juntando-se ao tema as desinências *-ria*, *-rias*, *-ria*, *-ríamos*, *-ríeis*, -riam;
- o *infinitivo pessoal*, juntando-se ao tema as desinências *-r*, *-res*, *-r*, *-rmos*, *-rdes*, *-rem*.

INFINITIVO IMPESSOAL	FUTURO DO PRESENTE DO INDICATIVO	FUTURO DO PRETÉRITO DO INDICATIVO	INFINITIVO PESSOAL
conversa*r*	conversa*rei*	conversa*ria*	conversa*r*
	conversa*rás*	conversa*rias*	conversa*res*
	conversa*rá*	conversa*ria*	conversa*r*
	conversa*remos*	conversa*ríamos*	conversa*rmos*
	conversa*rás*	conversa*ríeis*	conversa*rdes*
	conversa*rão*	conversa*riam*	conversa*rem*

Pretérito imperfeito do indicativo

Formado a partir do radical do infinitivo pessoal. Para encontrar esse radical, extraímos as desinências *-ar* (1ª conjugação), *-er* (2ª conjugação), *-ir* (3ª conjugação) e as substituímos pelas desinências:

- para verbos de 1ª conjugação: *-ava, -avas, -ava, -ávamos, -áveis, -avam*;
- para verbos de 2ª e 3ª conjugações: *-ia, -ias, -ia, -íamos, -íeis, -iam*.

INFINITIVO IMPESSOAL			PRETÉRITO IMPERFEITO DO INDICATIVO		
1ª CONJUGAÇÃO	2ª CONJUGAÇÃO	3ª CONJUGAÇÃO	1ª CONJUGAÇÃO	2ª CONJUGAÇÃO	3ª CONJUGAÇÃO
convers*ar*	viv*er*	ag*ir*	convers*ava* convers*avas* convers*ava* convers*ávamos* convers*áveis* convers*avam*	viv*ia* viv*ias* viv*ia* viv*íamos* viv*íeis* viv*iam*	ag*ia* ag*ias* ag*ia* ag*íamos* ag*íeis* ag*iam*

Conjunções

Em português, as conjunções dividem-se em dois grupos:

Coordenativas

- **Aditivas:** exprimem a ideia de adição, de acréscimo: *e, nem, quanto* (depois de *tanto*), *mas também* e *como também* (depois de *não só*).

Não só canta bem, *mas também* escreve poemas maravilhosos.

- **Adversativas:** indicam oposição de ideias ou introduzem uma ressalva: *mas, porém, todavia, contudo, entretanto, no entanto, não obstante.*

Todos pedem a volta do ator aos palcos, *porém* ele sempre recusa.

- **Alternativas:** introduzem uma ideia de exclusão ou de alternância: *ou, ou... ou, ora... ora, quer... quer, já... já, seja... seja.*

Seja de terno, *seja* de camisa social, o importante é que vá bem-vestido.

- **Explicativas:** introduzem uma explicação do que foi afirmado anteriormente: *pois*, *porque*, *que*, *porquanto*.

Corra, *que* o trem está chegando.

- **Conclusivas:** introduzem uma ideia que traduz uma conclusão lógica do que foi dito antes: *logo*, *portanto*, *por isso*, *pois* (depois de verbo), *então*, *assim*, *diante disso*, etc.

Sempre me dei mal com empréstimos, *por isso* me nego a emprestar.

Subordinativas

- **Integrantes:** São as conjunções *que* e *se* que introduzem orações substantivas, isto é, orações que equivalem a um substantivo e, em relação à oração principal, podem desempenhar a função de sujeito, objeto direto, objeto indireto, predicativo do sujeito, complemento nominal e aposto. Usa-se *que* em enunciados afirmativos e *se* em enunciados que exprimem dúvida ou possibilidade.

Pensei *que* você já tivesse ido embora.
Não sei *se* todos compreenderam minhas explicações.

- **Adverbiais:** São as conjunções que iniciam orações, com valores de advérbio, isto é, que exprimem uma circunstância adverbial.
  - **Temporais:** introduzem orações que transmitem a noção de tempo: *quando*, *mal*, *logo que*, *assim que*, *até que*, *desde que*, *sempre que*, etc.

Mal chegamos, a chuva começou a cair.

  - **Causais:** introduzem orações que indicam a causa do que se afirma na oração principal: *porque*, *que*, *como*, *uma vez que*, *visto que*, *dado que*, *posto que*, *já que*, etc.

Já que ninguém se anima, eu faço a tarefa sozinho.

  - **Comparativas:** introduzem oração com o segundo elemento de uma comparação iniciada na oração principal: *que*, *do que*, *como*, *qual*, *quanto*, *assim como*, etc.

Você se saiu melhor *do que* a encomenda!

  - **Condicionais:** introduzem orações que indicam hipótese ou condição em relação ao que foi dito na oração principal: *se*, *caso*, *desde que*, *contanto que*, *exceto se*, *a não ser que*, *sem que*, etc.

Não faça nada *sem que* a diretoria saiba.

— **Conformativas:** introduzem orações que expressam conformidade em relação ao que foi dito na oração principal: *conforme, consoante, segundo, como.*

Faça o relatório *conforme* o modelo que recebeu.

— **Consecutivas:** introduzem orações que indicam consequência, efeito do fato expresso na oração principal: *que* (precedido dos advérbios de intensidade *tal, tão, tanto, tamanho*), *de forma que, de modo que*, etc.

Trabalhou *tanto* ontem, *que* ficou esgotado.

— **Concessivas:** introduzem orações que expressam uma ideia contrária ao que foi dito na oração principal, porém sem anulá-la, pois consiste em uma concessão: *embora, conquanto, ainda que, mesmo que, apesar de que, se bem que*, etc.

Irei ajudá-la, *ainda* que não mereça.

— **Proporcionais:** introduzem orações que expressam a ideia de concomitância, de simultaneidade ou de proporcionalidade: *à proporção que, à medida que, ao passo que, quanto mais, quanto melhor, quanto maior*, etc.

O desmatamento aumenta *à medida que* a cidade cresce.

— **Finais:** introduzem orações que expressam a ideia de finalidade em relação ao que foi afirmado na oração principal: *a fim de que, para que, que, de modo que, de maneira que*, etc.

Anote a receita *para que* consiga fazer o bolo com sucesso.

Análise sintática do período simples

A análise da função que os termos podem exercer no interior das orações e dos períodos, também conhecida como *análise sintática*, já teve, no passado, bastante relevância nos estudos de gramática na escola.

Nos dias de hoje, quando os estudos da língua se voltam mais para as funções sociais do texto e a adaptação da linguagem a situações de comunicação diversas – isto é, o uso da língua para produzir e ler textos dos mais variados gêneros de forma adequada e coerente –, a análise sintática perdeu prestígio. Alguns de seus conceitos básicos, entretanto, podem auxiliar no estudo de certos tópicos importantes da gramática prescritiva e da norma-padrão, como pontuação, concordâncias verbal e nominal e regências verbal e nominal.

Apresentamos, em caráter complementar e para fins de consulta, alguns desses conceitos básicos e uma lista dos termos que estruturam a oração no período simples. Consulte-a sempre que houver necessidade.

Frase, oração e período

- **Frase** é um enunciado de sentido completo, apresente ou não verbo.

Silêncio!
Venham todos para dentro.

- **Oração** é o enunciado, ou parte do enunciado, que se organiza em torno de um verbo ou locução verbal. Abaixo, por exemplo, temos duas orações.

Venham todos para dentro, pois *vai chover*.

- **Período** é a frase organizada a partir de uma ou mais orações. Quando é formado por uma única oração, é chamado de *período simples*; quando formado por duas ou mais orações, é chamado de *período composto*. Veja:

Venham todos para dentro. → período simples
Venham todos para dentro, pois vai chover. → período composto

Sujeito

- **Sujeito** é o termo da oração que normalmente concorda com o verbo; pode também ser o assunto de que se fala. Normalmente apresenta como núcleo um substantivo, um pronome ou palavra substantivada.

substantivo
As encomendas chegaram hoje cedo.
sujeito

pronome
Alguém me ligou hoje?
sujeito

palavra substantivada
É proibido *fumar*.
sujeito

Tipos de sujeito

A gramática tradicional costuma classificar o sujeito em categorias a partir de critérios semânticos.

Sujeito simples e sujeito composto: quando há um único núcleo no sujeito, trata-se de um sujeito simples; quando há mais de um núcleo, sujeito composto.

Você vai almoçar em casa?
sujeito

Você e seus amigos vão almoçar em casa?
sujeito composto

Sujeito desinencial: é aquele que está implícito e pode ser identificado pela desinência do verbo:

Aonde *pensas* que vais? – verbo na 2ª pes. do singular → sujeito desinencial (tu)

Sujeito indeterminado: é aquele que não é nomeado na oração, ou por não se saber quem pratica a ação verbal, ou por não se desejar nomeá-lo. Nesse caso, o verbo sempre se apresenta com uma destas formas:

- verbos em geral na 3ª pessoa do plural sem que se possa identificar o sujeito.

Ainda não *vieram* consertar o telefone?
Ligaram para você hoje cedo.

- verbo intransitivo, ou transitivo indireto, ou de ligação acompanhados da partícula *se*, com o papel de indeterminar o sujeito.

Vive-se melhor na praia do que na cidade?
Precisa-se de eletricista com prática.
Nunca *se esteve* tão feliz nesta casa.

Oração sem sujeito: é aquela em que o predicado não se refere a nenhum ser especificamente. Ela pode se dar de três formas:

- com verbos que expressam fenômenos da natureza.

Choveu esta noite?

- com o verbo *haver* no sentido de "existir".

Nunca *houve* sinais de rachadura na parede antes?

- com os verbos *fazer, haver* e *ir* quando indicam tempo decorrido.

Já *faz* três dias que chegamos ao Brasil.
Há dois anos me formei em engenharia.

- com o verbo *ser*, na indicação de tempo em geral.

É tarde.

Predicado

Predicado é o termo da oração que geralmente apresenta verbo; além disso, é a parte da oração que diz algo a respeito do sujeito.

Alguém | *me ligou ontem?* | (predicado)

Eu e meus amigos | *vamos almoçar em casa.* | (predicado)

Quando o núcleo do sujeito é um verbo, dizemos que se trata de um *predicado verbal*; quando o núcleo é um nome (substantivo ou adjetivo), *predicado nominal;* quando são um verbo e um nome, *predicado verbo-nominal*.

núcleo (verbo)
Alguém | me *ligou* ontem? |
predicado verbal

núcleo (adjetivo)
O dia | está *lindo* hoje! |
predicado nominal

núcleo (verbo) + núcleo (adjetivo)
Seu pai | *viajou preocupado* pela manhã. |
predicado verbo-nominal

Predicação verbal, objeto direto e objeto indireto

Predicação é o tipo de relação que o verbo mantém com o sujeito da oração.

- **Verbo de ligação (ou de estado):** é aquele que tem o papel de relacionar o sujeito a um estado ou qualidade do sujeito.

Essa blusa *ficou* linda em você.

- **Verbo significativo (ou nocional):** é aquele que expressa ação ou fenômeno da natureza. Os verbos significativos podem ou não apresentar complementos e, assim, se subdividem em:

— **verbos intransitivos:** São os que não exigem um complemento.

| *Acabou* | a energia.
VI

— **verbos transitivos:** São os que exigem um complemento (ou objeto) sobre o qual a ação verbal se realiza. Quando o verbo se liga ao seu complemento sem o auxílio de uma preposição, é chamado de *transitivo direto*, e seu complemento, de **objeto direto**. Quando se liga ao complemento por meio de uma preposição, é chamado de *transitivo indireto*, e seu complemento, de **objeto indireto**.

Eu sempre *amei* *você*, mas você nunca *gostou* *de mim*.

VTD OD VTI OI

Tipos de predicado

O predicado pode ser constituído por diferentes estruturas.

- **Predicado verbal:** ocorre quando o núcleo do predicado é um verbo significativo.

núcleo (verbo)

Seus amigos também *gostam* de leitura?

sujeito predicado verbal

- **Predicado nominal:** ocorre quando o núcleo do predicado é um nome (substantivo ou adjetivo), seguido de um verbo de ligação.

núcleo (adjetivo)

Leitura é *bom*.

sujeito predicado nominal

- **Predicado verbo-nominal:** ocorre quando há dois núcleos no predicado: um verbo nocional e um predicativo do sujeito ou predicativo do objeto.

núcleo (verbo) núcleo (adjetivo)

Eu *cheguei* muito *atrasado* hoje.

sujeito predicado

Complemento nominal

Da mesma forma que existem verbos transitivos, existem também nomes (substantivos, adjetivos e advérbios) que podem apresentar um complemento. Neste caso, chamado de **complemento nominal**.

substantivo

Sinto muitas saudades *de você*.

OD CN

adjetivo

Você já está *apto* *ao trabalho*.

CN

Na 1ª frase, *você* é o alvo sobre o qual recaem as saudades. Na 2ª frase, *ao trabalho* complementa o sentido do adjetivo *apto*.

Adjunto adnominal

É o termo que acompanha e modifica o substantivo, qualquer que seja sua função sintática, qualificando-o, especificando-o, determinando-o, indeterminando-o, etc. Podem cumprir esse papel os adjetivos, os numerais, os artigos, os pronomes, etc.

As professoras *da manhã* querem *uma* reunião *pedagógica*.

As (adj. adn.) professoras *da manhã* (adj. adn.) — sujeito; querem (VTD); *uma* (adj. adn.) reunião *pedagógica* (adj. adn.) — objeto direto

Como se nota, o adjunto adnominal acompanha o núcleo de outro termo sintático maior, como o sujeito, o objeto direto, o complemento nominal, etc.

Adjunto adverbial

É o termo que acompanha e modifica verbos, adjetivos, advérbios, substantivos ou orações inteiras, acrescentando circunstâncias de lugar, tempo e modo. Também podem ter valor semântico de intensidade, causa, afirmação, negação, entre outros. Cumprem esse papel os advérbios, as locuções adverbiais e as orações subordinadas adverbiais.

Felizmente, a escola decidiu de forma sábia não alterar os horários já antigos dos professores que moram tão longe.

Felizmente (adj. adv.), a escola decidiu de forma sábia (adj. adv.) não (adj. adv.) alterar os horários já (adj. adv.) antigos dos professores que moram tão (adj. adv.) longe (adj. adv.).

Na oração acima, os adjuntos adverbiais *felizmente*, *de forma sábia*, *não*, *já*, *tão* e *longe* modificam, respectivamente, toda a oração, a forma verbal *decidiu*, a forma verbal *alterar*, o adjetivo *antigos*, o advérbio *longe* e a forma verbal *moram*.

Predicativo do sujeito

É o termo que, por meio de um verbo, atribui características, qualidades ou estado ao sujeito. Podem cumprir esse papel substantivos, palavras substantivadas, adjetivos, locuções adjetivas, pronomes e numerais. Podem vir acompanhados de preposição ou da palavra *como*.

O dia está *lindo* hoje!
O policial foi tido *como testemunha*.
Meu problema é *acordar*.
Essa blusa ficou *ótima* em você.
O lugar permaneceu *reservado*.
Seu carro é *este*?

Predicativo do objeto

É o termo que atribui características, qualidades ou estado ao objeto. Aparece em orações constituídas por verbos transitivos, acompanhando o(s) objeto(s) desse verbo. Cumprem esse papel substantivos, adjetivos e locuções adjetivas. Podem vir acompanhados de preposição ou da palavra *como*.

Os filhos não [o]OD chamam [*de pai.*]PO

Os estudantes consideraram [a prova]OD [*difícil.*]PO

A mãe encontrou o [bebê]OD [*com febre.*]PO

Vozes do verbo

A gramática tradicional chama de voz a relação entre o sujeito e o verbo que a ele se refere. Essa relação pode se dar de três maneiras:

- **Voz ativa:** quando a relação estabelecida entre sujeito e verbo é de atividade, ou o sujeito é agente da ação verbal:

Pesquisa recente *revela* a existência de um novo planeta.
A construtora *vendeu* todos os apartamentos em um único dia.

- **Voz passiva:** quando a relação estabelecida entre sujeito e verbo é de passividade, ou o sujeito é paciente da ação verbal. Há dois tipos:

— **Voz passiva analítica:** é composta pelos verbos *ser* ou *estar* + o particípio do verbo principal + agente da passiva (cuja menção é facultativa).

A existência de um novo planeta *foi revelada* (por pesquisa recente).
Todos os apartamentos *foram vendidos* em um único dia (pela construtora).

— **Voz passiva sintética:** é formada pelo verbo conjugado na 3ª pessoa do singular + partícula *se* (denominada, nesse caso, pronome apassivador) + sujeito paciente.

Revelou-se a existência de um novo planeta.
Venderam-se todos os apartamentos em um único dia.

- **Voz reflexiva:** quando a relação estabelecida entre sujeito e verbo é simultaneamente de atividade e passividade ou o sujeito é ao mesmo tempo agente e paciente da ação verbal.

Ele *se revelou* uma pessoa extremamente generosa.
Os funcionários *se venderam* às exigências da empresa.
Eu *me visto* cada dia de um jeito.
Prepare-se para um inverno muito frio.

Agente da passiva

É o termo que, nas orações na voz passiva, indica o agente da ação verbal. É introduzido pelas preposições *por* (*per*) e *de*.

A existência de um novo planeta foi revelada *por pesquisa recente.* (AP)

Todos os apartamentos foram vendidos em um único dia *pela construtora.* (AP)

Aposto

É o termo que nas orações vem associado a um substantivo ou a um pronome, estabelecendo com ele uma relação de equivalência, a fim de explicá-lo, esclarecê-lo, ampliá-lo, resumi-lo ou identificá-lo. Cumprem esse papel substantivos, pronomes e orações substantivas.

Império de Casa Verde, *campeã do Carnaval*, foi a última escola a desfilar.
Nas próximas férias, *em janeiro*, vou sumir do mapa.
Carros, caminhonetes, caminhões, *nenhum veículo* saía ileso daquela estrada.
Já vestiu todos os tipos de fantasia: *pirata, super-herói, palhaço, médico.*

- **Vocativo:** É o termo utilizado para interpelar o interlocutor em uma oração. Vem sempre isolado do restante da frase, em geral, separado por vírgulas ou seguido de ponto de exclamação. Também pode aparecer precedido por interjeições de chamamento.

Venha, *filho*, vamos embora!
Você, *caro leitor*, já bateu seu carro alguma vez?
Ó, *Senhor*, quando vou me livrar desse estorvo?
A regra, *senhora juíza*, deve ser a mesma para todos.

BIBLIOGRAFIA

ABDALA JR., Benjamin. *Literaturas de língua portuguesa*: marcos e marcas – Portugal. São Paulo: Arte & Ciência, 2007.

ATTIE FILHO, Miguel. *Marcas e pensamentos*: notas a uma história do pensamento da Terra. São Paulo: Attie Editora, 2015.

BAGNO, M. *Língua, linguagem, linguística*: pondo os pingos nos ii. São Paulo: Parábola, 2014.

______. *Português ou brasileiro?*: um convite à pesquisa. São Paulo: Parábola, 2001.

BAKHTIN, Mikhail. *Estética da criação verbal*. São Paulo: Martins Fontes, 1997.

______. *Marxismo e filosofia da linguagem*. São Paulo: Hucitec, 1979.

BECHARA, Evanildo. *Moderna gramática portuguesa*. 37. ed. Rio de Janeiro: Lucerna, 2004.

BOSI, Alfredo. *História concisa da literatura brasileira*. São Paulo: Cultrix, 2013.

BRASIL. *Base nacional comum curricular*. Brasília: MEC, 2014.

______. *Matriz de referência para o Enem 2009*. Brasília: MEC/INEP, 2009.

______. Secretaria de Educação Média e Tecnológica. *Parâmetros curriculares nacionais + ensino médio*. Brasília: MEC/SEMTEC, 2002.

BUNZEN, C.; MENDONÇA, M. *Múltiplas linguagens para o ensino médio*. São Paulo: Parábola, 2013.

______. *Português no ensino médio e formação do professor*. São Paulo: Parábola, 2006.

CANDIDO, Antonio. *Formação da literatura brasileira*. Rio de Janeiro: Ouro sobre Azul, 2014.

CANDIDO, Antonio; CASTELLO, José Aderaldo. *Presença da literatura brasileira:* história e antologia. Rio de Janeiro: Bertrand Brasil, 1997.

CASTILHO, Ataliba. *Gramática do português brasileiro*. São Paulo: Contexto, 2010.

FERRAREZI JR., C. *Semântica para a educação básica*. São Paulo: Parábola, 2008.

ILARI, R. *Introdução à Semântica*: brincando com a gramática. 7. ed. São Paulo: Contexto, 2007.

______. *Introdução ao estudo do léxico*: brincando com as palavras. São Paulo: Contexto, 2002.

ILARI, R.; Basso, R. *O português da gente*: a língua que estudamos, a língua que falamos. São Paulo: Contexto, 2006.

KLEIMAN, A. *Texto e leitor*: aspectos cognitivos da leitura. Campinas, São Paulo: Pontes, 2002.

KLEIMAN, A.; SEPULVEDA, C. *Oficina de gramática*: metalinguagem para principiantes. Campinas: Pontes, 2014.

KOCH, I. V.; ELIAS V. M. *Ler e escrever*: estratégias de produção textual. São Paulo: Contexto, 2009.

LAJOLO, M.; Zilberman, R. *A formação da leitura no Brasil*. São Paulo: Ática, 1996.

MARCUSCHI, Luiz Antônio. *Produção textual, análise de gêneros e compreensão*. São Paulo: Parábola, 2011.

NEVES, Maria Helena de Moura. *Guia de uso do português*. São Paulo: Unesp, 2003.

POSSENTI, S. *Aprender a escrever (re)escrevendo*. Campinas: Unicamp; Brasília: MEC, 2005.

ROJO, Roxane; MOURA, Eduardo. *Multiletramentos na escola*. São Paulo: Parábola, 2012.

RONCARI, Luiz. *Literatura brasileira*: dos primeiros cronistas aos últimos românticos. São Paulo: Edusp, 2014.

SCHNEUWLY, Bernard; DOLZ, Joaquim. *Gêneros orais e escritos na escola*. Campinas: Mercado de Letras, 2004.

SOUZA, Ana Lúcia S.; CORTI, Ana Paula; MENDONÇA, Márcia. *Letramentos no ensino médio*. São Paulo: Parábola, 2012.